面向 21 世纪课程教学案例系列

国际私法教学案例
（第二版）

Case Studies on Private International Law

主　编　李双元　欧福永
副主编　曾　炜
撰稿人　（按撰写章节顺序为序）
　　　　欧福永　曾　炜　熊之才
　　　　育　辉　李双元　黄文旭

图书在版编目(CIP)数据

国际私法教学案例/李双元,欧福永主编.—2版.—北京:北京大学出版社,2012.9

(面向21世纪课程教学案例系列)

ISBN 978-7-301-21115-1

Ⅰ.①国… Ⅱ.①李…②欧… Ⅲ.①国际私法-案例-高等学校-教材 Ⅳ.①D997

中国版本图书馆CIP数据核字(2012)第189551号

书　　　名：国际私法教学案例(第二版)
著作责任者：李双元　欧福永　主编
责 任 编 辑：冯益娜
标 准 书 号：ISBN 978-7-301-21115-1/D·3158
出 版 发 行：北京大学出版社
地　　　址：北京市海淀区成府路205号　100871
网　　　址：http://www.pup.cn　电子信箱：law@pup.pku.edu.cn
电　　　话：邮购部 62752015　发行部 62750672　编辑部 62752027
　　　　　　出版部 62754962
印　刷　者：北京宏伟双华印刷有限公司
经　销　者：新华书店
　　　　　　730毫米×980毫米　16开本　28.5印张　512千字
　　　　　　2007年2月第1版
　　　　　　2012年9月第2版　2012年9月第1次印刷
定　　　价：48.00元

未经许可,不得以任何方式复制或抄袭本书之部分或全部内容。
版权所有,侵权必究
举报电话：010-62752024　电子信箱：fd@pup.pku.edu.cn

第二版前言

2010年10月28日第十届全国人大常委会第十七次会议通过的《中华人民共和国涉外民事关系法律适用法》已于2011年4月1日起施行,至今已开始出现适用该法作出判决的案例;我国国际私法实践也有了新的发展,提供了大量新的真实案例;加之本书第一版已经售罄。因此,有必要对本书第一版进行修订。

这次修订增加了4个适用《中华人民共和国涉外民事关系法律适用法》作出判决的真实案例和3个适用该法作出判决的虚拟案例;对该法生效以前的14个案例增加了"如果本案适用《中华人民共和国涉外民事关系法律适用法》,将如何处理?"的提问和参考结论;增加了部分《最高人民法院公报》、中国涉外商事海事审判网和《中国国际私法与比较法年刊》上公布的近几年典型案例;删除了部分过时的或者各类国际私法教科书上已有的案例以及所涉知识点重复的案例;同时,根据《中华人民共和国涉外民事关系法律适用法》、2007年《关于审理涉外民事或商事合同纠纷案件法律适用若干问题的规定》等我国国际私法的最新立法和司法解释更新了"本章知识点"的内容,改写了部分案例的"参考结论"和"法律评析"。

经过修订后,全书篇幅有所压缩,内容更加简洁,能够更好地适合教学和实践的需要。

本次修订由我、欧福永教授和黄文旭博士共同完成。由于时间紧迫,水平有限,不足之处敬请广大读者批评指正!

李双元
2012年6月

第一版前言

法学是一门实践性和应用性很强的科学,国际私法尤其如此。"实践性"应当是法学教育的基本精神和风格:一方面,实践是法学教育的最终归宿,学生最终要走入实践;另一方面,实践中的问题是法学教育天然上好的素材,法律的生命在于鲜活的案例。对于初学者来说,国际私法学是一门包含晦涩难懂的专业术语和深奥理论的高深学科。如何将这些深奥的理论和复杂的规则与现实生活中活生生的实践完美地融合在一起,提高学习者分析问题和解决问题的能力,是国际私法教学的根本目的之一。为了达到此目的,案例教学必不可少。

案例教学是法学教育"实践性"之展开的一个当然的平台。案例教学是指在教师引导下,学生通过对案例的思考、分析和讨论,就其中的问题作出判断,从而理解和掌握案例中的法律精神和法律规范,并提高分析问题和解决问题能力的一种教学活动过程,也是理论与实践之间的桥梁。

其实,案例教学在法学教育中的应用源远流长。众所周知,判例法在英美法系国家具有重要的作用,自然,判例法的学习与研究是这些国家法学教育的重要环节。早在1870年,朗德尔出任哈佛大学法学院院长时,首次将案例引入法学教育,并大力推广。案例教学法从根本上否定了教师讲授、学生被动听课的传统教学法,而是采用苏格拉底式讨论问题的方法来代替系统讲授。这种方法一般在课堂上没有概念、定义等理论性的教学,而是通过实际的判例分析讨论来理解法律理论、精神和原则,教学的目标是为了提高学生获取法律知识的能力、职业思维能力和驾驭法律信息资源的能力等综合职业能力。在案例教学过程中,教师一般先根据教学内容收集整理相关的案例,并作为教学资料发给学生。学生在课前仔细阅读这些案例,并根据需要参考一些相关案例,进行认真分析,作出判断。课堂上,教师使用苏格拉底式教学方法,不断变换假设条件,提出一系列有关案例的问题,组织引导学生分析和讨论,从而发现和理解案例中的法律理念和法律规范,同时也使学生的思维和技能得到训练。案例教学法成了近一百多年来,美国乃至整个英美法系国家法学院最主要的教学方法。

尽管大陆法系国家以成文法为主,但由于社会关系的复杂多变,以致法律有时滞后于社会的发展而难以满足现实的需要,因此,现在许多大陆法系国家也日益重视案例的编纂与研究。案例教学在我国现阶段的法学教育中也必不可少,因为依法治国方略的实施、加入WTO以及统一司法考试制度的实行都给我国高等法学教育带来了新的挑战。在新的形势下,创新法学教育方法,将案例教学法引入法学教育,是法学教育教学改革的一项重要举措,也是提高教育质量,培养具有创造性、创新性和创业性的高素质法律专业人才的必然要求。

但是,案例教学成功实施的前提是具有精心编撰的案例教材,而不能仅仅依赖教师个人的案例资源,因为个人的资料或阅历是远远不够的。判例法国家的法学教育天生就是案例教学,法定的判例公开与编纂制度为他们的案例教学提供了及时而完整的资源。然而,由于中国是大陆法系国家,长期以来案例的收集与编撰在我国并没有受到应有的重视,法学教育者要系统而全面地获取判例比较艰难,对于国际私法学习者和教授者来说尤其如此,可获取的国内案例太少,结构不合理。判例中蕴涵着五彩多姿的现实,它是一种珍贵的文化沉淀物,我们的判例资源因为缺乏法定的公开与编撰制度而在可怕地流失,这是一种还未被我们正视的巨大浪费。为了法学教育,也为了拯救一种文化资源,我们应当建立判例公开与编撰的法定制度。当然,在这种制度还没有成为现实之前,法学院与法学家应担起这一工作,定期地整理、编撰和出版判例,为案例教学提供充足的材料。

正是出于上述考虑和认识,我们按照国际私法教科书的通用体例安排,编写了这本全新的与李双元教授主编的普通高等教育"十一五"国家级规划教材《国际私法》(第二版)(北京大学出版社2007年版)相配套的《国际私法教学案例》,以期为我国国际私法学的教学与实践的发展贡献一份微薄的力量。本书精选典型的、新颖的、大部分真实的案例228个,除引用少数经典外国案例或者目前尚未发现相应的涉中国案例而引用外国案例的以外,我们都采用了涉中国的案例(202个,占88.6%);同时为了便于查找,在案例的名称后标明了案例所涉及的主要法律问题。

本书参加编写的人员如下:欧福永:第1—3、13、19—23章;曾炜:第4—7、10—12、14—15章;熊之才:第8、9章;育辉:第16、17、18章;李双元:第24—28章。全书由李双元和欧福永统稿、定稿。

在本书的编写过程中,我们参考了国内外同类文献资料(校正了其中存在的错误),有的可能未在书中一一注明,在此对它们的作者表示衷心的感谢!

由于水平和能力有限,书中不足之处在所难免,敬请广大读者不吝赐教。

编者谨识

2007年1月

第一编 总 论

第一章 国际私法的概念 ……………………………………………（3）
本章知识点 …………………………………………………………（3）
案例分析 ……………………………………………………………（6）
案例一：美国公司诉西安公司国际货物买卖合同纠纷案
——国际私法的调整对象 ……………………………………（6）
案例二："富山海轮"与波兰所属塞浦路斯船籍的集装箱船碰撞案
——涉外民事关系的认定 ……………………………………（7）
案例三：湖广铁路债券案——国家主权原则 ……………………（9）
案例思考题 …………………………………………………………（11）
思考题一：出租汽车司机凌某诉俄罗斯商人艾立科不当得利案
——国际私法的调整对象 ……………………………………（11）
思考题二：叶特苹富诉英国利物浦太盛克电子贸易跨国公司
支付工资案——国际私法的性质 ……………………………（12）

第二章 国际私法的渊源 ……………………………………………（13）
本章知识点 …………………………………………………………（13）
案例分析 ……………………………………………………………（14）
案例一：福克斯公司与音像大世界知识产权纠纷案
——国内法作为国际私法的渊源 ……………………………（14）
案例二：中国 A 公司诉美国 B 公司黄桃买卖合同纠纷案
——国际条约作为国际私法的渊源 …………………………（16）
案例三：CFR 交货方式下的货物买卖合同纠纷案
——国际惯例作为国际私法的渊源 …………………………（18）
案例思考题 …………………………………………………………（19）

— 1 —

　　　　中国H公司诉日本S公司案——贸易习惯的效力 …………………… (19)
第三章　国际私法的历史 …………………………………………………… (21)
　本章知识点 ………………………………………………………………… (21)
　案例分析 …………………………………………………………………… (26)
　　案例一：奥汀夫人诉奥汀案——"最密切联系原则" ………………… (26)
　　案例二：工业事故委员会与太平洋雇用保险公司保险补偿费纠纷案
　　　　　　——"政府利益分析说" ……………………………………… (28)
　案例思考题 ………………………………………………………………… (29)
　　贝科克诉杰克逊案——"最密切联系说" ……………………………… (29)
第四章　国际私法关系的主体 ……………………………………………… (31)
　本章知识点 ………………………………………………………………… (31)
　案例分析 …………………………………………………………………… (37)
　　案例一：中国恢复对澳门行使主权后，澳门居民国籍的确定
　　　　　　——双重国籍的解决 ………………………………………… (37)
　　案例二：刘岳华、刘靖华、刘湘华、刘树华诉刘复华遗产继承案
　　　　　　——自然人住所的确定 ……………………………………… (38)
　　案例三：苏伊士运河公司国有化案——法人国籍的确定 …………… (39)
　　案例四：中国银监会强化监管，美联银行遭受重罚
　　　　　　——外国法人的认许案 ……………………………………… (40)
　　案例五：杰克因放烟花受伤索赔案——国家主权豁免 ……………… (42)
　　案例六：美国民用航空运输公司诉陈纳德、魏劳尔交付两航公司资产案
　　　　　　——国家财产豁免 …………………………………………… (43)
　　案例七：杰柏川克案——国民待遇原则 ……………………………… (44)
　　案例八：荷兰某贸易公司和江苏省某特殊钢绳厂买卖合同案
　　　　　　——普惠制 ………………………………………………… (46)
　　案例九：A国潜艇撞沉B国货轮案——非歧视待遇原则 …………… (48)
　案例思考题 ………………………………………………………………… (48)
　　思考题一：某氏要求确认其日本国籍案——国籍的积极冲突 ……… (48)
　　思考题二：卡赖·贝克曼和阿凯·贝克曼诉中华人民共和国案
　　　　　　　——国家主权豁免 ………………………………………… (50)
　　思考题三：美国烟酒武器局禁止中国武器进口案
　　　　　　　——最惠国待遇原则 ……………………………………… (51)

第二编 冲 突 法

第五章 法律冲突 ……………………………………………………………(55)
 本章知识点 ……………………………………………………………(55)
 案例分析 ………………………………………………………………(56)
  钱某未留遗嘱死亡遗产继承纠纷案——法律的积极冲突 …………(56)
 案例思考题 ……………………………………………………………(58)
  中国留学生王某和英国姑娘琳达申请结婚案
   ——法律冲突产生的原因 …………………………………………(58)

第六章 冲突规范 ……………………………………………………………(59)
 本章知识点 ……………………………………………………………(59)
 案例分析 ………………………………………………………………(61)
  江苏省轻工业品进出口股份有限公司诉江苏环球国际货运有限公司、
  美国博联国际有限公司海上货物运输合同纠纷案
   ——准据法表述公式 ………………………………………………(61)
 案例思考题 ……………………………………………………………(63)
  大连市土产进出口公司诉挪威艾格利股份有限公司支付货款案
   ——连结点、冲突规范和准据法表述公式 ………………………(63)

第七章 准据法的确定 ………………………………………………………(65)
 本章知识点 ……………………………………………………………(65)
 案例分析 ………………………………………………………………(68)
  案例一:韩国青年金某与内蒙古青年鲍某婚姻案
   ——人际法律冲突与准据法的确定 ………………………………(68)
  案例二:"二奶"所生私生女抚养费追索案——区际冲突的解决 …(69)
  案例三:塑料制品公司合资争议仲裁案——时际冲突的解决 ……(71)
 案例思考题 ……………………………………………………………(73)
  美国某公司诉中国某公司案
   ——国际条约时际法律冲突的解决 ………………………………(73)

第八章 冲突法的一般问题 …………………………………………………(75)
 本章知识点 ……………………………………………………………(75)
 案例分析 ………………………………………………………………(80)
  案例一:中国技术进出口总公司诉瑞士工业资源公司侵权损害
   赔偿纠纷上诉案——识别 …………………………………………(80)

— 3 —

案例二：中国公民在日本法院的继承诉讼案——反致 …………………（82）
　　案例三：特鲁福特案——转致 ……………………………………………（83）
　　案例四：李伯康房产继承案——先决问题 ………………………………（84）
　　案例五：香港中成财务有限公司与香港鸿润（集团）有限公司、
　　　　　　广东省江门市财政局借款合同纠纷案——法律规避 …………（86）
　　案例六：中国冶金进出口山东公司与纳瓦嘎勒克西航运有限公司
　　　　　　关于保函纠纷案——外国法无法查明时的法律适用 …………（88）
　　案例七：菱信租赁国际（巴拿马）有限公司与中国远洋运输（集团）总公司等
　　　　　　借款合同纠纷案——外国法的查明 ………………………………（90）
　　案例八：海南木材公司诉新加坡泰坦船务公司和达斌私人
　　　　　　有限公司提单欺诈案——公共秩序 ………………………………（92）
　　案例九：霍尔泽诉德国铁路局案——公共秩序 …………………………（94）
　案例思考题 …………………………………………………………………（95）
　　思考题一：广东省轻工业品进出口集团公司与TMT贸易
　　　　　　　有限公司商标权属纠纷上诉案——识别 ………………………（95）
　　思考题二：英国达拉阿尔巴拉卡投资公司诉巴哈马曲母普
　　　　　　　航运公司案——反致和转致 …………………………………（97）
　　思考题三：南京华夏海运公司诉塞浦路斯澳非尔提斯
　　　　　　　航运有限公司船舶碰撞案——外国法的查明 ………………（98）
　　思考题四：沃拉诉泰得沃特石油公司赔偿案
　　　　　　　——外国法无法查明时的法律适用 ……………………………（99）
　　思考题五：美国总统轮船公司与菲达电器厂等无单放货纠纷再审案
　　　　　　　——外国法错误适用后的救济 ………………………………（100）
　　思考题六：广南（集团）有限公司等诉南海有色金属批发市场
　　　　　　　香港公司等代开信用证欠款纠纷上诉案
　　　　　　　——公共秩序在区际冲突法中的运用 ………………………（103）

第九章　权利能力和行为能力的法律冲突 …………………………（106）
　本章知识点 …………………………………………………………………（106）
　案例分析 ……………………………………………………………………（109）
　　案例一：埃德伯缔约能力案——自然人权利能力的法律适用 ………（109）
　　案例二：丈夫国外打工期间妻子申请宣告其死亡案
　　　　　　——宣告死亡的管辖权和法律适用 ……………………………（110）
　　案例三：荷兰公民马克行为能力确认案——行为能力的法律适用 …（111）

— 4 —

案例四:香港绿谷公司和加拿大绿谷公司、郝晓荧股权纠纷案
——法人的民事行为能力 …………………………………… (113)
案例五:上海鑫达实业总公司诉上海绿谷别墅有限公司决议撤销纠纷案
——法人组织机构的法律适用 ………………………………… (114)
案例思考题 ……………………………………………………………… (115)
思考题一:中国甲公司诉法国人皮埃尔案
——自然人行为能力的法律适用 …………………………… (115)
思考题二:王诏玉诉亿兆公司分配优先股股利案
——识别、管辖权和法人属人法的适用 …………………… (116)

第十章 法律行为和代理的法律冲突 ……………………………………… (119)
本章知识点 ……………………………………………………………… (119)
案例分析 ………………………………………………………………… (121)
案例一:韩国海南实业公司与山东省威海市化工进出口有限公司上诉案
——涉外代理法律问题 ……………………………………… (121)
案例二:尼珈多次地产公司诉昆士兰房地产公司案
——涉外代理的法律适用 …………………………………… (124)
案例思考题 ……………………………………………………………… (126)
思考题一:新加坡松鱼公司诉深圳市水产公司案
——代理的法律适用 ………………………………………… (126)
思考题二:"回浪"号油轮与"可替"救助公司救助案
——越权代理等问题 ………………………………………… (128)

第十一章 物权的法律冲突 ………………………………………………… (130)
本章知识点 ……………………………………………………………… (130)
案例分析 ………………………………………………………………… (133)
案例一:非洲银行诉科恩案
——不动产抵押合同缔约能力的法律适用 ………………… (133)
案例二:兴利公司、广澳公司与印度国贸公司等上诉案
——先决问题和所有权纠纷的法律适用 …………………… (134)
案例三:支票质押纠纷案——识别与担保物权纠纷的法律适用 …… (136)
案例四:广东省轻工业品进出口集团公司与TMT贸易有限公司商标
权属纠纷案——信托的法律适用 …………………………… (138)
案例思考题 ……………………………………………………………… (139)
思考题一:凯布雷拉财产转移案——物权转移的法律适用 ………… (139)

  思考题二:葛佩琪诉上海康园房地产开发有限公司房屋租赁纠纷案
    ——物之所在地法原则 ……………………………………… (140)
  思考题三:布拉公司诉刚果人民共和国案——国有化问题 ……… (141)

第十二章 债权的法律冲突 ……………………………………… (142)
  本章知识点 ………………………………………………………… (142)
  案例分析 …………………………………………………………… (150)
  案例一:某土产畜产有限公司诉某香港公司套币买卖合同纠纷案
    ——识别、当事人意思自治 ………………………………… (150)
  案例二:广州海运集团菠萝庙船厂诉香港东升船务有限公司案
    ——涉外合同的法律适用 …………………………………… (154)
  案例三:香港S公司诉广州H公司案——合同的无效 …………… (156)
  案例四:江苏省轻工业品进出口股份有限公司诉江苏环球国际货运
    有限公司、美国博联国际有限公司海上货物运输合同纠纷案
    ——最密切联系原则 ………………………………………… (158)
  案例五:Moraglis S.A.诉上海伽姆普实业有限公司涉外买卖合同纠纷案
    ——特征履行说 ……………………………………………… (159)
  案例六:潘卉与广西来宾市永大实业有限责任公司、中国工商银行股份
    有限公司鹿寨县支行借款合同纠纷案
    ——借款合同与保证合同的法律适用 ……………………… (161)
  案例七:李优梓与林永锋民间借贷纠纷案
    ——涉外债权转让的法律适用 ……………………………… (162)
  案例八:甲国公民A与乙国公民B赠与合同纠纷案
    ——意思自治原则的例外 …………………………………… (165)
  案例九:韩国公民某老太太和中国公民分别诉韩国公民金某案
    ——涉外侵权行为的法律适用 ……………………………… (166)
  案例十:益恒公司诉义钢公司、冠德公司侵权纠纷案
    ——涉外侵权的法律适用 …………………………………… (167)
  案例十一:陈某、林某诉三菱公司案——涉外产品责任的法律适用 … (169)
  案例十二:W轮与"猎鹰001"船碰撞案
    ——涉外海事侵权的法律适用 ……………………………… (171)
  案例十三:厦门商业公司诉兴成远洋运输公司案
    ——海上货物运输侵权的损害赔偿 ………………………… (172)

案例十四：美国梵盛公司与苏州恒瑞公司不当得利纠纷案
　　　　——涉外不当得利之债的法律适用 …………………………（173）
　　案例十五：美国A公司诉毛里求斯B公司案
　　　　——涉外不当得利之债的法律适用 …………………………（174）
　　案例十六：汇丰银行上海分行诉美国佛罗里达州梅隆联合国民银行国际
　　　　托收纠纷案——涉外无因管理之债的法律适用 ……………（176）
　案例思考题 ……………………………………………………………（177）
　　思考题一：耿某诉大连海福拆船公司案
　　　　——涉外侵权行为的法律适用 ………………………………（177）
　　思考题二：陆红诉美国联合航空公司案
　　　　——国际航空旅客运输损害赔偿的管辖权与法律适用 ……（179）
　　思考题三：某供销贸易公司与香港恒昌贸易公司销售合同纠纷案
　　　　——涉外产品责任的法律适用 ………………………………（183）

第十三章　国际经济贸易合同关系的国际私法调整 …………………（185）
　本章知识点 ……………………………………………………………（185）
　案例分析 ………………………………………………………………（198）
　　案例一：中国A公司与B国B公司洗衣机出口纠纷案
　　　　——国际货物买卖合同的法律适用 …………………………（198）
　　案例二：河南某机械厂货物丢失赔偿案
　　　　——国际铁路货物联运 ………………………………………（200）
　　案例三：美顺国际货运有限公司与巴润摩托车有限公司海上货物运输
　　　　合同纠纷案——提单中法律选择条款的效力 ………………（201）
　　案例四：远东中国面粉厂有限公司诉利比里亚美姿船务公司货损赔偿案
　　　　——承运人的义务 ……………………………………………（204）
　　案例五："三江口"轮货损差纠纷案——承运人的免责 …………（205）
　　案例六：格里尔诉普尔货物运输保险索赔案
　　　　——涉外货物运输保险合同的法律适用 ……………………（207）
　　案例七：中国A公司诉美国B公司案
　　　　——国际货物买卖合同双方的权利和义务 …………………（208）
　　案例八：广州市S公司与港商N公司案——信用证单证相符原则 ………（210）
　　案例九：国际技术许可协议纠纷案——卖方的权利担保义务 …………（212）
　　案例十：丹东曙光车桥股份有限公司诉美国柏利莱机械公司合资争议案
　　　　——中外合资经营企业合同的法律适用 ……………………（213）

案例十一：日本香美公司诉法国同进公司案
　　——国际工程承包合同的法律适用 ······················(216)
案例十二：北京百事通影视文化传播有限公司上海分公司诉香港利是美
　　国际中国有限公司案——委托合同的法律适用 ···········(217)
案例十三：中国工商银行深圳市分行诉香港嘉星(集团)有限公司等
　　七被告借款纠纷案——借款和担保合同的法律适用 ·········(218)
案例思考题 ···(220)
思考题一：中国昌华公司与美国丽特公司纠纷案
　　——国际货物买卖合同的法律适用 ······················(220)
思考题二：中国某进出口公司和外商之间的贸易惯例与合同条款关系的
　　争议案——贸易惯例的效力 ····························(221)
思考题三：货主诉中国 A 船务公司案
　　——国际海上货物运输合同的法律适用 ··················(221)
思考题四：上海某公司诉美国某运送服务公司案
　　——国际航空运输合同的法律适用 ······················(222)
思考题五：中国某外贸公司诉保险人赔偿案——CIF 价格条件 ········(223)
思考题六：中国某汽车制造厂诉美国某汽车制造集团专利技术
　　转让合同案——技术引进合同的法律适用 ················(223)
思考题七：香港吉德投资有限公司诉沈阳市东陵区殡葬管理所案
　　——中外合作经营企业合同的法律适用 ··················(226)
思考题八：某中外合资电感元件有限公司贷款合同纠纷案
　　——国际贷款合同的法律适用 ··························(229)
思考题九：史密斯诉上海福克有限公司案
　　——涉外劳动合同的法律适用 ··························(230)

第十四章　婚姻家庭关系的法律适用 ·······························(232)
本章知识点 ···(232)
案例分析 ···(237)
案例一：英国公民乔治与中国公民王芳在中国境内结婚案
　　——结婚实质要件的法律适用 ··························(237)
案例二：外国留学生哈密勒在中国申请结婚法律适用案
　　——一夫一妻制婚姻原则的适用 ························(239)
案例三：张莉诉王伟亲属遗产继承案——涉外婚姻中的法律规避 ······(240)
案例四：中国公民某甲诉某乙涉外离婚案——管辖权与法律适用 ······(241)

案例五:杨致祥、王双梅诉杨英祥案
　　——夫妻共同财产制的法律适用 …………………………………（243）
案例六:张伟明受监护、抚养争议案——父母子女关系的法律适用 …（244）
案例七:唐顾齐诉张某夫妻案——涉外收养的法律适用 ……………（246）
案例思考题 ……………………………………………………………………（247）
思考题一:香港居民王贤璋与李忠敏婚姻案
　　——中国的一夫一妻制是否适用于涉外婚姻 …………………（247）
思考题二:法国商人冯德智林的非婚生子阿昌的法律地位案
　　——涉外亲子关系的法律适用 …………………………………（248）

第十五章　继承的法律适用 ………………………………………………（249）
本章知识点 ……………………………………………………………………（249）
案例分析 ………………………………………………………………………（253）
案例一:美国公民陶思茅诉中国公婆财产继承案
　　——法定继承的法律适用 ………………………………………（253）
案例二:某英国女子遗产继承案——立嘱能力的法律适用 ……………（254）
案例三:赫尔曼遗嘱案——受遗赠人接受遗赠的能力的法律适用 ……（255）
案例四:中国公民L涉外继承纠纷案
　　——继承的管辖权与法律适用 …………………………………（256）
案例五:陈鉴泉诉钟惠娟等继承纠纷案——遗嘱继承的法律适用 ……（257）
案例六:蒙古国公民巴图继承案——无人继承财产的法律适用 ………（259）
案例思考题 ……………………………………………………………………（260）
思考题一:张宜群案——涉外法定继承的法律适用 ……………………（260）
思考题二:任爱玲等诉王美珍案——涉外遗嘱的效力 …………………（261）

第十六章　海事的法律冲突 ………………………………………………（263）
本章知识点 ……………………………………………………………………（263）
案例分析 ………………………………………………………………………（264）
案例一:丹麦雪亮公司诉富兴渔业公司船舶抵押权案
　　——船舶所有权和抵押权 ………………………………………（264）
案例二:大华航务有限公司偿债纠纷案
　　——船舶抵押权、留置权和优先权 ……………………………（265）
案例三:货方诉"亚神"号案——共同海损的法律适用 ………………（266）
案例四:南京华夏海运公司诉塞浦路斯澳非尔提斯航运有限公司
　　船舶碰撞案——船舶碰撞侵权行为的法律适用 ………………（268）

— 9 —

案例思考题 ………………………………………………………………（269）
 思考题一：美国 JP 摩根大通银行诉利比里亚海流航运公司案
    ——船舶抵押权的法律适用 ………………………………（269）
 思考题二：奥帕尔星轮抵押案——船舶抵押权和优先权的法律适用 ……（271）
 思考题三：斯达迪船务有限公司诉中海发展股份有限公司案
    ——无接触碰撞损害赔偿的法律适用 ……………………（273）

第十七章 国际破产的法律适用 …………………………………（276）

本章知识点 ………………………………………………………………（276）
案例分析 …………………………………………………………………（278）
 案例一：美国中央大鹰集团公司索赔案
    ——国际破产案件管辖权的冲突 …………………………（278）
 案例二：国际商业信贷银行深圳分行破产案——地域破产主义 …………（280）
 案例三：广东国际信托投资公司破产案——普及破产主义 ………………（281）
案例思考题 ………………………………………………………………（283）
 思考题一：罗氏美光集团在香港被宣告破产案
    ——破产宣告的地域效力 …………………………………（283）
 思考题二：意大利 B&T Ceramic Groubs.r.1 有限公司申请承认意大利
    米兰法院破产判决案——有限制的普遍主义 ……………（284）

第十八章 知识产权 ………………………………………………（286）

本章知识点 ………………………………………………………………（286）
案例分析 …………………………………………………………………（288）
 案例一：涉外著作权案——著作权的取得 …………………………………（288）
 案例二：美国公司诉上海光明打火机厂等侵犯商标权案
    ——商标专用权的国际保护 ………………………………（289）
案例思考题 ………………………………………………………………（291）
 思考题一：20世纪福克斯电影公司诉北京市文化艺术出版社
    音像大世界侵犯著作权纠纷案
    ——外国作品著作权人的确定和发行权的用尽问题 ………（291）
 思考题二：国网公司诉宝洁公司计算机网络域名侵权案
    ——涉外域名纠纷的管辖权和法律适用 …………………（292）
 思考题三：澳大利亚多堆垛国际股份有限公司诉深圳富威冷暖设备
    有限公司案——外国人在中国取得的专利权的保护 ……（297）

第三编 国际民事诉讼法

第十九章 国际民事诉讼法概述 (301)
本章知识点 (301)
案例分析 (303)
案例一:"易迅"轮与"延安"轮碰撞案——外国人的民事诉讼地位 (303)
案例二:广东某公司委托律师代理诉讼案——律师代理诉讼 (304)
案例三:乔丹委托领事代理诉讼案——领事代理诉讼 (305)
案例思考题 (307)
中国广东某纺织品进出口公司诉意大利商人案
——外国人的诉讼行为能力 (307)

第二十章 国际民事管辖权 (308)
本章知识点 (308)
案例分析 (312)
案例一:天津某外贸公司诉日本三元株式会社货物买卖合同纠纷案
——管辖权的确定 (312)
案例二:盐业银行香港分行诉香港紫心集团案——默示协议管辖 (314)
案例三:山东聚丰网络有限公司诉韩国MGAME公司、第三人天津风云
网络技术有限公司网络游戏代理及许可合同纠纷管辖权异议上诉案
——协议选择外国法院管辖条款的效力 (315)
案例四:江都造船厂诉中国工商银行扬州分行、中国银行香港分行案
——信用证纠纷的管辖权 (318)
案例五:大连华兴船行诉日本平成商社案
——管辖权的积极冲突 (319)
案例六:上诉人姚铭锋与被上诉人(原审原告)香港投资集团有限公司
管辖权异议案——不方便法院原则 (321)
案例思考题 (324)
思考题一:渣打(亚洲)有限公司诉华建公司案——平行诉讼 (324)
思考题二:王华实与付春花离婚案——平行诉讼与域外送达 (325)
思考题三:"红旗138"轮与"金鹰一号"轮碰撞案
——管辖权的消极冲突 (326)

第二十一章　国际民事诉讼中的期间、诉讼时效、证据和诉讼保全 …… (329)
  本章知识点 …… (329)
  案例分析 …… (331)
    案例一:蒋娟诉杨帆离婚案——上诉的期间 …… (331)
    案例二:游客诉天鹅客运公司海上旅客运输人身和财产损害赔偿纠纷案
        ——诉讼时效和责任期间 …… (332)
    案例三:美达有限公司与某省H进出口公司先后申请诉前扣船案
        ——诉讼保全 …… (334)
  案例思考题 …… (336)
    思考题一:青岛平度市进出口公司与韩国首尔市
        正辅农水产买卖合同纠纷案——证据的法律适用 …… (336)
    思考题二:昌运航运公司请求扣押国发远洋运输公司的"国财"轮案
        ——财产保全 …… (337)

第二十二章　国际司法协助 …… (339)
  本章知识点 …… (339)
  案例分析 …… (341)
    案例一:美国加州高等法院向中国送达判决书案——邮寄送达 …… (341)
    案例二:仰融在美国起诉辽宁省政府案——邮寄送达和外交送达 …… (342)
    案例三:加拿大一彩印包装设备供应商诉上海某集团下属
        两家包装公司等案——传真送达 …… (344)
    案例四:日本国三忠株式会社诉中国福建九州(集团)股份有限公司国际货物
        买卖合同短重赔偿案——域外形成的证据的效力 …… (345)
  案例思考题 …… (347)
    思考题一:美国Alameda高等法院通过原告律师向中国境内
        送达司法文书案——邮寄送达 …… (347)
    思考题二:蔡壮钦、黄燕英诉奔驰汽车公司、香港富荣车行
        产品质量责任纠纷案——留置送达 …… (350)
    思考题三:黑龙江省东宁县华埠经济贸易公司与中国外运山东威海
        公司等船舶进口代理合同、废钢船买卖合同纠纷再审案
        ——域外形成的证据的效力 …… (352)
    思考题四:广东发展银行江门分行与香港新中地产有限公司借款担保
        纠纷上诉案——对外国法院判决确认的事实的承认 …… (353)

第二十三章　国际民事诉讼中外国法院判决的承认与执行 …………（355）
本章知识点 ……………………………………………………（355）
案例分析 ………………………………………………………（356）
案例一：肯德尔夫妇离婚案
——承认与执行外国法院判决的条件 ……………………（356）
案例二：日本公民五味晃与日本日中物产有限公司借贷纠纷案
——日本法院判决在中国的承认与执行 …………………（357）
案例三：李庚与丁映秋离婚案
——日本法院离婚调解协议在中国的承认 ………………（358）
案例思考题 ……………………………………………………（360）
思考题一：香港利登利公司、香港富华公司与香港耀声公司合同纠纷案
——中国香港法院民事判决在内地的承认和执行 ………（360）
思考题二：蒋筱敏与陈兰离婚案
——新西兰法院解除婚约的决议书在中国的效力 ………（361）

第四编　国际商事仲裁法

第二十四章　国际商事仲裁法概述 ……………………………（365）
本章知识点 ……………………………………………………（365）
案例分析 ………………………………………………………（367）
案例一：中国人民保险公司北京分公司诉埃及"亚历山大"轮案
——国际民商事争议的解决方式 …………………………（367）
案例二：丽都饭店仲裁裁决执行案——仲裁中涉外因素的判断 ………（369）
案例三："路易斯·波霍芬"轮鱼粉自燃仲裁案
——仲裁管辖权和仲裁机构 ………………………………（371）
案例思考题 ……………………………………………………（372）
收货人诉海上运输承运人案——中国海事仲裁委员会的管辖权 ………（372）

第二十五章　仲裁协议 …………………………………………（374）
本章知识点 ……………………………………………………（374）
案例分析 ………………………………………………………（376）

案例一：上海外贸 A 公司诉日本 B 公司案
　　　　——仲裁条款效力的认定与仲裁条款的功能 ……………（376）
案例二：国药控股江苏有限公司、江苏大德生药房连锁有限公司
　　　　诉扬州华天宝药业有限公司、广东华天宝药业集团有限公司、
　　　　香港华天宝药业有限公司案——仲裁协议排除法院管辖 ……（378）
案例三：新加坡乙公司与中国甲公司合营企业纠纷仲裁案
　　　　——仲裁管辖权异议 ……………………………………（379）
案例四：Conares 公司诉中国仪器进出口公司案
　　　　——仲裁协议效力的认定 …………………………………（380）
案例五：天津市冷藏食品有限公司诉富勒有限公司和爱丽尼克斯
　　　　国际有限公司案——法院管辖权的异议和外国法查明 ……（382）
案例思考题 …………………………………………………………（383）
思考题一：约克公司与北海公司货物买卖合同纠纷案
　　　　——识别、仲裁与诉讼管辖权冲突 ………………………（383）
思考题二：江苏省物资集团轻工纺织总公司诉香港裕亿集团有限责任
　　　　公司及加拿大太子发展有限公司的侵权纠纷案
　　　　——仲裁条款的效力 ………………………………………（386）
思考题三：铁行渣华有限公司诉华兴海运（中国）托运有限公司案
　　　　——仲裁协议效力的确认 …………………………………（388）
思考题四：武汉中苑科教公司诉香港龙海（集团）有限公司案
　　　　——合同转让对仲裁条款效力的影响 ……………………（391）

第二十六章　国际商事仲裁的准据法 ………………………………（395）
　本章知识点 …………………………………………………………（395）
　案例分析 ……………………………………………………………（396）
　　案例一：梅基公司诉古耶公司案——当事人能否选择仲裁规则 ……（396）
　　案例二：美国 J 公司诉中国 D 公司案
　　　　——国际商事仲裁中实体问题的法律适用 ………………（397）
　案例思考题 …………………………………………………………（398）
　　香港有色金属有限公司诉中国某省国际贸易公司案
　　　　——国际商事仲裁中实体问题的法律适用 ………………（398）

第二十七章　仲裁程序 …………………………………………………（400）
　本章知识点 …………………………………………………………（400）
　案例分析 ……………………………………………………………（402）

案例一：香港长发(国际)运输公司诉香港前导有限公司仲裁案
　　——仲裁中的财产保全 …………………………………………（402）
案例二：中国 B 公司诉美国 A 公司仲裁案——仲裁中的调解 ………（404）
案例三：广城公司诉振裕公司案——仲裁裁决的撤销 ………………（407）
案例四：申请人长沙新冶实业有限公司与被申请人美国 Metals Plus
　　国际有限公司申请撤销仲裁裁决案
　　——合同约定"country of defendant"仲裁是否有效 …………（409）
案例五：A 地产有限公司诉 B 工业公司案
　　——申请撤销仲裁裁决并重新仲裁 ……………………………（411）
案例思考题 ……………………………………………………………………（413）
"斯开普温德"轮与"阿"轮碰撞案——仲裁中的调解 …………………（413）

第二十八章　国际商事仲裁裁决的承认与执行 …………………………（415）

本章知识点 ……………………………………………………………………（415）
案例分析 ………………………………………………………………………（417）
案例一：诺宝克货运服务股份有限公司与中国航海技术咨询服务公司仲裁案
　　——外国仲裁裁决在中国的承认和执行 ………………………（417）
案例二：某省进出口公司诉香港某实业公司仲裁案
　　——香港回归祖国前中国内地裁决在香港地区的承认与执行 …（418）
案例三："庄士花园"裁决执行案——国际商事仲裁中的证据 ………（421）
案例四：香港铭鸿发金属胶业制品厂与广东梅录新光塑料
　　制品厂仲裁案——仲裁裁决执行中的公共秩序 ………………（424）
案例五：广州远洋运输公司与美国公司仲裁案
　　——外国临时仲裁裁决在中国的承认和执行 …………………（426）
案例思考题 ……………………………………………………………………（428）
思考题一：香港华兴发展公司与厦门东风橡胶制品厂等仲裁案
　　——中国法院不予执行中国涉外仲裁裁决 ……………………（428）
思考题二：NG FUNG HONG LTD(五丰行)诉 ABC 执行仲裁裁决案
　　——香港回归祖国后中国内地裁决在香港的承认与执行 ……（429）
思考题三：上海某外贸公司与美国加利福尼亚某公司仲裁案
　　——中国涉外仲裁裁决在美国的承认和执行 …………………（430）
思考题四：德国 S&H 食品贸易有限公司与厦门联发进出口贸易
　　有限公司仲裁案——德国仲裁裁决在中国的承认和执行 ……（431）

主要参考文献 ………………………………………………………………（433）

第一编

总　论

第一章 国际私法的概念

本章知识点

一、国际私法的调整对象

对于国际私法的调整对象,中外国际私法学者存在不同的主张。我们认为,国际私法与国际公法、国际经济法一样,都是调整跨国关系的法律部门,只不过它是以国际交往中所产生的民事关系作为自己的特殊调整对象的,即国际私法的调整对象为涉外民事关系。

二、国际私法的名称、范围和定义

(一) 国际私法的名称

历史上,国际私法的名称各种各样。即使到现在,不同学者,不同国家和地区,对国际私法仍保留不同的称谓。大体来说,国际私法的名称主要有以下几种:法则区别说、冲突法、法律的场所效力论、外国法适用论、涉外私法、私国际法、国际私法等等。

(二) 国际私法的范围

国际私法的范围有两种含义:一是指对象范围,即国际私法所调整的社会关系的范围;二是指国际私法应当包括哪些法律规范。

普通法系国家的国际私法学者认为国际私法就是冲突法,但它们也认为关于涉外民商事案件管辖权规范和外国民商事判决的承认和执行规范,也应该包括在国际私法之中。不过它们反对把国籍问题和外国人民商事法律地位规范归入国际私法。而大陆法系一些国家尤其是法国,却对国际私法范围作广义的理解,认为它除了冲突规范外,还应包括"适用于国际关系中私法主体间的所有规范"。近来,还有些法国国际私法学家主张统一实体私法也应包括在国际私法范围之中。德国的国际私法学者一直认为国际私法只解决法律冲突问题,而把国籍问题归入宪法,外国人民商事法律地位规范归入外国人法,同时又反对把国际民商事诉讼程序规范归入国际私法中。日本大部分学者的观点与德国国际私法学者的观点相似,但在一些具体问题上又有所不同。他们认为在调整国际民商事关系并保证国际民商事交往安全方面,涉外民商事诉讼程序法与冲突规范(指定实体法适用)犹如一个车子的两个轮子,是不可或缺的。

学者中还有主张把统一民商法规范归入国际私法范围的,如法国学者戈得曼(Goldman)与英国学者施密托夫(Schmitthoff)。他们认为随着统一国际民商法实体法公约和在实践基础上形成的国际贸易惯例不断增加,应该把国际私法的范围加以扩展,把这些统一实体法也包括进国际私法。一些著名的从事国际私法统一工作的国际性机构,也都主张从国际私法的统一立场上,对统一冲突法、统一国际民商事诉讼程序法和统一实体法三个方面的问题,进行有机结合的研究。关于调整外国人出入境、居留、驱逐等法律地位的规范,属于公法范畴,当然与私法无关。但关于外国人民商事法律地位的实体规范,却是发生法律冲突的前提条件之一,当然应该在国际私法中一并加以研究。在国内法中,民法与民事诉讼法也明显属于两个不同的法律部门,但是在国际私法中,却必须包括调整涉外民商事诉讼和商事仲裁程序的规范,何况如识别、反致、公共秩序保留、外国法的查明与法律错误适用的救济,既是冲突法上的重要制度,本身又是程序问题。更何况在实际工作中,研究民事诉讼法的学者,对这两部分的问题也往往限于一般性的介绍,只有国际私法学者才对它们作系统深入的研究。

(三) 国际私法的定义

国际私法是以涉外民事关系为调整对象,以解决法律冲突为中心任务,以冲突规范为最基本的规范,同时包括规定外国人民事法律地位的规范、避免或消除法律冲突的统一实体规范以及国际民事诉讼与仲裁程序规范在内的一个独立的法律部门。

三、国际私法的性质

对于国际私法的性质一直存在争议,至今尚未取得统一的认识。长期以来,争议的问题主要集中在三大方面:国际私法是国际性法律还是国内性法律?国际私法究竟是实体性法律还是程序性法律?国际私法是公法还是仅仅属于私法?

对于国际私法到底是国内性法律还是国际性法律的问题,国内外学者的观点大致可以分为三种:国内法论、国际法论、二元论或综合论。而国际私法发展到今天,恰好已成为这样一个综合性的独立的法律部门,既具有国际法律性质的一面,又具有国内法律性质的一面。可以说,国际私法是国际性法律与国内性法律的复合体。不仅如此,国际私法还是以私法为主导并兼有公法性质的独特法律部门。因为国际私法既不完全属于公法,也不完全属于私法;或反过来说,它既包含有公法的性质,也包含有私法的性质。不管怎么样,依照现在的观点来分析,国际私法既然除了解决法律适用的冲突法外,还包括有统一实体法、国家的外国人法(既含有一般意义上的实体法,又含有间接规范人的行为和关系的冲突法)以及解决涉外民商事争议的程序法,它明显地既包含实体法,又包含程序法。因此,在这个问题上,大体亦可区分出三大理论派别,即程序法学派、实体法学派和综合法学派。占主导地位的国际私法学观点认为,国际私法是冲突法、实体法以及程序法的混合体,这正是其独特性所在。

四、国际私法的基本原则

根据中国多数学者的观点,应该认为,中国国际私法的基本原则主要应有主权原则和平等互利原则。它们贯穿于国际私法的各个领域和各种主要的制度中。

(一) 主权原则

主权,是国家最重要的属性,是国家固有的在国内的最高权力和在国际上的独立权力。主权原则本是调整国际公法关系的最基本原则,由于国际私法所调整的也是一种涉及不同国家立法、司法管辖权的关系,因此主权原则理所当然成为国际私法的第一项基本原则。

把主权原则作为国际私法的第一项基本原则,要求我们在处理涉外经济、民事关系时,首先必须贯彻独立自主的方针。我们认为国际私法是国内法,很大原因就是各国在解决涉外民事关系时都是依据这一方针的。依照主权原则,任何一国都无权要求他国放弃自己的冲突原则;各国除一般应遵守国际习惯法的一些基本限制外,也都是从自己的主权出发来规定国际民事争议的管辖权和法律适用原则的;并且在它们自己的管辖权受到侵犯的情形下,将坚决拒绝承认和执行有关外国的判决;在民事法律地位方面,根据国际习惯法或国际条约,固然应该赋予外国人以国民待遇,但国际法也同样允许主权国家根据自己的具体情况,在某些方面对境内的外国人的民事法律地位作出适当限制,并在自己的公民的民事权利地位在外国受到歧视性限制时,有权对该外国的公民采取对等措施。根据主权原则,当国家没有通过明示或默示的方式加以放弃的情况下,国家及其财产是享有豁免权的,并且在这种豁免权被侵犯时,完全有权采取报复措施。

(二) 平等互利原则

国际私法中的平等互利原则,要求在处理涉外民事关系时,应以有利于发展国家间平等互利的经济交往关系作为出发点。而在处理国际私法关系时,坚持贯彻平等互利原则是至关重要的。

根据平等互利原则,首先要求各国民商法处于平等的地位,彼此承认对方国家的民商法在本国的域外效力,在可以而且需要适用外国民商法时就应该予以适用。

其次,平等互利原则要求中外当事人在涉外民事关系中处于平等的地位,他们的合法权益受同等的法律保护。

在处理中国国际私法关系时,首先要求坚持主权原则,但同时也要贯彻平等互利原则。也就是说,一方面必须执行"以我为主"的方针;另一方面,也必须清醒地认识到,在当今的国际经济新秩序的建立过程中,涉外民事关系就所涉国家间来说,必然也是一种相互关系,一种互利关系。因而,在这种关系中,站在狭隘的民族利己主义的立场来解决各种法律问题,尽管可能会在一时一事上获得某种短暂的局部的好处,但就国家的长远的对外开放的国策来说,却并不见得也是有利的。

案例分析

案例一:美国公司诉西安公司国际货物买卖合同纠纷案
——国际私法的调整对象

【案情介绍】

中国西安某进出口公司有一批电缆。1998年5月15日向老客户美国公司发出要约,规定15日内承诺有效。美国公司5月27日以邮政快件形式承诺。由于邮政部门工作失误,将"西安"误作"西宁",致使该邮件迟至6月1日才到达西安进出口公司。该西安公司已于5月31日将该电缆售与一家中日合资企业。美国公司起诉西安进出口公司,要求其承担违约责任。理由是:依照美国法律,承诺一经发出,即产生法律效力,合同就正式成立。西安公司将货物转售他人,显属违约行为。西安进出口公司抗辩称:要约规定的15天承诺期限应至5月30日届满。依照贸易惯例,5月30日之前未收到承诺,该承诺即失效,合同尚未成立,更谈不上违约问题。

【法律问题】

根据本案,回答国际私法的调整对象是什么?

【参考结论】

国际私法调整的对象为涉外民事关系。在本案中,美国公司向中国西安某进出口公司提起了违约之诉。在这个合同关系中,其中的一方主体即美国公司为美国法人。这就使该案具有了涉外因素或外国成分,美国公司与中国西安某进出口公司之间的关系属涉外民事关系,是国际私法的调整对象。

【法律评析】

国际私法调整的对象为在国际交往中所产生的民事关系。所谓涉外民事关系是指含有外国因素的民事关系,也就是说民事关系的主体、客体和权利义务据以发生的法律事实诸因素中至少有一个外国因素的,便构成了涉外民事关系。具体来说包括以下几种情况:(1)作为民事关系主体的一方或双方是外国自然人或外国法人,或无国籍人;(2)作为民事关系的客体是位于外国的物、财产或需要在外国实施或完成的行为;(3)作为民事关系的内容即权利义务据以产生的法律事实发生于外国。中国最高人民法院1988年《关于贯彻执行〈中华人民共和国民法通则〉若干问题的意见(试行)》第178条对何为涉外民事关系作了解释,它指出:"凡民事关系的一方或者双方当事人是外国人、无国籍人、外国法人的;民事关系的标的物在外国领域内的;产生、变更或者消灭民事权利义务关系的法律事实发生在外国的,均为涉外民事关系。"

涉外民事关系的涉外因素既可以是单一的,如本案,也可以是多元的。在实践中,往往表现为多元的,即在一个民事关系中有两个或两个以上的涉外因素,如中国公民就美国公民在美国的动产提起的继承纠纷。还应注意的是,涉外因素既包括外国,又包括一个国家之内的不同"法域"。如中国的内地与香港特别行政区、澳门特别行政区之间,均属不同的法域。内地与港澳间的民事纠纷也将参照涉外民事关系的处理原则,适用国际私法的有关规定来调整。

案例二:"富山海轮"与波兰所属塞浦路斯船籍的集装箱船碰撞案——涉外民事关系的认定①

【案情介绍】

2003年5月31日格林尼治时间10点30分(北京时间18点30分),在距丹

---

① 参见齐湘泉:《涉外民事关系法律适用法总论》,法律出版社2005年版,第2—3页;详细案情可参见罗昌平:《"富山海轮"2亿元赔付悬念重重》,载中国商报网:http://www.cb-h.com/shshshow.asp?n_id=6650,2006年6月5日访问。

麦博恩霍尔姆岛以北 4 海里的海域,中国远洋运输集团公司所属的"富山海轮"与一条波兰所属塞浦路斯船籍的集装箱船相撞,外轮撞到"富山海轮"左舷一、二舱之间,导致生活舱突然大量进水,"富山海轮"沉没,船上 27 名船员获救。

"富山海轮"船员离船前,封闭了船舶上所有的油路,避免了原油外溢造成严重的海域污染。"富山海轮"载有 6.6 万吨化肥,货主是中国农业生产资料集团公司,货物保险金额为 870 万美元。"富山海轮"船体保险金额为 2050 万美元。中国人民保险公司是"富山海轮"船体、货物的独家保险人。中国人民保险公司承保后,进行了再保险。"富山海轮"运载的货物出险后,中国人民保险公司迅速与国际再保险经纪人和再保险人取得联系,启动应急理赔程序,聘请律师等有关中介机构进行前期调查取证工作,分析事故原因,勘验定损,协助船东开展救助。

"富山海轮"出险后,中国人民保险公司于 2003 年 6 月 6 日决定预付赔款 7000 万人民币。"富山海轮"船体与货物保险金额为 2920 万美元,中国人民保险公司预计赔付金额在 2 亿元人民币左右,创我国国内海损赔付之最。

【法律问题】

本案涉及哪些民事关系?根据我国的法律,这些民事关系是否是涉外民事关系?

【参考结论】

"富山海轮"海难事件引发一系列的民事关系,主要有:

(1)"富山海轮"与波兰所属塞浦路斯籍集装箱船相撞引发的侵权损害赔偿关系;

(2)"富山海轮"与中国农业生产资料集团公司之间的国际货物运输合同标的灭失赔偿关系;

(3)"富山海轮"与中国人民保险公司之间的保险标的物遇险灭失赔偿关系;

(4)中国农业生产资料集团公司与中国人民保险公司之间的国际货物买卖保险标的物遇险灭失赔偿关系;

(5)中国人民保险公司与外国再保险公司之间的国际货物买卖再保险关系;

(6)中国人民保险公司与再保险公司海损理赔后,与肇事责任方的代位求偿关系;

(7)"富山海轮"原油泄漏造成环境污染引起的侵权关系。

根据最高人民法院司法解释的规定,上述民事关系均为涉外民事关系。

【法律评析】

根据中国最高人民法院1988年《关于贯彻执行〈中华人民共和国民法通则〉若干问题的意见(试行)》第178条,上述民事关系均为涉外民事关系。对于"富山海轮"与中国农业生产资料集团公司之间的国际货物运输合同标的物灭失赔偿关系,"富山海轮"与中国人民保险公司之间的国际货物买卖保险标的物遇险灭失赔偿关系,以及中国农业生产资料集团与中国人民保险公司之间的国际货物买卖保险标的物遇险灭失赔偿关系,虽然它们的当事人双方国籍相同,但标的物为国际货物销售或运输中的货物,以及引起它们受损或灭失的法律事实发生在中华人民共和国领域外,亦属涉外民事关系。

案例三:湖广铁路债券案——国家主权原则

【案情介绍】

清朝末年,清政府修建湖北、湖南两省境内的粤汉铁路和湖北省境内的川汉铁路。因两线均在当时的湖广总督辖区范围内,故称之为"湖广铁路"。为了利于用兵,镇压南方起义,维护其反动统治,清政府才决定举债修路的。

1911年5月20日,以中国清朝政府为借方,以德国、英国、法国、美国四国银行团为贷方,在北京签订了一项为建造湖北、湖南、广东、四川等地4段铁路而筹借600万金英镑的借款合同。合同规定,上述外国银行得以清政府名义在金融市场上发行债券,即"湖广铁路5厘利息递还金英镑借款债券",合同期40年,1951年到期,利息为每1金英镑5厘。合同还规定,修建铁路的建筑材料必须向上述国家购买;各段铁路的总工程师应分别由这4家的国民担任;铁路财务由各银行派人审核;借款以厘金、盐税作担保;如借款不敷或将来铁路延长需要增加借款时,4国银行团享有优先权。

湖广铁路债券从1938年起停止付息,1951年本金到期亦未偿付,债券在市场上已成为废纸。美国的一些人以微不足道的低廉价格收购了这种债券,企图从中牟取暴利。1979年,美国公民杰克逊等代表所有持这种债券的人在美国亚拉巴马州北区地方法院东部分庭对中华人民共和国提起诉讼,要求中华人民共和国偿还这种债券本金1亿美元外加利息和诉讼费。

1979年11月13日,美国法院向中华人民共和国发出"传票",并指名由当时的中华人民共和国外交部部长黄华收。要求"被告"中华人民共和国于收到"传票"后20天内提出答辩,否则将"缺席判决"。中国外交部拒绝接受此"传票",径直将其退回。1982年9月1日,美国亚拉巴马州北区地方法院以这项借款是为了"发展经济,加强国防和增进民族团结","完全具有商业性质",是"民事纠纷"为由,"缺席判处"中华人民共和国偿还原告41313038美元,外加利息和诉讼费,声称如果不执行,将扣押中华人民共和国在美国的财产并予以强制执行。

1983年2月2日,中华人民共和国外交部部长吴学谦向美国国务卿舒尔茨递交了中国外交部备忘录。备忘录指出:"主权豁免是一项重要的国际法原则,它是以联合国宪章确认的国家主权平等原则为基础的。中国作为一个主权国家无可争辩地享有司法豁免权。美国地方法院对一项以一个主权国家作为被告的诉讼行使管辖权,作出缺席判决,甚至威胁要强制执行这种判决,完全违反了国家主权平等的国际法原则和联合国宪章。中国政府坚决反对把美国国内法强加于中国这种有损于中国主权和国家尊严的做法。如果美国地方法院无视国际法,强制执行上面提到的判决,扣押中国在美国的财产,中国政府保留采取相应措施的权利。"

由于中国政府的强烈抗议,美国司法部向亚拉巴马州北区地方法院提出了美国利益声明书。鉴于美国司法部的干预,亚拉巴马州北区地方法院于1984年1月7日重新开庭,审理此案。中国政府委派律师到法庭作了"特别出庭"(special appearance),向法院阐明中国政府关于美国法院无权审理此案的立场,要求撤销1982年9月1日的缺席判决,驳回原告起诉;同时声明中国政府出庭并不意味着接受美国1976年《外国主权豁免法》的管辖,也不意味着中国政府放弃坚持国家主权绝对豁免的一贯立场。1984年2月27日,亚拉巴马州北区地方法院作出裁定,撤销原审判决。其撤销的理由是:依据1976年《外国主权豁免法》审判的湖广铁路债券案需要具有追溯力,但该法是否具有追溯力而适用于65年以前的案件,国会的意图不明确;再者,传票未译成适当的汉语,通知方式也不合程序规定,因此,法院的管辖权和诉讼程序均未很好确立。故缺席判决理应撤销。至此,这场持续5年的诉讼终因美国法院作出"拒绝受理"的裁定而终结。

【法律问题】

美国亚拉巴马州北区地方法院违反了国际私法的什么基本原则?

【参考结论】

本案中,美国亚拉巴马州北区地方法院至少违反了国际私法的国家主权原则:受理以主权国家中华人民共和国为被告的案件违背了国家主权原则中的国家主权豁免原则。此外,还有学者提出,要求中华人民共和国政府偿还清政府为镇压革命修铁路举借的"恶债",还违背了"恶意债务"不予继承、不予偿还的国际法规则。

【法律评析】

本案是涉及国家主权豁免及政府债务继承问题的国际法案例。在国际法上,国家及其财产的豁免是指国家作为主权者不受他国的管辖,国家行为在外国享有管辖豁免。一国法院不得强行把外国列为被告,或对它的财产采取强制措施。这一原则源于"平等者之间无管辖权"的习惯规则,是国家主权平等的重要内容。根据国家及其财产的豁免原则,美国法院对中华人民共和国没有管辖权,美国法院的判决是非法的、无效的。虽然从19世纪末以来,越来越多的国家倾向于根据国家活动的性质作区别对待,提出"有限豁免"的主张,国家的商业行为不享受主权豁免,但没有形成一项习惯国际法规则。且即使该规则有效,依据一个国家的国内法来判断外国国家行为的性质并决定是否给予豁免也是不适当的。

案例思考题

思考题一:出租汽车司机凌某诉俄罗斯商人艾立科不当得利案
——国际私法的调整对象

2000年3月6日上午,俄罗斯商人艾立科与一中国朋友从宁波市开元大酒店乘出租车到汽车南站,准备乘高速大巴到上海参加"华交会"。车到南站后,艾立科与其朋友下车,交了11元出租车费,即行离去,将一个装有贵重物品的手提包遗忘在出租车内。司机凌某发现皮包后,开车回南站寻找失主,未果。艾立科丢包后,在《宁波晚报》上刊登寻物启事,承诺将付给还包人酬金8888元,并公布了联系方式。3月8日下午2时许,拾包司机凌某在一男子陪同下,到艾立科住的客房送还皮包。艾立科兑现承诺,付了酬金。

艾立科皮包失而复得后,竟委托中国籍的朱女士向宁波市公管处投诉。3月9日,公管处通知拾包司机凌某到公管处"说明情况"。3月10日,司机凌某将酬金交到公管处,由公管处交给失主。公管处以"举报待查"为由,暂扣出租车司机凌某上岗证,要求在指定时间和指定地点接受处理。凌某向宁波市东区人民法院提起行政诉讼,要求公管处返还酬金。法院受理案件后,进行了审理。

问题:本案中有哪些涉外民事关系?

重点提示

本案中,艾立科乘坐出租汽车,与司机凌某构成涉外运输合同关系;且凌某本着诚信原则,履行了自己的义务,并根据艾立科发布的悬赏广告取得了该笔酬金。尽管中国尚无悬赏合同的直接规定,但国内学者主张悬赏广告为"要约",拾包司机还包,艾立科兑现承诺,付了酬金,这构成悬赏合同关系。

艾立科委托代理人进行投诉,违反已作出的承诺,迫使凌某在违背真实意思表示的情况下退回酬金,构成不当得利关系。

思考题二:叶特苹富诉英国利物浦太盛克电子贸易跨国公司支付工资案——国际私法的性质

叶特苹富是英国一位著名的电子产品销售员,英国利物浦太盛克电子贸易跨国公司非常赏识其才干。经过努力,利物浦太盛克电子贸易跨国公司与叶特苹富在利物浦签订了一份雇佣合同,约定由太盛克电子贸易跨国公司不定期聘用叶特苹富担任太盛克电子贸易跨国公司日本分公司的总经理,未约定雇佣期限。受聘之后,叶特苹富赴日本任职,其工资有一部分是在利物浦领取的。大约在叶特苹富任职1年以后,因与雇主发生争执而被解雇。于是,叶特苹富在日本东京地方法院依据日本法起诉利物浦太盛克电子贸易跨国公司,称被告利物浦太盛克电子贸易跨国公司无故将自己解雇是滥用权利,并要求被告利物浦太盛克电子贸易跨国公司付清尚未支付给自己的工资。

问题:该案属于日本的国内法问题还是英国的国内法问题,抑或国际私法问题?

重点提示

当事人虽然为英国籍雇员与英国公司,并为英国雇佣合同关系,但雇员工作地在日本,并于受雇日本工作期间与雇主发生争执而被解雇,从而依据日本法向东京法院起诉,无论就日本或英国任一方来看,均属涉外民事争议,属于国际私法问题。

第二章 国际私法的渊源

本章知识点

一、国际私法渊源的含义

国际私法的渊源是指国际私法规范的表现形式。由于国际私法的调整对象是超出一国领域的含有外国因素的民事关系,在其发展的进程中,逐渐产生了国际统一规范,这就决定了国际私法渊源具有双重性,即除了国内立法和判例这两个主要渊源之外,国际条约和国际惯例也可能成为国际私法的渊源。另外,学者的学说在国际私法的审判实践中也起着重要的作用,是国际私法的辅助渊源。

二、国内渊源

国际私法的国内渊源包括国内立法和国内判例。国际私法规范最早在国内立法中出现,国内立法是国际私法最主要的渊源。冲突规范在国内立法中主要有这么几种表现形式:

第一,将国际私法规范分散规定在民法典或其他法典的有关条款中;第二,以专门法典或单行法规的形式制定系统的国际私法规范;第三,在民法典或其他法典中列入专篇或专章,比较系统地规定国际私法规范;第四,在个别单行法规中,就某个方面涉外民事问题制定有关法律适用的规范。

在普通法系国家,一项判决不仅对特定案件具有直接的效力,而且成为后来法院处理相同或相似案件所应遵循的先例。因此,有关涉外民商事案件的判例就成为承认判例法制度国家的国际私法渊源。现在,即使是不承认判例法的大陆法系国家,也日益重视判例的重要性。

三、国际渊源

国际私法的国际方面的渊源包括国际条约和国际惯例。国际私法的主要任务是解决涉外民商事关系中出现的法律冲突。通过缔结国际条约制定统一冲突法,无疑是解决和避免国际经济民事交往过程中产生的法律冲突的更好途径。

因此,国际条约成为国际私法规范赖以存在的基本形式之一。

国际惯例是指"作为通例之证明而经接受为法律者"。一般来说,在冲突法领域,并无法律适用方面直接肯定性的国际惯例。国际私法方面的国际惯例主要是实体法上的制度,这些实体法制度主要是在长期国际经济贸易实践基础上逐渐产生的,后来经过统一编纂和解释而成为准确的国际商事惯例。

四、学说在国际私法渊源方面的地位

学者的学说并不是国际私法的正式渊源,但可以成为国际私法渊源的重要证据。在西方国家的国际私法判决中,常常援用著名学者的学说作为论证的渊源。尽管我国不把学说作为国际私法的渊源,但为了更好地维护我国和外国当事人的合法权益,我们应高度重视并加强对外国国际私法学者著作和学说的研究工作。

案例分析

案例一:福克斯公司与音像大世界知识产权纠纷案
——国内法作为国际私法的渊源①

【案情介绍】

原告福克斯公司是在美国注册的一家电影公司。该公司于1985年和1990年分别对其制作的电影作品《独闯龙潭》、《虎胆龙威2》在美国版权局进行了版权登记,获得了版权登记证书,拥有上述电影作品的著作权。被告北京市文化艺术出版社音像大世界,是依法经批准设立的企业法人,其经营范围包括国家正式出版发行的音像制品,住所地为北京市西城区。

1994年6月6日,原告的律师在被告音像大世界购得深圳市激光节目出版发行公司出版发行的激光视盘《独闯龙潭》、《虎胆龙威2》。故原告认为,被告未经原告许可,以录像、发行等方式使用作品,是对原告著作权的严重侵犯,应当承担侵权的法律责任,并就此向北京市第一中级人民法院提起侵权赔偿之诉。

被告在审理中辩称,我国《著作权法》规定,只有以摄制录像的方式使用电

---

① 参见赵相林:《国际私法教学案例评析》,中信出版社2006年版,第15—17页。

影作品才是侵权。《著作权法》没有规定经销、代销不能明确辨认为侵权出版物商品的,应负侵权责任;更没有规定经销、代销出版物商品须取得著作权人许可。中国1991年实施的《著作权法》第46条第2项规定:"未经著作权人许可,以营利为目的,复制发行其作品的",是侵权行为。因此,只有为特定目的、未经授权提供作品复制件的,才是非法的发行行为。发行人可以通过自己的出售、出租行为将作品复制件直接提供给公众而实现其发行目的,也可以通过出售、出租等营销环节间接向公众提供作品复制件来实现发行目的。出版物的营销者,不一定是出版或发行者。故原告没有法律依据向非出版和发行人的被告主张权利。

【法律问题】

本案应适用什么法律?被告是否应承担法律责任?

【参考结论】

本案应适用的法律包括我国国内法和我国所参加的国际条约,但主要是相关的国内法。由于中美两国签订了《关于保护知识产权谅解备忘录》和中国加入了《保护文学和艺术作品伯尔尼公约》,原告福克斯公司对电影作品《独闯龙潭》、《虎胆龙威2》在美国取得的著作权,也应当受到中国法律的保护。同时,按照中国《著作权法》的相关规定,被告音像大世界的销售行为构成对福克斯公司著作权的侵犯。因此,被告应当承担相应的侵权法律责任。

【法律评析】

国内立法是国际私法渊源的最早的表现形式,也是国际私法最主要的法律渊源。从讼争的情况和双方的对立主张来看,本案是一个涉外侵权案件,本案的焦点就在于被告的销售行为是否构成侵权,以什么地方的法律来认定被告侵权,这是审理本案的关键所在。中国《民法通则》第146条规定,侵权行为的损害赔偿,适用侵权行为地法律,当事人双方国籍相同或者在同一国家有住所的,也可以适用当事人本国法律或者住所地法律。因此,认定被告是否构成侵权的法律依据,首先依中国《民法通则》第146条的法律适用规范进行指引,该条法律适用规范便是我国在侵权方面的国际私法立法规范。按照该条国际私法规范的指引,首先适用侵权行为地法即中国的《著作权法》及其相关规定来认定原告主张的侵权行为是否存在。

中国2011年4月1日起施行的《涉外民事关系法律适用法》第50条对知识产权侵权作出了专门规定:"知识产权的侵权责任,适用被请求保护地法律,当事人也可以在侵权行为发生后协议选择适用法院地法律。"如果本案发生在该法生效以后,根据中国《涉外民事关系法律适用法》,本案也应适用被请求保护地中国法律。

由于中美两国签订了《关于保护知识产权谅解备忘录》和中国加入了《保护文学和艺术作品伯尔尼公约》，原告福克斯公司对电影作品《独闯龙潭》、《虎胆龙威2》在美国取得的著作权，也应当受到中国法律的保护。中国《著作权法实施条例》第5条第5项规定："发行，指为满足公众的合理需求，通过出售、出租等方式向公众提供一定数量的作品复制件。"因此，销售也是《著作权法》规定的发行行为。中国1991年实施的《著作权法》第45条第5项规定，未经著作权人许可，以表演、播放、展览、发行、摄制电影、电视、录像或者改编、翻译、注释、编辑等方式使用作品的是侵权行为。被告在北京销售他人出版的侵权激光视盘，其行为侵害了原告的合法权益，应当承担相应的法律责任。当然，销售商在承担责任后，可以根据合同向出版者追偿。

案例二：中国A公司诉美国B公司黄桃买卖合同纠纷案
——国际条约作为国际私法的渊源

【案情介绍】

中国A公司与美国B公司2004年签订了一份买卖合同。合同规定：中国A公司（以下简称"卖方"）向美国B公司（以下简称"买方"）出售黄桃20吨，总值1万美元，买方必须在8月25日至31日之间派冷藏集装箱车到产地接运货物，后卖方虽多次催促买方派车，但直到9月8日仍未见对方派车接受货物。于是，卖方不得不在9月9日将这批货物卖给另一买主，价款为6000美元。A方因价款遭受损失而向B方提起诉讼。

【法律问题】

1. 该案应依什么法律作出处理？
2. 卖方是否有权再销售该批货物？遭受损害方可要求何种损害赔偿？

【参考结论】

1. 由于中国和美国都是《联合国国际货物销售合同公约》的成员国，当事人对合同法律适用又没有约定，因此本案应适用该公约来处理。

2. 根据《联合国国际货物销售合同公约》第85条的规定，在通常情况下，买方延迟收取货物时，卖方应按情况采取合理措施，以保全货物，而不应再任意另行出售该批货物。但《联合国国际货物销售合同公约》第88条第2款规定："如果货物易于迅速变坏，或者货物的保全牵涉到不合理的费用，则按照第85条或第86条规定有义务保全货物的一方当事人，必须采取合理措施，把货物出售。在可能的范围内，他必须把出售货物的打算通知另一方当事人。"本案中涉及的是鲜活商品黄桃的买卖,如果买方继续延迟收取货物,该批黄桃就有腐烂变质的危险,在此情况下,为保全货物,防止损失继续扩大,卖方有权采取另行再售的措施。

对于损害赔偿,《联合国国际货物销售合同公约》第 75 条规定:"如果合同被宣告无效,而在宣告无效后一段合理时间内,买方已以合理方式购买替代货物,或者卖方已以合理方式把货物转卖,则要求损害赔偿的一方可以取得合同价格和替代货物交易价格之间的差额以及按照第 74 条规定可以取得的任何其他损害赔偿。"本案中,按原合同所定总价值为 1 万美元,但卖方另行出售所得价款只有 6000 美元,二者之间差价损失 4000 美元。此项损失应由买方负责,故卖方可向买方要求赔偿其差价损失。此外,还可向买方索赔因其未能按时收货而使卖方支付的其他额外费用。

【法律评析】

本案是一起国际货物买卖合同纠纷案,涉及卖方违约时,买方应如何处理货物,以及卖方所受损失的索赔问题。本案应适用的法律的具体内容有:

(1) 根据《联合国国际货物销售合同公约》第 74 条的规定,一方当事人违反合同应负的损害赔偿额,应与另一方当事人因他违反合同而遭受的包括利润在内的损失额相等。这种损害赔偿不得超过违反合同一方在订立合同时,依照他当时已知道或理应知道的事实和情况,对违反合同预料到或理应预料到的可能损失。

(2)《联合国国际货物销售合同公约》第 75 条的规定。

(3) 根据《联合国国际货物销售合同公约》第 85 条的规定,如果买方推迟收取货物,或在支付价款和交付货物应同时履行时,买方没有支付价款,而卖方仍拥有这些货物或仍能控制这些货物的处置权,卖方必须按情况采取合理措施,以保全货物。他有权保有这些货物,直至买方把他所付的合理费用偿还给他为止。

(4) 根据《联合国国际货物销售合同公约》第 86 条的规定,第一,如果买方已收到货物,但打算行使合同或本公约规定的任何权利,把货物退回,他必须按情况采取合理措施,以保全货物。他有权保有这些货物,直至卖方把他所付的合理费用偿还给他为止。第二,如果发运给买方的货物已到达目的地,并交给买方处置,而买方行使退货权利,则买方必须代表卖方收取货物,除非他这样做需要支付价款而且会使他遭受不合理的不便或需承担不合理的费用。如果卖方或授权代表他掌管货物的人也在目的地,则此一规定不适用。如果买方根据本款规定收取货物,他的权利和义务与上一款所规定的相同。

(5) 根据《联合国国际货物销售合同公约》第 88 条的规定,第一,如果另一方当事人在收取货物或收回货物或支付价款或保全货物费用方面有不合理的迟延,按照第85条或第86条规定有义务保全货物的一方当事人,可以采取任何适当办法,把货物出售,但必须事前向另一方当事人发出合理的意向通知。第二,如果货物易于迅速变坏,或者货物的保全牵涉到不合理的费用,则按照第85条或第86条规定有义务保全货物的一方当事人,必须采取合理措施,把货物出售。在可能的范围内,他必须把出售货物的打算通知另一方当事人。第三,出售货物的一方当事人,有权从销售所得收入中扣回为保全货物和销售货物而付的合理费用。他必须向另一方当事人说明所余款项。

案例三:CFR交货方式下的货物买卖合同纠纷案
——国际惯例作为国际私法的渊源

【案情介绍】

中国A公司与日本B公司签订Incoterms 2000 CFR合同,由A出售1000吨大米给B,当时在A装运的3000吨散装大米中,有1000吨是卖给B的,货物运抵目的港后,将由船公司负责分拨。但受载船只在运输途中遇到风险,使大米损失1500吨,其余1500吨安全抵达目的港。但A宣布出售给B的1000吨大米,已在运输途中全部损失,并且认为按CFR合同,其对此项风险不负任何责任。

【法律问题】

该案应适用什么法律?卖方A对出售给B的1000吨大米有无交货的责任?为什么?

【参考结论】

本案应适用2000年《国际贸易术语解释通则》(Incoterms 2000)。卖方A对出售给B的1000吨大米仍有交货的责任,因为:(1)根据《国际贸易术语解释通则》,在CFR合同中,由买方承担货物在装运港已越过船舷时起货物灭失或损坏的一切风险;但应以该货物已正式划归于本合同项下,即该货物已被清楚地划出或以其他方式确定为本合同项下的货物为准,即货物应被特定化。(2)本案中,由于卖方A出售的1000吨大米是散装的,且与另外2000吨大米混装在一起,并未将出售给B的大米特定化,因此在3000吨大米中,不能确定哪1000吨大米是卖给B的。因此,在1000吨大米交给B之前,卖方A不得以大米在运输途中遇险损失了1500吨为由,将损失中的1000吨认定是卖给B的,A仍负有对B交付1000吨大米的责任。

【法律评析】

在长期的国际贸易中,逐渐形成了各国商人都自觉遵守的国际惯例。一些民间国际组织根据这些惯例制定了标准规则和共同条件。这些标准规则和共同条件带有很大的随意性,由当事人选择予以适用。其中最有影响,并在实践中得到广泛使用的是巴黎国际商会编纂的《国际贸易术语解释通则》。该通则是巴黎国际商会以国际贸易中应用最为广泛的国际惯例为基础,于 1936 年制定,并分别于 1953 年、1967 年、1976 年、1980 年、1990 年和 2000 年以及 2010 年版本中作了修改和补充,对国际货物买卖合同中常用的价格术语作了统一的规范性的解释。值得注意的是,最新修订的 2010 年《国际贸易术语解释通则》(Incoterms 2010)于 2011 年 1 月 1 日生效后,Incoterms 2000 并未废除,而是两个本版并存由当事人选择使用,当事人希望使用新术语时必须注明使用新术语。

本案是一起 CFR 交货方式下的货物买卖合同纠纷案,涉及 CFR 交货方式下货物风险的转移时间、货物风险转移的条件等问题。与之相关的法律条文是 Incoterms 2000 CFR 术语中有关风险转移的规定:

A. 卖方义务

A5. 风险转移。除 B5 款规定的情况外,承担货物灭失或损坏的一切风险,直至货物在指定装运港已越过船舷为止。

B. 买方义务

B5. 风险转移。自货物在装运港已越过船舷时起,承担货物灭失或损坏的一切风险。

如买方未根据 B7 款给予通知,则自规定装运的约定日期或期限届满之日起,承担货物灭失或损坏的一切风险,但应以该货物已正式划归于本合同项下,即该货物已被清楚地划出或以其他方式确定为本合同项下的货物为准。

B7. 通知卖方。在买方有权确定装运货物的时间和/或目的港时,给予卖方充分的通知。

案例思考题

中国 H 公司诉日本 S 公司案——贸易习惯的效力

2003 年 10 月 9 日,日本 S 公司与中国 H 公司签订了 100 吨板栗的购销合同,价格为 2450 美元/吨,Incoterms 2000 FOB 天津,买方须于合同订立后 4 日内将银行信用证开到卖方。合同签订后,H 公司于 2003 年 11 月 8 日收到 S 公司的开证申请书副本。H 公司认为其中规定的装船期和有效期过短,要求将装船期的 11 月 15 日延至 11 月 20 日,信用证的有效期从 11 月 30 日延至 12 月 5 日。2003 年 11 月 12 日 H 公司收到了 S 公司开出的信用证,但装船期和信用证的有效期依然分别是 11 月 15 日和 11 月 30 日。但此后,S 公司未派船接货,双方未能协商解决争议。H 公司遂向中国国际经济贸易仲裁委员会提请仲裁。

H 公司称:S 公司本应在合同签订后 4 日内开出信用证,但其迟延至 2003 年 11 月 12 日才将信用证开到 H 公司。H 公司对装船期和信用证的有效期提出延长,S 公司未予理会,既不展证又不派船,是故意严重毁约,应赔偿由此而给 H 公司造成的损失共计人民币 1959647 元。

S 公司辩称:S 公司迟开信用证,首先是因为 H 公司没有提供货物已运到天津港并做好发运准备的通知。另外,2003 年中国出口到日本的板栗出现多起质量问题,日本银行不愿答应开立信用证,后经 S 公司多方做工作,银行才同意开证。对于 H 公司提出延长信用证有效期的意见,虽经 S 公司的努力,但银行不同意延长。争议发生后,S 公司与 H 公司联系,拟通过协商解决争议,但 H 公司不配合,并将 100 吨货物全部转售,从而失去协商解决的基础。S 公司认为 H 公司提出了过高的赔偿要求,按照中日贸易习惯,买方没按合同规定开立信用证或是由于未能按 FOB 条件派船,买方仅承担合同总金额或未履行合同部分金额 3% 的赔偿金额。

问题

S 公司引用中日贸易习惯作为赔偿的依据在国际私法的理论与实践中是否行得通?为什么?

重点提示

本案中 S 公司首先迟延开立信用证,是重大违约。之后,对 H 公司提出的修改信用证的要求未予满足。根据 Incoterms 2000 的规定,在 FOB 条件下,由买方负责租船订舱,S 公司未派船接货,未履行这一基本义务。S 公司一再违背合同,使 H 公司蒙受巨大的经济损失,应给予赔偿。S 公司提出未接到货物备妥通知及货物质量问题致使延迟开证,由于这些未在合同中订明或在订立合同时提出,所以不予支持。而未经当事人引用的非强制性贸易习惯对双方当事人没有拘束力。

第三章 国际私法的历史

本章知识点

一、法则区别说

(一) 意大利法则区别说

国际私法学的最早形态是法则区别说,出现于14世纪的意大利北部。该学说着眼于按性质对法律进行分类,确定不同性质的法律各自的空间适用范围,从而解决法律冲突,因而被称作法则区别说。

意大利法则区别说的代表人物是巴托鲁斯(Bartolus)。他主张对法则本身的性质进行分类,把法则分为物法(Statuta Realia)、人法(Statuta Personalia)和混合法(Statuta Mixta)三类。这三种法则各自的性质决定了其各自的空间适用范围。物法是属地的,只能而且必须适用于制定者领土以内;人法是属人的,适用于制定者的全体属民,不论其位于境内还是境外;混合法既涉人又涉物,是涉及行为的法则,适用于在制定者领土内订立的契约。巴托鲁斯作为国际私法的开拓者,其成就是不能否认的,但其形式主义的缺陷也是显而易见的。之后,巴尔多纽斯(Baldus)也对意大利法则区别说作出了贡献。但此后,意大利法则区别说衰落了,直到16世纪冲突法转移到法兰西之前,这一领域一直没有什么进展。

(二) 法国法则区别说

法国的法则区别说的突出代表是杜摩兰(Charles Durmoulin)和达让特莱(D'Argentre)。他们分别生活在法国的南方和北方,分别代表着新兴资产阶级的利益和封建主的利益,理论观点因而是截然不同的。

杜摩兰顺应形势需要,从理性自然法出发,赞成将法律分为"人法"和"物法",并主张扩大"人法"的适用范围。在《巴黎习惯法评述》一书中,杜摩兰指出契约关系应该适用当事人自主选择的那一习惯。在他看来,按照契约自由原则,当事人既然可以自由订立契约,也当然有权选择契约适用的法律。后来,人们把这种思想理论化并称之为"意思自治"原则。杜摩兰的"意思自治"原则,后来逐渐成为选择契约准据法的一项普遍接受的原则。

达让特莱是法国法则区别说的另一个代表人物。他站在杜摩兰的对立面，提出法律或习惯的属物原则，主张各省区在法律上自治，主张把领域内一切人、物、行为都置于当地习惯控制之下。达让特莱还主张，在一个习惯是属于"物"的还是属"人"的不能确定的时候，应该把它看做是物法。在法律适用上，达让特莱几乎回到了过去的绝对属地主义的立场上了。

杜摩兰和达让特莱虽然站在不同的立场研究法律选择问题，但二者理论的结合使法国的法则区别说"迈出了决定性的一步"，进入了一个新的发展阶段。杜摩兰在契约关系上创立了这样一种观念，即契约适用当事人选择的法律，达让特莱在理论体系上建立了这样的观念：法官一般只适用自己的法律或习惯，适用外国的法律或习惯只是一种例外（局限于少数人法方面）。人们普遍认为二者的学说共同构成法国学派或法国法则区别说。

（三）荷兰法则区别说

荷兰学派的主要代表人物有巴根多斯（Burgundus）、罗登堡（Rodenburg）、保罗·伏特（Paul Voet）与约翰·伏特（John Voet）父子以及优利克·胡伯（Ulricus Huber）等人。该派学者因袭达让特莱的学说，也主张在解决法律冲突时主要应依属地原则，但在一定的情况下，也可以承认外国法的域外效力，但各人提出的理由并不一样。其中，尤以胡伯所提出的三项原则奠定了"国际礼让说"的基础。

该三项原则是胡伯在《论罗马法与现行法》一书中提出的，即：(1) 每个主权国家的法律必须在其境内行使，并且约束其臣民，但在境外则无效；(2) 凡居住在其境内的人，包括长期居住的与临时居住的人，都可视为该主权者的臣民；(3) 主权国家对另一国家已在本国的领域内有效实施的法律，出于礼让，应让它们在内国境内保持其效力，只要这样做不损害本国国家及其臣民的权力或利益。

这三项原则的提出，已经把适用外国法的问题放在国家主权关系和国家利益的基础上来加以考虑了，这对后来美国学者斯托雷和英国学者戴西产生了很大的影响。

二、法律关系本座说

"法律关系本座说"是德国著名的私法学家萨维尼（Savigny）在其著作《现代罗马法体系》第八卷中所提出的。萨维尼从普遍主义出发，认为应适用的法律，只应该是各涉外民事关系依其本身性质所固有的"本座"所在地方的法律。他主张平等地看待内外国法律，从而达到不管案件在何地受理，均能适用同一个法律，得到一致判决的目的。

萨维尼把涉外民事关系分为"人"、"物"、"债"、"行为"、"程序"等几大类，并指出了相应的"本座法"：（1）住所是人的归属之处，所以人的身份能力应以住所为"本座"，故适用住所地法。（2）物的所在地应为物权关系的本座，一概适用物之所在地法，而不区分动产和不动产。（3）债常常需要借助某种可见的外观来表现其形态，并借此形态而定其本座。这种外观形态有两个：一个是债的履行地，另一个是债的发生地。但履行地更适合于表现债权的外观形态，因而应以履行地法作为债权的本座法。基于同样的道理，侵权行为之债应适用损害后果发生地法。（4）行为方式则不论财产行为或身份行为，也不问其标的在什么地方，均应以行为地为本座，适用"场所支配行为"的原则，以行为地法为行为方式的本座法。（5）程序问题的本座是法院地法，故应适用法院地法。

萨维尼的学说奠定了现代国际私法的基础，极大地影响了19世纪后半叶的各国国际私法立法，而他也被誉为"近代国际私法之父"。

三、既得权说

既得权说是英国法学家戴西于19世纪提出来的。戴西在坚持法律严格的属地性前提下，认为为了保障合法法律关系的稳定性，对于依外国法有效设定的权利，应该坚决加以保护。既得权理论的核心是，法官只负有适用内国法的任务，他既不能直接承认或适用外国法，也不能直接执行外国的判决，而在上述情况下，法官所做的既不是适用外国法，也不是承认外国法在自己国家的效力，而仅仅是保护诉讼当事人根据外国法或外国判决所已经取得的权利。因此，域外效力不是给予外国法，而只是给予它所创设的权利的。

四、当代国际私法

（一）英、美国家

1. 库克的"本地法说"

库克（Cook）于1942年出版了《冲突法的逻辑与法律基础》一书，提出并系统论证了"本地法说"。库克比戴西的"既得权说"走得更远，认为内国法院承认与执行的，不但不是外国的法律，而且也不是外国法创设的权利，而只是一个由它自己的法律所创设的权利，亦即一个内国的权利，一个地方的权利。

2. 凯弗斯的"公正论"

凯弗斯（Cavers）于1933年在《哈佛大学法学评论》上发表一篇题名《法律选择过程批判》的文章，主张改变只作"管辖权选择"的传统制度，代之以"规则选择"或"结果选择"的方法。他为法律适用的结果提供了两条应遵循的标准：一是要对当事人公正,二是要符合一定的社会目的。法院在决定是适用本国法还是外国法之前,要考虑三个方面:首先是要审查诉讼事件和当事人之间的法律关系;其次要仔细比较适用不同法律可能导致的结果;最后是衡量这种结果对当事人是否公正以及是否符合社会的公共政策。1965年,凯弗斯出版了《法律选择程序》(The Choice-of-Law Process)一书,提出了七项解决法律冲突案件的"优先选择原则",完善了他倡导的"公正论"。

3. 柯里的"政府利益分析说"

政府利益分析说是在20世纪50年代后期由美国著名法学家布雷纳德·柯里(Brainerd Currie)创立的一种具有广泛影响的理论。柯里的理论得益于美国的司法审判实践。他认为,在每个州的法律背后隐含着这个州的政府利益,而这种利益是通过适用其法律来实现的。因此,冲突法的核心问题实质上就在于如何调和或解决不同州之间的利益冲突。当两个或两个以上的法律发生所谓冲突时,就必须了解和分析法律背后的政策和精神,并在此基础上,确定何州的利益应当让位。

4. 艾伦茨威格的"法院地法优先说"

艾伦茨威格试图对传统国际私法进行全面改造,并提出了法院地法优先说。他认为法律冲突的解决是法院地实体法的解释问题,即可以通过对法院地法的解释结果如何而决定应该适用什么法律。总之,艾伦茨威格认为国际私法赖以建立和发展的基础是优先适用法院地法,适用外国法仅仅是一种例外。

(二) 欧洲大陆国家

1. 巴迪福的"协调论"

巴迪福(Henri Batiffol)是法国20世纪以来最出色的国际私法学者。他认为冲突法的使命在于尊重各国实体法体系的独立性,并在国际上充当不同法律制度的协调人。

2. 齐特尔曼的"国际的国际私法"

齐特尔曼(Ernst Zitelmann)是德国有代表性的私法学家。他的国际私法学说最显著之处是他主张应该区分国际的国际私法和国内的国际私法,极力主张建立"国际的国际私法",以补济现行各国"国内国际私法"的不足。

3. 比较国际私法学派

比较国际私法学派是在欧洲大陆国家兴起的,其主要代表人物有德国学者拉贝尔。该学派认为,国际私法这个法律部门所要解决的都是涉及不同法律制度的一些问题,因而各国不但要适用自己的内国法,也要适用外国的内国法;各国在考虑本国的冲突法制度时,也不能不考虑相关国家的冲突法制度;各国在保护自己的主权利益时,也得尊重别国的主权利益,以追求公正合理的国际民事关系的发展。

4. 弗朗西斯卡基斯的"法律直接适用说"

"法律直接适用说"是法国国际私法学者弗朗西斯卡基斯率先提出的。他的基本主张为,随着国家对社会经济的干预不断增强,国家制定了一系列具有强制性的法律规范,用以调整某些特殊的法律关系,以维护本国在国际民商事交往中的利益。此类具有强制性的法律规范在调整涉外民事关系时,可以撇开传统冲突规范的援用,而直接适用于涉外民事关系。

五、中国国际私法的历史

(一) 中国国际私法立法史

中国国际私法的立法史最早可以追溯到唐朝,唐朝的《永徽律·名例章》中对调整涉外因素的法律关系作了规定:"诸化外人同类自相犯者,各依本俗法;异类相犯者,以法律论。"即具有同一国籍的外国人在中国境内发生相互侵犯的案件,适用当事人的本国法;不同国籍的外国人之间在中国发生相互侵犯的案件,按照唐朝的法律处理。由于旧中国闭关锁国的政策,国际私法一直没有取得多少发展。直到1918年,北洋政府颁布了《法律适用条例》,这是中国历史上第一部国际私法立法。随后,南京国民政府在1927年令暂准援用1918年的《法律适用条例》,直至1953年台湾当局颁布新的国际私法法规。

1949年,新中国成立时人民政府废除了国民党政府的"六法全书",其中包括《法律适用条例》,开始建设社会主义法律体系。但直到中国共产党十一届三中全会之后,才开始着手国际私法立法工作。在规定外国人民事法律地位方面,我国先后颁布的法律法规如1979年的《中外合资经营企业法》、1982年的《宪法》、1983年的《中外合资经营企业法实施条例》等有所涉及。在冲突法方面,在《民法通则》颁布之前,我国的冲突法立法甚不完善,直到1986年《民法通则》的颁布,才使我国的冲突法初具轮廓。此外,在1992年和1995年先后颁布的《海商法》、《票据法》以及1999年颁布的《合同法》等法律中均有关于冲突规范的规定。2010年颁布的《涉外民事关系法律适用法》是我国国际私法立法史上的里程碑,标志着我国结束了没有单行国际私法的历史。在国际民事程序和国际商事仲裁制度方面,我国的立法也取得了长足的发展。

(二) 中国国际私法学说史

由于国际私法的立法一直停滞不前,在旧中国,国际私法理论也没有多少进展,直至清末光绪年间我国才出现国际私法书籍。比较而言,民国时期出版的国际私法著作较多,国际私法理论取得了较大的发展。而新中国国际私法学的发展,经历了一个漫长而曲折的历程。在相当长的时期内,由于极"左"路线的干扰,再加上闭关自守的政策,整个法学界受到极大的冲击,国际私法作为调整涉外民事关系的法律部门,几乎被完全取缔。特别是在"文化大革命"爆发后,国际私法的理论研究已经完全中断。而国际私法理论的初步繁荣是与中国的改革开放政策密不可分的。20世纪80年代初以来,随着改革开放的深入,我国与外国的民商事交往日益频繁,国际私法的理论研究在这种背景下取得了飞速的发展。在这一时期,不同风格、不同观点、不同体例的国际私法教材、专著、译著和资料集不断问世,公开发表的论文也日益增多。

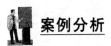

案例分析

案例一:奥汀夫人诉奥汀案
——"最密切联系原则"

【案情介绍】

本案当事人奥汀(Auten)夫妇1917年在英国结婚,他们在英国共同生活到1931年,当时双方都具有英国国籍。奥汀夫妇婚后生育了两个子女且一起住在英国。1931年,奥汀先生抛妻别子,只身前往美国。奥汀先生于1932年在墨西哥经法院判决获准离婚,然后与另一女子卡丽娜结婚。1933年,奥汀在英国的原配夫人来到美国纽约与奥汀先生达成分居协议,双方约定,由奥汀先生每月付给奥汀夫人50英镑作为其与子女的抚养费,双方维持分居现状,任何一方都不得向对方提起与分居有关的诉讼,并且奥汀夫人还不得以奥汀先生离婚或再婚为由对奥汀先生提起诉讼。在协议签订后,奥汀夫人即返回英国,与子女继续共同生活。由于奥汀先生仅支付了几次生活费,以后就没有再支付,致使奥汀夫人维持其与子女的生活出现困难,于是,奥汀夫人按律师的建议在英国法院对奥汀先生起诉,以被告通奸为由提出分居要求。该诉讼在英国法院提起时是在分居协议签订1年以后,即1934年,到判决作出时已是1938年,判决结果是被告必须向原告支付生活扶养费。据说,在英国的这一诉讼并未进入审理程序,它只是经律师建议而使用的一种向被告要钱的手段。原告也明确表示其起诉的目的不是要解除协议,而是要使该协议能强制执行。在英国法院的判决作出之后的几年里,奥汀先生仍然未向奥汀夫人支付生活扶养费。后来,原告认识到在英国进行的诉讼并未奏效,就于1947年在美国纽约州法院对奥汀先生提起诉讼,要求其按双方签订的分居协议支付生活扶养费共计 26564 美元。被告辩称,原告在英国法院提起诉讼已使 1933 年的协议失效,从而结束了原告依该协议获得扶养费的权利。纽约地方法院认为该案应适用纽约州法律。根据纽约州法律,原告在英国法院提起诉讼,获得了临时给付的裁决,因而纽约地方法院接受被告的辩护,而驳回原告的诉讼。原告不服,提起上诉。二审判决维持原判。原告不服,又在纽约州最高法院提起上诉。

纽约州最高法院富德(Fuld)法官认为,上述两个法庭之所以主张适用纽约州法律,是由于美国《冲突法重述(第一次)》中有这样的规定:有关合同履行、解释以及效力等问题应当由合同缔结地法来调整,而有关合同的实际履行问题则应当由合同实际履行地法来调整,而且"许多案例似乎把这些规范视为具有结论性的规范"。但是富德法官却又指出,该案中,更应当采用另一种方法,即被称之为"重力中心地"(center of gravity)或"关系聚集地"(grouping of contacts)的法律选择方法。根据这种方法,法院并不是把当事人意志或者合同缔结地或者合同履行地视为至高无上的因素来考虑的,而是把与具体案件具有最密切联系的国家法律视为决定性的因素,并适用该国法律。

据此,法官富德指出,"通过对与纽约和英国有关联系因素的考察,我们不得不得出结论,必须适用英国法律来决定"该案件,而不是适用纽约州法律,因为在该案中,纽约州与该案的唯一联系是,它是分居协议缔结地,但就是这种联系亦具有偶然性质。然而,该分居协议的双方当事人都是英国公民,他们的协议导致了他们的分居,更何况他们是在英国结婚、在英国生孩子,并作为一个家庭共同在英国生活了 14 年之久,而且奥汀先生也是在英国遗弃其妻子和孩子的。可见,英国在处理该案和适用其法律方面具有最重大关系。

最终,纽约州最高法院否定了原判,主张适用英国法律来判决此案。

【法律问题】
纽约州最高法院采用了什么国际私法原则?

【参考结论】
纽约州法院采用了最密切联系原则。

【法律评析】
本案是美国司法界尝试运用现代法律适用理论的一个典型案例。该案是纽约州最高法院著名法官,后来成为首席法官的富德于 1954 年审理的一件合同纠纷案,是第一个在审理合同案件的司法实践中否定美国传统国际私法理论的判例,这一判例在后来被视为否定美国传统国际私法学说有关合同法方面理论的最有名的案例,该判例中所采用的"重力中心地说"或"关系聚集地说",为"最密切联系地"理论的形成奠定了实践性基础。"奥汀案"中的重力中心地规则不仅在本州所审理的其他案件中和在其他法域得到了适用,而且还在《冲突法重述(第二次)》草案中取代了早先呆板的和僵化的合同规范。

案例二:工业事故委员会与太平洋雇用保险公司保险补偿费纠纷案
——"政府利益分析说"[①]

【案情介绍】

美国马萨诸塞州的一个居民与该州的"杜威和阿尔米化学公司"缔结了一份书面雇用合同,同意他以化学工程师和化学家的身份替该公司在马萨诸塞州的实验室做研究工作。1935年9月在该居民的雇用期中,雇主将其派往该公司在加利福尼亚州的一家分厂工作,作为暂时性的技术顾问以求改进雇主在那家分厂制造的产品的质量。他期望在他完成任务以后回到雇主在马萨诸塞州的实验室工作,但在此时,他不幸在加利福尼亚州遭到了伤害。于是,他便要求"加利福尼亚工业事故委员会"判定"太平洋雇用保险公司"对其在被雇用期间于加利福尼亚州受到的伤害加以补偿。加利福尼亚州工业事故委员会因此责成该保险公司根据加利福尼亚州保险法所规定的保险补偿费对其进行补偿。

太平洋雇用保险公司则在加利福尼亚州地方上诉法院提出上诉,要求撤销加利福尼亚州工业事故委员会责成它对被雇用人的补偿。其根据有两点:第一,由于被雇用人是长期在马萨诸塞州的公司总部工作,而且只是暂时出差来加利福尼亚州并不幸遭受伤害的,所以他应当受马萨诸塞州工人补偿法的保护,而不应当受加利福尼亚州工人补偿法的保护;第二,加利福尼亚州工业事故委员会在适用加利福尼亚州法律的同时,拒绝给予马萨诸塞州法律以忠诚信用。然而,加利福尼亚州地方上诉法院驳回了该保险公司的上诉请求,美国最高法院也采取了维持原判的态度。

【法律问题】

本案应适用什么地方的法律?

【参考结论】

在本案中,美国最高法院背离了美国传统国际私法理论所主张的方法,即适用雇佣关系合同缔结地法,审理案件的法官运用了政府利益这一概念,并对相关州的政府利益进行比较分析来决定案件的法律适用,并最后适用了侵权发生

[①] 参见赵相林:《国际私法教学案例评析》,中信出版社2006年版,第32—33页。

地法。

【法律评析】

"政府利益分析说"是美国国际私法革命中影响较为广泛的理论,其创始人是美国著名法学家柯里。按照该学说,在每个州的法律背后都隐含着这个州的政府利益,而这种利益是通过适用其法律来实现的。因此,冲突法的核心问题实际上就在于如何调和或解决不同州之间的利益冲突。当两个或两个以上州的法律发生冲突时,就必须了解和分析法律背后的政策和精神,并在此基础上确定何州利益应当让位。

在该案中,加利福尼亚州是侵权发生地,而马萨诸塞州则是雇佣关系合同缔结地。根据美国传统国际私法的规定,被雇用人的伤害应当适用被雇用人与雇用人之间雇佣关系发生的最终行为地法,即雇佣关系合同缔结地法,在该案中,也就是应当适用马萨诸塞州法律。然而,美国最高法院在该案中背离了美国传统国际私法理论所主张的方法,坚持采用侵权发生地法,即加利福尼亚州法律。因为,加利福尼亚州在该案中是侵权发生地州,而马萨诸塞州则是雇佣关系发生地州;根据管辖权原则,这两个州对该案件都能进行管辖,并主张适用各自的法律。

美国最高法院这一判决的意义在于,它表明只要法院地在该案中具有利益,那么它就可以适用法院地法。最后,美国最高法院的这一判决所采用的分析方法在考察相互冲突的利益时主张,诚实信用条款并不要求某个州忽视本州的政府利益而去适用另一个州的法律。这种利益分析法为"政府利益分析说"的出现和发展提供了肥沃的土壤。

案例思考题

贝科克诉杰克逊案——"最密切联系说"①

"贝科克诉杰克逊案"是美国纽约州上诉法院的富德法官在1963年审理的一起案件。1960年9月16日(星期五),住在纽约州罗切斯特城的威廉·杰克逊夫妇邀请了也住在该城的乔治亚·贝科克小姐和她的几个朋友一起乘坐杰克

---

① 本案部分参考了赵相林:《国际私法教学案例评析》,中信出版社2006年版,第33—34页。

逊夫妇的汽车前往加拿大度周末。当杰克逊先生驾驶着汽车来到加拿大的安大略省时,他失去了对汽车的控制,汽车冲下公路撞在路边的一堵墙上,贝科克小姐因此受了重伤。她回到纽约州以后便对杰克逊先生提起诉讼,指控他在驾驶汽车时的过失行为。根据事故发生时有效的加拿大安大略省法律规定:"除为了营利的商业性运载乘客以外,汽车的所有者或驾驶者对乘坐在车内的任何人由于身体受伤所遭受的任何损害或损失以至死亡不负责任。"但纽约州的法律却规定,在这种情形下,汽车的所有者或驾驶员要负一定的责任。被告根据美国传统国际私法理论,主张侵权适用侵权行为地法,要求法院适用安大略省法律,驳回原告的赔偿请求。

初审法院的法官支持被告的主张,原告不服,提出上诉,在上诉法院审理过程中,富德法官指出,"贝科克案"中的问题非常明确:即本案的法律适用问题,是应当适用侵权地法即安大略省法律,还是应当适用同本案有其他联系的纽约州法律,这个问题的确定关系到贝科克小姐能否得到补偿的问题。根据美国传统国际私法理论来看这个案件,其法律选择问题颇为简单。因为依照美国《冲突法重述(第一次)》第384条的规定,由侵权案件导致产生的实体法权利与义务,按侵权地法律解决。在"贝科克案"中,这个侵权地既然是在加拿大安大略省,那么当然也就该适用安大略省的法律。但是,富德法官却根据已经出现的对美国传统国际私法的批判指出,传统国际私法所赖以生存的既得权理论,忽视了侵权地以外的州对解决同一案件所具有的利益。最后,上诉法院适用了纽约州的法律,撤销原判,令被告赔偿原告的损失。

问题

本案上诉法院法官是依据国际私法中的什么理论作出裁决的?

重点提示

本案是运用最密切联系说的典型案例。最密切联系说是法律选择的一种理论,这一理论主张冲突法案件应当适用与案件有最密切联系的那个地方的法律。在本案的审理中,上诉法院法官认为纽约州法律而不是安大略省法律与案件有最密切的联系,因此应适用的法律为纽约州法律,从而支持了原告的主张。

第四章 国际私法关系的主体

本章知识点

一、自然人

（一）自然人的国籍和国籍的冲突及其解决

1. 国籍的概念

国籍是指自然人属于某一个国家的国民或公民的法律资格。在国际公法上，国籍是一个人对国家承担效忠义务的根据，同时也是国家对他实行外交保护的根据。国籍在国际私法上的意义有以下三点：第一，当事人是否具有外国国籍是判断某一民事关系是否是涉外民事关系的根据之一；第二，国籍是指引涉外民事关系准据法的一个重要连接因素；第三，国籍是国家对于它在外国的侨民当其民事权益受到侵犯时，作为原告而回到祖国来进行诉讼时行使管辖权的一种根据。

2. 国籍的冲突

由于各国关于国籍的取得或丧失的规定存在差异，所以有时会出现一个人同时具有两个或两个以上国籍，或不具有任何国籍的情况，前者被称为国籍的积极冲突，而后者被称为国籍的消极冲突。

3. 国籍冲突的解决

在解决自然人国籍的积极冲突和消极冲突时，必须明确的是，在国际公法上解决国籍冲突所适用的"国籍唯一原则"并不是解决国际私法上所称国籍冲突的一个出发点。

（1）国籍积极冲突的解决。对于自然人国籍的积极冲突，各国在实践中分别不同情况采取如下方法加以解决：一个人同时既具内国国籍，又具外国国籍时，国籍的解决，不论是同时取得还是异时取得的，国际上通行的做法是主张以内国国籍优先，以内国法为该人的本国法；在当事人具有的两个或两个以上的国籍均为外国国籍时，如何确定其本国法，则各国的实践不一，归纳起来主要有三种做法：最后取得的国籍优先、当事人住所或惯常居所所在地国国籍优先、与当事人最密切联系的国籍优先。

（2）国籍消极冲突的解决。国籍的消极冲突，可分为三种情况：生来便无国籍；原来有国籍后来因身份变更或政治上的原因而变得无国籍；属于何国国籍无法查明。在国籍消极冲突的情况下，本国法的确定，一般主张以当事人住所所在地国家的法律为其本国法；如当事人无住所或住所不能确定的，则以其居住地法为其本国法。

我国《涉外民事关系法律适用法》规定，依照本法适用国籍国法律，自然人具有两个以上国籍的，适用有经常居所的国籍国法律；在所有国籍国均无经常居所的，适用与其有最密切联系的国籍国法律。自然人无国籍或者国籍不明的，适用其经常居所地法律。

（二）自然人的住所和住所冲突及其解决

1. 住所的概念

住所是指一个人以久住的意思而居住的某一处所。一般认为住所包括两个构成因素：客观要素，即在一定地方居住的事实；主观要素，即在一定地方久住的意思。

2. 住所的冲突

因各国法律对住所的具体规定以及对事实的认定不尽一致，自然人的住所也与自然人的国籍一样存在法律冲突，并有积极冲突和消极冲突之分。住所的积极冲突，是指一个人同时具有两个或两个以上的住所；而一个人同时无任何法律意义上的住所，则称为住所的消极冲突。

3. 住所冲突的解决

（1）住所积极冲突的解决。对于住所的积极冲突，其解决原则大体与解决国籍的积极冲突相似：发生内国住所与外国住所间的冲突，以内国住所优先，而不管他们取得的先后；发生外国住所与外国住所间的冲突，如果它们是异时取得的，一般以最后取得的住所优先，如果是同时取得的，一般以设有居所或与当事人有最密切联系的那个国家的住所为住所。

（2）住所消极冲突的解决。对于住所的消极冲突的解决办法，一般以当事人的居所代替住所；如果无居所或居所不明时，一般以当事人的现在地代作住所。也有学者主张依法律关系的性质，即分别依人身关系和财产关系的顺序确定住所。

（3）我国有关住所冲突的解决原则与办法。我国《民法通则》第15条规定，公民以他的户籍所在地的居住地为住所；经常居住地与住所不一致的，经常居住地视为住所。对于住所的积极冲突和消极冲突，我国最高人民法院在1988年

《关于贯彻执行〈中华人民共和国民法通则〉若干问题的意见(试行)》第 183 条规定,当事人有几个住所的,以与产生纠纷的民事关系有最密切联系的住所为住所。我国最高人民法院《关于适用〈中华人民共和国民事诉讼法〉若干问题的意见》第 5 条规定:"公民的经常居住地是指公民离开住所地至起诉时已连续居住 1 年以上的地方。但公民住院就医的地方除外。"我国《涉外民事关系法律适用法》第 20 条规定,依照本法适用经常居所地法律,自然人经常居所地不明的,适用其现在居所地法律。

二、法人

(一)法人国籍的确定

国籍的概念,本是表明自然人与特定国家之间某种固定的法律联系的标志,在国际经济和民事关系中,也同样用到法人这个法律的创造物身上,而且其国籍的法律意义,几乎与自然人的相同。

目前,国际上尚无确定法人国籍的统一标准,大致来说,有这么几种学说:法人住所地说,该说认为法人的住所在哪一个国家,便应认为该法人属于哪国法人;组成地说以及与之直接相关的登记国说或准据法说,这种学说认为法人的国籍应在其取得法律人格的地方即法人的组成国;法人设立人国籍说,此说认为,法人的国籍应依组成法人的成员或依董事会董事的国籍决定;实际控制说,该说主张法人具有实际控制该法人的国家的国籍;复合标准说,该说或综合法人的住所和组成地两项标准定其国籍,或综合法人的住所地或设立地和准据法两项标准定其国籍。

(二)法人住所的确定

在确定法人的国籍时,许多国家采住所地说,主张以法人的住所地法作为法人的属人法。因此,法人住所的确定,在国际私法上也有重要的意义。但对于何处为法人的住所,却有不同的观点:管理中心所在地说,又称主事务所在地说,这种学说认为法人的管理中心是法人的首脑机构,所以法人的住所应该是它的管理中心或主事务所在地;营业中心所在地说,此说认为,法人运用自己的资本从事经营活动的地方便是该法人以实现其经营目的之所在,故法人的住所应是法人实际上从事经营活动的所在地;法人住所依其章程之规定说,由于法人之登记,一般应于其章程中明确指明其住所,所以法人的住所应依法人章程的规定。

(三)外国法人的认许

所谓外国法人的认许,是指对外国法人以法律人格者在内国从事民商事活动的认可,它是外国法人进入内国从事民商事活动的前提。

在当今国际社会,不论是大陆法系国家还是英美法系国家,都坚持外国法人要取得在内国活动的权利,必须经过内国的认许。至于以何种方式认许外国法人在内国活动,各国法律的具体规定并不一致,归纳起来,一般采以下不同程序:特别认许程序,即内国对外国法人通过特别登记或批准程序加以认许;概括认许程序(又称相互认许程序),即内国对属于某一特定外国国家的法人概括地加以认许;一般认许程序,即凡依外国法已有效成立的法人,不问其属于何国,只需根据内国法规定,办理必要的登记或注册手续,即可取得在内国活动的权利;分别认许程序,即对外国法人分门别类,或采特别认许,或相互认许,或一般认许。

三、国家

在国际社会,国家同自然人、法人一样,可以依据民商事法律,参加国际民商事活动,与自然人、法人、其他国家和国际组织结成国际民商事法律关系,取得民商事权利和承担民商事义务。这就是说,国家也可以成为涉外民商事关系的主体或国际私法的主体。

尽管国家与自然人、法人一样都是国际私法的主体,但国家参加国际民商事活动与自然人和法人参加国际民商事活动有所不同,其作为国际私法的主体有其特殊性,这主要表现为国家享有国家及其财产豁免权。

(一)国家及其财产豁免权的概念与内容

国家及其财产享受豁免权是国际公法、也是国际私法上的一项重要原则,它是指一个国家及其财产未经该国明确同意不得在另一国家的法院被诉,其财产不得被另一国家扣押或用于强制执行。

根据国际社会的立法与司法实践及各国学者的普遍理解,国家及其财产豁免权的内容一般包括以下三个方面:(1)司法管辖豁免。即未经一国明确同意,任何其他国家的法院都不得受理以该外国国家为被告或者以该外国国家的财产为诉讼标的的案件。不过,与此相反,根据国际社会的一般做法,一国法院却可以受理外国国家作为原告提起的民事诉讼,且该外国法院也可审理该诉讼中被告提起的同该案直接有关的反诉。(2)诉讼程序豁免。是指未经一国同意,不得强迫其出庭作证或提供证据,不得对该外国的国家财产采取诉讼保全等诉讼程序上的强制措施。(3)强制执行豁免。非经该外国国家明确同意,受诉法院不得依据有关判决对该外国国家财产实行强制执行。

(二)国家及其财产豁免的理论

关于国家及其财产豁免,在理论上存在"绝对豁免"与"相对豁免"两种针锋相对的观点。这两种关于国家及其财产豁免的理论对国家实践也产生了重大的影响。

主张绝对豁免的人认为,国家及其财产的豁免来源于主权者平等以及"平等者之间无管辖权"这一习惯国际法原则。这一原则不允许任何国家对他国及其机构和财产行使主权权力。而且国家主权是一个统一的不可分割的整体,不可能认为它在从事统治权活动时是一个人格,而在从事事务权活动时又是另一个人格。他们还认为,如果采用限制豁免说,为了判定国家行为的性质,要求其他国家的法院依据国内法进行识别,这等于说国家所为的行为要受到外国法院和外国法律的支配。显然,这都是同国家主权原则不相容的。

主张限制豁免说的人认为,国家只能对其主权行为或统治权行为享有豁免,而对其非主权行为或事务权行为不能享有豁免。限制豁免说实质上是通过对"商业行为"的自由解释为限制外国国家的主权提供了借口,因而与国家主权原则是不相容的,它把国家行为划分为主权行为和非主权行为也是不科学的。目前,坚持绝对豁免说的国家虽仍占多数,但主张限制豁免说的国家已在不断增加,其中最有影响的有 1976 年美国《外国主权豁免法》、1972 年《欧洲豁免公约》、1978 年英国《国家豁免法》、1982 年《外国国家在加拿大法院豁免法》等。

限制豁免说尽管在当前已为越来越多的国家所接受,但它还没有形成为一项普遍的国际法原则。2004 年第 59 届联合国大会通过了《联合国国家及其财产管辖豁免公约》,它确定了国家及其财产在外国法院享有管辖豁免的一般原则,并规定了国家在涉及商业交易,雇佣合同,人身伤害和财产损害,财产的所有、占有和使用,知识产权,参加公司和其他机构,国家拥有或经营的船舶,仲裁协定的效果等民商事案件中不能援引豁免的若干情况。目前该《公约》尚未生效,但为统一各国相关立法和实践提供了基础。

四、外国人的民事法律地位

(一) 国民待遇

国民待遇制度(national treatment),又称平等待遇制度,是指所在国应给予外国人以内国公民享有的同等的民事权利地位的一种待遇制度。国民待遇原则,最早是资产阶级国家为追逐全球商业利润而提出来的。自从 1804 年《法国民法典》率先在国内法中作出规定并加以确认后,许多国家相继从法律上规定或实际上采用了国民待遇原则。当今的国民待遇原则主要有以下三个特点:(1) 原则上要求互惠,但并非一定以条约和法律上明确规定为条件,因而多用对等原则加以制约;(2) 外国人享有与内国人平等的法律地位,是就一般原则而言的,并非在各种具体的民事权利享有上完全一样;(3)国民待遇的范围,有时还在条约中作出具体的规定和限制。

在我国,一方面,我国立法和对外缔结的条约均有互惠的国民待遇之规定,对在华外国人、外国企业和其他经济组织的合法权益给予法律保护,并在比较广泛的民事经济领域赋予外国人以国民待遇,这说明我国对国民待遇制度是持积极肯定态度的。另一方面,我国也从维护国家安全和公共利益出发,在某些领域限制外国人享有国民待遇,如禁止外国人在中国的军事、外交、公安和机要部门工作,禁止外国人在中国以律师身份出庭代理诉讼等。

(二)最惠国待遇

最惠国待遇(most favoured nation),是指给惠国承担条约义务,将它已给予或将给予第三国(最惠国)的公民或法人或产品的优惠同样给予缔约他方(受惠国)的公民或法人或同类产品的一种待遇制度。第二次世界大战后,最惠国待遇制度被各国广泛采用。根据联合国有关最惠国待遇条款条文草案并结合各国缔结的最惠国待遇条款与实践,当今最惠国待遇制度可归纳出以下几个特点:(1)它是根据条约而相互赋予的(即为互惠的);(2)凡给惠国授予第三国以任何优惠,受惠国无须向给惠国履行任何申请手续,即可取得和享有;(3)这种待遇实际上是通过给予对方自然人、法人、商船、产品等具体的优惠上表现出来的;(4)在最惠国待遇条款中,一般对其适用范围或事项作有规定;(5)也有一些最惠国待遇的例外事项。

(三)互惠待遇

当今,国民待遇和最惠国待遇,往往是建立在互惠的基础之上。所谓互惠待遇就是指一国赋予外国人某种优惠待遇,也同时要求它自己的国民能在该外国人所属的那个国家享受同样的优惠。互惠既可以由国内法加以规定,也可以通过国际条约加以规定。

(四)优惠待遇

优惠待遇(preferential treatment)是指一国为了某种目的给予外国及其国民以特定的优惠的一种待遇。

国家间互惠的国民待遇以及互惠的最惠国待遇,虽然从形式上看是平等的,但却可能因各国经济实力的差异,而造成事实上的不平等。因此即使是互惠的国民待遇和最惠国待遇制度,对发展中国家未必完全有利。发展中国家为了发展民族经济,在建立国际经济新秩序的斗争过程中,向工业发达国家提出了实行普遍优惠待遇制度的要求。

普遍优惠待遇(generalized system of preference,GSP)是指发达国家单方面

给予发展中国家以免征关税或减征关税的优惠待遇。普遍优惠待遇具有如下三个特点:(1)普遍的;(2)非歧视的;(3)非互惠的。

(五) 歧视待遇与非歧视待遇

歧视待遇又叫差别待遇,是指一国不把给予内国或其他外国自然人或法人的限制性规定专门用于特定国家的自然人或法人,或者把给予内国或其他外国自然人或法人的某些优惠或权利,不给予特定外国的自然人或法人。

非歧视待遇(non-discriminate treatment),又称为不歧视待遇或无差别待遇,它是指有关国家约定互相不把对其他国家或仅对个别国家所加的限制加载到对方身上,从而使自己不处于比其他国家更低的地位。非歧视待遇与国民待遇和最惠国待遇相似之处,在于前者一般是通过后两种待遇条款来实现的,即确保与内国或第三国有相同的权利。但两者还是有差别的,前者是从消极方面着手,要求缔约各方彼此给予对方公民、法人以一般外国人应享有的民事权利,不得歧视;后者则是从积极方面具体规定在何种情况下,外国人与内国人或者所有外国人应当处于相同的地位。

案例分析

案例一:中国恢复对澳门行使主权后,澳门居民国籍的确定
——双重国籍的解决

【案情介绍】

1999年12月20日,中国恢复对澳门行使主权。由于历史的原因,澳门现有10万余中国居民持葡萄牙护照,从法律上讲,具有葡萄牙国籍。1998年全国人大常委会《关于国籍法在澳门特别行政区实施的几个问题的解释》第1条第1款规定:凡具有中国血统的澳门居民,本人出生在中国领土(含澳门)者,以及其他符合《中华人民共和国国籍法》规定的具有中国国籍的条件者,不论其是否持有葡萄牙旅行证件或身份证件,都是中国公民。

根据上述解释的规定,澳门有10万余持葡萄牙护照的中国居民将获得中国国籍。这样,如果不妥善处理,这10万余人将有中国、葡萄牙双重国籍。

【法律问题】

我国国籍法中关于双重国籍问题有何规定?本案应如何处理?

【参考结论】

我国国籍法确定了不承认双重国籍的原则。在本案例中,为了解决双重国籍问题,中国政府采取自愿选择国籍的方法,即凡具有中国血统但又具有葡萄牙血统的澳门特别行政区居民,可以根据本人意愿,选择中国国籍或葡萄牙国籍,确定其中一种国籍的,即不具有另一种国籍。

【法律评析】

我国不承认双重国籍或无国籍,因此,我国的相关法律法规也致力于消除双重国籍或无国籍现象。1998年全国人大常委会《关于国籍法在澳门特别行政区实施的几个问题的解释》第1条第2款规定:凡具有中国血统但又具有葡萄牙血统的澳门特别行政区居民,可根据本人意愿,选择中华人民共和国国籍或葡萄牙共和国国籍。确定其中一种国籍,即不具有另一种国籍。上述澳门特别行政区居民,在选择国籍之前,享有澳门特别行政区基本法规定的权利,但受国籍限制的权利除外。

案例二:刘岳华、刘靖华、刘湘华、刘树华诉刘复华遗产继承案
——自然人住所的确定

【案情介绍】

新中国成立之前,刘汉源与汪家旺在祖国大陆结婚,婚后生育5个子女,依次是刘岳华、刘靖华、刘湘华、刘树华、刘复华。1949年,刘汉源由祖国大陆去台湾,去台后未再婚。1972年,刘汉源之妻汪家旺在长沙去世。1988年起,刘汉源先后5次回祖国大陆探亲,最后一次是1994年7月15日,1995年2月8日,刘汉源在长沙去世。刘汉源去世后,留有若干动产遗产。为继承遗产,刘汉源子女之间发生争议,刘岳华、刘靖华、刘湘华、刘树华以刘复华为被告诉至长沙市某区人民法院。

【法律问题】

本案应适用什么地方的法律?被继承人刘汉源的住所应如何确定?

【参考结论】

本案涉及遗产的继承。根据我国《民法通则》和《继承法》的相关规定,遗产的法定继承,动产适用被继承人死亡时住所地法律,不动产适用不动产所在地法律。本案属法定继承,被继承人遗留的遗产为货币,即动产,因此应适用被继承人死亡时住所地法律。刘汉源1949年去台湾后,定居在台湾,其住所亦在台湾。虽然被继承人于1994年7月15日回祖国大陆探亲,并于1995年2月8日在祖

国大陆死亡,但其住所地仍在台湾而不是祖国大陆。所以本案应适用的法律是我国台湾地区的法律而非祖国大陆法律。

【法律评析】

中国《民法通则》第149条规定:"遗产的法定继承,动产适用被继承人死亡时住所地法律,不动产适用不动产所在地法律。"本案的关键是被继承人住所的确定问题,这是首先要解决的问题。在本案中,被继承人是我国台湾地区居民。其子女始终居住在祖国大陆,是祖国大陆居民。祖国大陆居民继承我国台湾地区居民的遗产,属于涉外继承。根据我国《继承法》,动产的继承适用被继承人死亡时住所地法。所以,本案首先要解决的是被继承人死亡时的住所究竟在何地,是在祖国大陆还是在我国台湾地区。从刘汉源1994年7月15日回祖国大陆探亲时到1995年2月8日在祖国大陆死亡时止,期间为6个多月,不足1年,所以,刘汉源死亡时的住所在我国台湾地区而不是在祖国大陆。

案例三:苏伊士运河公司国有化案——法人国籍的确定

【案情介绍】

1956年埃及把苏伊士运河公司收归国有。其理由是:按照国际私法,苏伊士运河的营业中心地在埃及,是埃及公司,埃及有权将其收归国有。埃及的国有化政策遭到英法的反对,英法认为苏伊士运河公司的董事会这个最高管理机关在英国,其资本属于英法两国的自然人、法人所有。苏伊士运河公司不是埃及公司,埃及无权对其采取国有化的政策。但埃及不理睬英法的抗议。于是英法组织联军向埃及发动进攻,这就是所谓的"苏伊士运河战争",结果英法被打败。

【法律问题】

1. 在确定苏伊士运河公司国籍时,埃及和英法分别采用了什么标准?
2. 我国是如何确定法人国籍的?

【参考结论】

1. 在确定苏伊士运河公司的国籍时,埃及和英法都采用了法人住所地说,但在如何认定法人住所地时,两者产生了分歧:埃及根据法人的营业中心所在地来确定法人的住所,而英法以法人管理中心地为法人的住所。
2. 新中国成立初期,我国采用资本控制说来确定法人的国籍。目前,对外国法人国籍的确定,我国采用注册登记国说,而对内国法人国籍的确定则采用法人成立地和准据法复合标准。

【法律评析】

法人的国籍,是法人与其所属国的一种永久、稳固的内在联系,是区分内国法人与外国法人的重要标志。确定法人的国籍有不同的学说:(1) 法人住所地说,即法人的住所在哪一国家,便认为法人具有该国的国籍。本案中,埃及、英法都采用了这个标准。在采用法人住所地说的国家中,对如何确定法人的住所又有三种不同的主张,即营业中心所在地说(本案中埃及的主张)、管理中心所在地说(本案中英法的主张),以及法人住所依章程之规定说。(2) 组成地说以及与之直接相关的登记国说或准据法说。法人在哪里取得法律人格,在哪一国登记注册,依据哪一国的法律设立,即为哪一国的法人。(3) 法人设立人国籍说,即依法人的成员或董事会董事的国籍来确定法人的国籍。(4) 实际控制说,此说主张法人实际由哪国控制,即应具有哪国的国籍。(5) 复合标准说,即综合法人的住所地和法人的组成地两项标准来确定其国籍或综合法人的住所地或设立地和准据法两项标准来确定其国籍。现实生活中,各个国家并不只是依照单一的方式来判定法人的国籍,而是根据上述几种方式,视具体情况,并结合本国的利益和需要,灵活加以掌握。

案例四:中国银监会强化监管,美联银行遭受重罚
——外国法人的认许案①

【案情介绍】

美联银行是美国第五大银行,1995 年进入中国内地,建立上海代表处,1997 年设立北京代表处,2003 年在广州设立代表处。2003 年 5 月,美联银行向中国金融监管部门递交了拟将上海代表处升格为上海分行的申请。2003 年 11 月,素有金融监管"三驾马车"之一的中国银监会开出第一张罚单,而受到处罚的人正是美联银行在北京、上海开办的代表处,这是中国银监会自成立以来处罚的第一家外资银行,也是第一次跨两地(北京、上海)对同一外资银行两家代表处同时进行处罚。这一处罚是中国银监会为提升对外资银行的监管水平、接轨国际金融业务监管的强烈信号。

美联银行被罚的主要原因是该行在华代表处越权开展业务:美联银行北京代表处、上海代表处在中国金融管理机构批准的经营范围以外擅自开展了两项

---

① 本案主要参考了齐湘泉:《涉外民事关系法律适用法总论》,法律出版社 2005 年版,第 294—295 页;案情可见 http://www.dawanews.com/printversion.asp? newsid =518,2006 年 6 月 5 日访问。

经营性业务,这两项业务是"支票托付"和"信用证项下的索汇业务"。2002年,中国人民银行颁布了《外资金融机构驻华代表机构管理办法》,规定外资金融机构、代表机构及其工作人员,不得与任何单位或自然人签订可能给代表机构或其代表的外资金融机构带来收入的协议或契约,不得从事任何形式的经营性活动。这意味着外资金融机构希望在中国进行经营性业务,必须在符合一定条件后"升级"为分行,而且在符合我国加入世界贸易组织所承诺的金融业开放时间表的前提下,将新的业务向中国金融监管机构申请报批。美联银行的两家代表处从事经营的非法所得22万美元被没收,并被课以等同于非法所得收入的罚款22万美元,共计44万美元;同时中国银监会还取消了美联银行上海代表处首席代表1年的任职资格。

【法律问题】

本案涉及国际私法上的什么问题?对此我国有何规定?

【参考结论】

本案涉及国际私法上外国法人的认许问题。

自实行对外开放政策以来,外国公司、企业、个人来中国进行商贸、投资活动的越来越多。外商的活动主要有三种方式:(1)临时来华进行经贸活动;(2)在中国直接投资,主要形式有中外合资经营企业、中外合作经营企业、外资企业等;(3)在中国进行连续的生产经营活动,以外国公司名义在中国设立分公司等分支机构。对于采取第一种方式的外国法人,中国立法采取自动承认其在本国的主体资格的政策,在程序上属于一般认许。对于第二种方式,因为外商投资企业均为中国法人,故不存在认许问题。对于第三种方式,根据中国《公司法》第193条规定的设立程序,外国公司在中国境内设立分支机构,必须向中国主管机关提出申请,并提交其公司章程、所属国的公司登记证书等有关文件,经批准后,向公司登记机关依法办理登记,领取营业执照。

可见,中国对外国法人在中国设立常驻代表机构,采取的是特别认许程序,即必须先经批准,再行登记,而后才能以外国法人驻中国常驻代表机构的名义在中国境内进行活动。

【法律评析】

所谓外国法人的认许,是指对外国法人以法律人格者在内国从事民商事活动的认可,它是外国法人进入内国从事民商事活动的前提。在当今国际社会,不论是大陆法系国家还是英美法系国家,都坚持外国法人要取得在内国活动的权利,必须经过内国的认许。至于以何种方式认许外国法人在内国活动,各国法律的具体规定并不一致,归纳起来,一般采以下不同程序:特别认许程序;概括认许程序(又称相互认许程序);一般认许程序;分别认许程序。

由于中国对外国法人在中国设立常驻代表机构,采取的是特别认许程序,美联银行代表处未经批准就从事经营性活动,违反了我国的法律。

案例五:杰克因放烟花受伤索赔案——国家主权豁免

【案情介绍】

1978年7月4日,美国人吉米和他的朋友乔治在他家门口燃放烟花。烟花本来指向空旷地方,但点燃后突然改变方向,朝站在他们身后不远处观看的吉米的弟弟杰克飞去,击伤了杰克的右眼。事后发现,这个烟花是从中国进口的带烟带响"空中旅行",于是,杰克的父母就委托律师,于1979年4月向美国得克萨斯州某地区的联邦法院提起诉讼。他们将中华人民共和国当做烟花的生产制造厂商并作为第一被告,以中国外交部长为中华人民共和国的代理人,并以进口烟花的美国某进口公司和烟花经销商为第二被告、第三被告。原告要求100万美元作为损害赔偿,同时对被告处以500万美元的惩罚性赔偿,共计600万美元。

原告认为,该烟花由中国制造,由于产品存在缺陷,具有危险性,从而导致杰克人身受到伤害。根据美国产品责任法,产品的出口者应承担赔偿责任。

【法律问题】

美国法院能否将中华人民共和国作为被告?

【参考结论】

在本案中,美国法院不能以中华人民共和国作为被告。中华人民共和国是一个主权国家,根据国际公法,各主权国家是平等的,享有豁免权,未经中国同意,美国法院不得以中华人民共和国为被告行使司法管辖权。并且,中华人民共和国既不是烟花制造商,也没有从事经营该烟花的出口贸易。因此,以中华人民共和国为被告是不恰当的。本案中,进行该项烟花出口贸易的是中国土产畜产进出口公司,它是独立的法人,是行使权利和承担义务的主体,可以在国外起诉和应诉,因此,原告在被告的选定上是有错误的。

【法律评析】

国家主权豁免是指国家根据国家主权平等原则而享有的不受他国管辖的特权。国家主权豁免,是从国家主权平等原则引申出来的。国家是平等的,"平等者之间无管辖权"。国家主权豁免已经是国际社会普遍承认的国际法原则,除非一国采取明示或默示的方式自愿放弃豁免权,外国法院不得对该国行使管辖权。

国家豁免又可以分为绝对豁免和相对豁免。绝对豁免是指凡是国家行为和国家财产都享有豁免权。而相对豁免把国家行为分为"主权行为"和"非主权行为",前者可以享受豁免,而后者则不能享受豁免。

在国家及其财产豁免问题上,中国在理论和实践上都坚持国家及其财产豁免的原则。凡国家本身从事的一切活动,除国家自愿放弃豁免外,享有豁免权。在实践中,把国家本身的活动和国营公司或企业的活动、国家国库财产和国营公司或企业的财产区别开来,国营公司和企业是具有独立法律人格的经济实体,不应享有豁免权。

案例六:美国民用航空运输公司诉陈纳德、魏劳尔交付两航公司资产案——国家财产豁免

【案情介绍】

在中华人民共和国成立后不久,原国民党政府交通部所属的中国航空公司和中央航空公司的全体成员,于1949年11月9日在香港宣布起义,表示接受新政权中央人民政府的领导。当时,该两公司有71架飞机及其财产在香港。当时的中华人民共和国政务院总理周恩来于同年12月3日发表严正声明:"中国航空公司和中央航空公司为我中华人民共和国中央人民政府所有……两航公司留在香港的资产,只有我中央人民政府和我中央人民政府委托的人员才有权处置,绝不容许任何人以任何手段侵犯、移动或损坏。我中央人民政府的此项神圣的产权,应受到香港政府的尊重。"此后,国民党台湾当局在英美的策划下,将两航全部资产出卖给美国人陈纳德和魏劳尔。陈纳德和魏劳尔又将两航公司的这批资产转卖给受他们二人实际控制的美国民用航空运输有限公司,即本案原告。1950年1月,美国民用航空公司以陈、魏二人未交付两航公司的资产为理由,向香港法院提起诉讼,请求香港法院判令陈、魏二人交付并指定保管人保管这些资产。在中国政府的坚决抗议下,香港初审法院驳回了原告美国民用航空公司的诉讼请求。原告不服,提起上诉。经上诉法院审理也维持了初审法院的结论。原告又上诉至英国枢密院。1950年5月10日,英国枢密院发布枢密院命令,认为两航公司产权正在争执之中,"所有权和占有权应先由法院决定",将两航公司在香港的全部飞机和资产予以扣押,并给予英国法院审理这个案件的权力,授予香港总督在最后判决后有执行判决的权力。1952年7月28日,英国枢密院司法委员会将原属中央航空公司的40架飞机和其他资产判给美国民用航空运输公司。同年10月8日,香港高等法院将原属中国航空公司的31架飞机和其他

资产也判给了美国民用航空运输公司。中国政府为维护中华人民共和国的财产所有权,在历次声明中明确指出,英国当局及香港法院对中国国家财产"绝对没有任何权利行使管辖权",上述判决是劫夺中国国家财产的非法行径。

【法律问题】

本案中中华人民共和国对两航公司在香港的资产是否享有国家财产豁免权?

【参考结论】

中华人民共和国对两航公司在香港的资产享有国家财产豁免权,英国枢密院和香港法院的做法是违背国家财产豁免权原则的。

【法律评析】

中华人民共和国政府主张,自本政府宣布成立之日起,原属国民党政府所有的一切财产,无论是动产还是不动产,也不论是否位于中国境内,均自动转属中华人民共和国政府所有。两航公司的全体成员表示接受新政权中央人民政府的领导,更表明两航公司在香港的全部资产已实际为新政权所控制。既然两航公司在香港的资产属于中华人民共和国国家财产,按照国家财产豁免权的理论及其实践,理应享有豁免权。

在国际民事诉讼中,因国家"直接被诉",即被指控为被告,从而提出国家及其财产豁免权问题。但更多的是在"间接被诉"的情况下,提出国家及其财产豁免权问题。例如对属于一国政府的财产,其他人在外国法院提出权利主张,为了维护其财产权而介入诉讼。

本案首先涉及司法管辖的豁免,即除非中国政府明示同意,不得以中国国家财产为诉讼标的。香港法院与英国枢密院在未得到中国政府明确同意的情况下,置中国政府的声明于不顾,受理以中国国家财产为诉讼标的的诉讼,是违背国家财产豁免权原则的。本案也涉及诉讼程序的豁免,即除非中国政府明示同意,不得对中国国家财产采取查封、扣押等诉讼保全措施。英国枢密院发布命令扣押两航公司在香港的全部飞机和其他资产,也是和此项豁免相违背的。

案例七:杰柏川克案——国民待遇原则

【案情介绍】

1898年,麦雷斯·杰柏川克和杰柏川克公司——一家由美国公民麦雷斯·杰柏川克和依斯托雷·杰柏川克组成的合伙公司——在萨尔瓦多共和国从事商业活动。1898年11月,萨尔瓦多发生了一场革命。革命部队占领了西尼萨特佩奎市。在该市有属于杰柏川克公司价值2.2万美元的商品。革命部队的一些士兵占有了这些商品并将它们出售、分配或损坏。没有证据表明这些士兵是在执行命令或是出于军事上的需要,相反纯属士兵个人的不法侵犯行为。事后,杰柏川克公司委托罗莎·杰柏川克向萨尔瓦多政府提出求偿请求。求偿者请求美国政府出面干预。在外交谈判未获满意解决之后,1904年两国协议将这一求偿要求提交仲裁。

仲裁委员会认为,美国未能证明它有代表求偿人获得赔偿的权利。本案要解决的问题是,根据现有的国际法原则,美国政府是否有为其公民遭受的损失要求补偿的权利。本案应适用的原则是:一个在另一国领土内经商并受该国保护的外国国民,被视为与他居住和经营所在地国家的国民处于同等地位。一方面,就警察管理和其他便利而言,他享受该国的保护;另一方面,他应服从该国的政治变迁,与该国商人处于同等的地位。在他所居住的国家发生由有组织武装部队或士兵引起的国内或国外革命、战争、暴动或其他国内动乱时,由此造成的损失,他所属国政府没有权力为他要求与该国本国公民不同的待遇。这是一项确定的国际法原则,并得到了国际法理论和实践的支持。在国内战争中因武装部队或士兵的不法行为造成损失的情况下,外国人与该国国民同命运。

然而,不能假定这项原则也适用于若采取适当措施,行政当局可以单独或在武装部队援助下阻止暴行的情况。在由暴徒参与的抢劫案中,尤其是当这种骚乱是由敌视外国人引起的时候,应当适用不同的规则。但是,这与本案所讨论的问题无关。

现在需要调查的问题是,在1898年革命中遭受损失的美国公民是否得到了与萨尔瓦多公民一样的待遇?仲裁委员会认为,他们在任何方面都没有受到歧视,因为萨尔瓦多法律规定向遭受这种损失的外国人提供与本国公民同样的赔偿。最后,仲裁委员会驳回了美国的请求。

【法律问题】

本案中,仲裁委员会确认萨尔瓦多给了外国人何种待遇?其标准是什么?

【参考结论】

萨尔瓦多给予了外国人以国民待遇,即国家在一定范围内给外国人与本国公民相同的待遇,对外国人的人身和财产保护方面,使他们和本国人民处于平等的地位、给予平等的保护,享受的权利和承担的义务与本国人相同。一方面,国家给予外国人的待遇不低于给予本国人的待遇;另一方面,外国人不得要求任何高于本国人的待遇,须服从该国的政治变迁。

【法律评析】

本案涉及的是给予外国人人身和财产保护方面的国民待遇及标准问题。在国际实践中,国家一般自行决定,或通过国家之间在平等的基础上签订双边条约对外国人地位作出规定,常见的有国民待遇、最惠国待遇、差别待遇和互惠待遇。国民待遇通常是国家之间在互惠原则基础上互相给予。内外国人地位平等,在人身和财产方面受到平等的保护,体现了国家之间的平等关系。国民待遇一方面要求给予外国人的待遇不低于本国人,不能给外国人以歧视;另一方面,外国人的待遇也不得高于本国人。西方国家鼓吹的"国际标准"不符合国家主权平等的基本原则。此外,国民待遇一般限于民事权利和诉讼权利,而不涉及政治权利。本案中,萨尔瓦多因为革命给美国公民开办的合伙公司造成了损失,萨尔瓦多法律规定向遭受这种损失的外国人提供与本国公民同样的赔偿,美国公民没有受到任何歧视,在这种情况下美国政府不能出面干预。

案例八:荷兰某贸易公司和江苏省某特殊钢绳厂买卖合同案
——普惠制①

【案情介绍】

1998年6月10日,荷兰某贸易公司(以下简称"荷兰公司")向江苏省某特殊钢绳厂(以下简称"钢绳厂")发来电传,邀请特殊钢绳厂向其报特殊钢绳的实盘。1998年6月12日,钢绳厂向对方发盘:B型号特殊钢绳1000公吨,每公吨1200美元CIF阿姆斯特丹,即期装运,不可撤销即期信用证。6月15日对方回电,要求将数量增到2000公吨,价格降为每公吨1100美元CIF阿姆斯特丹。6月17日钢绳厂回电,说明亚洲金融危机后,我方出口市场受到很大冲击,我方一直在微利经营,所报价格已经非常低,但考虑到贵方购买数量增加为2000公吨,价格可降为每公吨1150美元CIF阿姆斯特丹。6月20日对方回电,仍然要求降低价格。6月23日钢绳厂回电答复,价格仍为每公吨1150美元CIF阿姆斯特丹,但可以提供普惠制证书。

对方接到钢绳厂答复后,经研究认为,在提供普惠制证书的情况下可以享受优惠关税,从而降低其进口成本。因此,于6月28日回电表示无条件接受。

---

① 案情介绍引自齐湘泉:《涉外民事关系法律适用法总论》,法律出版社2005年版,第205页。

第四章 国际私法关系的主体

【法律问题】

什么是普惠制？它有何特点？

【参考结论】

普遍优惠待遇是发达国家给予发展中国家出口制成品和半制成品（包括某些初级产品）的一种普遍的、非歧视的和非互惠的关税优惠制度。它又被称为"关税普惠制"或"普惠制"。它具有如下三个特点：(1) 普遍的，即所有发达国家对所有发展中国家在出口制成品和半制成品时给予普遍的优惠待遇。(2) 非歧视的，即应使所有发展中国家都无歧视、无例外地享受到普惠制待遇。(3) 非互惠的，即由发达国家单方面给予发展中国家以特别的关税减让，而不要求对等。

【法律评析】

普遍优惠待遇是发展中国家为建立国际经济新秩序而斗争的结果。在国际经济交往中，由于发达国家和发展中国家经济实力过分悬殊，通过国民待遇原则和最惠国待遇原则所赋予形式上的平等并不能给发展中国家带来多大收益，相反往往会使发展中国家背上沉重的包袱。发达国家利用该条款大量向发展中国家倾销商品，而发展中国家只能生产少量商品向发达国家出口，相反却不得不负沉重的减免税义务。这样，形式上虽平等，但对发展中国家很不利。发展中国家为了发展民族经济，维护国家利益，在建立国家经济新秩序的斗争中，向工业发达国家提出了实行普遍优惠待遇制度的要求。1968年联合国贸发会议通过决议，认为发展中国家在向发达国家出口制成品或半成品时，发达国家应给予它们以免征关税或减征关税的优惠待遇。1970年联合国第25届大会接受了联合国贸发会议的建议，通过了关于建立普遍优惠制的提案，1974年12月联合国大会在《各国经济权利和义务宪章》第19条中又规定，为了加速发展中国家的经济增长，弥合发达国家与发展中国家之间的经济差距，发达国家在国际经济合作可行的领域内，应给予发展中国家普遍优惠的、不歧视的和非互惠的待遇。

在当前的国际实践中，一般是由各给惠国（发达国家）根据本国的立法程序，分别制订给予受惠国（发展中国家）关税普惠待遇的具体方案。我国是发展中国家，目前已有英国、法国、德国、意大利、荷兰、卢森堡、比利时、爱尔兰、丹麦、希腊、葡萄牙、西班牙、日本、挪威、新西兰、澳大利亚、瑞士、瑞典、芬兰、奥地利、加拿大和波兰等国家对我国实行普惠制。根据大多数给惠国的规定，享受普惠制必须持凭受惠国政府指定的机构签署的普惠制原产地证书（注：我国政府指定各地出口商品检验机构签发普惠制原产地证书）。

案例九:A 国潜艇撞沉 B 国货轮案——非歧视待遇原则

【案情介绍】

一艘 A 国潜艇在我国钓鱼岛附近撞沉了一艘 B 国货轮。沉船的消息通知各托运人以后,所有的托运人都提出了赔偿要求,A 国海军部除对中国一托运人 300 多万美元的货物不予赔偿外,对沉船及其他托运人都给予了全部赔偿。中国托运人不服,要求 A 国海军部照赔。A 国海军部认为潜艇属于军舰享有豁免权,仍拒不赔偿。后经多次交涉,A 国海军部给予了赔偿。

【法律问题】

本案实质是什么问题?为什么?

【参考结论】

本案表面看是一个豁免问题,但实际上是一个歧视待遇问题。虽然潜艇享有豁免权,不受外国法院的管辖,但外国当事人可以向其所属国法院起诉。在本案中,除中国托运人以外,A 国对其余船货的损失都给予了赔偿,显然是歧视中国托运人。

【法律评析】

非歧视待遇亦称无差别待遇,是指国家之间通过缔结条约,规定缔约国一方不把低于内国或其他外国自然人和法人的权利地位适用于缔约国另一方的自然人和法人。例如,1984 年中国和英国政府签订的《关于对所得和财产收益相互避免双重征税和防止偷漏税的协定》第 24 条就明确规定了无差别待遇,即缔约一方不应把高于内国国民、企业在相同情况下负担的税收加于缔约另一方的国民或企业。

非歧视待遇原则目前已成为国际上普遍采用的原则,也是 WTO 的一个最基本原则。

案例思考题

思考题一:某氏要求确认其日本国籍案——国籍的积极冲突[①]

原告某氏,女,1936 年出生于日本长野县,后跟随日本籍父母到中国东北居

---

① 参见 http://www.fxy.wh.sdu.edu.cn/jingpin/2006/jsb/jiaoxueanliji.htm,2006 年 6 月 5 日访问。

住。1946年,因父母相继去世,遂为当地居民抚养。1952年,该女与一个中国男子结婚,自此定居中国。中国从1953年开始发给她外侨证书,自1953年至1963年这段期间内,她一直被作为日本侨民对待。但自1963年起,该女士就没有收到过外侨证,她也没有申请加入中国国籍。1972年,中日两国建立正式外交关系后,该女士收到日本驻华使馆的"出国证明书",在该证件的国籍栏里填写的是日本。1975年,中国政府规定,凡具有中国国籍的人士在申请出国时,均需根据护照办理出国手续。这样,该女士得将日本驻华使馆发给的"出国证明书"换成护照,才能获准出国,于是,她退还了"出国证明书"领取了护照。1978年,在她仅持有中国护照而未带入籍证明书的情况下回到了日本。

因此,日本国把该女士当做1963年已自愿申请加入中国国籍者处理,撤销了她的日本国籍,该女士不服日本的处理,起诉到东京地方法院,以她加入中国国籍并非自愿为理由,请求确认她的日本国籍。

1979年1月,东京地方法院作了确认该女士为日本国籍的判决,其要点如下:(1)根据中国《国籍法》规定,并不是所有与中国人结婚的外国女子,均能自动取得中国国籍,但可以认定,自1963年以后,中国政府是把她作为自动取得中国国籍对待的。(2)根据日本《国籍法》第8条的规定,所诉的"自愿取得外国国籍",是指真正出自本人自愿,但在该案中,不能得出她取得中国国籍是"出自真正自愿"的断定。(3)日本方面由于起诉人是携带中国国籍的护照回到日本,即认定她已经取得了中国国籍,并且由于找不出非自愿加入中国国籍的根据,便推定她根据申请取得了中国国籍,但这只是一种推定,尽管日本方面就起诉人是否自愿取得中国国籍一事向中国方面提出过询问,在未获答复的情况下日本方面对这种推定应负举证责任。(4)法院根据以上情况指出:在没有足够证据证明起诉人取得中国国籍是出于个人自愿的情况下,就不能认定她已丧失了日本国籍。

问题

试问本案中该女子是否具有日本的国籍?

重点提示

一个人同时具有两个或两个以上的国籍,叫做国籍的积极冲突,本案其实就涉及国籍的积极冲突。[①]

---

① 参考结论可参见齐湘泉:《涉外民事关系法律适用法总论》,法律出版社2005年版,第236—237页。

思考题二：卡赖·贝克曼和阿凯·贝克曼诉中华人民共和国案
——国家主权豁免

本案的原告卡赖·贝克曼和阿凯·贝克曼为本案奇特·约翰生的孩子和继承人，他们在瑞典斯德哥尔摩市法院对中华人民共和国提起诉讼，并向该法院申请对中华人民共和国送达传票。他们声称，1954年10月4日，位于斯德哥尔摩并属于他们死去的父亲的遗产的某不动产，未经他们同意被其父的遗产管理人卖给了中华人民共和国。他们进一步指出，该项出售并非遗产管理人的权限，并且对他们是不利的。据此，他们请求法院宣告该项购买无效。经瑞典外交部向中国大使馆询问，中国大使馆认为它享有外交豁免，拒绝应诉。

斯德哥尔摩市法院裁定，原告申请对中国送达传票应予驳回。因为该法院认为，原告申请中所指的争议，涉及中国购买的并拟用于该国大使馆的财产的所有权问题。在这项争议中，中国享有豁免。而以此种争议为依据提起的诉讼应予禁止。在上诉审中，市法院的裁定得到上诉法院的肯定。

1956年5月9日，原告就该案上诉到瑞典最高法院。审理该案时多数法官支持下级法院的裁定，但也有法官持反对意见。其中一个持反对意见的法官认为，瑞典法并不包含任何有关确定外国国家在瑞典法院享有诉讼豁免的规定。按照国际法学说，无论瑞典还是外国的豁免权，可以通过在财产所在地法院审理关于不动产的诉讼来加以限制，这一原则同一般接受的不动产所在地法院对不动产诉讼有专属管辖权的程序规则是一致的。因此，该法官认为瑞典最高法院有理由推翻下级法院的裁决，将案件发回原审法院重审。但是，多数法官所支持的最高法院的判决指出："因为本案所涉及的财产用于中华人民共和国在我国的大使馆，所以，该共和国有权对卡赖和阿凯提起的诉讼主张豁免。最高法院确认上诉法院的裁决。"

问题

本案涉及国际私法中的什么问题？应如何解决？

重点提示

本案涉及了国家及其财产豁免问题。国家及其财产豁免权的内容一般包括以下三个方面：司法管辖豁免、诉讼程序豁免、强制执行豁免。

思考题三：美国烟酒武器局禁止中国武器进口案
——最惠国待遇原则

1994年5月26日，美国总统克林顿宣布继续给予中国最惠国待遇，但同时宣布禁止从中国进口军火特别是枪支弹药，随后，美国国务卿克里斯托弗给财政部长写了一封公函：通知将中国从武器禁运例外名单上取消。1994年5月27日，美国海关作出反应，冻结来自中国的所有过关商品，等候通知。1994年5月31日，美国海关开始扣押来自中国的美国协调关税税则第93章下的过关产品，而不管其产地。

1994年6月7日，美国海关进一步规定，自1994年5月23日东部时间零点1分起，凡属于美国军火名单上的来自中国的物品都禁止进口，目前已允许从中国进口这种物品的许可一律无效。在禁止令以前进口到美国但没有向海关登记的，或放在海关关栈或外贸区内的防卫武器也属禁止进口，但这些物品可以运回中国或原产地，如果在1994年6月30日以前运回，不需要国务院批准。第二天，海关又作了更正，如果向海关总署申请，可以个案考虑禁令例外。

……

美国进口商不服有关禁令规定，向美国国际贸易法院提起诉讼，认为：（1）总统和行政当局无权规定进口禁令；（2）海关和烟酒武器局取消已有进口许可证是越权；（3）对"转让中"货物实施禁令是武断的，与禁令目的相违背。原告还认为禁令违反宪法第五修正案条款，即违反了正当程序条款。

问题

本案涉及国际私法中的什么问题？

重点提示

本案涉及一国给予另一国产品最惠国待遇问题。最惠国待遇制度在国际私法中的意义在于，保证在内国的各外国的公民或法人的之间的民事地位平等，从而排除或防止外国公民或法人的权利地位低于内国赋予第三国公民或法人的权利地位。但是，最惠国待遇也存在例外。①

---

① 美国国际贸易法院的判决和中美两国之间相互给予最惠国待遇的情况可参见齐湘泉：《涉外民事关系法律适用法总论》，法律出版社2005年版，第200—202页。

第二编

冲 突 法

第五章 法律冲突

本章知识点

一、法律冲突的含义

法律冲突是指涉及两个或两个以上不同法域的民事法律对该民事关系的规定各不相同,却又竞相要求适用于该民事关系,从而造成的该民事关系在法律适用上的冲突的现象。简言之,法律冲突就是因所涉各国民事法律对同一民事关系规定不同而发生的法律适用上的冲突。

二、法律冲突的种类

依不同的标准,法律冲突可以分为以下几类:

第一,公法冲突与私法冲突。

依法律冲突的发生领域为标准,法律冲突可以分为公法冲突与私法冲突。

第二,积极冲突与消极冲突。

依法律冲突的内容来看,可以分为积极冲突和消极冲突。对于某一社会关系,如果有关法律的规定不同,而竞相调整这一社会关系,就是积极的法律冲突;反之,对于某一社会关系,有关法律的规定相同,而竞相调整这一社会关系,或有关法律的规定不同,但都不调整这一社会关系,即为消极的法律冲突。

第三,区际冲突、人际冲突与时际冲突。

依法律冲突的性质为标准,可以分为区际冲突、人际冲突与时际冲突。

区际冲突是一国内部不同地区的法律制度之间的冲突。解决区际法律冲突的法律制度为区际私法。人际冲突是指同一国家因对该国不同的种族、民族、阶层或宗教信仰者实施不同的民法规定而产生的法律冲突。解决人际法律冲突的法律制度叫人际私法。时际冲突是指同一涉外民事关系因受新旧、前后两个或两个以上法律调整时,究竟应适用其中哪一个法律的问题。解决时际法律冲突的法律制度叫时际私法。区际私法、人际私法和时际私法尽管跟国际私法有相似之处(主要是间接的调整方法),都属于国际私法中可能涉及的问题。但需要明确的是,在国际私法中,它们所要解决的已经不是跟国际私法处于同一平面上的问题了,而是在首先确定了应适用哪一个国家的法律作为准据法之后才会提出来的。

三、法律冲突产生的原因

一般认为,在处理涉外民事关系时之所以会产生法律适用上的冲突,有以下四个方面的原因:一是在现实生活中大量出现含有涉外因素的民事关系;二是所涉各国民法上的规定不同;三是司法权的独立;四是国家为了发展对外经济贸易关系,赋予外国人在内国以平等的民事权利地位,并且在一定范围内承认所涉外国法的域外效力。

四、解决法律冲突的方法

综合各国的实践与立法,解决法律冲突的方法大体可以分为间接调整方法和直接调整方法。

所谓间接调整方法,是指在有关的国内法或国际条约中只指出适用哪个国家的法律来调整某种涉外民事关系当事人间的权利义务,而不直接规定当事人的权利与义务关系。这种通过冲突规范的间接调整方法,判定当事人的实体权利义务,都必须经过两个步骤:第一步是适用冲突规范,找出某个涉外民事关系应以何国法作准据法;第二步才是适用该准据法来确定该涉外民事关系当事人之间的权利义务。与之不同,直接调整方法是指有关国家通过双边或多边国际条约的方式,制定统一的实体法,用以直接支配涉外民事关系当事人权利义务关系,从而避免或消除法律冲突和法律选择。

案例分析

钱某未留遗嘱死亡遗产继承纠纷案——法律的积极冲突

【案情介绍】

中国公民钱某,1992年到日本留学。1995年回国前夕,在上班途中,被运货卡车撞倒,经抢救无效死亡。钱某的妻子利某以全权代理人的身份在钱某弟弟的陪同下到日本料理后事。经协商,日本方面赔偿500万日元。

回国后,为遗产分配一事,利某与钱某的家人发生争执,协商未果。钱某的家人以利某及其女为被告,诉至当地人民法院。

【法律问题】

1. 本案涉及哪几个国家的法律?本案中的法律冲突是积极冲突还是消极冲突?

2. 本案应如何适用法律来解决法律冲突?说明理由。

【参考结论】

1. 本案涉及中国和日本这两个国家的法律。由于日本和中国的法律都可能适用于本案中的遗产继承关系,也就是说该遗产继承可能同时受日本和中国法律的调整,因此,这种冲突是法律的积极冲突。

2. 本案应以日本法律为准据法。钱某死亡前未留遗嘱,其继承属法定继承。根据中国《民法通则》第149条"遗产的法定继承,动产适用被继承人死亡时住所地法律"的规定,而钱某死亡时住所在日本,因此,日本法律应为本案的准据法。

【法律评析】

法律冲突是指两个或两个以上的不同法律同时调整一个相同的法律关系而在这些法律之间产生矛盾的社会现象。一般来说,只要各法律对同一问题作了不同的规定,而当某种事实又将这些不同的法律规定联系在一起时,法律冲突就发生了。本案中,一方面钱某具有中国国籍,因此,不管其是否处于中国境内,对其遗产的继承,中国的法律都可能适用;另一方面,钱某居住在日本,在日本有住所,在日本死亡,日本法也可能适用于本案。因此,就钱某遗产继承的同一民事关系,涉及日本和中国的法律。这时,就需要国际私法来解决这种法律冲突。根据中国《民法通则》第149条"遗产的法定继承,动产适用被继承人死亡时住所地法律"的规定,这时就要确定钱某的住所在何处。如果在中国,就适用中国的法律;如果在日本,则适用日本的法律。本案中,钱某有两处住所。一处是位于中国的法定住所,一处是位于日本的经常居住地或临时住所。根据中国《民法通则》第15条的规定,"公民以他的户籍所在地的居住地为住所,经常居住地与住所不一致的,经常居住地视为住所。"钱某死亡时的住所是在日本的住所,因此,日本法律应为本案的准据法。

案例思考题

中国留学生王某和英国姑娘琳达申请结婚案
——法律冲突产生的原因

在英国剑桥大学就读的 20 岁的中国留学生王某和年仅 18 岁的英国姑娘琳达 2002 年欲在中国北京登记结婚。如果适用中国法,由于中国《婚姻法》规定的法定婚龄是男 22 周岁,女 20 周岁,他们不能结婚;如果适用英国法,由于英国法规定的法定婚龄男女都是 18 岁,男女双方均已达到法定婚龄,他们可以结婚。

问题

本案中的法律冲突是什么?并回答法律冲突产生的原因。

重点提示

本案中分别涉及英国和中国的法律,而该两国关于法定婚龄的法律规定却各异,因而发生了法律冲突。通常认为,法律冲突产生的原因有以下几个方面:一是在现实生活中大量出现含有涉外因素的民事关系;二是所涉各国民法上的规定不同;三是司法权的独立;四是国家为了发展对外经济贸易关系,赋予外国人在内国以平等的民事权利地位,并且在一定范围内承认所涉外国法的域外效力。

第六章 冲突规范

本章知识点

一、冲突规范的概念和性质

冲突规范(conflict rules),是指定涉外民事关系应适用哪一国法律作为准据法的法律规范。它也被称为法律选择规范或法律适用规范。经冲突规范指定用来具体确定涉外民事关系当事人的权利与义务的特定法域的实体法,称为调整该涉外民事关系的准据法(lex causae 或 applicable law)。

由于冲突规范仅指定某种涉外民事关系应适用何国法律,并不直接规定当事人的具体的权利与义务,因而是一种调整涉外民事关系的间接规范。

二、冲突规范的结构

冲突规范在结构上包括两个部分,即范围和准据法。范围又被称为指定原因或连接对象,它是每一具体冲突规范所要调整的民事关系或所要解决的法律问题。而准据法则是对范围中的某种涉外民事关系规定一个应适用的法律。

三、冲突规范的类型

根据冲突规范对应适用法律的指定的不同,可以把它们分为四种基本的类型:单边冲突规范、双边冲突规范、重叠适用准据法的冲突规范和选择适用准据法的冲突规范。

(一) 单边冲突规范

单边冲突规范是直接规定某种涉外民事关系只适用内国法或只适用外国法的冲突规范。

(二) 双边冲突规范

双边冲突规范,是指并不规定对什么问题在什么场合适用内国法或外国法,而是抽象地规定一个待认定的连结点,表明什么问题应适用什么地方的法律的冲突规范。至于这应适用的法律,可能是内国法,也可能是外国法,完全取决于连结点之所在。

（三）重叠适用准据法的冲突规范

重叠适用准据法的冲突规范，是指在处理"范围"中指出的法律关系或法律问题时必须同时适用或符合两个或两个以上国家的法律的冲突规范。

（四）选择适用准据法的冲突规范

所谓选择适用准据法的冲突规范，是指由两个或两个以上连结点指引的可供选择的国家的法律中，法院或当事人可以选择其一作为"范围"中限定的涉外民事关系的准据法的冲突规范。

四、准据法表述公式和连结点

（一）准据法表述公式

单边冲突规范对应适用内国或外国法律已作明确的指定，因而并不需要凭借某种公式来加以表述，但在双边冲突规范中，对指定的准据法全是凭借一些含有特定内容的公式来加以表述的。对于这种表述公式，称为"准据法表述公式"。

常见的准据法表述公式有：属人法、行为地法、物之所在地法、法院地法、旗国法、当事人合意选择的法律、与案件或当事人有最密切联系的国家的法律等。

（1）属人法，即指以民事关系当事人的国籍或住所作为连结点的准据法表述公式。属人法一般用来解决人的身份、能力及亲属、继承关系等方面的法律冲突，可以分为"本国法"（即国籍国法）和"住所地法"。在属人法中还有一种法人的属人法，它一般是法人的国籍国法，常用来解决法人的成立、解散及权利能力与行为能力方面的一些问题。

（2）行为地法，即指法律行为发生地所属法域的法律。行为地法常用来解决行为方式的有效性问题。

（3）物之所在地法，即指作为民事关系客体的物所处法域的法律。它常用来解决物权关系，尤其是不动产物权关系的法律冲突。

（4）法院地法，即指审理涉外民事案件的法院所在法域的法律。在过去，一般认为法院地法是解决诉讼程序方面的唯一的准据法，但法院地法这一准据法并不仅用来解决程序问题，几乎自巴托鲁斯以来，一直存在着对各种实体问题适用法院地的实体法的倾向。

（5）旗国法，即船舶所悬挂的旗帜所属国的法律。它常被用于解决船舶和航空器物权、运输中的法律关系等法律冲突问题。

（6）当事人合意选择的法律，又称意思自治原则，是当今大多数国家确定涉外合同准据法的首要原则。另外,在婚姻、侵权、继承领域,也有国家开始有限制地采用该原则。

(7) 与案件或当事人有最密切联系的国家的法律,即最密切联系原则。它既是一个法律选择的指导原则,同时更作为一个灵活的开放型的准据法表述公式,大量出现于各种新近颁布的冲突法之中。

(二) 连结点

连结点(connecting points),又称连结因素(connecting factors),是指冲突规范中就范围所指法律关系或法律问题指定应适用何地法律所依据的一种事实因素。连结点在冲突规范中有以下两方面的意义:从形式上看,连结点是一种冲突规范中把范围所指的法律关系与一定地域的法律联系起来的纽带或媒介;从实质上看,这种纽带或媒介又反映了该法律关系与一定地域的法律之间存在着内在的实质的联系或隶属关系。

案例分析

江苏省轻工业品进出口股份有限公司诉江苏环球国际货运有限公司、美国博联国际有限公司海上货物运输合同纠纷案——准据法表述公式①

【案情介绍】

1998年7月12日,江苏省轻工业品进出口股份有限公司(以下简称"江苏轻工")委托江苏环球国际货运有限公司(以下简称"江苏环球")向美国博联国际有限公司(以下简称"美国博联")托运江苏轻工销售给美国M/S公司价值15万美元的4票箱包产品,价格条件为FOB中国。江苏环球接受委托办理了货物的订舱、报关、向承运人交付货物等事务,并代表美国博联向江苏轻工签发了4套正本记名提单。提单注明卸货港为美国佛罗里达州的迈阿密,收货人为美国M/S公司。背面条款载明经美国港口运输的货物的提单适用1936年美国《海上货物运输法》。4票货物装运后,江苏轻工将货物的正本提单直接寄交其在美国的关联公司——JSL国际公司,提示收货人付款赎单。收货人提货时称未收到

---

① 参见赵相林:《国际私法教学案例评析》,中信出版社 2006 年版,第 41—43 页。

正本提单,于1999年3月5日前向美国博联出具提货保函,付清运输费用后提取货物。1999年7月,江苏轻工以无正本提单交货造成其无法收回货款为由,起诉江苏环球、美国博联,要求连带赔偿其货款损失。

诉讼中,美国博联向武汉海事法院提供了经美国公证机构公证及中国驻纽约总领事馆认证的美国海利—贝利律师事务所律师、纽约大学法学院教授约翰·D.凯姆鲍博士依据美国相关法律和判例对记名提单问题的《宣誓法律意见书》。意见书认为,在提单中没有载明要求凭正本提单交付货物的合同条款且托运人也没有指示承运人不要放货情况下,承运人将货物交给了记名提单的收货人,是履行与托运人之间的提单条款的行为,依据美国法律,承运人不违反提单条款或任何义务。

武汉海事法院认为,江苏轻工起诉美国博联和江苏环球无正本提单放货属合同纠纷。当事人在提单首要条款中约定1936年美国《海上货物运输法》为处理本案的准据法,符合我国《海商法》第269条关于合同当事人可以选择合同适用的法律的规定。但本案所涉及的承运人能否不凭正本提单向记名收货人交付货物问题,该法未作出明确规定,应认定为选择的法律只调整合同当事人的部分权利义务关系,而对合同本项争议的处理没有选择适用法律。因此,根据我国《海商法》第269条规定,合同当事人对该项争议所适用的法律没有选择的,应依照最密切联系原则确定其所适用的法律。本案所涉的海上货物运输合同主要有合同签订地、履行地(包括运输始发地和目的地)、当事人营业所所在地、标的物所在地等连结因素,而当事人之间争议的主要问题是国际海上货物运输合同履行过程中承运人交货行为的法律后果。该项争议是承运人在美国港口交货中产生,而非在提单签发地或运输始发地发生,由于承运人在运输目的地的交货行为直接受交货行为地法律的约束,与交货行为地美国法律的联系比其与合同签订地或运输始发地中国法律的联系更为真实具体,存在着实质性联系,交货行为地法律是事实上支配争议最有效的法律。同时本案当事人之间的国际海上货物运输合同是采用由承运人提供的格式合同(提单),其首先必须符合承运人营业所所在地法的规定,承运人营业所所在地亦与国际海上货物运输合同联系最密切。本案运输目的地、标的物所在地、承运人营业所所在地均在美国,因此,本案应适用相关的美国法律为准据法。被告美国博联认为本案应适用《美国统一商法典》等美国相关法律的主张,应予支持。

【法律问题】

本案中,法院采用了何种"准据法表述公式"?

【参考结论】

本案中,法院分别采用了"当事人合意选择的法律"和"与案件或当事人有最密切联系的国家的法律"这两个准据法表述公式。

【法律评析】

当事人合意选择的法律是指双方当事人协商选择的那个法域的法律,即"意思自治"原则,基本上用于解决涉外合同的法律适用。但近年来这一准据法表述公式在侵权、继承等领域也被采用。最密切联系的国家法律,是指与涉外民事关系有最密切联系的国家(或地区)的法律,是近几十年发展起来的一个准据法表述公式,在合同领域采用比较多,一些国家还把它用于侵权行为和家庭关系等方面。

鉴于本案的双方当事人在提单中选择适用1936年美国《海上货物运输法》,但是此法中没有规定无正本提单放货的情况,原告主张适用法院地法,即中国法,最后,法院根据我国冲突规范,根据最密切联系原则选择了合同应该适用的法律——美国法,使案件得到了客观、公正的解决。

案例思考题

大连市土产进出口公司诉挪威艾格利股份有限公司支付货款案
——连结点、冲突规范和准据法表述公式

1986年4月30日,大连市土产进出口公司和挪威艾格利股份有限公司签订塑料编织袋买卖合同,挪威艾格利股份有限公司向大连市土产进出口公司购买110吨塑料编织袋,价格条件 Incoterms1980CIF950 美元/吨,装期1987年2至3月。大连市土产进出口公司按照合同交付的第一批货物于1987年2月27日在大连港装运,第二批货物分两批于同年3月7日和3月27日在大连港装运。对上述两批货物,挪威艾格利股份有限公司均自提单开出之日起90天内以信用证付款。但挪威艾格利股份有限公司收到货物后以大连市土产进出口公司违约为由,申请挪威王国法院扣押上述两份信用证项下款项。据此,开证行东方惠理银行已书面通知中国银行,该两批货物价款至今未付。1988年大连市土产进出口公司因此在中国提起诉讼,要求解除合同,判令挪威艾格利股份有限公司支付拖欠的货款。挪威艾格利股份有限公司未提出抗辩。(注:1980年《联合国国际

货物销售合同公约》从1989年8月1日起对挪威生效。)

问题

1. 本案能否适用中国法律,其法律依据是什么?

2. 本案所适用的法律涉及什么类型的冲突规范?其连结点和准据法表述公式是什么?

重点提示

根据中国《民法通则》第145条的规定,涉外合同的当事人可以选择处理合同争议所适用的法律,法律另有规定的除外。涉外合同的当事人没有选择的,适用与合同有最密切联系的国家的法律。本案双方当事人未在合同中约定法律适用条款,因此应适用与合同有最密切联系的国家的法律。由于本案合同签订地在中国,起运港在中国,而且按照CIF价格条件是由作为卖方的甲公司自付运费、保险费并承担货物越过船舷以前的风险,故本案中与合同有最密切联系的国家是中国,应适用中国法律。

中国《民法通则》第145条的规定,是一条双边冲突规范。其连结点分别是"当事人的选择"和"最密切联系的国家",其准据法表述公式分别是"当事人选择的法律"、"与合同有最密切联系的国家的法律"。

第七章 准据法的确定

本章知识点

一、准据法的概念和特点

准据法是经冲突规范指引用来确定国际民事关系的当事人的权利义务关系的具体实体法规范。

从这一概念可以看出,准据法具有如下特点:(1)准据法必须是经冲突规范所指定的实体法;(2)准据法必须是能确定当事人权利义务关系的实体法;(3)准据法不是笼统的法律制度或法律体系,而是一项项具体的"法",即具体的实体法规范或法律文件。

二、准据法的选择方法

根据国际私法的不同时期的不同学说、实践和判例,可以把准据法的选择方法大致分为以下几种:

(1)依法律的性质决定法律的选择。
(2)依法律关系的性质决定法律的选择。
(3)依最密切联系原则决定法律的选择。
(4)依"利益分析"决定法律的选择。
(5)依案件应取得的结果决定法律的选择。
(6)依有利于判决在国外得到承认与执行和有利于求得判决一致决定法律的选择。
(7)依当事人之间的协议确定准据法的选择。

三、发生时际冲突时准据法的确定

(一)因法院地国冲突规则的改变而引起的时际冲突的解决

依"法律不溯及既往"和"既得权保护"的一般原则,在国家修改冲突规则之后,应该明确规定它是否具有溯及的效力,如果有溯及力,其溯及的范围和条件如何。对于国家为赋予溯及效力的新的冲突法规则或对于不属于溯及范围的事项,不能根据新的冲突规则去指引在它颁布、生效之前所发生的法律关系或法律行为的准据法。

(二) 因连结点的改变而引起的时际冲突的解决

在实践中可能出现这样的情况,即对某种法律关系所应适用的冲突规则没有改变,但当事人的国籍或住所或物的所在地发生了改变,依同一冲突规则的连结点本是指示某一国家的法律,现在却指示另外一个国家的法律,这时,是否允许采用新的连结点指引的法律呢?对于该问题,没有统一的意见,存在可以变更和不可以变更两种观点。在连结点发生改变的情况下,应否采用新连结点指引准据法,应综合各方面的情况,从问题的公正合理解决出发来考虑解决的方法,总的原则是一方面不应使涉外民事关系的稳定性受到损害,不应该允许当事人借改变连结点而达到法律规避的目的;另一方面,也不可给法律关系的继续进行造成不利的或不合理的影响,不可给当事人双方带来不便。

(三) 因准据法本身的改变而引起的时际冲突的解决

对于冲突规范所指定的准据法发生变更时如何确定准据法的问题,通常依两种情况区别对待:第一,通过立法程序修改、废除或颁布新法而产生新旧法规不同的情况下,一般应依准据法所属国的法律来确定,而新法对它是否具有溯及力以及溯及的范围和条件,通常会作出明确规定。第二,在涉外经济合同当事人依"意思自治"原则选择的准据法发生变更时,是否应适用新法,在国际私法理论上久有争论。一种观点认为,应该适用涉外合同关系成立时的旧法。理由是当事人协议选择的准据法,是他们根据该涉外合同关系成立的情况决定的,它一旦订入合同,就成了合同中的一项具体条件,不能随准据法的变更而改变,如依新法就等于改变了当事人之间的权利义务关系。另一种观点认为,应该以新法代替旧法,理由是当事人既然选定某国法为准据法,就表明他们已把他们之间的法律关系交给这个国家的整个法律制度支配,包括其法律的变化在内。

我国学者一般认为,为了妥善解决因准据法变更而发生的时际法律冲突,最好在新法颁布时就该法是否具有溯及力及溯及的范围和条件作出明确规定。如无此种规定,则应适用法律关系成立时有效的法律或合同当事人的约定。如果要适用新法,除非涉及国家的重大利益和法律的基本原则,应通过当事人协商解决。

四、发生区际冲突时准据法的确定

当一国冲突规范指定适用某一多法域国家的法律时,究竟应以该国何地区的法律为准据法,国际上有以下几种不同的解决方法:(1) 在应适用当事人的本国法而其本国各地法律不同时,以当事人所属地法为其本国法,即以当事人的住所地或居所地法为其本国法而加以适用。(2) 依当事人本国区际私法的有关规定来确定该国的某一法域的法律为准据法。如《波兰国际私法》第 5 条规定:"如被适用的法律所属国领土上有几种法律同时有效时,由该国法律决定适用何种体系。"(3) 上述两种方法结合使用。(4) 适用与该涉外民事关系有最密切联系区域的法律。根据我国 2010 年《涉外民事关系法律适用法》第 6 条的规定,涉外民事关系适用外国法律,该国不同区域实施不同法律的,适用与该涉外民事关系有最密切联系区域的法律。

五、发生人际冲突时准据法的确定

对于国际私法中人际法律冲突的解决,在理论与实践中多主张由该外国的人际私法来解决。例如,1966 年《葡萄牙民法典》第 20 条第 3 款规定,如被指定国法律秩序内有适用于不同类别的人的不同法制,则必须遵守该法就该法律冲突而作的规定。此外,1999 年《白俄罗斯民法典》第 1101 条也规定,如果应适用的是一个具有多法域或在其他方面有各不相同的法律制度的国家的法律时,其应适用的法律,依该国法律确定。其中所称"在其他方面有各不相同的法律制度"即应理解为适用于不同人的法律。

1986 年《德国民法施行法》第 4 条第 3 款规定则又有所不同,它规定:"如果指定需适用多种法制并存国家的法律,但没有指明应使用何种法制的法律的,应依该国法律确定适用何种法制的法律;如果该国法律并无适用何种法制的规定,则适用与案件有最密切联系的法制的法律。"

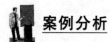
案例分析

案例一:韩国青年金某与内蒙古青年鲍某婚姻案
——人际法律冲突与准据法的确定

【案情介绍】

2005年7月3日,23岁的韩国籍青年金某在中国内蒙古独自驾车探险旅游。2005年7月7日上午,金某驾车行驶至一条在悬崖上开辟的山路时,由于路面过窄,金某连人带车一起跌入悬崖。当天下午,19岁蒙古族姑娘鲍某放牧路过此地,看到坠崖的汽车和甩出车外的金某。鲍某立即骑马回家告诉了其父亲。由于交通不便,无法把金某送医院,鲍某和父亲用马把金某驮回家治疗。经过3个多月的治疗,金某恢复了健康,金某和鲍某之间也产生了一定的感情。金某向鲍某求婚,鲍某应允。

【法律问题】

金某和鲍某当时能否在中国登记结婚?

【参考结论】

根据中国2001年修正的《婚姻法》第36条和2003年修正的《内蒙古自治区执行〈中华人民共和国婚姻法〉的补充规定》第2、3条规定,金某和鲍某当时可以在中国登记结婚。

【法律评析】

我国是一个多民族国家,我国的人际法律冲突多表现为与少数民族人身性质有关的法律关系上。

中国1986年《民法通则》第147条规定,中华人民共和国公民和外国人结婚适用婚姻缔结地法。金某和鲍某在中国登记结婚,应适用中国法律。经2001年修正的中国《婚姻法》第6条规定,结婚年龄,男不得早于22周岁,女不得早于20周岁。其第50条规定:"民族自治地方的人民代表大会有权结合当地民族婚姻家庭的具体情况,制定变通规定。自治州、自治县制定的变通规定,报省、自治区、直辖市人民代表大会常务委员会批准后生效。自治区制定的变通规定,报全国人民代表大会常务委员会批准后生效。"为此,我国民族自治地方的人民代表大会和它的常务委员会结合当地民族婚姻家庭的具体情况,基本上制定了某些变通的或补充的规定。例如,2003年修正的《内蒙古自治区执行〈中华人民共和国婚姻法〉的补充规定》第3条规定,结婚年龄,男不得早于20周岁,女不得早于

18周岁。而该补充规定只适用于居住在内蒙古自治区的蒙古族和其他少数民族(第2条)。

如果适用中国《婚姻法》的规定,鲍某尚未达到法定婚龄,不能结婚。如果适用《内蒙古自治区执行〈中华人民共和国婚姻法〉的补充规定》,鲍某已达到法定婚龄,可以结婚。本案是适用中国《婚姻法》,还是适用《内蒙古自治区执行〈中华人民共和国婚姻法〉的补充规定》?

根据中国2001年修正的《婚姻法》第36条和2003年修正的《内蒙古自治区执行〈中华人民共和国婚姻法〉的补充规定》第2、3条的规定,本案应适用该补充规定。根据该补充规定,鲍某达到法定婚龄,可以结婚。而根据中国2001年修正的《婚姻法》第50条,金某也已达到法定婚龄,可以结婚。2005年12月,鲍某和金某登记结婚。

案例二:"二奶"所生私生女抚养费追索案——区际冲突的解决[①]

【案情介绍】

1992年,家住四川省某贫困地区的18岁姑娘张蕊走出大山,来到灯红酒绿的深圳淘金。经人介绍,张蕊进入一香港老板在深圳开设的工厂打工。打工又苦又累,挣的工钱也不多。看到别的女孩披金挂银,时装飘逸,张蕊心里落差很大。张蕊貌美,老板垂涎三尺。一个渴望物质上的享受,一个贪图风华正茂姑娘的美色,两人一拍即合,张蕊做了香港老板的情妇,开始了同居生活。不久,张蕊怀孕,老板要她流产,张蕊不允,心想生一个孩子不仅可以增加要价的筹码,也有可能与香港老板结婚,转为正室。张蕊生下一女。老板回香港,对张蕊母女不闻不问,也不支付张蕊的生活费和女儿的抚养费。

1994年,为索要女儿抚养费,张蕊向深圳某法院起诉,将香港老板告上法庭。诉讼过程中,原、被告双方对抚养费的数额争执不下。张蕊主张抚养费应按香港法律规定的标准给付,香港老板应支付100万元人民币。香港老板主张抚养费应按张蕊家乡四川省的生活标准给付,支付2万元人民币即可。

法院对原、被告双方的主张均未采纳,而是判令香港老板向张蕊支付13万元人民币抚养费。法院在判决书中对为什么判令香港老板向张蕊支付13万元人民币抚养费及向张蕊支付13万元人民币抚养费的标准是如何确定的未予涉及。

---

① 案情参见齐湘泉:《涉外民事关系法律适用法总论》,法律出版社2005年版,第126页。

【法律问题】

本案涉及国际私法中的什么问题？在法律适用上法院判决是否合理？

【参考结论】

本案涉及国际私法中的区际法律冲突问题。本案是涉外民事案件，法院在判决书中没有通过援引冲突规范确定准据法而直接作出实体判决，是不妥当的。

【法律评析】

本案涉及香港地区法律与祖国大陆地区之间的法律冲突。这一区际法律冲突从张蕊主张抚养费应按香港法律规定的标准给付和香港老板主张抚养费应按张蕊家乡四川省的生活标准给付的答辩辩解中清晰可见。香港地区的生活水平要高于祖国大陆地区的生活水平，香港法律规定的抚养费标准要高于祖国大陆法律规定的抚养费标准。在本案中，香港法律和祖国大陆法律都可能适用于案件，而且原告要求适用香港法律，被告主张适用四川省法律，从而形成香港法律和祖国大陆法律之间的区际法律冲突。法院审理跨法域的案件，有一个法律选择程序，通过法律选择，确定案件是适用香港法律，还是适用祖国大陆法律。遗憾的是，本案法官审理案件时，没有进行法律选择，只是根据公平原则，按深圳地区的生活水平确定了抚养费数额。

本案是一起涉外抚养纠纷，根据中国《民法通则》第148条规定："扶养适用与被扶养人有最密切联系的国家的法律。"对于何为"与被扶养人有最密切联系的国家的法律"，中国最高人民法院《关于贯彻执行〈中华人民共和国民法通则〉若干问题的意见（试行）》第189条规定："……扶养人和被扶养人的国籍、住所以及供养被扶养人的财产所在地，均可视为与被扶养人有最密切的关系。"

本案中，被扶养人张蕊的女儿的住所和经常居住地均在祖国大陆，供养被扶养人的财产则分布在祖国大陆和香港，祖国大陆应该与被扶养人有最密切的关系，因此应适用祖国大陆的法律。最高人民法院1993年《关于人民法院审理离婚案件处理子女抚养问题的若干具体意见》第7条规定："子女抚育费的数额，可根据子女的实际需要、父母双方的负担能力和当地的实际生活水平确定。有固定收入的，抚育费一般可按其月总收入的20%至30%的比例给付。负担两个以上子女抚育费的，比例可适当提高，但一般不得超过月总收入的50%。无固定收入的，抚育费的数额可依据当年总收入或同行业平均收入，参照上述比例确定。有特殊情况的，可适当提高或降低上述比例。"本案中涉及是根据深圳市还是四川省的实际生活水平确定抚养费的问题。深圳市的人均生活水平远远高于四川省的人均生活水平。由于被扶养人目前居住和生活在深圳，根据深圳市的生活水平确定的抚养费更高，更有利于保护弱方当事人的利益。

案例三:塑料制品公司合资争议仲裁案——时际冲突的解决[①]

【案情介绍】

1997年8月,中国A公司、中国B公司和香港C公司签订了一份三方合资合同,共同投资举办合资企业。因中国B公司未年检,该合同未经审批机关批准,未生效。

为达到合资目的,中国A公司与中国B公司经协商,决定以中国A公司的名义与香港C公司签订二方合资合同,借二方合同继续履行三方合同。1997年8月10日,中国A公司与香港C公司签订了一份与前述合资合同名称一致的合资合同,该合资企业的名称也与前述合资公司的名称一致,二方合同的内容与三方合同基本相同,香港C公司认缴的出资比例不变,中国A公司在二方合同中的出资比例是其在三方合同中与中国B公司的出资比例之和,实际上中国A公司和中国B公司仍旧按三方合同的出资比例出资,合资公司的董事长和总经理亦由中国B公司的人员担任。

1997年10月10日,二方合同经中国审批机关批准生效。但事实上各方履行的是三方合同。后合资因故失败,中国A公司投入合资公司的资金20万元人民币被担任合资公司董事长和总经理的中国B公司的人员抽走并转移给中国B公司占有。

1999年8月,中国A公司提起仲裁,要求中国B公司偿还上述20万元人民币及其相应的利息,并要求中国B公司向中国A公司支付因中国B公司出资不到位而应依据合资合同支付的违约金。

仲裁庭认为,本案二方合资合同虽经批准,但未得到履行,实际履行的是三方合资合同。但三方合同因中国B公司未年检而没有得到批准,不发生法律效力,故当事人依三方合同而取得的财产应予返还。中国B公司利用其人员担任合资公司董事长和总经理之便,非法抽走并占用中国A公司依据三方合同规定的出资比例投入的出资款20万元人民币,此款中国B公司应予以返还并加计相应的利息。2000年1月18日,仲裁庭根据事实和法律,作出裁决。裁决书载明:本案适用的法律是中国《中外合资经营企业法实施条例》第15条、《合同法》第56条、《仲裁法》第19条等法律规定。

[①] 中国国际经济贸易仲裁委员会编:《中国国际经济贸易仲裁裁决书选编(1995—2002)投资争议卷》,法律出版社2002年版,第753—763页,转引自齐湘泉:《涉外民事关系法律适用法总论》,法律出版社2005年版,第131—132页。

【法律问题】

本案的法律适用是否正确？为什么？

【参考结论】

本案的法律适用是正确的。1983年中国《中外合资经营企业法实施条例》第15条规定,合营企业合同的订立、效力、解释、执行及其争议的解决,均应适用中国的法律。根据最高人民法院1999年《关于适用〈中华人民共和国合同法〉若干问题的解释(一)》第2条,合同成立于合同法实施之前,但合同约定的履行期限跨越合同法实施之日或者履行期限在合同法实施之后,因履行合同发生的纠纷,适用《合同法》第四章的有关规定。本案的合同签订于1997年,《合同法》于1999年10月1日起施行,该合同的履行期限跨越了《合同法》的实施之日。

【法律评析】

根据1983年中国《中外合资经营企业法实施条例》第15条规定,本案合同争议应适用中国的法律。本案的合同订立于1999年《合同法》生效以前,而合同争议产生于《合同法》生效以后,这就涉及是适用《涉外经济合同法》还是《合同法》这一时际私法问题。

最高人民法院1999年《关于适用〈中华人民共和国合同法〉若干问题的解释(一)》对《合同法》的适用范围作了如下规定:《合同法》实施以后成立的合同发生纠纷起诉到人民法院的,适用《合同法》的规定;《合同法》实施以前成立的合同发生纠纷起诉到人民法院的,除本解释另有规定的以外,适用当时的法律规定,当时没有法律规定的,可以适用《合同法》的有关规定。合同成立于《合同法》实施之前,但合同约定的履行期限跨越《合同法》实施之日或者履行期限在合同法实施之后,因履行合同发生的纠纷,适用《合同法》第四章的有关规定。人民法院确认合同效力时,对《合同法》实施以前成立的合同,适用当时的法律合同无效而适用《合同法》合同有效的,则适用《合同法》。《合同法》实施以后,人民法院确认合同无效,应当以全国人大及其常委会制定的法律和国务院制定的行政法规为依据,不得以地方性法规、行政规章为依据。人民法院对《合同法》实施以前已经作出终审裁决的案件进行再审,不适用《合同法》。上述司法解释体现了解决时际冲突的新原则——限制性溯及既往原则,即新法原则上没有溯及力,但是在规定的特定范围内新法有溯及既往的效力。

案例思考题

美国某公司诉中国某公司案——国际条约时际法律冲突的解决[①]

【案情介绍】

1986年10月,美国某公司与中国某公司订立了一份买卖合同,由中国某公司作为卖方向美国某公司出口锗锭500千克,单价为每千克445美元,CIF旧金山,以不可撤销的即期信用证方式付款,交货期限规定为1987年4月交100千克,5月和6月各交200千克。

在合同签订以后,买方于1987年3月和4月分别开出支付100千克和200千克锗锭货款的信用证,但卖方一直未交付货物。买方在与卖方协商解决不成之后,于1989年3月在中国提请仲裁。申诉人即美国某公司指出:它在与被诉人即中国某公司签订买卖锗锭的合同后,即把通过该合同所买的500千克锗锭转卖给了第三人;由于被诉人未交货,申诉人不得不同意该第三人从其他商人手中以每千克631.30美元的单价买进500克锗锭。这样,申诉人向该第三人赔付了93150美元。因此,申诉人要求被诉人赔偿它的差价支出及利息损失。被诉人认为申诉人以第三人所报的每千克锗锭631.30美元的单价索偿差价损失不合理,称当时的市场价应当在每千克锗锭575美元至625美元之间,故主张以每千克锗锭600美元的单价计算差价损失较为合理。

本案中,合同是1986年10月签订的,争议发生后,1989年3月提交仲裁。1988年1月1日《联合国国际货物销售合同公约》(以下简称《公约》)生效,中国和美国是《公约》的缔约国。本案的买卖双方当事人的营业地分别在美国和中国,订立合同时,双方当事人未选择合同适用的法律。

【法律问题】

《联合国国际货物销售合同公约》能否作为确定当事人权利义务的准据法?

【参考结论】

由于本案合同是在《联合国国际货物销售合同公约》生效之前即1986年10月订立的,该《公约》不能作为确定当事人权利义务的准据法。

【法律评析】

《联合国国际货物销售合同公约》第100条规定,该《公约》适用于在它对缔

[①] 参见齐湘泉:《涉外民事关系法律适用法总论》,法律出版社2005年版,第135—136页。

约国生效之日或之后所订立的国际货物销售合同。由于该《公约》是在1988年1月1日生效的,尽管当时中国和美国都已经是缔约国,而且本案提请仲裁的日期也是在《公约》生效之后,但本案合同是在该《公约》生效之前即1986年10月订立的,因此,本案不适用《公约》。

第八章 冲突法的一般问题

本章知识点

一、识别

(一) 识别的概念

国际私法中的识别(qualification),是指依据一定的法律观点或法律概念,对有关事实情况的性质作出"定性"或"分类",把它归入特定的法律范畴,从而确定应援引哪一冲突规范的法律认识过程。

(二) 识别产生的原因

一般认为,在国际私法中,识别问题的产生,是由于下述各种情况的存在:(1)对于同一事实,不同国家的法律赋予它以不同的法律性质,从而导致适用不同的冲突规范,得出相互抵触的判决结果;(2)不同的国家对冲突规范中包含的名词概念的含义理解不同;(3)不同国家的法律还往往把具有共同内容的法律问题分到实体法或程序法的不同法律部门;(4)由于社会制度或历史文化传统的不同,还会出现一个国家所使用的法律概念是另外一个国家法律所没有的情况。

(三) 识别的依据

解决识别冲突的方法,主要有以下几种:(1)法院地法说。(2)准据法说。(3)分析法学与比较法说。此说为德国的拉沛尔和英国的贝克特等所主张。

我国《涉外民事关系法律适用法》第8条规定,涉外民事关系的定性,适用法院地法律。

二、反致

(一) 反致的概念

反致制度是最常用的一种限制外国法适用的制度。广义的反致制度包括反致、转致及间接反致。对于某一涉外民事关系,法院依其冲突规范应适用某一外国法,而根据该外国的冲突规范,该涉外民事关系应适用法院所属国法,法院依此选择本国法为该涉外民事关系应适用的法律,这种做法即为反致。对于某一涉外民事关系,法院依其冲突规范应适用某一外国法,而根据该外国的冲突规范,该涉外民事关系应适用第三国的法律,法院转而选择第三国的法律为该涉外民事关系应适用的法律,这种情况叫转致。而所谓间接反致是指,法院依其冲突规范应适用某一外国法,而根据该外国的冲突规范,该涉外民事关系应适用第三国的法律,而根据该第三国的冲突规范,该涉外民事关系应适用法院所属国法,法院由此以本国法为该涉外民事关系应适用的法律。

(二) 反致产生的条件

反致的产生,完全是由于对同一涉外民事关系各国规定了不同的连结点去指引准据法,并且因各国对本国冲突规范指引的外国法的范围理解不同而造成的。但是,这并不是说,只要对同一涉外民事关系所涉两国规定了不同的连结点,就一定要发生反致。实际上,反致的出现,必须满足以下几个条件:首先,审理案件的法院认为,它的冲突规范指向的某个外国法,既包括实体法,又包括冲突法,这是反致产生的主观条件;其次,相关国家的冲突法规则不一致,彼此之间存在冲突,这是反致产生的法律条件;最后,致送关系没有中断,这是反致产生的客观条件。由此可见,反致的产生,必须同时具备上述三个条件。

(三) 关于反致制度理论上的分歧

关于反致问题,理论上是存在分歧的,主要可以分为赞成和反对的两种观点。反对反致的学者的理由主要有:(1) 反致与国际私法的"常识"和"任何国际私法制度的真正性质"相抵触。(2) 采用反致有损内国的立法主权。(3) 采用反致于实际不便。(4) 采用反致会导致恶性循环。

赞成反致的学者的主要理由是:(1) 采用反致可维护外国法律的完整性。外国国际私法与实体法是统一的不可分割的整体。因此,当冲突规范指引某外国法时,如果只考虑适用它的实体法规定,而忽视其国际私法规定,便会曲解该外国法的宗旨。(2) 放弃自己的冲突规范,改用对方的冲突规范,也并不有损于本国的主权,反而可以扩大内国法的适用。(3) 采用反致可以使各国法律对同一涉外民事案件作出相同的判决,而这一点正是国际私法的一个重要目的。

我国 2010 年《涉外民事关系法律适用法》第 9 条规定,涉外民事关系适用的外国法律,不包括该国的法律适用法。可见,我国立法是不接受反致制度的。

三、先决问题

(一) 先决问题的概念

先决问题(preliminary question)也称为附带问题,是指在国际私法中有的争讼问题的解决需要以首先解决另外一个问题为条件。这时,便可以把争讼问题称为"本问题"或"主要问题",而把这要首先解决的另一个问题称为"先决问题"。

(二) 先决问题的构成要件

一般认为,构成先决问题,必须具备三个条件:首先,主要问题依法院地国的冲突规范,应适用外国法作准据法;其次,该问题对主要问题来说,本身就有相对的独立性,可以作为一个单独的问题向法院提出,并且它有自己的冲突规范可以援用;最后,依主要问题准据法所属国适用先决问题的冲突规范和依法院地国家适用先决问题的冲突规范,会选择出不同国家的法律作准据法,并且会得出完全相反的结论,从而使主要问题的判决结果也会不同。

四、法律规避

(一) 法律规避的概念

法律规避(evasion of law),又称"诈欺规避",是指在涉外民事领域,当事人为利用某一冲突规范,故意制造出一种连接因素,以避开本应适用的准据法,并获得对自己有利的法律的适用的逃法行为。

(二) 法律规避的构成要件

构成国际私法上的法律规避,应具备以下三个要件:第一,必须有行为人规避某种法律的故意,或者说,行为人必须具有逃避某种法律的目的;第二,被规避的法律必须是依内国冲突规范本应适用的法律,但系行为人通过构设一个新连结点的手段而达到的;第三,被规避的法律属于强行法的范畴,因为如属任意性法规,则并非必须在有关法律关系中适用,故不存在规避问题。

中国立法对法律规避问题未作明文规定,但最高人民法院《关于贯彻执行〈中华人民共和国民法通则〉若干问题的意见(试行)》第194条明确规定:"当事人规避我国强制性或者禁止性法律规范的行为,不发生适用外国法律的效力。"2005年最高人民法院《第二次全国涉外商事海事审判工作会议纪要》第50条指出:当事人规避中华人民共和国法律、行政法规的强制性或禁止性规定的,不发生适用外国法律的效力,人民法院应适用中华人民共和国法律。2007年最高人民法院《关于审理涉外民事或商事合同纠纷案件法律适用若干问题的规定》第6条规定:"当事人规避中华人民共和国法律、行政法规的强制性规定的行为,不发生适用外国法律的效力,该合同争议应当适用中华人民共和国法律。"

五、外国法的查明

（一）外国法的查明的概念

所谓外国法的查明，是指一国法院根据本国冲突规范指定应适用外国法时，如何查明该外国法的存在和内容。也就是说，当一法官在审理涉外民事案件时，如依本国冲突规范的指定应适用外国法，就必须通过一定的方法来确定该外国法中有关规定是否存在，并且了解其内容。

（二）外国法的查明方法

外国法的查明方法大致可以分为三类：(1) 当事人举证证明。根据这种观点，外国法中有无相关的规定及其内容如何，须由当事人举证证明，法官没有依职权查明的义务。(2) 法官依职权查明，无须当事人举证。这种观点认为查明外国法的有无及内容，是法官的职权，由法官负责调查认定，无须当事人举证证明。(3) 法官依职权查明，但当事人亦负有协助的义务。这种做法更重视法官的调查，对当事人的证据既可以确认，也可以限制或拒绝。

（三）外国法无法查明时的解决方法

如果经过上述各种方法，仍然不能查明外国法，这时如何解决法律适用问题，主要存在如下不同的学说和实践：(1) 推定外国法与内国法内容相同；(2) 以内国法为代替；(3) 驳回请求；(4) 适用相近的法律。

（四）外国法的错误适用

外国法的错误适用可因两种情形而发生：一是依内国的冲突规范本应适用外国法而错误地适用了内国法，或者本应适用甲国法却错误地适用了乙国法，这叫"适用冲突规范的错误"，也可以说是对内国冲突规范的"直接违反"。另一种是虽依内国冲突规范适用了外国法，但对它的解释发生错误，从而构成了对内国冲突法的"间接违反"。

在适用错误的情况下，由于它构成对法院国自己冲突规范的直接违反，应视其性质与违反内国法相同，各国的实践一般都允许上诉。至于对解释错误能否上诉，各国的做法是不一致的。

中国尚未有这方面的立法及实践，但从中国上诉制度的目的看，对外国法的适用无论发生什么性质的错误，如果会造成严重的不合理的后果，应可以通过上诉甚至审判监督程序加以纠正为宜。

中国《涉外民事关系法律适用法》第10条规定，涉外民事关系适用的外国法律，由人民法院、仲裁机构或者行政机关查明。当事人选择适用外国法律的，应当提供该国法律。不能查明外国法律或者该国法律没有规定的，适用中华人民共和国法律。

六、公共秩序

（一）公共秩序的概念

国际私法上的公共秩序，主要是指法院在依自己的冲突规范本应适用某一外国实体法作涉外民事关系的准据法时，因其适用与法院所属国的重大利益、基本政策、道德的基本观念，或法律的基本原则相抵触而可以排除其适用的一种保留制度。

尽管公共秩序已经成为各国国际私法中的一项基本制度，但究竟怎样才构成违背公共秩序？其标准如何？对这些问题有两种不同的回答。（1）主观说。主观说认为，法院所属国依自己的冲突规范本应适用某一外国法作准据法时，如果该外国法本身的规定与法院所属国的公共秩序相抵触，即可以排除该外国法的适用，而不问其具体案件适用该外国法的结果如何。（2）客观说。客观说不但重视外国法内容是否不妥，而且注重外国法的适用结果客观上是否违反法院所属国的公共秩序。客观说又分为联系说和结果说两种主张。联系说认为，外国法是否应排除适用，除了该外国法适用的结果会与法院所属国的公共秩序抵触外，还须看案件与法院所属国的联系如何。如果案件与法院所属国有实质联系，则应排除该外国法的适用；如果案件与法院所属国没有实质的联系，则不应排除该外国法的适用。结果说认为在援用公共秩序保留时，不但要注意外国法规定的内容违反法院所属国公共秩序，而且要注意外国法适用的结果违反法院所属国的公共秩序，但并不强调案件是否与法院所属国有密切联系。

（二）限制外国法适用的立法方式

在各国的内国法中，借助公共秩序排除外国法适用的立法方式主要有以下三种：（1）间接限制外国法适用的立法方式。在采取这种立法方式时，在有关的法律中，需要明确规定该国内立法是强制地直接地适用于有关涉外民事关系，从而表明它具有排除外国法适用的效力。（2）直接限制外国法适用的立法方式。采用这种立法方式时，则在本国的冲突法中规定，凡外国法的适用如与内国公共秩序相抵触时，即不得适用该外国法。（3）合并限制外国法适用的立法方式。在采用这种立法方式时，在国内法中，既有关于某些法律具有直接适用的强行性的规定，又有赋予法院在出现立法不能预见的情况时，援用公共秩序来排除外国法适用的自由裁量的弹性规定。

(三) 外国法排除后的法律适用

在指定为准据法的外国法因其适用为违背法院所属国的公共秩序而被排除之后,应适用什么法律来裁决案件呢？对于这一问题,过去一般认为应以法院地法的相应规定来取而代之。但现在许多学者主张对以法院地法取代被排除适用的外国法的做法,应尽可能加以限制。在外国法因其适用会违背法院地国公共秩序而被排除之后,也有学者主张可拒绝审判的。

(四) 公共秩序保留制度运用中应注意的几个问题

一般地说,在援用公共秩序排除外国法适用时,应考虑以下一些问题或限制:(1) 必须把国内民法上公共秩序和国际私法上的公共秩序适当加以区别;(2) 公共秩序的保留不应与他国主权行为相抵触,也不应与外国公法的排除相混淆;(3) 在有条约规定时,公共秩序保留是否应受条约的约束;(4) 如何对待外国公共秩序的问题。

我国《涉外民事关系法律适用法》第 5 条规定,外国法律的适用将损害中华人民共和国社会公共利益的,适用中华人民共和国法律。

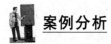

案例分析

案例一:中国技术进出口总公司诉瑞士工业资源公司侵权损害赔偿纠纷上诉案——识别

【案情介绍】

被上诉人中国技术进出口总公司受浙江省温州市金属材料公司的委托,于 1984 年 12 月 28 日与美国旭日开发公司签订购买 9000 吨钢材的合同。之后,旭日开发公司因无力履约,请求中国技术进出口总公司同意将卖方变更为上诉人瑞士工业资源公司。瑞士工业资源公司随即于 1985 年 3 月 14 日向被上诉人发出电传称:"货物已在装船港备妥待运","装船日期为 1985 年 3 月 31 日",要求被上诉人"将信用证开给挪威信贷银行(在卢森堡),以瑞士工业资源公司为受益人"。同年 3 月 26 日,上诉人又向被上诉人发出电传称:"所供钢材可能由我们的意大利生产厂或西班牙生产厂交货",并告知了钢材的价格条款、交货日期等。1985 年 4 月 1 日,双方签订了《合同修改协议书》,约定上诉人应在接受信用证后两周内装船待运。

1985年4月19日,被上诉人通知中国银行上海分行开出以上诉人为受益人不可撤销的信用证。随后,上诉人将全套单据通过银行提交被上诉人。同年6月1日,中国银行上海分行将上述货款汇付上诉人。货款汇付后,被上诉人因未收到上述钢材,向上诉人一再催促,上诉人全盘推卸自己的责任。

根据双方提供的证据证实,上诉人在意大利和西班牙既无钢厂,也无钢材;向被上诉人提交的意大利卡里奥托钢厂的钢材质量检验证书、重量证书和装箱单均系伪造。以上诉人为托运人并经其背书的提单上载明的装运船"阿基罗拉"号,在1985年内并未在该提单所载明的装运港意大利拉斯佩扎停泊过,从而证明上诉人并未将钢材托运装船,所提交的提单是伪造的。上诉人在答复被上诉人催问的电函中所称"中国港口拥挤"和"船舶将改变航线"的情况也纯属虚构。为此,被上诉人于1986年3月24日向上海市中级人民法院提起诉讼,要求上诉人返还货款、利息和经营损失等费用559万多美元,并申请诉讼保全。上海市中级人民法院准许被上诉人的诉讼保全申请,裁定冻结上诉人在中国银行上海分行的托收货款440万美元,查封了上述托收项下的全套单据。上海市中级人民法院经审理后判决瑞士工业资源公司应偿还中国技术进出口总公司的钢材货款、利息、经营损失及其他费用共计513万多美元,驳回瑞士工业资源公司的反诉。

上诉人不服一审判决,向上海市高级人民法院提出上诉称:双方签订的购销钢材合同中有仲裁条款。原审法院对本案无管辖权;原审法院裁定准许被上诉人诉讼保全申请,冻结上诉人的与本案无关的货款不当;上诉人被诉有欺诈行为并无事实依据;被上诉人在不同的法院对上诉人提出重复的诉讼不当;根据中国《涉外经济合同法》的规定,禁止间接损失,原判损害赔偿数额过高,并无事实和法律依据的支持,请求撤销原判。

上海市高级人民法院经公开审理确认:上诉人瑞士工业资源公司在无钢材的情况下,诱使被上诉人与其签订合同。上诉人利用合同形式,进行欺诈,已超出履行合同的范围,不仅破坏了合同,而且构成了侵权。双方当事人的纠纷,已非合同权利义务的争议,而是侵权损害赔偿纠纷。被上诉人有权向法院提起侵权之诉,而不受双方所订立的仲裁条款的约束。因本案侵权行为地在上海,依照我国《民事诉讼法(试行)》第22条关于"因侵权行为提起诉讼的,由侵权行为地人民法院管辖"的规定,以及该法第185条、第156条的规定,上海市中级人民法院对本案具有管辖权。上诉人提出的中国已加入《承认及执行外国仲裁裁决公约》,当事人签订的合同又有仲裁条款,中国法院无管辖权,其理由不能成立。被上诉人并未在其他法院对上诉人提出过侵权损害赔偿的诉讼,因此,也不存在重复诉讼的问题。上海市高级人民法院于1988年10月11日,判决驳回上诉人瑞士工业资源公司的上诉,维持原判。

【法律问题】

本案中,法院如何识别本案的诉讼标的？我国法院是否具有管辖权？

【参考结论】

我国法院将案件识别为侵权纠纷,并按我国《民事诉讼法(试行)》第22条关于"因侵权行为提起的诉讼,由侵权行为地人民法院管辖"的规定决定管辖权,从而排除了合同中约定的仲裁管辖权条款的效力。

【法律评析】

本案是我国法院审理的一起国际私法案件,该案件涉及国际私法方面的很多问题,如我国法院的管辖权问题、诉讼保全的适当性问题、重复诉讼的问题、损害赔偿额的确定问题等。其中,我国学者多将此案视为典型的识别案件。

我国法院将其识别为侵权案件,并按我国《民事诉讼法(试行)》第22条关于"因侵权行为提起的诉讼,由侵权行为地人民法院管辖"的规定决定管辖权,这一做法受到质疑。中国《仲裁法》实施后,在后来的类似案件中,最高人民法院改变了态度。

案例二:中国公民在日本法院的继承诉讼案——反致[①]

【案情介绍】

1995年1月17日,日本阪神地区发生里氏7.3级地震,地震中3名中国留学生死亡。死亡的学生中有一冯姓学生,在日本留有数目可观的动产遗产。冯某的父母在日本神户法院提起遗产继承之诉。日本法院受理了案件。

【法律问题】

1. 根据我国法律,本案是否是涉外案件？

2. 本案是以中国法律为准据法来确定当事人的权利和义务,还是以日本法律为准据法来确定当事人的权利和义务？

【参考结论】

本案是一起涉外法定继承案件。本案的准据法为日本法律。

【法律评析】

虽然本案的主体——继承人是具有中国国籍的自然人,被继承人生前也是

---

① 参见齐湘泉:《涉外民事关系法律适用法总论》,法律出版社2005年版,第149—150页。

具有中国国籍的自然人,但继承关系的客体——本案中的遗产位于日本,产生涉外继承关系的法律事实——被继承人的死亡发生在日本,因此本案是一起涉外法定继承案件。

日本神户法院在确定了案件的性质为涉外法定继承案件后,首先确定法律适用规范。日本1989年《法例》第26规定:"继承,依被继承人本国法。"根据这条法律适用规范的规定,日本法院应适用中国法律。中国法律分为法律适用规范和实体规范。对于动产的涉外法定继承,中国法律有法律适用规范的规定。中国《民法通则》第149条规定:"遗产的法定继承,动产适用被继承人死亡时住所地法律……",我国的法律适用规范将涉外动产法定继承适用的法律又指向被继承人死亡时住所地法律。本案中,被继承人死亡时住所地在日本。日本1989年《法例》第32条规定:"应依当事人本国法,而按该国法律应依日本法时,则依日本的法律。但是,依第14条[含第15条第1款及第16条中准用情形]规定,应依当事人本国法时,不在此限。"神户法院依据日本《法例》第32条的规定,确定本案的准据法为日本法律。

本案中,日本法院适用日本法律处理中国公民在日本法院提起的遗产继承诉讼案件,是适用反致的结果。

案例三:特鲁福特案——转致

【案情介绍】

特鲁福特是瑞士籍公民,在法国有住所,1878年在法国去世。特鲁福特生前留有一份遗嘱。按照该遗嘱,他的全部遗产(包括在英国境内的遗产)都归其独生子继承。按当时法国冲突法和法瑞条约规定,特鲁福特的遗产继承问题应依本国法即瑞士法解决。按当时瑞士法规定,被继承人的子女享有全部遗产十分之九的应继份额。死者的独生子据此在瑞士苏黎世法院就该遗嘱处理办法提起诉讼,要求取得他的应继份额。苏黎世法院满足了他的请求。

由于被继承人在英国也有财产,故他的独生子极力设法在英国执行瑞士法院的判决。英国法院重新审理了该案,按英国冲突法的规定,遗产继承依死者死亡时住所地法,即法国法;但法国的冲突规范又规定,遗产继承应依被继承人本国法,即瑞士法。

【法律问题】

1. 英国法院审案过程涉及国际私法上哪一项制度?
2. 如果英国法院承认这一制度,其所作的判决和瑞士苏黎世法院判决是否相同?

【参考结论】

1. 本案涉及国际私法上的转致制度。
2. 如果英国法院承认转致制度,将适用法国冲突规范指引的瑞士实体法,作出和瑞士苏黎世法院相同的判决,结果会满足特鲁福特独生子的诉讼请求。

【法律评析】

本案是国际私法中关于转致的著名案例。本案中英国法院承认了转致制度,根据英国冲突规范援引了法国法,根据法国的冲突规范,援引了瑞士实体法。之所以产生这种连环指引是因为关于遗产的继承,英、法两国的冲突规范规定了不同的连结点。英国冲突规范的连结点为"被继承人死亡时住所地"(即法国),法国冲突规范的连结点为"被继承人国籍国"(即瑞士)。而权利请求人的国籍国为瑞士,所以本案最终按瑞士实体法的规定解决。

由于本案中英国法院接受了转致,适用了和瑞士法院相同的实体法,即瑞士法,当然二者判决的结果相同。

案例四:李伯康房产继承案——先决问题

【案情介绍】

李伯康于1938年在家乡广东台山与范素贤结婚,婚后一直无子女。1943年李伯康前往美国定居,住在加利福尼亚州洛杉矶。1967年李伯康与美国籍的周乐蒂女士在美国内华达州结婚。1981年李伯康在美国洛杉矶去世。在李伯康的遗产中,有一处位于广州的四层楼房。1986年5月,已离开台山到香港定居多年的范素贤得知李伯康去世的消息后,到广州办理了继承上述房产的证明,同年7月领取房产证。周乐蒂女士得知后,委托代理人在广州某区法院提起诉讼,要求继承其夫李伯康的上述房产。法院最后依据中国《婚姻法》判决李伯康与周乐蒂在美国的结婚属于重婚,无效,因此驳回原告周乐蒂的继承请求。

【法律问题】

1. 本案的主要问题是什么?本案中存在先决问题吗?
2. 假设李伯康的遗产中有一笔存款位于广州,此案是否存在先决问题?

【参考结论】

1. 在本案中,主要问题是对李伯康位于广州的不动产遗产的继承。本案中不存在先决问题,原因见法律评析部分。

2. 假设李伯康的遗产中有一笔存款位于广州,此案则可能存在先决问题,原因见法律评析部分。

【法律评析】

1. 在本案中,主要问题是对李伯康位于广州的不动产遗产的继承。由于死者最后住所地以及本案原告国籍均在美国,因此属于涉外继承案件,应当适用我国国际私法。根据我国冲突法,不动产继承适用不动产所在地法律。该不动产位于我国境内,因此应当适用我国《继承法》。根据我国《继承法》,妻子是丈夫遗产的合法继承人。但是,该案中存在的一个问题是,到底谁是死者的合法妻子?原告周乐蒂是否死者的合法妻子?这是一个婚姻的效力问题,即死者与周乐蒂1967年在美国的婚姻是否有效?这里的婚姻效力问题是不是先决问题?必须要依照前面所讲的先决问题的构成要件来判断。

第一个要件:先决问题必须是一个独立的问题,有自己的冲突规范可以援用。本案中的婚姻问题符合这一条件。第二个要件:根据法院地冲突规范,主要问题的准据法是外国法律。本案中主要问题的准据法为中国法,即法院地法。① 因此,本案中原告与死者之间的婚姻效力问题不构成我们这里所讲的先决问题,也就是说,由于主要问题适用的是法院地法,就不存在外国冲突法的适用问题了,先决问题也就自然适用我国冲突规范来确定准据法,不会产生法律适用上的冲突了。

但是,本案不存在我们所说的国际私法上狭义的先决问题,但并不表明该问题本身不存在。原告与死者之间的婚姻效力问题在本案中仍然需要解决,只不过应当肯定地适用法院地冲突法来解决,而无需考虑外国的冲突法。根据我国冲突法,婚姻的效力,应当适用婚姻缔结地法律。本案中为美国内华达州法律,因此应当依照内华达州的婚姻法来判断婚姻是否有效。本案法官依照我国《婚姻法》判断该婚姻无效的做法是不正确的。如果依据美国法律该婚姻被判决有效,是否导致当事人两个婚姻都是合法婚姻呢?我们认为,此时可以考虑运用我国的公共秩序保留制度否决美国法的适用。

2. 假设死者遗留的是一笔位于广州某银行的巨额存款。此时,本案的主要问题是动产的继承问题。根据我国《民法通则》第149条,动产继承适用被继承人死亡时住所地法,本案中为美国洛杉矶所在地法律。那么,原告周乐蒂与死者之间的婚姻效力问题就符合了先决问题所要求的第二个条件。1971

---

① 但是,对于先决问题的构成要件,学者们有不同的看法,可参见齐湘泉:《涉外民事关系法律适用法总论》,法律出版社2005年版,第138—146页。

年美国《冲突法重述(第二次)》第 283 条(婚姻的有效性)规定:(1)婚姻的有效性,可适用据第 6 条原则所确定的配偶及婚姻与其有最重要联系州的本地法对该特定问题的规定。(2)婚姻符合缔结地州规定的要求的,其有效性得为普遍承认,但违反配偶及婚姻与之有最重要联系的州的强有力的公共政策者除外。由于美国加利福尼亚州冲突法与我国冲突法不同,导致援引的准据法有可能不同,从而可能产生不同的判决结果,因此本案也符合先决问题的第三个条件。本案中的婚姻效力问题就可能成为一个国际私法上的先决问题。此时就需要考虑,该婚姻的效力应当依照我国冲突法还是应当依照美国加利福尼亚州冲突法来确定准据法? 我们认为,实践中还是以适用法院地冲突法为好,主要考虑到,要求我国法官查明并适用外国冲突法,实在是过于苛求了。

案例五:香港中成财务有限公司与香港鸿润(集团)有限公司、广东省江门市财政局借款合同纠纷案——法律规避①

【案情介绍】

1995 年 5 月 10 日,香港中成财务有限公司(以下简称"中成公司")与香港鸿润(集团)有限公司(以下简称"鸿润集团")签订了《贷款协议书》,约定由中成公司借款 1000 万元港币给鸿润集团,还款日为 1995 年 11 月 28 日,利息及手续费 100 万元港币。鸿润集团提供远期可兑现公司支票给中成公司作抵押;中成公司接受鸿润集团推荐的广东省江门市财政局(以下简称"江门财政局")为其做担保人,江门财政局向中成公司出具了《不可撤销担保书》,承诺为鸿润集团向中成公司贷款进行担保,担保书适用香港法律。江门市人民政府办公室在见证人处盖章。后来,鸿润集团未能按期偿还借款。中成公司要求江门财政局履行担保义务未果,遂于 2000 年 8 月 25 日向江门市中级人民法院提起诉讼,请求判令鸿润集团偿还借款本金及利息,江门财政局承担连带清偿责任。

中成公司在 2001 年 5 月 20 日向原审法院提供了我国香港地区法律有关规定,认为本案所涉的《贷款协议书》和《不可撤销担保书》根据香港法律为合法有效合同;香港法律并没有就内地政府部门提供对外担保作出任何限制。故由江门财政局向中成公司出具的担保为合法有效担保;江门财政局有义务按照《不

---

① 参见杜涛:《国际经济贸易中的国际私法问题》,武汉大学出版社 2005 年版,第 108—109 页;详细案情亦可参见中国温州商会网:http://www.88088.com/xxpnews/list.asp? id = 737,2006 年 6 月 5 日访问。

可撤销担保书》第 2 条规定清偿贷款。

……

【法律问题】

1. 本案是否涉及法律规避问题？
2. 我国法律对此行为是如何规定的？

【参考结论】

由于我国法律、法规和司法解释都明确规定国家机关不得做担保人。江门财政局为了为鸿润集团向中成公司贷款提供担保，在《不可撤销担保书》中承诺"本担保书适用香港法律"，明显规避了内地禁止性法律、法规的规定。

我国《民法通则》中未就法律规避问题作出规定。但最高人民法院《关于贯彻执行〈中华人民共和国民法通则〉若干问题的意见（试行）》第 194 条规定："当事人规避我国强制性或者禁止性法律规范的行为，不发生适用外国法律的效力。"

【法律评析】

根据最高人民法院《关于贯彻执行〈中华人民共和国民法通则〉若干问题的意见（试行）》第 194 条的规定，不是凡是规避我国法律的行为都无效，只是规避我国法律中强制性或者禁止性规范的行为，才被认定为无效。但对于规避外国法的行为的效力问题，该《意见》未作出规定，其目的可能在于具体情况具体处理。

江门市中级人民法院认为，根据香港法律的规定，中成公司与鸿润集团签订的《贷款协议书》合法有效，对于中成公司请求鸿润集团偿还贷款的请求予以支持。对于《不可撤销担保书》中注明"本担保书适用香港法律"的该条款，因规避了我国法律的强制性、禁止性规定，依照中国当时有效的《涉外经济合同法》第 9 条的规定（违反中国法律或者社会公共利益的合同无效），应认定为无效，本案应适当内地法律调整中成公司与江门财政局之间的担保关系。因我国法律、法规和司法解释都明确规定国家机关不得做担保人，因此，该担保应确认为无效。中成公司不服原审判决，向广东省高级人民法院提出上诉，要求判决江门财政局对上述借款和利息承担连带清偿责任，因为涉外合同的当事人有权选择准据法的适用，应按照当事人意思自治原则适用法律。江门财政局在作出担保之前，是经过江门市人民政府同意的。

广东省高级人民法院认为，江门财政局在《不可撤销担保书》中约定"本担保书适用香港法律"，明显是规避内地禁止性法律、法规的规定，根据最高人民法院《关于贯彻执行〈中华人民共和国民法通则〉若干问题的意见（试行）》第

194 条的规定,应确认为无效。本案担保法律关系应适用内地法律来处理。造成担保合同无效,江门财政局、中成公司均有过错,依法应承担相应的过错责任,即江门财政局应对鸿润公司不能清偿的本案债务承担 1/2 的赔偿责任。

案例六:中国冶金进出口山东公司与纳瓦嘎勒克西航运有限公司关于保函纠纷案——外国法无法查明时的法律适用[①]

【案情介绍】

1995 年,原告纳瓦嘎勒克西航运有限公司所属的"STONE GEMINI"轮承运了澳大利亚新人山公司的 60500 吨铁矿砂。提单记明的托运人为新人山公司,收货人为凭指示,通知方为被告中国冶金进出口山东公司(以下简称"冶金公司"),卸货港为青岛。同年 7 月 10 日,"STONE GEMINI"轮抵达青岛港。冶金公司因尚未从其开证行青岛交通银行取得正本提单,便向"STONE GEMINI"轮船长出具担保函,请求原告向其放货。并约定保函由英国法律调整,纠纷提交英国高等法院管辖。原告接受了保函,并将货物全部交付给冶金公司。

上述货物的货款支付方式为跟单信用证付款。信用证的申请方为被告,开证行为青岛交通银行,议付行为澳大利亚西太平洋银行。1995 年 7 月 6 日,西太平洋银行在支付全部货款给新人山公司后,要求承兑,被青岛交通银行以单证不符为由拒绝。西太平洋银行得知本案货物已由被告凭保函提走后,于 1995 年 10 月与被告就货款支付问题开始协商。被告承认提取了价值 1754611.95 美元的 60500 吨铁矿砂,1996 年 2—3 月间,被告偿还了两笔款项合计 699970 美元后再未支付剩余款项。西太平洋银行遂以"STONE GEMINI"轮为被告,以该轮无正本提单放货为由诉至新南威尔士地区联邦法院。该法院于 1999 年 7 月 16 日判决"STONE GEMINI"轮及其船东纳瓦嘎勒克西航运有限公司即本案原告赔偿西太平洋银行 1316793.38 美元和利息 36340.54 美元及案件受理费 150000 澳大利亚元(折合 94830.48 美元)。

原告之后曾多次向被告追偿,未果,遂于 1997 年 2 月 28 日诉至青岛海事法院,要求判令被告赔偿其履行澳大利亚法院判决的损失、诉讼费用、律师费、船舶被扣押损失的租金、燃油费、担保费等以及上述利息损失,共计 2042267.17 美元。

在庭审中,原告坚持按被告出具的保函中确定的准据法——英国法律来处理本案,被告则主张适用中国法律来处理本案。原告和法院对于英国法关于调

[①] 参见赵相林:《国际私法教学案例评析》,中信出版社 2006 年版,第 75—77 页。

整保函的规则及确定保证人责任与义务的相关案例经过多方努力仍然无法查明。

【法律问题】

1. 本案中,原告和法院无法查明英国法关于调整保函的规则及确定保证人责任与义务的相关案例,对此法院应如何处理?

2. 如适用我国2010年《涉外民事关系法律适用法》,本案应如何处理?

【参考结论】

1. 在本案中,原告、被告双方在保函中约定"此保函由英国法律调整",这体现了当事人的意思自治。依照国际惯例和我国法律的规定,当事人对适用法律的选择应当得到支持。但是由于原告未能提供、法院也未能查明英国法关于调整保函的规则及确定当事人责任与义务的相关案例,而根据我国相关法律的规定,在外国法无法查明时,适用中国法律,因此本案中保函及当事人的权利义务关系适用我国法律调整。

2. 如适用我国2010年《涉外民事关系法律适用法》,本案也应当适用中国法律。

【法律评析】

1. 外国法内容的查明,也叫证明、举证等,是国际私法上的一个基本制度,是法院在处理涉外案件时必然遇到的问题。它是指法院审理涉外民商事案件时,根据本国冲突规范应适用外国实体法的情况下,如何证明该外国法中有无这方面的法律规定以及具体内容如何。查明外国法内容的方法有三种:(1)当事人举证证明;(2)法官依职权查明,无须当事人举证;(3)法官依职权查明,但当事人亦负有协助的义务。在外国法不能查明时,主要有如下不同的学说和实践:(1)推定外国法与内国法相同;(2)以内国法替代;(3)驳回请求;(4)适用相近的法律。

本案中,英国法是调整原告、被告双方关于保函的权利义务的规则,但由于原告未能提供、法院也未能查明英国法关于调整保函的规则及确定当事人责任与义务的相关案例,而根据我国最高人民法院《关于贯彻执行〈中华人民共和国民法通则〉若干问题的意见(试行)》第193条的规定,"通过以上途径仍不能查明的,适用中华人民共和国法律"。

2. 我国2010年《涉外民事关系法律适用法》第10条规定,涉外民事关系适用的外国法律,由人民法院、仲裁机构或者行政机关查明。当事人选择适用外国法律的,应当提供该国法律。不能查明外国法律或者该国法律没有规定的,适用中华人民共和国法律。本案原告、被告双方在保函中选择适用英国法律,应当由当事人提供英国法律。而本案当事人没有提供英国法律,因此应适用中国法律。

案例七:菱信租赁国际(巴拿马)有限公司与中国远洋运输(集团)总公司等借款合同纠纷案——外国法的查明①

【案情介绍】

1986年11月,北京市外国企业服务总公司作为中方与新加坡庆新集团私人有限公司签订一份合资建造经营北京幸福大厦的《合同书》及《章程》。1988年2月29日,菱信租赁国际(巴拿马)有限公司、北陆金融(香港)有限公司、YTB租赁(巴拿马)有限公司作为贷款方与借款人北京幸福大厦有限公司签订一份《贷款协议》。该《协议》第25条约定:"在1997年6月30日之后,本协议及各当事方在本协议项下的权利和义务适用英国法律并按照英国法律解释。"第26条约定:"借款人特此不可撤销地同意,因本协议或本协议中述及的任何文件发生任何法律诉讼或程序均可提交北京和香港法庭审理,并特此不可撤销地、就其自身和其财产而言、普遍地和无条件地服从上述法庭的非排他性的司法管辖。"北京市外国企业服务总公司作为借款担保人向菱信租赁国际有限公司出具一份《担保书》。此外,北京市外国企业服务总公司、庆新集团私人有限公司作为幸福大厦的股东与借款人幸福大厦、贷款方代理人菱信租赁国际有限公司于1988年2月29日又签署一份《承诺及从属协议》,其中第12条约定:"本协议和各方在本协议项下的权利和义务应受香港法律管辖并依其解释(截止于1997年6月30日,包括当日在内),但不影响代理人和诸贷款人在任何股东或借款人或其资产所在地任何管辖区域的法律下能够得到的其他任何权利或补救权,1997年6月30日之后本《协议》和各方在本《协议》项下的权利和义务均应受英国法律管辖并依其解释。"1991年12月2日,北京市外国企业服务总公司将其在幸福大厦的70%的股权中的65%转让给中国远洋运输(集团)总公司。后来,菱信租赁国际有限公司多次向北京幸福大厦有限公司催还借款未果,向北京市第二中级人民法院提起诉讼。

一审法院经过审理,判决要求北京幸福大厦有限公司应向菱信租赁国际有限公司偿付借款本金及相关利息;北京市外国企业服务总公司、庆新集团私人有

---

① 北京市第二中级人民法院(1999)二中经初字第1795号民事判决,北京市高级人民法院(2001)高经终字191号民事判决,转引自杜涛:《国际经济贸易中的国际私法问题》,武汉大学出版社2005年版,第75—76页。

限公司与中国远洋运输(集团)总公司向菱信租赁国际有限公司承担连带赔偿责任。中国远洋运输(集团)总公司不服原审法院上述民事判决,向北京市高级人民法院提起上诉。

二审法院认为,依照我国《民法通则》的规定,涉外合同当事人可以选择处理合同争议所适用的法律。本案当事人在《贷款协议》和《承诺及从属协议》中均约定适用英国法律确定各方权利义务并解决争议。当事人的选择并不违反我国的社会公共利益,亦未规避我国有关强制性的法律规定。因此,本院尊重当事人的选择并予以确认,英国法律作为解决本案争议的准据法。对于英国法的查明,被上诉人菱信租赁国际(巴拿马)有限公司提交了经英国公证机构公证并经我国驻英国大使馆认证的、由富而德律师事务所提供的有关英国法律及其解释意见。同时,被告中国远洋运输(集团)总公司在一审诉讼中请国内法律专家魏家驹先生出具了法律意见书。二审法院最终采信了被上诉人提交的富而德律师事务所提供的英国法律及其解释意见,判决认为,原审法院认定事实清楚,证据充分,本案定性和各方责任认定准确,适用法律及判决内容并无不当,二审法院判决驳回上诉,维持原判。

【法律问题】

1. 我国法律对外国法的查明问题是如何规定的?

2. 二审法院最终采信了被上诉人提交的富而德律师事务所提供的英国法律及其解释意见,是否适当?

【参考结论】

1. 我国最高人民法院《关于贯彻执行〈中华人民共和国民法通则〉若干问题的意见(试行)》第193条规定:"对于应当适用的外国法律,可以通过下列途径查明:(1)由当事人提供;(2)由与我国订立司法协助协定的缔约对方的中央机关提供;(3)由我国驻该国使领馆提供;(4)由该国驻我国使馆提供;(5)由中外法律专家提供。通过以上途径仍不能查明的,适用中华人民共和国法律。"

2. 二审法院最终采信了被上诉人提交的富而德律师事务所提供的英国法律及其解释意见是适当的。

【法律评析】

根据我国最高人民法院《关于贯彻执行〈中华人民共和国民法通则〉若干问题的意见(试行)》第193条规定,二审法院最终采信了被上诉人提交的富而德律师事务所提供的英国法律及其解释意见是适当的。

在我国的司法实践中,由当事人提供的外国法的证明通常需要得到外国公证机构的公证和我国驻外国大使馆的认证。另外,对"中外法律专家"应做广义的理解,人民法院在审理涉外商事案件中不应只注重某专家是哪一领域、哪一单位的法律专家,而应注重中外法律专家提供的外国法是否准确。对中外法律专家提供的外国法,人民法院在审理有关涉外案件中仍需要进行质证。经过质证仍不能确定的,案件由合议庭根据案件事实及提供的外国法自由裁量。必要时,适用我国法律的相关规定。

案例八:海南木材公司诉新加坡泰坦船务公司和达斌私人有限公司提单欺诈案——公共秩序[①]

【案情介绍】

1988年7月20日,海南木材公司与新加坡达斌私人有限公司(以下简称"达斌公司")在海口签订木材购货合同,付款条件为银行即期信用证。1988年9月2日,中国银行海口分行依原告申请开具了信用证,并以电传通知了中国银行新加坡分行,该信用证规定了与合同约定一致的条款。1988年11月6日,被告新加坡泰坦船务公司签发了正本提单一式三份。同日,中国银行海口分行通知原告:达斌公司已将全套议付单证送达海口,要求承诺付款。原告经审单发现提单记载事项有诈,要求中国银行海口分行暂不付款。

原告向广州海事法院起诉,请求法院判令上述购货合同和该信用证项下的海运单证无效,并撤销该信用证;两被告连带赔偿原告经济损失。被告均未提出答辩。原告起诉时申请广州海事法院冻结中国银行海口分行1988年9月2日开具的以达斌公司为受益人的信用证。该院经审查认为原告的诉讼保全申请符合法律规定,裁定予以准许。广州海事法院于1990年9月29日缺席判决购货合同和提单无效;信用证项下的货款不予支付;被告共同赔偿原告经济损失人民币100多万元。

本案中最引人注目的是法院根据原告申请,冻结中国银行海口分行1988年9月2日开具的以达斌公司为受益人的信用证。法院是否有法律理由冻结该信用证?法院最后满足了原告的申请,冻结了该信用证,其法律依据是我国《民法通则》第150条规定的公共秩序保留原则,即国际惯例的适用不得违背我国的社会公共利益。本案中,我国的公共利益就是我国法律上的诚实信用和公平善良原则。

[①] 参见杜涛:《国际经济贸易中的国际私法问题》,武汉大学出版社2005年版,第97页;具体案情亦可参见世界服装网 http://www.wdn888.com/news/detail.jsp?id=65821,2006年6月4日访问。

【法律问题】

1. 什么叫公共秩序?
2. 我国法院运用公共秩序保留来否决《跟单信用证统一惯例》的适用是否适当?

【参考结论】

1. 国际私法上的公共秩序,主要是指法院依自己的冲突规范本应适用某一外国实体法作涉外民商事关系的准据法时,因其适用与法院地国的重大利益、基本政策、道德的基本观念,或法律的基本原则相抵触而可以排除其适用的一种保留制度。

2. 我国法院运用公共秩序保留来否决《跟单信用证统一惯例》的适用不适当。

【法律评析】

本案被认为是我国第一起运用公共秩序保留审理的涉外案件,在我国司法界引起了很大反响,中国学者也见智见仁。人们争论的焦点在于我国法院运用公共秩序保留来否决《跟单信用证统一惯例》的适用是否恰当。

有许多学者认为在该案中法院以公共秩序为由排除国际惯例的适用是不恰当的。因为国际商会是个政府间国际组织,它所拟定的《跟单信用证统一惯例》在国际社会长期广泛适用,中国在实践中也参照采用,因此具有普遍的约束力,实际上已经具有国际惯例的性质,是不宜借公共秩序条款排除其适用的。更何况,借公共秩序以排除外国法律或国际惯例的适用必须同时具备两个条件:其一,该外国法律或国际惯例本身的内容违背法院地国的公共秩序;其二,依多数国家的实践和学者的普遍观点,该外国法律或国际惯例的适用结果会违背法院地国的公共秩序。外国法或国际惯例本身的内容具有可厌性、有害性或邪恶性,这是适用公共秩序的前提条件。如果不存在这一前提条件,根本谈不上适用公共秩序条款以排除外国法或国际惯例的适用。

在此案中,国际商会制定的《跟单信用证统一惯例》本身内容不存在违背我国《民法通则》第150条所规定的中国社会公共利益,因此,是不能适用公共秩序条款来排除《跟单信用证统一惯例》适用的。而法院之所以这样做,是因为被告恶意串通,利用伪造提单及其他单证的手段企图骗取货款,如果适用《跟单信用证统一惯例》,因为符合"单单一致、单证一致"的规定,开证行中国银行海口分行就得付款,将使被告达到骗取货款的目的,但这并不构成可以适用公共秩序保留的理由。中方完全可以根据"信用证欺诈例外",冻结信用证,或者以侵权为由向法院起诉,要求外方返还货款并赔偿损失。

案例九:霍尔泽诉德国铁路局案——公共秩序

【案情介绍】

霍尔泽是犹太血统德国籍人,受雇于辛克尔公司。1931年底,辛克尔公司并入德国帝国铁路局,霍尔泽被任命为该局总管。1933年,德国帝国铁路局总经理免去霍尔泽的总管职务,理由是:根据德国议会关于非雅利安人的立法,犹太人不得担任领导或管理职务,已担任的必须解除。霍尔泽是犹太人,所以必须解除其职务。霍尔泽在职务被解除后,鉴于德国帝国铁路局在美国纽约的银行有存款账户,即前往美国向纽约的法院对德国帝国铁路局提起诉讼。

审理案件的法官柯林斯认为,根据霍尔泽与帝国铁路局之间的雇佣契约是在德国订立并在德国履行的事实,按美国的冲突规范,本案本应适用德国法律,但最终还是没有适用德国法。柯林斯法官解释说:如果德国法律表现为与美国的司法、自由和道德的精神相违背的话,国际礼让不要求我们适用德国法律。本案要解决的不是德国人的良知问题,而是我们自己的良知问题。既然已确认德国关于非雅利安人的法律规定如此强烈地违背我们的深刻的信念,那么,对于当事人向美国法院提出的诉讼,就只能适用美国的公共政策观念。被告以血统的理由解除原告的职务,如果我们予以认可,这是政策所不允许的。虽然被告的这种行为在德国会被认为是法律的表现,是符合法律规定的,但如果我们承认这种种族歧视行为的合法性,就无异于出卖我们自己的良心,违背美国的传统和否定美国的宪法及各州的法律。因此,应当拒绝适用德国法。法院最后判决原告霍尔泽胜诉。

【法律问题】

1. 纽约州法院拒绝适用德国法律的原因是什么?
2. 我国法律在该问题上是如何规定的?

【参考结论】

1. 纽约州法院认为德国关于非雅利安人的法律规定带有种族歧视的色彩,与美国的公共秩序相违背。因此,德国法被拒绝适用。

2. 我国立法对公共秩序保留一向持肯定态度。1982年我国《民事诉讼法(试行)》第204条也规定:"中华人民共和国人民法院对外国法院委托执行的已经确定的判决、裁定,应当根据中华人民共和国缔结或参加的国际条约,或者按照互惠原则进行审查,认为不违反中华人民共和国法律的基本准则或者我国国家、社会利益的,裁定承认其效力,并且依照本法规定的程序执行。否则,应当退回外国法院。"1991年我国《民事诉讼法》第268条也作了类似规定。不过,这只是公共秩序在承认和执行外国法院判决和裁定问题中的具体应用。而1986年我国《民法通则》第一次在冲突法中全面规定了公共秩序保留制度。我国2010年《涉外民事关系法律适用法》第5条规定,外国法律的适用将损害中华人民共和国社会公共利益的,适用中华人民共和国法律。

【法律评析】

运用公共秩序保留来排除本应适用的外国法,是一国主权的要求,也是各国立法的通例。作为国际私法上基本制度之一的公共秩序保留制度不仅被各国国内立法普遍采用,而且在一些国际条约中也规定了这一制度。公共秩序的含义各国没有统一的规定,甚至同一国家在不同的时间、不同的问题和不同的条件下,也会有不同的解释,是一个极富弹性的制度。本案依据美国(法院地国)的冲突规范,处理该案本应适用德国实体法,运用德国法关于犹太人不能担任领导或管理职务的规定,原告会败诉并蒙受种族歧视。但德国法中的这一规定被认为和美国宪法的基本原则、美国立法的基本精神相违背,即人的平等原则不应因其血统而遭受歧视。所以法官运用了公共秩序保留制度排除了有种族歧视的德国法的适用,使得该案能公平、合理解决。

案例思考题

思考题一:广东省轻工业品进出口集团公司与TMT贸易有限公司商标权属纠纷上诉案——识别①

广东省轻工业进出口集团公司(以下简称"广轻公司")分别于1979年和1980年与香港东明贸易有限公司(以下简称"东明公司")签订两份"包销协议",约定由东明公司定牌及包销广轻公司生产的TMT牌吊扇,吊扇所用TMT牌文字和图形组合商标由东明公司提供,由广轻公司在国内办理商标注册。1982年东明公司歇业,由香港TMT贸易有限公司(以下简称"TMT公司")接手原东明公司与广轻公司的业务,也承受TMT商标。广轻公司并曾于1987年10月和12月向TMT公司发出两份文件证明广轻公司注册的1980年第142201号

---

① 参见杜涛:《国际经济贸易中的国际私法问题》,武汉大学出版社2005年版,第66—67、239—241页;金振豹:《试析"广轻公司与TMT公司商标权属纠纷上诉案"中的法律适用和识别问题》,北大法律信息网:http://www.chinalawinfo.com/research/academy/details.asp? lid=3415,2006年6月4日访问。

"TMT"商标以及其他相关的两个商标由香港 TMT 公司所有和受益,广轻公司只是作为受托人代表 TMT 公司持有此商标。1994 年双方又签订一份协议,约定在中国境内,TMT 商标由广轻公司注册,该公司有绝对的经营和管理权利,并负责处理境内任何假冒或侵犯该商标的行为。后来双方在履约中发生纠纷。1998 年,TMT 公司向广东省高级人民法院起诉,请求判令终止其委托广轻公司在国内注册和管理 TMT 商标的关系,并赔偿损失。

广东省高级人民法院经审理认定双方之间存在商标委托注册、管理的关系,依照我国《民法通则》及《民事诉讼法》中的有关规定,确认广轻公司注册的 TMT 商标归 TMT 公司所有,但 TMT 公司应向广轻公司作出一定的补偿。广轻公司不服,上诉到最高人民法院。在上诉审中,TMT 公司答辩称广轻公司与 TMT 公司之间存在着事实上的信托法律关系。

1998 年最高人民法院认为双方之间是信托关系而非单纯的委托关系。基于这种认定,最高人民法院在其判决中未援用被广东省高级人民法院作为法律依据的我国《民法通则》第 5 条以及关于代理的第 65 条第 1 款和第 69 条第 2 项,而仅以我国《民法通则》中规定诚实信用原则的第 4 条作为实体法律依据,作出基本上与广东省高级人民法院相同的判决。

问题

最高人民法院将双方之间的关系识别为信托关系是否合理?为什么?

重点提示

最高人民法院将双方之间的关系识别为信托关系不合理。最高人民法院的判决实际上认可了国际上通行的信托制度。而由于当时我国内地现行法律体系中尚无信托法,缺乏这方面的具体规定,才求诸民法基本原则而已。这也正是某些学者所说的"这是最高人民法院在审理知识产权案件中首次运用法理进行判决的第一案"的理由。

但是最高人民法院进行识别的根据是值得商榷的。因为:

(1)如果将案件识别为合同关系。如果依照广东省高级人民法院的意见,根据我国法律将案件识别为委托关系,那么委托关系是一种合同关系,合同应当适用当事人选择的法律。如果当事人没有选择的,适用与合同有最密切联系的法律。本案中与合同有最密切联系的法律应当是中国内地的法律,因为合同的履行地是在中国内地。广东省高级人民法院实际上也是这样判决的,但是并不是根据冲突法作出上述判决的,而是先验地就依照内地法律进行了判决,根本就没有考虑到涉外案件应当先进行法律选择。其实,将信托识别为合同或类似于合同的制度一直是大陆法国家在实践中的主流。因此,广东省高级人民法院在我国法律当时还没有规定信托制度的情况下,依据我国法律将本案中的法律关系识别为合同关系,并无问题。

(2)如果将案件识别为信托关系。假如将该案件识别为信托关系,由于该案是一起涉港案件,那么就应当首先依据我国冲突法来确定案件的准据法,而不是先验地适用我国内地的实体法。但是,我国冲突法并没有规定信托的法律适用,因此此案的准据法就无法确定。此时,最高人民法院本来可以根据我国国际私法学者的权威著作并参照1985年海牙《关于信托的准据法及其承认的公约》,通过司法解释确立一项关于信托法律适用的冲突规范。遗憾的是,最高人民法院完全抛开了国际私法,先验地适用了内地的实体法,虽然没有对本案的具体结果造成影响,但由于我国当时的实体法和国际私法都还没有关于信托的规定,因此法院将本案识别为信托关系是不符合现有的法律理论和法律逻辑的。

如前所述,根据国际上的主流理论观点,识别一般依照法院地法或者依照法律关系准据法进行。本案无论依照法院地法还是依照准据法,都只能根据我国内地法律进行识别,我国当时法律尚无信托制度的规定,因此,应当根据大陆法系国家的普遍实践,将案件识别为委托合同关系更为恰当。从这个角度说,广东省高级人民法院的做法更值得肯定,尽管该法院也不是从国际私法角度作出这样的考虑的。

思考题二:英国达拉阿尔巴拉卡投资公司诉巴哈马曲母普航运公司案——反致和转致[①]

原告英国达拉阿尔巴拉卡投资公司与巴哈马康斯特瑞新船舶管理公司签订借贷协议,约定由该投资公司向该管理公司贷款175万美元,用于康斯特瑞新船舶管理公司购买被告巴哈马曲母普航运公司所属的"曲母普"海轮的股份。1994年12月5日,达拉阿尔巴拉卡投资公司与曲母普航运公司签署抵押协议,以"曲母普"海轮为抵押船舶,同时双方约定,该抵押协议适用巴哈马共和国法律。1996年4月"曲母普"海轮更名为"曲母普马兹"轮。1997年12月20日,"曲母普马兹"轮因为另一起保险合同纠纷被武汉海事法院另案扣押。

英国达拉阿尔巴拉卡投资公司由于多次要求被告归还贷款未果,于是向武

---

① 参见杜涛:《国际经济贸易中的国际私法问题》,武汉大学出版社2005年版,第85—86页;具体案情亦可参见法律中国:http://www.law-cn.org/lawcase/ShowArticle.asp? ArticleID=4645,2006年6月5日访问。

汉海事法院提起诉讼,请求法院确认自己对被扣押船舶享有船舶抵押权,并准许自己行使第一优先抵押权,要求被告偿还本金及利息266万多美元。原告同意适用中华人民共和国法律。被告在庭审中确认了原告的诉讼请求,并同意适用中华人民共和国法律。

本案一审法院武汉海事法院认为,当事人约定适用中国法律,应当适用中国《海商法》,但法院认为,应当首先适用中国《海商法》第十四章关于涉外关系法律适用的规定。根据该章第271条第1款,船舶抵押权适用船旗国法律,故本案适用巴哈马共和国法律。法院于是根据巴哈马共和国《海商法》的规定,判决被告支付原告本金175万美元和相应利息。原告和被告均服从判决。

问题

在该案中,法院对反致和转致制度的理解和适用是否正确?

重点提示

本案事实清楚,原被告双方争议不大,本来是一起非常简单的案件。但是法院对于该案的法律适用问题却画蛇添足,错误地理解和适用了反致和转致制度。虽然没有对案件的审判结果造成影响,但反映了我国法官在运用国际私法理论上的欠缺。

对于当事人协议选择法律的情况,一般是不适用反致和转致的,即当事人约定适用的有关国家的法律,只是指该国的实体法,而不包括冲突法。本案中,当事人一致约定适用我国法律,应当适用我国实体法,而不是我国《海商法》中的冲突法。

思考题三:南京华夏海运公司诉塞浦路斯澳非尔提斯航运有限公司船舶碰撞案——外国法的查明[①]

原告南京华夏海运公司所属"华宇"轮于1994年6月10日由印度尼西亚雅加达港空载驶往泰国曼谷港,被进港的被告所属的"珊瑚岛"轮撞击。事后经过日本海事协会检验,确认"华宇"轮丧失适航能力。由于修理,"华宇"轮停航66天。"珊瑚岛"轮撞船后离开了曼谷港,于1994年7月30日抵达中国南京港。原告于是申请武汉海事法院扣押该船舶,并向武汉海事法院起诉,要求被告赔偿损失175万美元。

---

① 参见杜涛:《国际经济贸易中的国际私法问题》,武汉大学出版社2005年版,第78页;找法网:http://www.findlaw.cn/Info/case/hsal/2004311172105.htm,2006年6月7日访问。

一审中武汉海事法院对于法律适用问题认为,根据中国《海商法》关于涉外关系的法律适用原则,本案法律适用的第一选择是1910年的《统一船舶碰撞若干法律规定的国际公约》,但该《公约》对我国尚未生效,因此不能适用;第二选择是泰国法律,即侵权行为地法律,但因为双方当事人均不属于泰国籍,又不主张适用泰国法,视为当事人对泰国法不举证,因此泰国法不被适用;法院于是适用法院地法,即中国的《海商法》,判决被告赔偿原告80多万美元。

塞浦路斯澳非尔提斯航运公司不服判决,向湖北省高级人民法院提起上诉。湖北省高级人民法院认为:根据中国《海商法》第273条第1款的规定,本案应当适用侵权行为地法律即泰国的法律。但本院依照最高人民法院《关于贯彻执行〈中华人民共和国民法通则〉若干问题的意见(试行)》第193条规定的途径未能查明泰国的有关法律。根据该条的规定,本案应适用中华人民共和国的法律。原审法院未完全依照前述规定查明泰国法即适用中华人民共和国的法律不妥,但事实认定正确,最后判决驳回上诉,维持原判。

问题

二审法院查明外国法的做法是否适当?

重点提示

二审法院查明外国法的做法不太适当。

二审法院尽管认为一审法院没有按照我国有关规定查明泰国法的内容,属于程序上的错误,并予以纠正。但二审法院并没有认真纠正该错误。其实,鉴于我国与泰国之间的广泛交流,泰国法律的查明对我国法院来说并非困难的事情,完全可以通过我国最高人民法院所规定的方式予以查明。

思考题四:沃拉诉泰得沃特石油公司赔偿案
——外国法无法查明时的法律适用[①]

被上诉人沃拉是美国俄克拉荷马州活动房屋生产商的雇员,后来被其雇主从俄克拉荷马派往土耳其修理活动房屋。在土耳其期间,被上诉人以俄克拉荷马公司雇员的名义修理属于泰得沃特石油公司的活动房屋。这些房屋建在油井钻探位置上,沃拉乘坐泰得沃特石油公司的飞机去上班,飞机准备在钻井附近着陆时撞在地面上,沃拉因此受重伤。

事故发生后,沃拉根据俄克拉荷马州工人赔偿法,从其雇主处获得了工人赔

[①] 参见赵一民主编:《国际私法案例教程》,知识产权出版社2005年版,第37—38页。

偿费以及医疗费,但他要求工人赔偿委员会停止这项赔偿的实施,转而根据过失责任在俄克拉荷马州法院对泰得沃特石油公司提起诉讼。沃拉主张,他受伤是由于泰得沃特石油公司的飞机将要着陆的机场缺乏安全设施以及飞行员的疏忽驾驶所致。他特别指明侵权行为的索赔权利应根据侵权行为地法,即土耳其法来决定。根据土耳其法,泰得沃特石油公司的飞行员在飞行中对沃拉负有尽到一般谨慎的义务,公司也有责任配备合理的安全设施让飞机着陆。沃拉还指出,土耳其法承认"事实本身就是证明"这一严格责任原则,在本案中,也应适用这一原则。泰得沃特石油公司则主张自己没有过失,土耳其法也没有承认"事实本身就是证明"原则。泰得沃特石油公司另一个主要抗辩理由是:由于沃拉与俄克拉荷马公司存在雇佣关系,任何权利主张都只能以土耳其工人赔偿法或俄克拉荷马州工人赔偿法为根据,而不论根据哪一部法,泰得沃特石油公司都没有责任。

在初审中,沃拉未能提出适用于本案的土耳其法律。法院根据案情假定土耳其侵权法也像俄克拉荷马州法律一样,对由于加害人过失所致的伤害允许赔偿,判决泰得沃特石油公司赔偿。泰得沃特石油公司不服,提起上诉。

泰得沃特石油公司在上诉中主张,因为不能证明土耳其法,所以,应适用俄克拉荷马州法,包括它的工人赔偿法。

问题

在本案原告不能证明外国法内容时,法院是以什么理由来适用法院地法的?

重点提示

如果法院或当事人通过各种方法,仍然不能查明外国法,这时如何解决法律适用问题,主要存在如下不同的学说和实践:(1)推定外国法与内国法内容相同;(2)以内国法为代替;(3)驳回请求;(4)适用相近的法律。

思考题五:美国总统轮船公司与菲达电器厂等无单放货纠纷再审案
——外国法错误适用后的救济[①]

1993年7月29日,菲达电器厂(以下简称"菲达厂")与新加坡艺明公司以传真的方式签订了一份灯饰出口协议书。协议签订后,菲达厂委托长城公司和菲利公司办理出口手续。长城公司和菲利公司分别以托运人名义,把装有菲达厂货物的两只集装箱装上美国总统轮船公司(以下简称"美轮公司")所属货轮,

---

① 《最高人民法院公报》2002年第5期,第175—178页。

委托该公司承运。美轮公司为此给长城公司和菲利公司分别签发了一式三份记名提单。本案所涉两票货物提单背面的首要条款均规定:"货物的收受、保管、运输和交付受本提单所证明的运输协议的条款调整,包括……(3)美国1936年《海上货物运输法》的条款或经1924年《布鲁塞尔公约》修改的1921年《海牙规则》生效的国家内一个具有裁判权的法院裁决因运输合同而产生争端的规定。"上述货物运抵新加坡后,买方艺明公司未依协议付款,美轮公司却在艺明公司未取得正本提单的情况下,应其要求而将货物交付。因此,持有上述两票货物全套正本提单的菲达厂以美轮公司无单放货为由,向广州海事法院提起诉讼,长城公司和菲利公司以第三人身份参加该诉讼,并表示支持菲达厂的诉讼请求,美轮公司没有提出管辖异议并应诉。广州海事法院审理后作出一审判决:美轮公司赔偿菲达厂货物损失98666.148美元及利息。美轮公司不服一审判决,向广东省高级人民法院提出上诉。广东省高级人民法院终审判决:驳回上诉,维持原判。美轮公司不服,向最高人民法院申请再审,同时请求中止执行广东省高级人民法院的终审判决。最高人民法院经审理后于2002年6月25日作出判决:撤销广东省高级人民法院的二审判决和广州海事法院的一审判决,驳回菲达厂对美轮公司的诉讼请求,一、二审诉讼费均由菲达厂负担。

在一审中,广州海事法院是根据我国《海商法》第71条(提单的概念)、《民法通则》第106条(民事责任的一般规定)、第117条(侵权的责任)的规定及国际惯例作出一审判决,而没有涉及法律选择问题。在二审中,广东省高级人民法院认定本案属于侵权关系,不受当事人双方原有运输合同的约束。在此基础上,该院根据我国《民法通则》第146条(侵权行为的冲突规范)和最高人民法院的司法解释(侵权行为地的认定)以及最密切联系原则适用了我国相应的实体法,而对美轮公司本案应适用美国法律或者新加坡法律的上诉理由不予采纳。

当事人美国总统轮船公司向最高人民法院提出再审要求。在再审中,最高人民法院认为,二审法院将案件定性为侵权纠纷并适用中国法律错误,应当将案件定性为国际海上货物运输合同纠纷。根据中国《海商法》第269条的规定,海上货物运输合同当事人可以选择合同适用的法律。本案提单是双方当事人自愿选择适用的,提单首要条款明确约定适用美国1936年《海上货物运输法》或《海牙规则》。对法律适用的这一选择,是双方当事人的真实意思表示,且不违反我国的公共利益,是合法有效的,应当尊重。但是,由于《海牙规则》第1条规定,该规则仅适用于与具有物权凭证效力的运输单证相关的运输合同。本案提单是不可转让的记名提单,不具有物权凭证的效力。并且,《海牙规则》中对承运人如何交付记名提单项下的货物未作规定。因此解决本案的海上货物运输合同纠纷,不能适用《海牙规则》,只能适用美国 1936 年《海上货物运输法》。该法第 3 条第 4 款规定,该法中的任何规定都不得被解释为废除或限制适用美国《联邦提单法》。因此,本案应当适用 1936 年《海上货物运输法》和美国《联邦提单法》。根据美国 1936 年《海上货物运输法》和美国《联邦提单法》第 2 条和第 9 条第 2 款的规定,承运人有理由将货物交付给托运人在记名提单上记名的收货人。承运人向记名提单的记名收货人交付货物时,不负有要求记名收货人出示或提交记名提单的义务。美轮公司作为承运人,根据记名提单的约定,将货物交给收货人艺明公司,这个交货行为符合上述美国法律的规定,是适当地履行了海上货物运输合同中交付货物的责任,并无过错,美轮公司的申诉有理,应予支持。

问题

1. 对于适用外国法的错误,在国际上是否可以上诉?
2. 我国是否可以纠正?
3. 该案说明我国涉外民商事审判存在什么问题?

重点提示

1. 在适用法律错误的情况下,由于构成对法院国自己冲突规范的直接违反,应视其性质与违反内国法相同,各国的实践一般都允许上诉。至于对法律解释错误能否上诉,各国的做法是不一致的。因为在一些国家中,一方面把这种外国法只看做事实,另一方面上诉审又只是"法律审",并不负审查与纠正下级法院认定事实的错误的责任,因而它们都是不允许上诉的。例如法国、德国、瑞士、西班牙、希腊、比利时、荷兰等国即是。但也有一些国家,诸如意大利、葡萄牙、奥地利、芬兰、英国、美国等,则允许对解释外国法发生的错误上诉。

2. 我国的诉讼制度实行的是两审终审制,上级法院和下级法院之间没有法律审和事实审之分,下级法院所审理的案件无论是事实认定还是法律适用上发生错误,上级法院都有权进行审查,当事人当然可以提起上诉。因此,下级法院适用外国法的错误,当事人是可以提起上诉的,上级法院也应当受理并进行重新审查。另外我国诉讼制度中还存在审判监督程序,因此当事人或法院还可以通过审判监督程序纠正法院适用外国法的错误。

3. 该案一审受理于 1993 年,经历一审、二审和再审,到最高人民法院 2002 年再审作出判决,历时近 9 年,但判决结果先后截然相反。这说明我国涉外民商事审判实践存在很大问题,例如,地方利益的保护仍在作祟、司法审判资源的大量浪费、当事人法律选择权的漠视、司法审判权面临被滥用的危险,等等。这些问题的出现,不仅有立法不完善、体制不健全等客观上的原因,而且还有专业不过关、水平不到位等主观上的原因。相比较而言,"人"的主观因素显得更为突出。只有解决好"人"的问题,才能最终树立我国涉外民商事审判的公信力和国际威望,这就包括提高专业司法水平、遵循公正判案原则、提高司法审判效率,等等。当然,这些问题的解决,不是一蹴而就的事情,而要结合我国涉外民商事审判的改革进程逐渐地加以推进并得到切实解决。①

思考题六:广南(集团)有限公司等诉南海有色金属批发市场香港公司等代开信用证欠款纠纷上诉案
——公共秩序在区际冲突法中的运用②

1996年1月1日香港颂荣有限公司(以下简称"颂荣公司")与南海有色金属批发市场香港公司(以下简称"金属公司")在香港签订《代开信用证协议》,约定金属公司委托颂荣公司按其指定时间代开总金额为2000万美元的不可撤销信用证给指定的公司,并委托颂荣公司代为办理进口订货。同日,广东南海实业投资股份有限公司(以下简称"实业公司")出具担保书,确认为金属公司的上述委托开证作担保。根据上述协议及担保书,广南(集团)有限公司(以下简称"广南公司")依约开出了共5份信用证。因金属公司未能全额支付信用证项下的款项,广南公司垫付了上述5份信用证项下的款项。后来南海实业公司再出具担保书,为金属公司的欠款继续作担保。后来金属公司一直未能还清欠款。广南公司和颂荣公司于2000年1月26日向广东省佛山市中级人民法院起诉金属公司、实业公司,请求判令金属公司偿还欠款并由实业公司承担连带责任。

一审法院作出判决后,广南公司、颂荣公司不服,向广东省高级人民法院提出上诉。广东省高级人民法院认为:本案属涉港代开信用证合同纠纷。由于本案主合同的当事人均是在香港注册成立的公司。因此,应参照中国《民法通则》第八章"涉外民事关系的法律适用"的规定确定本案的法律适用。中国《民法通则》第145条第2款规定:"涉外合同的当事人没有选择的,适用与合同有最密切联系的国家的法律。"由于本案当事人未选择处理其合同纠纷所适用的法律,而且本案的《代开信用证协议》的签订地点在香港,签约的双方也属于香港注册成立的公司,同时《代开信用证协议》项下的各信用证的具体操作及交易也在香港,因此,应当认定香港法是与本案有最密切联系的法律。广南公司、颂荣公司

---

① 参见杜焕芳:《"美国总统轮"案中的若干法律问题分析》,载《律师与法制》2003年第5期。
② 参见杜涛:《国际经济贸易中的国际私法问题》,武汉大学出版社2005年版,第98—102页;具体案情及评析亦可参见广东法院网:http://www.gdcourts.gov.cn/case_all/personification_case/t20021214_0942.htm,2005年6月4日访问。

上诉提出本案主合同应当适用香港法的主张成立。原审判决认定中华人民共和国法律与本案主合同有最密切联系欠当，予以纠正。本案《代开信用证协议》适用香港法，合法有效，具有法律效力。

广南公司、颂荣公司的上诉还请求判令实业公司对金属公司的债务全额承担连带责任。广东省高级人民法院认为，本案中实业公司对金属公司的债务所提供的担保在我国属对外提供外汇担保。由于担保合同的双方当事人没有约定处理担保合同所应适用的法律，而担保人实业公司是在我国内地注册成立的公司，因此，该担保合同与内地有最密切联系，应依据我国内地法律处理担保合同的争议问题。根据1980年中国《外汇管理暂行条例》，外汇管理制度是我国一项基本的经济管理制度，是保证我国外汇收支平衡的基本国策。1991年《境内机构对外提供外汇担保管理办法》第3条规定："国家外汇管理局和外汇管理分局为外汇担保的管理机关，负责外汇担保的审批、管理和登记。"其第10条规定："担保人出具担保后，应到所在地外汇管理部门办理担保登记手续。"因此，在中国内地对外提供外汇担保须报经有关部门批准并经登记才能发生法律效力，未经批准登记的担保属无效担保。

由于本案中担保当事人未选择该项担保所适用的法律，因此，即使依据最密切联系原则，本案适用香港法律处理本案担保合同的争议，亦会因为香港法律与内地法律关于担保效力这一问题的规定完全相反，从而违背了我国内地外汇管制的基本制度。中国《民法通则》第150条规定："依照本章规定适用外国法律或者国际惯例的，不得违背中华人民共和国的社会公共利益。"所以，本案的对外提供外汇担保问题应当适用中华人民共和国内地法律，不应适用香港法律；原审判决适用中华人民共和国内地法律认定实业公司的对外担保无效并无不当。实业公司、广南公司应当知道内地有关对外提供外汇担保的法律规定，却在未依规定办理批准、登记的情况下提供担保和接受担保，由此造成担保合同无效，双方均有过错，依法应承担过错责任。

问题

1. 本案中，运用公共秩序保留来否定担保合同的效力是否适当？

2. 我国法院在处理涉及香港、澳门和台湾地区的民事案件时，运用公共秩序保留要注意些什么？

重点提示

1. 本案属代开信用证合同纠纷，涉及我国内地和香港地区之间的法律冲突问题。我们认为，应当以"强行规范"理论来处理本案中担保合同的效力问题较为适当。我国《境内机构对外提供外汇担保管理办法》属于我国担保法律制度中的强行规范,不依赖于冲突规范的指引而必须得到适用。

2. 我国是一个存在多个不同法域的国家,祖国内地及香港特别行政区、澳门特别行政区和我国的台湾地区都有自己独立的法律体系和司法制度,一个国家、四个法域的现状将长期存在。我国的区际法律冲突呈现出独一无二的复杂性特点:既有社会主义法与资本主义法之间的冲突,又有大陆法与英美法之间的冲突。目前我国还没有专门的适用于各个法域的区际冲突法,因此,我国内地法院在处理涉及我国香港特别行政区、澳门特别行政区和台湾地区的民事案件时,原则上援用我国的国际私法规范来确定准据法。然而,在我国,各地法域之间虽然存在法律差异,但是除了台湾地区以外,内地、香港特别行政区和澳门特别行政区都共同遵守《宪法》(包括《香港特别行政区基本法》和《澳门特别行政区基本法》)。因此,内地、香港特别行政区和澳门特别行政区、台湾地区许多"社会公共利益"都是一致的,公共秩序保留原则在解决区际法律冲突时不适用或适用的范围较国际私法上要小得多,内地法院在运用公共秩序保留原则排除适用港、澳、台法律时应当予以适当限制,要慎之又慎,不能因为某一行为依照应适用的港、澳、台法为有效,而依照内地法为无效就认为适用该法的结果违背了内地的公共利益。另一方面,由于我国区际法律冲突的复杂性远远超过美国、加拿大等多法域国家,各法域分属不同法系,民商法间差异巨大,在解决区际法律冲突中公共秩序保留原则的运用比其他国家更具重要性,在区际冲突法中不能排除此原则,如果内地法院在依据冲突规范适用港、澳法的结果与内地的公共秩序相悖,对该法可以不予适用。

第九章 权利能力和行为能力的法律冲突

本章知识点

一、自然人的权利能力

（一）自然人权利能力的概念

权利能力是指自然人享有民事权利和承担民事义务的资格。

（二）自然人权利能力的冲突

自然人的权利能力始于出生，终于死亡，这在各国法律中都作了明确的规定。但是，对于在什么状态下叫"出生"和"死亡"，各国民法的规定并不尽相同，仍会引起自然人权利能力的冲突。这种冲突主要表现在以下两个方面：

（1）在权利能力的开始方面，各国民法对自然人的"出生"的理解与规定有很大的差异。概括起来有这么几种主张：一是阵痛说，即在婴儿出生前，在其母亲分娩发生阵痛时取得权利能力；二是露头说，即在婴儿从母体露头时起具有权利能力；三是独立呼吸说，即婴儿脱离母体后，开始独立呼吸时获得权利能力；四是出生完成说，即权利能力产生于婴儿脱离母体完成出生过程之时；五是存活说，这种主张不仅要求婴儿完成出生过程，而且要求出生后必须成活才能取得权利能力。

（2）在民事权利能力终止方面，各国均以自然人的死亡为权利能力的终期，但何时为死亡以及对于生理死亡的标志和宣告死亡的具体规定，各国立法及司法实践有较大的分歧。

其一，生理死亡。生理死亡又称自然死亡或绝对死亡，是指自然人的生命最终结束的客观事实。关于自然人自然死亡的时间界限，各国采用的标准不尽相同。有些国家主张以人的呼吸停止作为死亡的时间；有些国家主张以脉搏消失、心脏停止跳动为死亡时间；有些国家则主张以脑电波停止作为死亡的标志。

其二，宣告失踪和宣告死亡。宣告失踪是指法院依法认定离开自己的住所没有任何消息满法定期间的公民失踪的法律制度。宣告死亡又称推定死亡，是指公民下落不明超过法律规定的期间，经利害关系人申请，由司法机关依法定程序和方式宣告该公民死亡的一种法律推定制度。宣告死亡可以引起与生理死亡同样的法律后果,但是各国的法律在宣告失踪或死亡的时间、宣告失踪或死亡发生效力的日期和宣告失踪或死亡的实际法律后果等方面的规定存在较大的差异。

总之,由于各国民法关于自然人权利能力的开始和终止方面存在不同的规定,因此,在实践中有可能发生法律冲突。

(三) 自然人权利能力的法律适用

在自然人权利能力发生法律冲突时,对其适用的法律,有以下几种主张:一种观点认为应适用于人的权利能力的法律是各该法律关系的准据法所属国的法律;另一种观点认为应适用于自然人权利能力的法律是法院地法;还有一种观点认为应依当事人的属人法来解决其权利能力问题。

我国《涉外民事关系法律适用法》第11条规定,自然人的民事权利能力,适用经常居所地法律。

(四) 涉外失踪或死亡宣告

1. 涉外失踪或死亡宣告的管辖权

对于涉外失踪或死亡宣告案件应由何国法院管辖的问题,主要有三种不同的观点:(1) 应由国籍国管辖;(2) 应由该自然人的住所地国管辖;(3) 失踪或死亡宣告的管辖权,原则上属于失踪者本国法院,但在一定条件和范围内,也可以由其住所地国管辖。

2. 涉外失踪或死亡宣告的法律适用

宣告失踪或死亡的原因和条件,一般依属人法,但对涉及法院国境内的财产及法律关系的死亡宣告,则依法院地法解决。

我国《涉外民事关系法律适用法》第13条规定,宣告失踪或者宣告死亡,适用自然人经常居所地法律。

二、自然人的行为能力

(一) 自然人行为能力的概念

自然人行为能力,是指自然人通过自己的行为取得民事权利和承担民事义务的能力,或者说,是自然人能独立为有效法律行为的资格。

(二) 自然人行为能力的冲突

由于各国民法对具有完全行为能力、无行为能力和限制行为能力规定的条件不尽相同,以及对无行为能力和限制行为能力的年龄界限或宣告条件的规定也存在差异,这些都可能导致自然人行为能力的法律冲突。

(三) 自然人行为能力的法律适用

对于自然人行为能力的法律冲突,在国际私法中,一般主张依解决自然人权利能力冲突的同一原则,即依当事人属人法来解决。按照自然人的行为能力依属人法的原则,在一般情况下,自然人只要依属人法有行为能力,无论到哪一个国家都应该被承认有行为能力;反之,如果依其属人法无行为能力,则无论到哪一个国家都应视为无行为能力。但随着国际经济贸易关系的进一步发展和扩大,为了保护相对人或第三人不致因不明他的属人法而蒙受损失,保护商业活动的稳定与安全,各国在适用人之行为能力依其属人法这一冲突规则时,仍有以下例外或限制:其一是处理不动产的行为能力和适用于侵权行为的责任能力,一般都不适用当事人属人法而是分别适用物之所在地法和侵权行为地法;其二是有关商务活动当事人的行为能力也可适用商业行为地法,即商业活动当事人如依其属人法无行为能力,而依行为地法有行为能力,则仍认为有行为能力。

我国《涉外民事关系法律适用法》第12条规定,自然人的民事行为能力,适用经常居所地法律。自然人从事民事活动,依照经常居所地法律为无民事行为能力,依照行为地法律为有民事行为能力的,适用行为地法律,但涉及婚姻家庭、继承的除外。

三、法人的权利能力与行为能力的法律冲突

由于各国民法关于法人权利能力和行为能力的规定不尽相同,因此,法人的权利能力和行为能力的法律冲突势必产生。与自然人不同,法人的权利能力与行为能力同时开始,并且二者的范围也是相一致的。因此,对于法人权利能力和行为能力的法律冲突,国际私法上是采用同一冲突规则来解决的,即适用法人的属人法。但外国法人在内国活动,首先必须遵守内国的法律,所以在具体的权利能力和行为能力等问题上,也还得同时受内国的外国人法的控制和制约。

我国《涉外民事关系法律适用法》第14条规定,法人及其分支机构的民事权利能力、民事行为能力、组织机构、股东权利义务等事项,适用登记地法律。法人的主营业地与登记地不一致的,可以适用主营业地法律。法人的经常居所地,为其主营业地。

四、法人属人法的适用范围

一般来说,法人属人法适用于以下几个方面:(1) 法人的成立和法人的性质;(2) 法人的权利能力;(3) 法人的内部体制和对外关系;(4) 法人的解散;(5) 法人的合并或分立对前法人权利和义务的继承。

根据我国《涉外民事关系法律适用法》第 14 条第 1 款规定,法人属人法适用于法人及其分支机构的民事权利能力、民事行为能力、组织机构、股东权利义务等事项。

案例分析

案例一:埃德伯缔约能力案——自然人权利能力的法律适用

【案情介绍】

埃德伯的丈夫居住在加拿大魁北克。1906 年,埃德伯的丈夫去安大略省参加了加拿大皇家骑警部队。1908 年,其与埃德伯在安大略省结婚并一直在这里共同生活到 1920 年分居。夫妻双方分居时缔结了一项分居协议。分居后,埃德伯的丈夫辞去骑警职务,返回魁北克并于 1953 年在魁北克去世。去世前留下遗嘱,指定特里尔信托公司为他的遗嘱执行人。埃德伯到魁北克法院提起诉讼,要求根据他们夫妻的分居协议从遗产中清偿她丈夫对她的欠款。被告提出抗辩,认为根据魁北克婚姻法,原告没有缔结分居协议的能力。原审法院根据魁北克法律判决埃德伯败诉。埃德伯不服,提起上诉。上诉法院认为,除了结婚时授予财产给妻子这个问题依住所地法外,对于缔约能力是依合同缔结地法还是依住所地法,并没有明确的判例。适用前者或适用后者而导致的判决不公正的案件随处可见。法院假设夫妻双方在魁北克有住所且居住在这里,以后回安大略省作短期旅行,在此期间订立了一项合同,在这种情况下认定当事人双方缔结这项合同的能力,应依安大略省法律的观点是没有理由的。就本案而言,婚姻在安大略省缔结,此后直到双方分居的许多年中,夫妻在安大略省居住、生活,在这种情况下适用魁北克法律决定当事人的能力是不合理的,也是不现实的。

【法律问题】

本案发生的法律冲突是什么?法官为什么要适用安大略省法律?

【参考结论】

本案其实是关于当事人权利能力法律适用的冲突。也就是说,关于原告的缔约能力,是依合同缔结地法还是依住所地法。上诉法院认为必须根据与合同有关的适当的法律来解决当事人的缔约能力问题,即适用与合同有实质性联系的国家(地区)的法律。就本案而言,毫无疑问应适用安大略省法律。根据安大略省法律,夫妻双方都有缔约能力,由此可推翻原判。

【法律评析】

权利能力是指人具有作为法律关系中享有权利、承担义务的主体的资格。权利与权利能力是两个虽有联系但互有区别的概念,前者是指构成民商事法律关系的要素之一,是指民事主体在参加民事活动时依法取得的实体权利;而后者是指作为民商事关系主体的一种资格。因此,就权利能力来说,它是依附于公民人身的,与公民人身具有不可分离的性质,故凡自然人,依据现代法的观点,都是有权利能力的;而权利则是可以与主体分离的,需要依据一定的法律事件或法律行为而为主体所取得,并可为主体依法处分。由于现代国家都承认人的权利能力"始于出生,终于死亡",就总的方面来看,似乎不大可能发生法律冲突,但是对于"出生"与"死亡"的制度,各国民法的有关规定并不完全相同,这却常常引起自然人权利能力的冲突。

案例二:丈夫国外打工期间妻子申请宣告其死亡案
——宣告死亡的管辖权和法律适用①

【案情介绍】

北京石景山居民杨永平指控妻子王梅为达到重婚目的,恶意向法院申请宣布在日本打工的自己死亡,因此他将王梅告上法庭,请求法院追究王梅重婚的刑事责任。石景山区人民法院受理了这桩离奇的自诉重婚案。

杨永平介绍,1993年11月1日,他与王梅自由恋爱结婚。婚后不久,他被单位派往日本研修2年。在日期间,妻子王梅多次来信,劝说他为了将来的前途留在日本。于是,在学习期满后,离开研修单位的他滞留在日本,开始了打工生活。

在日打工期间,杨永平先后给国内的王梅汇款800万日元(约合人民币56万元)。2001年起,王梅态度大变,说不认识杨永平,要杨永平不要再骚扰她。2002年,杨永平被日本政府以非法滞留的名义遣返回国。回国后,王梅对杨永平避而不见。2003年年底,在杨永平的要求下,法院判决两人离婚,并确认了"婚前财产归杨永平所有,王梅还需给付杨永平23万元"的财产处理方式。

王梅不服判决提出上诉,声称她早以杨永平下落不明为由,向法院申请宣告杨永平死亡。2002年12月,法院经过公告寻人无线索已经宣告杨永平死亡。

---

① 案例参见《京华时报》2004年5月11日第A10版;《法制晚报》2004年12月27日。

2003年3月，王梅又与他人登记结婚，因此不存在离婚一说，要求撤销这一判决。

获悉自己曾经"死去"的情况后，杨永平大怒。他再次走进法院，指控王梅在婚姻关系存续期间，故意隐瞒事实真相，恶意宣告他死亡，以达到重婚目的，其行为已涉嫌重婚罪，请求法院撤销对自己的死亡宣告，追究王梅的刑事责任，并要求赔偿损失10万元。

2004年12月15日，石景山区人民法院因考虑到王梅尚在哺乳期内，故判处王梅拘役6个月，缓刑1年，同时判决王梅与他人的婚姻无效。

【法律问题】

中国法院对本案是否有管辖权？有管辖权的法院应适用何国法律？

【参考结论】

本案可由中国法院行使管辖权。有管辖权的法院可适用中国法律。

【法律评析】

对于涉外死亡宣告案件应由何国法院管辖的问题，主要有三种不同的观点：(1)应由国籍国管辖；(2)应由该自然人的住所地国管辖；(3)死亡宣告的管辖权，原则上属于失踪者本国法院，但在一定条件和范围内，也可以由其住所地国管辖。

宣告死亡的原因和条件，一般依属人法，但对涉及法院所属国境内的财产及法律关系的死亡宣告，则依法院地法解决。

中国1991年《民事诉讼法》在第十五章"特别程序"虽专设了第三节"宣告失踪、宣告死亡案件"，但尚无此类涉外案件管辖权的规定。中国《涉外民事关系法律适用法》第13条规定，宣告失踪或者宣告死亡，适用自然人经常居所地法律。

案例三：荷兰公民马克行为能力确认案——行为能力的法律适用

【案情介绍】

荷兰籍男青年马克，21岁，2011年8月来中国旅游，在某风景区一户少数民族农家，看中一套当地人的民族服装。经协商，以随身携带的照相机与之互易。马克打电话给好友，告知此事。其朋友称这笔交易不合算，劝马克把照相机换回来，马克回到农家商谈返还之事，农家不同意。马克遂以自己时年不满23岁，按其本国法(荷兰法律规定23岁为成年年龄)尚未成年，不具有完全民事行为能力，所为民事行为无效为由，诉至我国法院。

【法律问题】

1. 马克依其本国法未成年为由主张合同无效是否有理？为什么？

2. 假设马克25岁，是在乙国登记注册的一家公司的总经理。在中国旅游期间，马克看中一种玉器饰物，遂以公司名义与当地外贸进出口公司签订购买1000套玉器饰物的合同。后因资金问题，马克反悔。马克以其本国法规定玉器是国家专营商品，本公司不具有经营玉器商品的行为能力为由，主张合同无效。问：应适用何国法律认定该法人的行为能力？

【参考结论】

1. 本案中，马克的行为能力依据我国《涉外民事关系法律适用法》第12条的规定，应适用行为地法，即中国的法律来认定。马克现年21岁，按中国法律年满18周岁的正常人为完全民事行为能力人，马克具有完全民事行为能力，不得主张合同无效。

2. 依据我国《涉外民事关系法律适用法》第14条的规定，法人的民事行为能力适用登记地法律。本案中，外方公司在乙国登记注册，因此，应适用乙国法律认定该法人的行为能力。

【法律评析】

本案涉及涉外案件中公民和法人行为能力的法律适用问题。各国对于自然人的民事行为能力，以年龄和理智为标准作了不同划分。由此产生的自然人行为能力方面的法律冲突，国际私法上一般规定以当事人的属人法（即本国法或住所地法）来解决。但是在商事领域，为保证交易的安全，许多国家规定，对在本国内进行与经贸活动有关的法律行为，其主体的民事行为能力应依行为地法来判断。我国立法即体现了这一原则。我国《涉外民事关系法律适用法》第12条规定："自然人的民事行为能力，适用经常居所地法律。自然人从事民事活动，依照经常居所地法律为无民事行为能力，依照行为地法律为有民事行为能力的，适用行为地法律，但涉及婚姻家庭、继承的除外。"

关于法人的行为能力和权利能力的法律冲突，国际私法上一般采用同一冲突规则来解决，即法人的行为能力和权利能力，原则上适用法人的属人法，亦即法人的国籍国法或住所地国法。但外国法人在内国活动，首先必须符合内国的法律。我国《涉外民事关系法律适用法》第14条规定："法人及其分支机构的民事权利能力、民事行为能力、组织机构、股东权利义务等事项，适用登记地法律。法人的主营业地与登记地不一致的，可以适用主营业地法律。法人的经常居所地，为其主营业地。"

案例四：香港绿谷公司和加拿大绿谷公司、郝晓荧股权纠纷案
——法人的民事行为能力[①]

【案情介绍】

1991年中国法人上海华申公司与加拿大英明公司和香港凯怡公司合资成立上海绿谷公司。后香港凯怡公司更改为香港绿谷公司，其在上海绿谷公司的55%股权均转移给香港绿谷公司。郝晓荧为香港绿谷公司股东之一。该股权转让协议经上海市外资委批准。1995年加拿大绿谷公司和郝晓荧向上海市有关部门出具"关于香港绿谷公司更名为加拿大绿谷公司的说明"，并将上海绿谷公司中香港绿谷公司的股权转移给加拿大绿谷公司，并经过上海市有关部门批准。后香港绿谷公司在香港召开股东大会，有3名股东出席，授权股东黄光明等人向上海市高级人民法院起诉，认为加拿大绿谷公司侵占了其在上海绿谷公司的股权，请求法院判决被告加拿大绿谷公司返还股权。但被告股东之一郝晓荧和另一名股东未出席股东大会，于是郝晓荧以香港绿谷公司的起诉未经过半数股东出席而无效为由，也以香港绿谷公司名义要求上海市高级人民法院撤销起诉。

一审法院判决认为原告的起诉行为经公司多数股东同意有效，判决被告加拿大绿谷公司败诉。被告不服，向最高人民法院提起上诉，认为原告的起诉行为不符合香港公司条例的规定。

……

【法律问题】

香港绿谷公司根据股东大会决议提起诉讼的行为是否有效？应根据何地法律作出上述判断？

【参考结论】

香港绿谷公司股东大会决议作出的起诉行为有效。应根据香港法律作出上述判断。但本案的主要问题，应当通过行政复议和行政诉讼的程序解决，而不能通过民事诉讼程序进行。

【法律评析】

最高人民法院审理后认为，本案的主要争议是香港绿谷公司与加拿大绿谷公司之间就上海绿谷公司55%股权的争议。由于上海绿谷公司是中外合资经

[①] 参见杜涛：《国际经济贸易中的国际私法问题》，武汉大学出版社2005年版，第123—124页；具体案情见最高人民法院民四庭编：《涉外商事审判指导》第7辑，人民法院出版社2004年版，第95页；或者北大法宝：http://law.chinalawinfo.com/newlaw2002/SLC/print.asp?db=cas&gid=33555128&istxt=1，2005年6月4日访问。

营企业,其股权变更问题应当适用我国有关法律和行政法规。

但是本案的前提问题是,香港绿谷公司根据股东大会决议提起诉讼的行为是否有效?原告、被告双方谁能够代表香港绿谷公司起诉?这一问题属于法人的民事行为能力问题,根据最高人民法院《关于贯彻执行〈中华人民共和国民法通则〉若干问题的意见(试行)》第184条第1款规定,外国法人以其注册登记地国家的法律为其本国法,"法人的民事行为能力依其本国法确定"。因此本案应当根据香港公司法的规定来确定香港绿谷公司的诉讼行为是否有效。最高人民法院根据香港法律认为,香港绿谷公司股东大会决议作出的起诉行为有效。但本案的主要问题,应当通过行政复议和行政诉讼的程序解决,而不能通过民事诉讼程序进行。最后,最高人民法院裁定撤销一审判决,驳回原告诉讼。

案例五:上海鑫达实业总公司诉上海绿谷别墅有限公司决议撤销纠纷案
——法人组织机构的法律适用

【案情介绍】

上海绿谷别墅有限公司(以下简称"上海绿谷公司")系上海鑫达实业总公司(以下简称"鑫达公司")和绿谷投资有限公司(以下简称"香港绿谷公司")及加拿大英明发展公司(以下简称"英明公司")三方出资组建的中外合营企业,合营期限为17年,经营期限已于2004年3月19日届满。香港绿谷公司于2008年4月22日通过决议委派黄光明、黄耀林、刘欣然及陈晓亮担任上海绿谷公司董事。2008年4月30日,香港绿谷公司以派驻在上海绿谷公司的董事黄耀林名义向鑫达公司及鑫达公司派驻在上海绿谷公司的董事发出召开董事会会议的通知,提议在2008年7月8日召开特别董事会。同年6月12日,鑫达公司复函第三人,声明黄耀林无权以上海绿谷公司董事名义召开董事会,鑫达公司不会参加该会议。2008年7月8日,上海绿谷公司作出特别董事会决议:(1)免去王裕民上海绿谷公司的董事长职务,选举黄光明担任上海绿谷公司董事长及法定代表人。(2)免去王裕民上海绿谷公司的总经理职务,任命黄耀林担任上海绿谷公司的总经理。(3)原董事长在7天内向现任董事长移交公司印章。(4)实施1992年10月18日第三次董事会一致通过的决议,延长合营期5年。

特别董事会决议作出后,鑫达公司认为其中1—4项严重损害了其利益,遂以上海绿谷公司为被告,香港绿谷公司为第三人诉至法院,要求撤销被告于2008年7月8日作出的特别董事会1—4项决议内容,并由被告承担本案诉讼费。上海市第一中级人民法院于2008年12月26日立案受理后,于2009年2

月 11 日开庭对本案进行了审理,于 2011 年 9 月 23 日作出判决。

【法律问题】

本案应如何适用法律?

【参考结论】

法院审理后认为,本案系公司决议撤销纠纷,因上海绿谷公司为注册于中国内地的企业法人,根据中国《涉外民事关系法律适用法》第 14 条第 1 款之规定,本案纠纷适用中华人民共和国法律。

【法律评析】

中国《涉外民事关系法律适用法》第 14 条规定:"法人及其分支机构的民事权利能力、民事行为能力、组织机构、股东权利义务等事项,适用登记地法律。法人的主营业地与登记地不一致的,可以适用主营业地法律。法人的经常居所地,为其主营业地。"本案中,上海绿谷公司的登记地为中国内地,因此该公司决议撤销纠纷应适用中国法律。

根据我国《中外合资经营企业法》第 13 条的规定,合营各方同意延长合营期限的,应在合营期满 6 个月前向审批机关提出申请。根据我国 2011 年修订的《中外合资经营企业法实施条例》第 90 条的规定,合营企业在合营期限届满后解散。被告上海绿谷公司为中外合资经营企业,其经审批登记的经营期限自 1987 年 3 月 20 日至 2004 年 3 月 19 日止,被告并未按照法律规定提前申请延长合营期限,故被告的经营期限已于 2004 年 3 月 19 日届满,被告已依法解散。第三人在被告依法解散后,再行变更委派董事,不符合法律规定,客观上亦无法再办理变更登记手续。现第三人以变更后的董事名义提议召开董事会,并作出了系争的董事会决议,其召集程序违反法律规定,原告以被告股东身份起诉要求撤销该董事会第 1—4 项决议,符合法律规定。最后,法院作出判决,撤销被告上海绿谷别墅有限公司于 2008 年 7 月 8 日作出的特别董事会第 1—4 项决议的判决。

案例思考题

思考题一:中国甲公司诉法国人皮埃尔案
——自然人行为能力的法律适用

法国人皮埃尔在 20 岁时与中国甲公司在中国签订一份原料购销合同。合同签订后,原料的价格在国际市场上大涨,皮埃尔没有履行合同。中国甲公司在中国法院提起诉讼,请求法院判令皮埃尔承担违约责任。

皮埃尔答辩称,法国法律规定的成年人的年龄为 21 岁,签订合同时他 20 岁,属未成年人,不具有完全的行为能力,所以不应承担违约责任。

问题

皮埃尔是否应当承担违约责任? 为什么?

重点提示

在一般情况下,自然人只要依其属人法有行为能力,无论到哪一个国家都应该被承认有行为能力;反之,如果依其属人法无行为能力,则无论到哪一个国家都应该被视为无行为能力。但是随着国际经济贸易关系的进一步发展和扩大,内外国人杂居和相互交往日增,为了保护相对人或第三人不致因不明他的属人法的规定而蒙受损失,保护商业活动的稳定与安全,各国在适用人之行为能力依其属人法这一冲突规则时,仍有以下例外或限制。其一是处理不动产的行为能力和适用于侵权行为的责任能力,一般都不适用当事人属人法而是分别适用物之所在地法和侵权行为地法;其二是有关商务活动的当事人的行为能力也可适用商业行为地法,亦即商业活动当事人如依其属人法无行为能力,而依行为地法有行为能力,则应认为有行为能力。

我国立法对自然人民事行为能力的法律适用也作了规定。我国《涉外民事关系法律适用法》第 12 条规定:"自然人的民事行为能力,适用经常居所地法律。自然人从事民事活动,依照经常居所地法律为无民事行为能力,依照行为地法律为有民事行为能力的,适用行为地法律,但涉及婚姻家庭、继承的除外。"

思考题二:王诏玉诉亿兆公司分配优先股股利案
——识别、管辖权和法人属人法的适用①

原告王诏玉,我国台湾地区人,住所地美国加利福尼亚州;被告新加坡亿兆私人有限公司(以下简称"亿兆公司"),住所地在新加坡;被告张容光,亿兆公司董事长,新加坡国籍,住所地在新加坡。

1992 年到 1993 年,王诏玉的丈夫李茂男与张容光签订一份合作经营管理博物馆合同,李茂男投资新台币 5000 万元协助张容光设立博物馆,张容光应于

---

① 参见杜涛:《国际经济贸易中的国际私法问题》,武汉大学出版社 2005 年版,第 125—127 页;具体案情可参见青岛投资网:http://www.qdtzw.com/AnnalsContent.asp? ID=553,2005 年 6 月 4 日访问。

1993年5月开始按月将合作收益净利的25%汇入李茂男账户。1997年,双方在合同上增加条款,约定因该合同产生的争议适用中华人民共和国法律,并由厦门市思明区人民法院或其上级法院管辖,该约定的效力及于双方在此前和此后对合同的修改。1996年,李茂男与张容光签订协议书,约定李茂男投资的5000万新台币,以王诏玉的名义取得亿兆公司可赎回优先股A股股票,取代李茂男与张容光原先约定的权益。张容光并且承诺保证王诏玉在亿兆公司的优先股权益。1998年3月,亿兆公司根据新加坡公司法规定,召开股东大会,决定发行100股特别股(可赎回优先股A股),并在新加坡公司注册局进行注册。公司于同年12月在股票上加盖公司印章,但尚未将股票给付王诏玉。

后来双方对于履行合作协议发生争议,李茂男向厦门市中级人民法院起诉,要求判令终止双方之间的合作协议,责令张容光返还投资款。张容光则辩称,李茂男的投资款已经转化为王诏玉的优先股,并承诺保障王诏玉在公司的优先股权益。厦门市中级人民法院认可了张容光的答辩理由,认为李茂男的投资款已经转化为王诏玉的优先股,双方的合作协议已经终止,判决驳回李茂男诉讼请求。

王诏玉在判决生效后,于1999年7月14日以该判决为凭据,向厦门市思明区人民法院提起诉讼,要求亿兆公司和张容光支付其优先股股利。一审中,被告亿兆公司提出管辖权异议,被思明区人民法院驳回。亿兆公司提起上诉,厦门市中级人民法院认为,双方已约定管辖权,并且亿兆公司在厦门有可供执行的财产,因此裁定厦门市思明区人民法院有管辖权,驳回上诉。

一审法院认为:李茂男与亿兆公司董事长张容光在1997年达成的补充协议中约定因双方合作协议发生的纠纷适用中华人民共和国法律,本案中的股东权益纠纷是由该合作协议引起的,故也应当适用中国法律,同时兼顾新加坡法律。据此,法院认为,王诏玉具备公司优先股股东身份。判决支持王诏玉诉讼请求,根据中国《民事诉讼法》和《民法通则》以及新加坡公司法有关规定,判决亿兆公司支付王诏玉股利人民币2544617元,张容光负连带付款责任。

亿兆公司及张容光不服一审判决,向厦门市中级人民法院上诉。上诉人认为,他们并未与王诏玉明示选择本案争议所适用的法律;张容光与李茂男的协议是合作经营协议,与本案的法律关系无关。本案属于公司股东权益纠纷,应当适用新加坡法律。

厦门市中级人民法院审理后认为:李茂男与张容光在合作协议中选择中国法律解决彼此间的投资权益纠纷,对于王诏玉与张容光之间的争议,应当适用李茂男与张容光之间选择的中国法律,但该选择的法律的效力不及于亿兆公司。王诏玉与亿兆公司之间没有选择争议应当适用的法律,而亿兆公司是在新加坡注册成立的公司,因此,根据"最密切联系原则",有关亿兆公司在新加坡发行股票和分红的问题,应当适用新加坡法律。二审法院支持了上诉人的这一请求。但上诉人提出的其他请求被驳回。

问题

1. 本案是一起合作经营合同纠纷还是公司股东权益纠纷?
2. 中国(大陆)法院对本案是否有管辖权?
3. 本案应如何适用法律?

重点提示

1. 识别问题。由于在本案之前,李茂男已经就其与张容光之间的合作经营合同纠纷向厦门市中级人民法院提起诉讼,并由该法院作出了判决,终止了双方的合作经营合同。而本案发生在王诏玉和亿兆公司之间,主要是一个公司股东权益纠纷。

2. 管辖权问题。被告亿兆公司为新加坡成立的公司,张容光为公司董事长,也是新加坡人。原告为我国台湾地区居民,以优先股形式投资被告公司。本案从主体、客体和内容方面来看,都与祖国大陆没有关系,因此原则上中国法院没有管辖权,而应当由新加坡法院管辖。但是,原告丈夫李茂男和张容光在双方的合作协议中约定,双方的投资争议由厦门市思明区人民法院或其上级法院管辖,中国法院是否能够依据该协议管辖条款取得管辖权呢?我们认为,李茂男和张容光在协议中所做的管辖权选择只约束双方之间的投资争议,对于本案原告王诏玉与亿兆公司之间的公司股权问题没有约束力,中国法院不能根据该协议获得管辖权。但是,根据中国1991年《民事诉讼法》第243条的规定,因合同纠纷或者其他财产权益纠纷,对在中华人民共和国领域内没有住所的被告提起的诉讼,如果被告在中华人民共和国领域内有可供扣押的财产,则可以由可供扣押财产所在地人民法院管辖。本案中,被告亿兆公司在厦门胡里山投资有博物馆,因此有可供扣押的财产,因此厦门市思明区人民法院可以行使管辖权。

3. 法律适用问题。一审和二审法院都将本案识别为公司股东权益纠纷,在法律适用问题上,就应当适用有关公司的准据法。支配公司内部法律关系,包括股东的分红问题的法律,应当是公司的属人法,根据我国法律就是公司的本国法。本案中,亿兆公司是在新加坡注册成立的公司,根据我国法律,该公司的本国法是新加坡法律,因此,本案应当适用新加坡法律。实际上,本案一审和二审中,法官都参考了新加坡公司法的规定,在实体判决方面,基本上是公平的。只不过法官由于缺乏相应的国际私法知识,没有从国际私法理论上对本案的法律适用问题作出令人信服的解释。

第十章　法律行为和代理的法律冲突

本章知识点

一、法律行为

（一）法律行为的概念

法律行为是民事法律行为的简称，它是指民事法律关系的主体以设立、变更、终止民事权利和民事义务的行为。

（二）涉外法律行为的冲突

对于超出一国范围的法律行为，可能会产生法律适用问题。由于各国民商法对法律行为所作规定的不同，它们各自适用必然会带来不同的效果。法律行为的法律冲突，大多表现为其成立要件的法律冲突。

1. 实质要件方面

实质要件方面主要包括：(1) 关于当事人的行为能力。各国对公民享有何种行为能力的年龄限制互有差别，对某些行为能力的主体范围的规定也有所不同。(2) 关于主体的有效意思表示。世界各国法律对意思表示都作了规定，但由于各国法律的规定各异，它们之间存在发生冲突的可能。(3) 关于法律行为内容合法性。各国法律对此不仅都有各自严密的具体规定，而且还使用"善良风俗"、"公共秩序"、"社会基本利益"等法律原则来加以弹性补充。因此，一项行为怎样才算合法，有时可能完全依赖于各国根据自身利益来解释，从而容易产生法律冲突。

2. 形式要件方面

世界各国在法律行为形式要件方面法律规定的差异也有多种表现。首先，各国对于要式法律行为与不要式法律行为各自范围的划分有所不同；其次，虽然各国对同一类法律行为都规定了特定形式，但这些特定形式却可能是互不相同的。由于上述的差异，在实践中也很可能发生法律冲突。

(三) 涉外法律行为的准据法

1. 法律行为实质要件的准据法选择方法

在国际私法的普遍实践中,对于法律行为实质要件的准据法,多依不同法律关系的性质而分别加以规定。因此,法律行为实质要件的准据法目前并没有各国统一的规则。

2. 法律行为形式要件的准据法选择方法

(1) 根据"场所支配行为"原则,适用行为地法。(2) 以适用法律行为本身准据法为主,适用行为地法为辅;或以适用行为地法为主,而以适用法律行为本身的准据法为辅的原则。(3) 采用多种连结因素,以更灵活、更富弹性的方法,来确定法律行为方式的准据法。

二、代理

(一) 代理的概念

大陆法系和普通法系关于代理的概念存在很大的差别,但由于各国法律和理论对代理的本质特征尚有大体一致的认识,因此可以认为,代理是指发生在本人、代理人和第三人之间的民商事法律关系,代理人依代理权与第三人进行民商事活动,其权利义务直接由本人承担。在国际私法中,代理因具有涉外或国际因素而被称为涉外代理或国际代理。

(二) 代理的法律适用

1. 被代理人与代理人关系的法律适用

被代理人与代理人的关系,也即代理权关系,其准据法应依产生代理权的原因分别确定。对于法定代理,代理人因与被代理人具有身份关系而被法律赋予代理权,这时,代理权关系的法律适用应依监护关系的准据法。而对于意定代理,代理权一般来源于被代理人与代理人之间的委托合同,即属合同关系,故应依照适用于合同法律选择的冲突原则来解决代理权关系的准据法。

代理权关系准据法的适用范围,包括:(1) 代理人的权限;(2) 代理人得请求报酬的数额;(3) 本人或代理人得终止代理关系的条件;(4) 代理关系是否因本人死亡或受禁治产宣告而消灭;(5) 狭义无权代理人应负的责任等。

2. 本人与第三人关系的法律适用

本人与第三人的关系,即效果关系,实际上就是代理人与第三人所为的法律行为是否拘束本人的问题。

关于代理人与第三人所为的法律行为是否有权拘束本人所应适用的法律,各国常采用不同的法律适用原则,主要有:适用本人住所地法或调整本人与代理人内部关系的法律、适用主要合同准据法、适用代理人代理行为地法。

3. 代理人与第三人关系的法律适用

在代理关系中,代理人在代理权限内以本人的名义所为的法律行为,其效果直接由本人承担。在通常情况下,就代理人与第三人的关系而言,代理人在代理行为完成后,即退居合同之外,与第三人并无什么权利义务关系。但是,如果代理人的行为构成对第三人的侵权时,则应依照侵权行为准据法的规定,来确定代理人的责任。另外,对于无权代理或越权代理行为,如果依据支配本人与第三人关系的准据法,本人对第三人不负任何责任时,那么,就发生适用哪国法来调整无权代理人或越权代理人与第三人的关系问题。对此,学者的见解颇有分歧。有的赞成适用代理人行为地法,有的主张采纳主要合同的准据法,也有的倾向于适用支配本人与第三人关系的法律,还有的认为应适用代理人的属人法。

(三) 关于代理法律适用的海牙公约

为了解决代理的法律冲突问题,第十三届海牙国际私法会议于1978年3月14日通过了《代理法律适用公约》,这是一部关于代理法律适用的统一冲突法公约。该《公约》的主要内容包括:公约的适用范围、本人与代理人的关系、本人与第三人的关系、一般条款以及最后条款。

我国《涉外民事关系法律适用法》第16条规定,代理适用代理行为地法律,但被代理人与代理人的民事关系,适用代理关系发生地法律。当事人可以协议选择委托代理适用的法律。

案例分析

案例一:韩国海南实业公司与山东省威海市化工进出口有限公司上诉案——涉外代理法律问题①

【案情介绍】

2001年6月,韩国海南实业公司(以下简称"海南实业")与山东省威海市化工进出口有限公司(以下简称"威海化工")口头协商,海南实业将其收购的活鲈

---

① 参见杜涛:《国际经济贸易中的国际私法问题》,武汉大学出版社2005年版,第138—141页;山东省高级人民法院民事判决书(2002)鲁民四终字第6号。

鱼苗委托威海化工出口到韩国,但威海化工是否负有租船及找船的代理义务,双方未明确约定。2001年6月28日,威海化工与烟台文丰公司签订租船合同,约定租船时间、租船方式和付款方式等事项。海南实业向威海化工汇款40多万元用于支付代理费和运费等。2001年7月4日,海南实业将其收购的26万尾活鲈鱼苗装船,并取得了烟台文丰公司签发的正本提单三份。但鱼苗随后大量死亡,承运人因此未按照约定将货物运抵韩国。海南实业以威海化工为被告向威海市中级人民法院提起诉讼。

一审法院认为:海南实业与威海化工虽未签订书面合同,但根据双方的口头约定及商检、报关及运费均由海南实业承担看双方形成的是一种委托代理出口关系,应认定为合法有效。威海化工按双方口头约定履行了代理职责。按照我国外贸代理的有关规定,只有海南实业向威海化工提供了相关费用,而威海化工不行使索赔权利,或在诉讼时效期间内未向第三人提起诉讼或仲裁,由此给海南实业造成损失的才承担民事责任。根据我国《合同法》的有关规定,法院一审判决驳回海南实业的诉讼请求。海南实业不服判决,提出上诉。在上诉审期间,海南实业与威海化工协商选择中华人民共和国法律处理本案争议问题。

【法律问题】

1. 本案是否涉及涉外代理法律关系?应如何适用法律?

2. 假如本案原告海南实业对本案中代理关系的第三人(相对人)烟台文丰公司提起诉讼,对于海南实业和烟台文丰公司之间的关系,应当如何适用法律?

3. 假如本案发生在我国2010年《涉外民事关系法律适用法》生效之后,对于海南实业和威海化工之间的关系、海南实业与烟台文丰之间的关系以及威海化工与烟台文丰之间的关系,应当如何适用法律?

【参考结论】

1. 本案涉及涉外代理法律关系。应当适用我国《民法通则》和《合同法》的规定。

2. 如果海南实业对烟台文丰公司提起诉讼,对于海南实业和烟台文丰公司之间的关系,应当适用中国法律,即中国《合同法》的规定。

3. 我国《涉外民事关系法律适用法》第16条规定,代理适用代理行为地法律,但被代理人与代理人的民事关系,适用代理关系发生地法律。当事人可以协议选择委托代理适用的法律。海南实业与烟台文丰之间的关系以及威海化工与烟台文丰之间的关系应适用代理行为地法律,本案中代理行为地为中国,因此应适用中国法律。

【法律评析】

1. 本案所涉及的为一典型涉外代理法律关系,被代理人(本人)为韩国法人海南实业,代理人为威海化工,相对人为烟台文丰公司。海南实业与威海化工之间的关系为代理内部关系,受双方之间的委托合同支配;威海化工以自己名义与烟台文丰公司之间签订货物运输合同,根据我国《合同法》第402条和第403条,构成隐名代理关系,该合同直接约束海南实业和烟台文丰公司,双方之间的关系为代理的外部关系。被告住所地在山东威海市,因此我国威海市中级人民法院有管辖权。

对于法律适用,应当区分代理的内部关系和外部关系。本案中,由于原告只对被告提起诉讼,因此只涉及代理的内部关系。根据国际私法原理,代理的内部关系适用双方委托合同准据法。根据我国《合同法》,合同适用当事人协议选择的法律。本案中双方协议选择中国法律,因此应当适用我国法律。问题是应当适用我国哪一法律?山东省高级人民法院认为:对外经济贸易部《关于对外贸易代理制的暂行规定》调整的是中华人民共和国国内的公司、企业事业单位及个人与中华人民共和国国内有外贸经营权的公司、企业之间的外贸代理关系,并不调整国外企业与中国境内的外贸代理企业之间的委托代理关系。由于本案所涉及的委托关系的委托方是韩国法人,一审判决适用《暂行规定》认定威海化工无代理过错系适用法律不当,应当予以纠正。本案属于一般的委托代理关系,应当适用我国《民法通则》和《合同法》的规定。根据我国《合同法》,法院判定,由于威海化工在履行委托义务中没有过错,因此,受托人威海化工对委托人海南实业直接承担赔偿责任没有法律依据。原审法院认定事实清楚,虽存在部分法律适用不当的情形,但判决结果正确,因此判决驳回上诉,维持原判。

2. 如果海南实业起诉烟台文丰公司,烟台文丰公司可能会提出抗辩,认为自己与海南实业之间没有法律关系,因为运输合同是在威海化工和烟台文丰公司之间订立的。那么要判断海南实业和烟台文丰公司之间是否存在代理关系,就需要确定准据法,因为根据不同准据法所得出的结果可能不同。例如,根据我国《合同法》颁布以前的法律,本案中由于运输合同是以威海化工的名义与烟台文丰公司订立,因此不符合我国《民法通则》所规定的代理的概念。因此,海南实业要起诉烟台文丰公司就没有法律依据。如果海南实业认为烟台文丰公司违约,只能要求威海化工对烟台文丰公司起诉。在1999年《合同法》颁布之后,我国法律承认了隐名代理,根据我国《合同法》,海南实业对烟台文丰公司可以提起诉讼。

此案的准据法如何确定?首先,法院要对案件进行识别。根据识别的理论,通常依照法院地进行识别。根据我国法律,本案应当识别为代理关系。对于准据法选择,海南实业和烟台文丰公司之间的关系属于代理的外部关系,根据国际私法理论,代理外部关系(代理权)独立于基础法律关系(海南实业和威海化工之间的委托关系),也独立于代理人与第三人之间的合同关系(威海化工与烟台文丰公司之间的运输合同关系),而应当适用单独的法律(代理权的准据法)。本案中,代理基础法律关系(委托合同)适用双方选择的法律,即中国法律;代理的主要行为(运输合同)原则上也应当适用代理人(威海实业)和第三人(烟台文丰公司)协议选择的法律,本案中双方没有选择法律,根据我国冲突法,应当适用最密切联系地法律,由于该合同双方当事人为中国法人,合同在中国订立,因此与中国有最密切联系,应当适用中国法律;代理的外部关系一般应当适用代理人营业所所在地或者代理行为地法律,在本案中均为中国法律。因此,如果海南实业对烟台文丰公司提起诉讼,对于海南实业和烟台文丰公司之间的关系,应当适用中国法律,即中国《合同法》的规定。

3. 假如本案发生在2010年我国《涉外民事关系法律适用法》生效之后,海南实业和威海化工之间的关系是委托代理关系,海南实业是被代理人,威海化工是代理人,双方之间的关系应适用代理关系发生地法律。本案并没有交待代理关系地在何处,如果口头协商的地点在中国,则应适用中国法律。另外,当事人可以协议选择委托代理适用的法律,但应在一审法庭辩论终结前进行选择。本案当事人在上诉审期间选择委托代理适用的法律,人民法院不应准许。因为2007年最高人民法院《关于审理涉外民事或商事合同纠纷案件法律适用若干问题的规定》第4条规定,当事人在一审法庭辩论终结前通过协商一致,选择或者变更选择合同争议应适用的法律的,人民法院应予准许。

案例二:尼珈多次地产公司诉昆士兰房地产公司案
——涉外代理的法律适用

【案情介绍】

澳门尼珈多次地产公司与澳大利亚昆士兰房地产公司签订了一份代理协议,由尼珈多次地产公司作为昆士兰房地产公司的代理人,在澳门和东南亚寻找买主购买位于澳大利亚昆士兰州的土地。双方在代理协议中约定该协议适用澳门法律。后来,尼珈多次地产公司因其收取佣金的要求得不到满足,就在澳大利亚的法院对昆士兰房地产公司提起诉讼。被告主张原告不能取得代理佣金的理由是,原告并未按昆士兰州法律的要求获得充当不动产代理人的许可证,而且,代理协议规定的佣金额已超过昆士兰州法律所允许的最高限额,不遵守该法的规定是要被处以罚款的。

【法律问题】

该案应如何确定准据法?

【参考结论】

审理本案需要确定适用我国澳门地区法律还是适用澳大利亚昆士兰州法律。由于这两种法律的有关规定存在较大的不同,因而确定适用何者,将对当事人的权利和义务归属有重大的影响。法院如果承认原告、被告在代理协议中所作的法律选择,就应该确定适用我国澳门地区法律,这是符合"意思自治"原则的。法院如果要确定适用澳大利亚昆士兰州法律而排除澳门法律的适用,就意味着否定当事人所作的法律选择。澳大利亚法院审理本案认为当事人之所以选择澳门法律为准据法,是为了规避昆士兰州法律(即本案的法院地法)关于不动产代理许可证和代理佣金的强制性规定,因而确定当事人对澳门法律的选择无效,从而确定适用昆士兰州法律。

【法律评析】

由于各国代理法间的差异,在涉外代理中,必然发生法律适用问题。在国际私法上采取分割制确定代理的准据法。对被代理人与代理人关系的准据法的确定,因被代理人与代理人的关系,也即代理权关系,其准据法应依产生代理权的原因分别确定。如在法定代理中,代理人因与被代理人具有身份关系(如监护)而被法律赋予代理权,这时,代理权关系的法律适用,自然应依监护关系的准据法。在意定代理中,如果仅从代理权源于合同这一角度来分析,一般来源于被代理人与代理人间的委托合同,即属合同关系,故应依照适用于合同法律选择的冲突原则来决定代理权关系的准据法。

英国法院确定当事人的法律选择是否有效,除了要考虑英国的公共政策以外,还要考虑当事人选择法律是否是善意、合法的。这就是"意思自治"原则在英国所受到的限制。澳大利亚作为英联邦成员国,其受英国法律(包括国际私法)制度的广泛影响是众所周知的。澳大利亚法院审理本案认为当事人之所以选择澳门法律为准据法,是为了规避昆士兰州法律(即本案的法院地法)关于不动产代理许可证和代理佣金的强制性规定,因而确定当事人对澳门法律的选择无效。而出于法律规避的目的选择法律,当然应认为不是善意、合法的。

案例思考题

思考题一:新加坡松鱼公司诉深圳市水产公司案
——代理的法律适用①

  1996年5月11日,新加坡松鱼私人有限公司(以下简称"松鱼公司")向新加坡工商银行申请办理一批冷冻黄花鱼货款的托收。申请书载明,付款人为深圳市水产公司进出口贸易部(以下简称"贸易部",系水产公司内部职能部门,未领取营业执照),托收方式为承兑交单,货款258692美元,要求将单据送到深圳发展银行。新加坡工商银行向深圳发展银行发出一份《托收通知》,通知载明该托收受国际商会第522号出版物《托收统一规则》(1995修订本)约束。

  1996年5月20日,深圳发展银行收到上述托收通知及附件后,向贸易部发出《进口代收来单通知书》。当日,贸易部经理在该通知书上签名盖章并背书"承兑"后,取得全部单据,并交给庄昕、何伟玲凭单在广州办理了进口报关,提取了货物并进行了销售。在承兑付款期限届满后,庄昕、何伟玲委托香港庄业南向松鱼公司支付了10万美元。由于追讨余款未果,1997年12月31日,松鱼公司以水产公司为被告向广州市中级人民法院提起诉讼,请求判令水产公司支付尚欠的货款及其利息。

  广州市中级人民法院一审审理认为:水产公司辩称其与松鱼公司不存在国际货物买卖关系与事实不符。本案买卖关系发生在松鱼公司、水产公司之间。庄昕、何伟玲从水产公司处接收货运单据并对货物作了销售处理,只构成水产公司与庄昕、何伟玲之间的另一法律关系,与松鱼公司无关。法院于1998年9月判决水产公司偿还给松鱼公司货款及利息。水产公司不服,向广东省高级人民法院提起上诉。

  广东省高级人民法院二审认为:本案属国际货物买卖拖欠货款纠纷。由于双方当事人对处理争议适用法律问题没有达成一致意见,而本案所涉及买卖行为的履行地在中华人民共和国境内,与中华人民共和国有最密切的联系,应适用中华人民共和国法律。根据我国法律,二审法院认为在松鱼公司与贸易部之间已经成立了买卖合同关系。由于贸易部系水产公司的内部职能部门,不具有独立法人资格,而水产公司对贸易部在本案中的行为予以确认,因此,贸易部的行

---

  ① 参见杜涛:《国际经济贸易中的国际私法问题》,武汉大学出版社2005年版,第143—145页;法律中国,http://www.law-cn.org/lawcase/ShowArticle.asp? ArticleID=1675,2006年6月4日访问。

为应视为水产公司的行为,水产公司应将货物的剩余价款支付给松鱼公司,并支付相应的利息。水产公司与庄昕、何伟玲的关系属另一法律关系,与本案无关。1999年5月24日二审判决驳回上诉,维持原判。

问题

1. 什么是外贸代理制?本案是否是外贸代理纠纷?
2. 本案应如何适用法律?

重点提示

1. 在我国早先的对外贸易业务中存在着一种独特的外贸代理制,它与我国《民法通则》中规定的代理制度完全不同。我国对外经济贸易部1991年发布的《关于对外贸易代理制的暂行规定》第2条规定:"无对外贸易经营权的公司、企业、事业单位及个人(委托人)需要进口或出口商品(包括货物和技术),须委托有该类商品外贸经营权的公司、企业(受托人)依据国家有关规定办理。双方权利义务适用本暂行规定。"通常所说的"外贸代理制"就是这种代理制度。外贸代理制是我国特殊国情条件下产生的一项特殊的法律制度。我国1994年《对外贸易法》确立了对外贸易资格的审批制,只有经过国务院对外贸易主管部门许可并符合规定条件的法人或其他组织才能进行外贸业务。外贸代理制中的委托人不具备外贸经营权,所以外贸公司接受委托人委托后,必须以自己的名义与外商进行外贸法律行为,因此它不符合我国《民法通则》规定的直接代理;外贸公司在代理国内企业进行外贸活动时是外贸合同的当事人,直接享有合同项下的权力并承担义务;委托人由于不具有外贸经营权,不具有从事外贸活动的行为能力,因此不能直接受外贸合同的约束。外贸代理的这一特征,引起了广泛的争议和置疑。我国许多学者将其归入间接代理,即行纪。但实际上外贸代理制也不完全符合行纪合同的特征。另外通过比较可以看出,上述《暂行规定》第2条所规定的外贸代理制与1999年《合同法》规定的代理制度也不符合。2004年修订的《对外贸易法》废除了原立法中对外贸经营资格的审批制,改为备案登记制,同时将外贸经营权扩大到个人。2004年《对外贸易法》的修订实际上宣告了原来的外贸代理制的终结。当然这并非是说我国外贸领域不再实行外贸代理,2004年修订的《对外贸易法》第12条规定:"对外贸易经营者可以接受他人的委托,在经营范围内代为办理对外贸易业务。"该规定表明我国的对外贸易代理需全部遵守《民法通则》和《合同法》中有关代理制度的规定。

本案是一起典型的外贸代理引起的纠纷。本案被告水产公司抗辩称其只是庄昕、何伟玲的代理人,应依《民法通则》关于代理的有关规定,由被代理人庄昕、何伟玲来承担还款义务。事实上,被告与庄昕、何伟玲间应属间接代理关系,它与《民法通则》中的直接代理制度是有本质区别的。所谓间接代理,在大陆法中就是行纪关系,在我国则是一种特殊的外贸代理制度。由于本案发生在我国《合同法》颁布之前,所以进行这样的识别是没有问题的。如果发生在我国《合同法》颁布之后,由于《合同法》引入了隐名代理和不披露本人的代理的概念,因此对于此类案件的识别就会发生变化。

2. 如果将本案识别为间接代理,即行纪关系,则本案就存在两个合同关系:一是被告与庄昕、何伟玲之间的委托合同关系,二是被告与原告之间的买卖合同关系。由于本案只涉及原告和被告双方之间的买卖合同关系,因此在法律适用上也只需考虑该合同关系。本案双方当事人的货物买卖行为未订立书面合同,且在案件审理中也未就准据法的适用达成一致意见,应当依据最密切联系原则确定准据法。我国最高人民法院《关于适用〈中华人民共和国涉外经济合同法〉若干问题的解答》中采用了特征性履行理论,第2条第6款第1项规定:国际货物买卖合同,适用合同订立时的卖方营业所所在地法律。如果合同是在买方营业所所在地谈判并订立的,或者合同只要是依买方确定的条件并应买方发出的招标订立的,或者合同明确规定买方须在买方营业所所在地履行交货义务的,则适用合同订立时买方营业所所在地法律。本案中,买卖行为的履行地及买方营业所所在地均在中华人民共和国境内,依最密切联系原则适用中华人民共和国法律并没有问题。按照当时中国法律的规定,本案应适用我国《涉外经济合同法》。

另外,值得注意的是,本案法院并未适用外经贸部1991年《关于对外贸易代理制的暂行规定》。

思考题二:"回浪"号油轮与"可替"救助公司救助案
——越权代理等问题

1995年3月2日,"回浪"号油轮满载原油在公海上与另一轮相撞,船体倾斜,原油外溢。"回浪"号船长与"可替"救助公司签订了该救助公司提供的格式救助合同。合同中约定:即使救助无效果,也应给予救助公司相当于救助费用2倍的报酬。3月20日,救助未获成功,油轮沉没,原油污染了大片海域。4月1日,救助公司请求救助费用时,油轮所有人A公司称:救助合同是船长越权代理行为,依法为无效合同。根据"无效果,无报酬"的国际惯例,救助未获成功,不应支付报酬。1997年3月29日,救助公司向中国法院提起诉讼,要求A公司按合同约定支付救助报酬。

问题

1. 本案应如何适用法律？本案油轮船长签订救助合同是否属于越权代理？
2. 本案救助方应否获得报酬？
3. 被告可否要求法院变更救助合同中的报酬条款？
4. 原告起诉是否超过诉讼时效期间？

重点提示

本案是一起海上救助合同纠纷案件,涉及海上救助合同船长代理权、救助报酬原则、救助合同的变更、诉讼时效等问题。本案应适用中国《海商法》；本案油轮船长签订救助合同不属于越权代理；本案救助方应获得报酬；被告可要求法院变更救助合同中的报酬条款；原告起诉超过了诉讼时效期间。相关法律条文包括：中国《海商法》第175条、第176条、第180条、第182条、第262条、第267条。

第十一章 物权的法律冲突

本章知识点

一、物之所在地法原则的产生和发展

涉外物权关系在国际私法中占有极其重要的地位。目前，涉外物权关系适用得最为广泛而且起着主导作用的冲突原则是物之所在地法原则。"物之所在地法"，作为一项解决物权关系的原则，早在14世纪意大利"法则区别说"中就已存在，但当时只适用于不动产，对动产物权则适用"动产随人"或"动产附骨"的冲突法原则，即动产物权应随人之所至，适用当事人的住所地法（亦即原属城邦的法则）。这主要是由于当时动产还不具有不动产那样的重要性，因而可以作为属地管辖的例外。到19世纪时，这一古老的对动产和不动产分别适用不同法律的原则仍为某些国家的民法典所坚持，但自19世纪以后，对动产和不动产统一适用物之所在地法渐居主导地位。因为，随着19世纪末国际民商事交流的规模和频率大大加强，流动资本增加，动产数目增大，跨国性的动产交易致使动产所有者住所地与动产所在地经常不一致，一个动产所有者的动产可能遍及数国，并涉及数国的经济活动，而动产所在地国也不愿意用所有人的属人法来解决位于自己境内的动产物权问题。

二、物之所在地的确定

以物之所在地法原则来调整涉外物权关系，首先需要解决如何确定物之所在地的问题。对此，各国的普遍实践可归纳为以下几点：(1) 就不动产和有体动产而言，物之所在地应为它们物理上的所在地。(2) 对于车辆、船舶、飞机等交通工具，一般以其注册地（港）作为其所在地。(3) 对于无体动产，总的原则是认为其所在地应是在该项财产能被追索或执行的地方。

三、物之所在地法原则的适用范围与例外

(一) 物之所在地法原则的适用范围

物权关系适用物之所在地法,虽然是各国普遍采用的做法,但从各国的立法与司法实践来看,物之所在地法的适用范围仍有一些限制,并非能绝对地支配所有的物权关系。一般地说,物之所在地法通常适用于下列情形:对于物为动产或不动产的识别、物权客体的范围、物权的内容和物权的行使、物权的取得和变更及消灭的条件、物权的保护方法等。

(二) 物之所在地法适用的例外

由于某些标的物的特殊性质或处于某种特殊状态之中,适用"物之所在地法"成为不可能或不合理,物之所在地法适用的例外主要有以下几个方面:

(1) 运送中的物品的物权关系。运送中的物品处于经常交换所在地的状态之中,难以确定到底以哪一所在地法来调整有关物权关系;即使能够确定,把偶然与物品发生联系的国家的法律作为支配该物品命运的准据法,也未必合理。而且,运送中的物品有时处于公海或公空,这些地方不受任何国家的法律管辖,并不存在有关的法律制度。因此,运送中物品的物权关系不便适用物之所在地法。理论上,运送中的物品的物权关系的法律适用问题主要有如下解决方法:适用送达地法、适用发送地法、适用所有人本国法。从目前的各国的立法情况来看,目的地法受到较多的采用。

(2) 船舶和飞行器等运输工具之物权关系。由于船舶、飞行器等运输工具处于运动之中,难以确定其所在地,加上它们有时处于公海或公空,而这些地方无有关法律存在,因此,有关船舶、飞行器等运输工具的物权关系适用物之所在地法是不恰当的。国际上,一般主张有关船舶、飞行器等运输工具的物权关系适用登记注册地法或者旗国法或标志国法。

(3) 外国法人终止或解散时的有关物权关系。外国法人在自行终止或被其所属国解散时,其财产的清理和清理后的归属问题不应适用物之所在地法,而应依其属人法解决。不过,外国法人在内国境内因违反内国的法律而被内国撤销时,该外国法人的财产的处理就不一定适用其属人法了。

(4) 遗产继承的法律适用。遗产继承的法律适用分为两类:一类为单一制,即不将遗产区分为动产和不动产,遗产继承适用同一法律。在实行单一制的国家中,有的根本不考虑遗产继承适用物之所在地法,而主张适用被继承人的属人法。另一类为区别制,即将遗产区分为动产和不动产分别适用不同的法律。一般说来,动产遗产继承适用被继承人死亡时的属人法,不动产遗产继承适用不动

产所在地法。

四、我国关于物权法律适用的规定

我国《涉外民事关系法律适用法》第 5 章第 36—40 条对涉外物权的法律适用作了规定:不动产物权,适用不动产所在地法律。当事人可以协议选择动产物权适用的法律。当事人没有选择的,适用法律事实发生时动产所在地法律。当事人可以协议选择运输中动产物权发生变更适用的法律。当事人没有选择的,适用运输目的地法律。有价证券,适用有价证券权利实现地法律或者其他与该有价证券有最密切联系的法律。权利质权,适用质权设立地法律。

五、国有化及其域外效力

国有化是指国家通过有关法令对原属私人(包括内外国自然人和法人)所有的某些财产或某项财产,采取没收或征用的一种法律措施。在国际私法中,主要是研究在采取国有化措施时,这种法令的效力是否能及于外国人在其境内的财产和本国人在外国的财产。大多数西方学者认为,通过没收手段实行国有化是完全没有补偿的,具有刑罚的性质,故对法令生效时位于国内的财产固有效力,但对位于外国的财产则不生效力;而征用既然有补偿,则属于民事行为,他国应承认其域外效力。我国许多学者认为国有化完全是一种主权行为,故而对于其所指向的财产,不论是位于内国而为外国人所有,也不论是属于内国人而位于外国,均应发生效力。

六、国有化的补偿问题

对被国有化的外国人在本国境内的财产是否应予以补偿,在国际私法上一直存在分歧,主要有如下几种不同的理论和实践:不予补偿;予以"充分、有效、及时"的补偿;给予"适当的、合理的"补偿。通过国际条约相互保证在一般情况下不对对方投资采取国有化措施,而在特殊情况下有此必要时,经适当程序给予适当的、合理的补偿,已成为当今国际社会的普遍实践。

七、信托及其法律适用

信托是指将自己的财产委托给足以信赖的第三者,使其按照自己的希望和要求,进行管理和运用的法律制度。

由于大陆法系和普通法系对信托制度的许多方面的规定存在较大的差异,这就导致在涉外信托关系中,出现法律冲突而需要确定准据法。

对于涉外信托关系的法律适用,在早期由于信托关系主要是关于土地的,因而物之所在地法规则占有支配地位,但在第二次世界大战之后,这种情况发生了很大的变化,信托关系通常适用当事人选择的法律,如无此选择时,则适用与信托有最密切、最真实联系的法律。

我国《涉外民事关系法律适用法》第 17 条规定,当事人可以协议选择信托适用的法律。当事人没有选择的,适用信托财产所在地法律或者信托关系发生地法律。

案例分析

案例一:非洲银行诉科恩案
——不动产抵押合同缔约能力的法律适用①

【案情介绍】

被告科恩是一位已婚妇女,住所在英国。她与原告非洲银行在英国签订了一项抵押合同,将她在南非的一块土地抵押给非洲银行,作为她丈夫向该银行借款的担保。后来,非洲银行在英国法院起诉,要求强制执行该抵押合同。被告科恩辩称,根据南非法律关于已婚妇女无能力为其丈夫担保的规定,她不能履行与原告订立的抵押合同。

【法律问题】

该抵押合同是否有效?为什么?

【参考结论】

该抵押合同无效,因为根据物之所在地法,即南非的法律,已婚妇女无能力为其丈夫担保。因此,英国法院依此宣布被告无能力为丈夫担保而订立抵押合同。

【法律评析】

合同订立者具备缔约能力是合同的生效要件之一。本案被告是否具有能力缔结抵押合同为丈夫担保,将直接影响该抵押合同的有效性乃至强制执行。这就需要确定依什么法律来判定被告的缔约能力。审理本案的法官认为,不动产

---

① 参见赵一民主编:《国际私法案例教程》,知识产权出版社 2005 年版,第 66—67 页。

权益由不动产所在地法支配是既定的国际私法规则,该规则也适用于不动产契约的缔约能力的确定,所以本案被告抵押土地的能力应依土地所在地,即南非的法律来确定。

案例二:兴利公司、广澳公司与印度国贸公司等上诉案
——先决问题和所有权纠纷的法律适用①

【案情介绍】

1985年5月21日和22日,印度国贸公司分别与马来西亚的巴拉普尔公司、库帕克公司、纳林公司签订了4份购买棕榈脂肪酸馏出物的合同。同年6月26日,印度国贸公司与马来西亚橡胶开发有限公司签订了购买烟花胶片和标准橡胶的合同。巴拉普尔公司、库帕克公司、纳林公司、印度国贸公司分别向保险公司办理了保险手续。货物装上巴拿马东方快运公司的"热带皇后"号。但"热带皇后"号轮随后失踪。巴拉普尔公司、库帕克公司、纳林公司取得了保险公司的全额赔付,并向保险公司出具了"代位求偿证书"。印度国贸公司只从保险公司得到部分赔付。

1985年8月25日,中国兴利公司、广澳公司与香港利高洋行签订了购买橡胶的成交确认书。广澳公司又与利高洋行签订了购买工业用棕榈油的成交确认书。两份成交确认书约定,货物的装船唛头为"塔瓦洛希望"号。1985年8月29日,利高洋行交给广澳公司一张没有日期的发票和两份"货运正本提单",但未附货物保险单据。广澳公司凭此提单接收了从"塔瓦洛希望"号轮上卸下的货物,并出售。

1985年9月,接受印度国贸公司和马来西亚的巴拉普尔公司、库帕克公司、纳林公司投保的保险公司经调查认为"塔瓦洛希望"号轮就是"热带皇后"号轮,从该轮卸下的货物就是上述印度和马来西亚四家公司丢失的货物。1986年6月28日原告向广东省高级人民法院起诉。

广东省高级人民法院认为,本案争议为货物所有权争议,"塔瓦洛希望"号轮就是更名前的"热带皇后"号轮,该轮在汕头港卸下的货物就是四原告丢失的货物。四原告分别持有本案争议货物的不可转让的正本记名提单,应为争议货物的所有权人,有权就该批货物向占有人及销售人主张所有权。第三人利高洋

---

① 参见杜涛:《国际经济贸易中的国际私法问题》,武汉大学出版社2005年版,第149—151页;案情详见中国《最高人民法院公报》1991年第1期,或者人民网:http://www.people.com.cn/item/flfgk/gwyfg/1991/113312199141.html,2006年6月4日访问。

行以提供伪造提单的手段,出售无权出售的货物,其行为应属无效,应承担主要责任。广东省高级人民法院判决:本案争议标的物分别属于各原告所有;两被告与第三人之间对本案争议标的物的买卖行为无效;被告应将有关货物和货款返还给原告印度国贸公司。被告兴利公司、广澳公司不服第一审判决,向最高人民法院提出上诉。上诉称:上诉人与被上诉人印度和马来西亚的四家公司之间,不存在直接的法律关系,被上诉人无权以上诉人作为被告追索货物或要求赔偿;四被上诉人在其货物丢失后,都分别从各自投保的保险公司获得赔偿,根据保险惯例,不能再以原所有人的名义提起诉讼。上诉人与利高洋行之间的买卖活动,属于正常的国际民间贸易,根据卖方默示担保所有权的原则,上诉人对争议货物拥有完全的所有权。

最高人民法院认为:一审法院确认本案为货物所有权争议,是正确的。提单是一种物权凭证,提单的持有人就是提单项下货物的所有权人。当提单项下货物被他人占有时,提单的持有人有权对占有人提起确认货物所有权和返还货物之诉。对于四位被上诉人的所有权人地位,法院认为,根据保险合同适用保险人所在地法律的国际惯例,有关马来西亚三家公司的保险问题适用马来西亚的法律。根据马来西亚的法律规定,尽管四位被上诉人在货物丢失后,马来西亚的三家公司从保险公司得到了全额赔付,并分别向保险公司出具了"代位求偿证书",但货物的所有权仍属投保人。印度国贸公司仅从保险公司得到部分赔付,也有权以自己的名义提起诉讼。因此,四被上诉人是第一审合法的原告,占有争议货物的两位上诉人是第一审合法的被告。两上诉人主张四被上诉人无权向其追索货物和要求赔偿的上诉理由不能成立。判决部分维持原审判决;对有关赔偿金额作了部分改判。

【法律问题】

1. 被上诉人是否有诉讼主体资格?
2. 本案应如何适用法律?

【参考结论】

1. 被上诉人有诉讼主体资格。
2. 本案主要问题即所有权纠纷适用国际贸易惯例。先决问题适用马来西亚法律。

【法律评析】

1. 四被上诉人在其货物丢失后,都分别从各自投保的保险公司获得赔偿,是否能够再以原所有人的名义提起诉讼,这一问题属于保险法上的问题,即投保人获得保险公司赔付后是否还拥有货物的所有权?该问题应当依据我国冲突法指引准据法。根据当时我国的《涉外经济合同法》的规定,保险合同应当适用当事人选择的法律,没有选择的,适用与合同有最密切联系的国家的法律,通常为保险人营业地法律。本案中保险公司营业地位于马来西亚,因此适用马来西亚法律。根据马来西亚保险法,原告可以拥有所投保货物的所有权,因此可以作为合法的当事人。

2. 对于本案的所有权纠纷,由于本案涉及外国当事人,因此应当依照我国国际私法的规定确定准据法。对于动产物权,我国法律没有规定其法律适用问题,根据各国普遍实践,应当适用物之所在地法。本案中,货物所在地位于我国,因此应当适用我国法律。我国法律没有规定的,可以适用国际惯例。由于本案一审起诉发生在我国《民法通则》生效以前,当时我国法律尚不完备,因此一审法院适用了国际贸易惯例,认为利高洋行以提供伪造提单的手段,出售无权出售的货物,违反了卖方应保证其出售的货物必须是任何第三方不能主张任何权利或要求的国际贸易惯例,其行为应属无效。

案例三:支票质押纠纷案——识别与担保物权纠纷的法律适用①

【案情介绍】

1994 年底,原告香港某国际贸易公司与珠海市某开发公司经营进口电子计算机业务,需筹集 400 万元人民币关税款及推销部分电子计算机。1995 年香港公司经人介绍,请求当时任深圳某贸易公司经理的邝某帮助筹款并推销电子计算机。邝某则要求香港公司借款 100 余万元人民币给他,以便偿还他欠本案被告广东省某电子进出口公司的货款。香港公司于是于 1995 年 7 月将 3 张广东省某银行香港分行的支票交给邝某,收款人为被告广东省某电子进出口公司,总面额 120 万港元,该支票作为邝某向广东省某电子进出口公司还款的抵押担保。同年 7 月 5 日,邝某将支票交给广东省某电子进出口公司作为其欠该公司的部分货款。同日,邝某被公安局拘留。香港公司于是要求广东省某电子进出口公司交还该 3 张支票,并通知广东省某银行香港分行止付。广东省某电子进出口公司则要求该香港公司兑付,被拒绝。双方协商不成,香港公司在广州向法院起诉,以不当得利为由要求广东省某电子进出口公司归还该 3 张支票。

一审中,原告认为自己与被告之间没有发生债权债务关系,因此被告没有支付对价获得 3 张支票,属于不当得利,要求法院判决被告返还该 3 张支票。被告

---

① 参见杜涛:《国际经济贸易中的国际私法问题》,武汉大学出版社 2005 年版,第 159—161 页。

认为自己与邝某之间有合法的债权债务关系,原告自愿作为邝某的担保人,将3张支票作为质押,因此自己根据质押合同从邝某处获得该3张支票,有合法的依据,不构成不当得利。法院采纳被告的观点,驳回原告起诉。

原告提起上诉。二审法院经过审理,认为邝某拖欠广东省某电子进出口公司货款,香港公司为筹集税款求助于邝某,邝某向香港公司借款还账,香港公司自愿将3张支票作为抵押交给邝某并交付给广东省某电子进出口公司。因此,被告不构成不当得利。判决驳回上诉,维持原判。

【法律问题】

1. 本案是票据纠纷案件还是担保物权纠纷案件?应如何适用法律?
2. 如适用我国《涉外民事关系法律适用法》,本案应如何处理?

【参考结论】

1. 本案是担保物权纠纷案件。按照物权法律适用的一般原则,即"物之所在地法",本案应适用支票的所在地法,即我国法律。
2. 如适用我国《涉外民事关系法律适用法》,本案权利质权应适用质权设立地法律,即我国法律。

【法律评析】

本案中,原告和被告双方之间发生的争议显然不属于票据关系。因为,根据票据法原理,票据关系中,持票人取得票据权利必须给付对价(除去赠与、继承、税收等少数无需对价而获得票据权利的情况之外)。本案中被告是直接从原告手里取得支票的,即原告是支票的出票人,被告是直接接受票据的人,之间并没有经过(邝某)转手。本案中作为票据的当事人只有原告和被告,而被告取得票据并未向原告支付对价。因此,如果将本案作为票据关系来看待,被告就不能获得票据上的合法权利。

那么,本案中,被告是否合法拥有支票权利呢?我们认为,答案是肯定的。被告获得票据是根据双方之间的质押合同,因此本案是一起支票的质押担保纠纷,应当被识别为担保物权法律关系。

本案是一起涉港案件,被告为我国广东省某电子进出口公司,住所地在我国,因此我国法院享有管辖权。对于担保物权,应当按照物权法律适用的一般原则,即"物之所在地法",适用支票的所在地法,即我国法律,而不是我国香港地区法律。根据我国《担保法》,支票可以作为质押的客体,即为"权利质押"。本案中,被告与邝某之间存在债权债务关系,原告香港公司自愿作为邝某的担保人,用3张支票作为质押,符合我国《担保法》的规定。被告广东省某电子进出口公司获得票据上的权利有合法的依据。因此,原告主张被告不当得利,要求返还3张支票的诉讼请求不应当得到支持。根据我国《担保法》,本案中,原告香港公司履行了担保义务之后,可以向邝某追偿。

案例四:广东省轻工业品进出口集团公司与TMT贸易有限公司商标权属纠纷案——信托的法律适用①

【案情介绍】

参见本书第八章案例思考题一。

【法律问题】

1. 本案中是否存在信托法律关系?应适用什么法律?
2. 如适用我国《涉外民事关系法律适用法》,本案应如何处理?

【参考结论】

1. 从本案事实来看,一方面,当事人双方就争议商标由谁在何处注册、使用、管理有明确的约定和分工,广东省轻工业品进出口集团公司是基于这种约定在国内注册争议商标并进行使用和管理的;另一方面,TMT公司作为争议商标实质上的权利人,通过合作关系授权广东省轻工业品进出口集团公司以自己名义在国内注册争议商标,只是在双方不能继续合作下去的情况下,才要求广东省轻工业品进出口集团公司返还争议注册商标,都说明双方之间关系应认定为商标权财产信托法律关系,受托人以自己名义为委托人从事民事活动是本质特征,在信托关系终止时,受托人就应当将占有、管理的委托人的财产、利益返还给委托人。

参考信托关系法律适用的理论和《关于信托的准据法及其承认的公约》,本案应当适用我国内地的法律。

2. 我国《涉外民事关系法律适用法》第17条规定,当事人可以协议选择信托适用的法律。当事人没有选择的,适用信托财产所在地法律或者信托关系发生地法律。本案双方当事人并没有选择信托适用的法律,信托财产为中国境内注册的TMT商标,而信托关系发生地并未交待清楚,因此应适用信托财产所在地中国法律或者信托关系发生地法律。

【法律评析】

随着国际民商事交往的发达,不仅在普通法系各国广泛传播着信托制度,而且一些大陆法系国家也在略加修正之后(我国也于2001年制定了《信托法》),

---

① 参见赵相林:《国际私法教学案例评析》,中信出版社2006年版,第143—146页。

采用了与普通法系国家有所不同的信托制度,有的国家则尚未建立信托制度。即使在采用信托制度的国家,它们有关信托的法律规定也不尽一致,常常因此而发生法律冲突。

由于本案是一起涉港案件,应当首先依据我国冲突法来确定案件的准据法,而不是先验地适用我国内地实体法。但是,我国冲突法并没有规定信托的法律适用,因此此案的准据法就无法确定。此时,最高人民法院本来可以通过司法解释或者直接通过判例的方式为我国国际私法确立一项关于信托法律适用的冲突规范。其实,我国国际私法学术界近年来的权威著作中已经对信托关系的法律适用问题进行了比较深入的研究。一般而言,信托应当适用当事人选择的法律;在当事人没有选择的情况下,适用与信托有最密切联系的地方的法律。在本案中,信托管理地、信托财产所在地、受托人居所地和营业地以及信托目的实现地等均在中国内地,因此,应当适用我国法律。由于我国内地当时没有关于信托的立法,法院最终适用法理来解决争议,倒是无可厚非。

案例思考题

思考题一:凯布雷拉财产转移案——物权转移的法律适用[①]

1906 年,危地马拉共和国总统凯布雷拉在一家伦敦银行存了一笔钱。1919 年,他把他在该银行的存款作为一份礼物赠送给他的非婚生子纳内齐(住所在危地马拉)。1920 年,凯布雷拉被废黜并受到监禁。危地马拉共和国在英国法院提起诉讼,请求取得凯布雷拉在那家银行的存款。提出,凯布雷拉侵吞了国家的钱财,因此可以强制凯布雷拉把该项存款转移给危地马拉共和国;而且,凯布雷拉把存款赠送给他的非婚生子也是无效的。英国法院所要解决的问题,是凯布雷拉转让财产给被告纳内齐的效力问题。如果英国法院适用英国法,他的转让是有效的。但如果适用危地马拉法则是无效的。这是因为:第一,凯布雷拉转让财产不是按危地马拉规定的形式转让的;第二,纳内齐当时不仅没有接受该礼物,而且他是未成年人,也缺乏能力这样做。审理该案的法官格里尔适用了危地马拉法,因此原告胜诉。

[①] 参见杜新丽主编:《国际私法教学案例》,中国政法大学出版社 1999 年版,第 81—82 页。

问题
1. 本案中的物之所在地法是何国法？法官是否适用了该国的法律？
2. 本案中，法官对财产转让的方式及受让人的能力问题适用的是行为地法，你是否有不同意见？
3. 有关受让人的能力问题，若依其住所地法，结果如何？

重点提示
通常情况下，物权的取得、转移、变更和消灭的方式及条件依物之所在地法决定，但也有例外情况。在本案中，法官从财产转让的方式和受让人的能力问题入手，依危地马拉法处理了案件。

思考题二：葛佩琪诉上海康园房地产开发有限公司房屋租赁纠纷案
——物之所在地法原则[①]

原告葛佩琪，女，1957年1月25日出生，汉族，住日本东京。被告上海康园房地产开发有限公司，住所地上海市西康路1068号。原告、被告间曾于1996年初就被告开发的"上海维多利大厦"外销商品房达成了买卖协议，其间又达成了租赁承诺协议，被告承诺自1997年1月1日交房后，负责房屋包租事宜并定期向原告支付房租，但自1997年7月起被告违约未给付原告其承诺应付的租金，双方产生纠纷，原告遂起诉到上海市普陀区法院。

……

问题
本案应适用哪一国家的法律？

重点提示
本案的实质是关于涉外不动产物权的法律适用问题。不动产物权问题适用物之所在地法，这是一项各国普遍接受的原则。该原则主要解决以下问题：对动产与不动产的划分；物权客体的范围；物权的种类和内容；物权取得、转移、变更和消灭的条件；物权的保护。本案属于不动产物权的权利变更是否有效合法问题，属于物之所在地法的适用范围。涉案的标的物房屋位于中国境内，根据物之所在地法原则，本案应适用不动产所在地法即中华人民共和国的法律。

[①] 参见赵相林：《国际私法教学案例评析》，中信出版社2006年版，第130—132页。

思考题三:布拉公司诉刚果人民共和国案——国有化问题

1962年,意大利AGIP公司依据刚果法律在刚果设立布拉公司,该公司主要从事石油产品的销售经营。1974年1月,刚果政府依该国有关法令对石油产品销售行业实行国有化。根据此前AGIP公司与刚果政府达成的一项协议,布拉公司作为例外不在被国有化之列。该协议规定,AGIP公司将布拉公司50%的股权转让给刚果政府,后者同意保留布拉公司私法上有限责任公司的地位。刚果政府在协议中还作了将为布拉公司融资提供部分担保,以及有关确保布拉公司销售份额等多项承诺。协议还规定,对由该协议的适用或解释所产生的任何争议,应依刚果人民共和国已经批准的《解决国家与他国国民之间投资争端公约》的规定组成仲裁庭予以解决,适用的法律应为刚果的法律,必要时以国际法原则作为补充予以适用。

由于刚果政府未履行其在协议中所作的部分承诺,布拉公司因而难以经营。1975年4月,刚果政府宣布对布拉公司实行国有化,理由是,该公司停止经营活动严重损害了作为公司股东的刚果国家的利益。刚果政府同时还宣布该国有化法令不产生任何要求补偿的权利。后来,刚果政府通过发布新的法令向意大利AGIP公司给予补偿。AGIP公司对此表示不满,遂在《解决国家与他国国民之间投资争端公约》规定设立的常设机构提起仲裁,要求刚果政府赔偿AGIP公司所遭受的全部损失。

问题

1. 刚果政府对布拉公司实行国有化是否合法?为什么?
2. 国际社会在国有化补偿方面的理论与实践如何?

重点提示

本案涉及的主要是国有化是否合法的问题。虽然国有化是一种主权行为,但也必须符合一定的条件,不得违背内国政府所承担的法律义务。

第十二章 债权的法律冲突

本章知识点

一、合同法律适用的一般理论

合同是当事人之间设立、变更或终止一定权利义务关系的协议。而涉外合同是指那些在合同行为或合同关系中因介入外国因素从而涉及外国立法管辖权或外国法的适用的合同。涉外合同的法律适用,是个复杂的法律问题。也正由于其复杂性,解决涉外合同法律适用问题的理论和实践也是多种多样的。从已有的理论和实践看,解决合同的法律适用,在方法上首先便面临几种相互对立的理论和实践:(1)一种主张是把合同诸因素(至少把缔约能力、合同形式和合同的成立和效力三个大方面)加以分割,选择适用不同的法律,而与此对立的则是主张把合同诸因素不加分割统一适用一个法律;(2)一种主张是不分合同种类采用一个冲突规则来指引准据法,而与此对立的却是主张区分合同不同种类,分别来选择准据法;(3)一种主张是把合同的法律适用交由当事人的主观选择来定,与此对立的是反对当事人的意思自治,而主张应依客观的连结因素来决定合同的准据法。

二、合同准据法确定的方法

（一）意思自治原则

1. 意思自治原则在确定合同准据法中的地位

意思自治原则是由法国杜摩兰最早提出来的,现已成为世界各国在处理涉外合同准据法方面一致接受的原则,是当代国际社会确定合同准据法的首要的最普遍的原则。尽管有理论主张当事人的意思自治是不受限制的,但大多数国家的理论与实践均主张对这一原则加以适当的限制。

2. 当事人协议选择法律的时间、方式和范围

关于当事人协议选择法律的方式,许多国家或国际条约都要求当事人在协议选择法律时,其共同的意思表示必须是明示的,或至少是可以从合同的整个

情况或合同条款得出当事人之间确有选择法律的未明白宣示,即默示的意思表示。

关于当事人协议选择法律的时间,有些国家不允许当事人在合同缔结以后再选择准据法,但也有些国家允许到争议发生后再选择准据法。1986年《联合国国际货物销售合同适用法律公约》甚至规定:"当事人可以在任何时间约定或变更其销售合同的全部或部分应适用的法律,只要当事人的这种变更不损害合同的形式有效性和第三人的权利。"

关于当事人协议选择法律的范围,当代国际社会的普遍实践是,只允许当事人选择与合同有关国家的实体法,而不包括冲突法,以免发生反致。

3. 意思自治的限制

综观世界各国的学者学说和司法实践,对意思自治的限制主要体现在:(1)意思自治要受本应支配合同的法律中的强行性规范的限制,且不得违背有关国家的公共秩序。(2)当事人的协议选择必须"善意"、"合法",不得有损对方或第三方的合法权益。(3)当事人协议选择的法律有合理的根据,许多国家不允许当事人选择与合同毫无联系的国家的法律。

4. 对于当事人未选择法律或选择法律无效时的处理方式

当事人未选择法律或选择法律无效时,大致有如下几种解决问题的方法:(1)在法律中明确规定改为适用依一种客观连结因素指定的法律;(2)按合同的不同性质和种类,由法律分别规定适用依不同客观连结因素指定的法律;(3)由法律规定应按最密切联系原则确定应适用的法律;(4)要求法院根据合同的各种情况推定当事人当时考虑到这个问题时可能选择的法律,这种做法主要为英国所采用,但现在招致许多学者的反对。在当前,越来越多的实践均主张采用第二种和第三种方法。这两种方法看似不同,但实际上都是把当事人意思自治作为确定合同准据法的首要原则,而以最密切联系原则作为它的补充原则。

(二) 合同自体法

合同自体法(proper law of the contract),又称为合同特有法,最早是由戴西在1896年所著《冲突法》(第一版)中提出的,他旨在利用某一简单的准据法表述公式解决合同中的所有法律适用问题。但对于什么是合同自体法的问题,除了都认为它是适用于合同的成立和效力的最适宜的法律外,对其含义还有不同的解释。客观论者韦斯特勒克认为:合同自体法是支配合同内在有效性和效力的法律,是与合同存在最真实联系的法律。主观论者戴西认为:合同自体法就是合同双方当事人打算,或者能合理地认为他们打算使合同受其支配的那一个或几个法律。莫里斯认为应把两者结合为一体,把合同自体法解释为"当事人欲使合同受其支配的法律,而在当事人无此明示选择,且不能依情况认定当事人选择的意向时,应是那个与合同有最密切、最真实联系的法律"。目前国际社会的普遍实践,均倾向于采取莫里斯的这种观点。

(三) 特征履行说

特征履行说,又称特征债务说。其目的是解决在采用意思自治原则时如果当事人之间未选择法律时应怎样确定最密切联系的根据。这一学说要求法院根据何方的履行最能体现合同的特性来决定合同的准据法,以克服"合同适用与其有最密切联系的法律"这种较为空泛的规则所带来的法律适用上不稳定和不可预见的弊端。特征履行说尽管已为越来越多的立法采用作为判定最密切联系的根据,但在两个基本的问题上仍存在争论。一是关于如何判定合同当事人哪一方的履行为特征履行;二是对究竟应依特征履行方的什么场所因素来指引准据法也有不同的观点,如一种是主张以特征履行方的住所或惯常居所地,或营业所所在地,或管理中心所在地为场所因素作连结点,而另一种主张则以特征履行方的履行地为场所因素作连结点。应该认为,对于这个问题的解决,应依各种合同的具体情况而定,不可能一律采用特征履行方的某一场所因素作连结点来指引所有合同的准据法。

三、缔约能力的法律适用

对于当事人缔结合同的能力应适用的法律,主要有以下几种不同主张:(1) 采用当事人属人法;(2) 选择采用属人法与合同缔结地法;(3) 采用合同准据法(即支配合同成立和效力的法律)。

四、合同的形式

对于合同的形式要件,当今国际私法立法与学说的主要倾向是兼采合同缔结地法(即行为地法)和合同准据法而为选择适用,并显示出有采用多种连结因素来确定合同形式要件准据法的趋势。

五、中国关于涉外合同法律适用的规定

我国 1986 年《民法通则》第 145 条、1999 年《合同法》第 126 条以及 2010 年《涉外民事关系法律适用法》第 41—43 条对涉外合同的法律适用作了规定。2005 年最高人民法院《第二次全国涉外商事海事审判工作会议纪要》以及 2007 年最高人民法院《关于审理涉外民事或商事合同纠纷案件法律适用若干问题的

规定》(以下简称2007年《规定》)对涉外民商事合同的法律适用问题作出了具体的解释。此外,在我国1992年《海商法》(第268条、第269条、第276条)、1995年《民用航空法》(第184条、第188条、第190条)中也有关于涉外合同法律适用的规定。

(一) 当事人意思自治原则是涉外合同法律适用的首要原则

根据我国《合同法》第126条、《民法通则》第145条、《海商法》第269条和《涉外民事关系法律适用法》第41条的规定,当事人可以协议选择合同适用的法律。这说明,我国把当事人意思自治原则作为合同法律适用的首要原则。但在具体运用上,具有自己的特点:

(1) 关于法律选择的方式。2007年《规定》第3条规定,当事人选择或者变更选择合同争议应适用的法律,应当以明示的方式进行。其第4条第2款规定,当事人未选择合同争议应适用的法律,但均援引同一国家或者地区的法律且未提出法律适用异议的,应当视为当事人已经就合同争议应适用的法律作出选择。

(2) 关于法律选择的时间和范围。根据2007年《规定》第4条的规定,当事人在一审法庭辩论终结前通过协商一致,选择或者变更选择合同争议应适用的法律的,人民法院应予准许。其第1条规定,涉外民事或商事合同应适用的法律,是指有关国家或地区的实体法,不包括冲突法和程序法,从而排除了反致。

(3) 不适用意思自治的例外方面。根据我国《合同法》第126条的有关规定,对于在中国境内履行的中外合资经营企业合同、中外合作经营企业合同、中外合作勘探开发自然资源合同,不允许采用意思自治原则而要求必须适用中国法律。我国《外资企业法实施细则》(2001年修订)第81条规定,外资企业与其他公司、企业或者经济组织以及个人签订合同,适用中国《合同法》。2007年《规定》第8条还补充规定,在中华人民共和国领域内履行的下列合同,适用中华人民共和国法律:中外合资经营企业、中外合作经营企业、外商独资企业股份转让合同;外国自然人、法人或者其他组织承包经营在中华人民共和国领域内设立的中外合资经营企业、中外合作经营企业的合同;外国自然人、法人或者其他组织购买中华人民共和国领域内的非外商投资企业股东的股权的合同;外国自然人、法人或者其他组织认购中华人民共和国领域内的非外商投资有限责任公司或者股份有限公司增资的合同;外国自然人、法人或者其他组织购买中华人民共和国领域内的非外商投资企业资产的合同;中华人民共和国法律、行政法规规定应适用中华人民共和国法律的其他合同。

我国《涉外民事关系法律适用法》第 42 条规定,消费者合同,适用消费者经常居所地法律;消费者选择适用商品、服务提供地法律或者经营者在消费者经常居所地没有从事相关经营活动的,适用商品、服务提供地法律。其第 43 条规定,劳动合同,适用劳动者工作地法律;难以确定劳动者工作地的,适用用人单位主营业地法律。劳务派遣,可以适用劳务派出地法律。

(4) 对于"合同争议"的范围。依据 2007 年《规定》第 2 条规定,本规定所称合同争议包括合同的订立、合同的效力、合同的履行、合同的变更和转让、合同的终止以及违约责任等争议。

(5) 关于合同形式问题。我国《合同法》第 10 条规定,当事人订立合同,有书面形式、口头形式和其他形式。法律、行政法规规定采用书面形式的,应当采用书面形式。当事人约定采用书面形式的,应当采用书面形式。但是,由于 1980 年《联合国国际货物销售合同公约》允许合同无须用书面订立,而中国在参加该公约时又对此作出保留,因此,当合同双方当事人的营业地均在缔约国内,且双方并未排除公约的适用,则应适用经过保留后的公约的规定,即其合同的订立必须以书面形式作出;当我国一当事人与另一个营业地不在缔约国内的当事人签订国际货物买卖合同,或者双方约定排除公约适用的,由于我国没有对涉外合同形式的法律适用作出规定,可根据国际上的普遍做法,选择适用合同缔结地法或者合同准据法,如果准据法为我国法,则双方间订立合同的形式不限于书面形式。

(6) 关于缔约能力,依我国《涉外民事关系法律适用法》第 12 条的规定,涉外合同当事人的缔约能力原则上应适用当事人经常居所地法律,但行为地法认为有行为能力的也应认为有行为能力。

(二) 当事人未选择法律时最密切联系原则的适用

我国《涉外民事关系法律适用法》第 41 条规定,当事人可以协议选择合同适用的法律。当事人没有选择的,适用履行义务最能体现该合同特征的一方当事人经常居所地法律或者其他与该合同有最密切联系的法律。

为了给法院提供一个最密切联系的标准,我国采纳了国际社会通行的"特征履行说"。2007 年《规定》第 5 条规定,人民法院根据最密切联系原则确定合同争议应适用的法律时,应根据合同的特殊性质,以及某一方当事人履行的义务最能体现合同的本质特性等因素,确定与合同有最密切联系的国家或者地区的法律作为合同的准据法。(1) 买卖合同,适用合同订立时卖方住所地法;如果合同是在买方住所地谈判并订立的,或者合同明确规定卖方须在买方住所地履行交货义务的,适用买方住所地法。(2) 来料加工、来件装配以及其他各种加工承揽合同,适用加工承揽人住所地法。(3)成套设备供应合同,适用设备安装地法。(4)不动产买卖、租赁或者抵押合同,适用不动产所在地法。(5)动产租赁合同,适用出租人住所地法。(6)动产质押合同,适用质权人住所地法。(7)借款合同,适用贷款人住所地法。(8)保险合同,适用保险人住所地法。(9)融资租赁合同,适用承租人住所地法。(10)建设工程合同,适用建设工程所在地法。(11)仓储、保管合同,适用仓储、保管人住所地法。(12)保证合同,适用保证人住所地法。(13)委托合同,适用受托人住所地法。(14)债券的发行、销售和转让合同,分别适用债券发行地法、债券销售地法和债券转让地法。(15)拍卖合同,适用拍卖举行地法。(16)行纪合同,适用行纪人住所地法。(17)居间合同,适用居间人住所地法。如果上述合同明显与另一国家或者地区有更密切联系的,适用该另一国家或者地区的法律。

(三)国际条约和国际惯例的适用

我国《民法通则》第142条、《海商法》第26条、《民用航空法》第184条及《票据法》第95条等都规定,对相关的涉外民商事关系指定应适用中国法律时,如中国缔结或者参加的国际条约同中华人民共和国民事法律有不同规定的,适用国际条约的规定(中华人民共和国声明保留的条款除外);中华人民共和国法律和中华人民共和国缔结或参加的国际条约未作规定的,可以适用国际惯例。

六、侵权行为的法律适用

侵权或侵权行为之债是指不法侵害他人人身或财产权利,并造成损失而承担民事赔偿责任所构成的债。侵权行为之债是一种法定之债,是由单方面的不法行为而发生的,而非合同之债。

各国关于侵权行为之债的法律冲突主要体现在损害赔偿的数额及计算方法、赔偿的原则、标准和限额等方面。对含有外国因素的侵权案件的准据法确定,主要有以下几种理论和实践:

(1)采用侵权行为地法说。对何为侵权行为地,有几种不同的观点:一为加害行为地,一为损害发生地,一为凡与侵权事实有关的地方,均可作行为地,由受害人任择其中之一地为侵权行为地(目前在网上侵权或网络侵权中,侵权行为地更不好确定)。

(2)采用法院地法说。侵权行为适用法院地法,主要理由是认为,侵权行为与刑事犯罪行为类似,从而依据刑事法律的属地原则也应适用法院地法。

(3) 在特定情况下重叠适用侵权行为地法与法院地法或行为人的属人法。

(4) 侵权行为自体法。侵权行为自体法是英国学者莫里斯于 1951 年仿效"合同自体法说"提出来的主张。侵权行为自体法主要是指与案件有最密切联系的法律。其主要理由,一是恰如存在着各种各样性质的合同一样,也存在着各种各样不同性质的侵权行为,不应该用一个机械的公式来指引所有侵权责任的准据法;一是尽管在许多场合下,法院不需要到侵权行为地以外去寻找准据法,但仍应有一个足够广泛和灵活的冲突规则,既能适用于通常情况,也能在例外情况下找到一个合适的法律,即与侵权行为有最密切联系的法律。

作为侵权行为准据法的某国实体法,一般用来解决以下问题:(1) 侵权行为成立方面的各种问题;(2) 侵权后果方面的问题。

我国《涉外民事关系法律适用法》第 44 条规定,侵权责任,适用侵权行为地法律,但当事人有共同经常居所地的,适用共同经常居所地法律。侵权行为发生后,当事人协议选择适用法律的,按照其协议。

对于侵权行为地如何确定这一问题,我国最高人民法院 1988 年《关于贯彻执行〈中华人民共和国民法通则〉若干问题的意见(试行)》第 187 条规定:"侵权行为地的法律包括侵权行为实施地法律和侵权结果发生地法律。如果两者不一致时,人民法院可以选择适用。"

七、涉外产品责任

产品责任是指有瑕疵的产品,或者没有正确说明用途或使用方法的产品,致消费者或使用者人身或财产的损害时,产品的制造者或销售者应承担的赔偿责任。我国《民法通则》在第 122 条中明确规定:"因产品质量不合格造成他人财产、人身损害的,产品制造者、销售者应当依法承担民事责任。运输者、仓储者对此负有责任的,产品制造者、销售者有权要求赔偿损失。"

我国《涉外民事关系法律适用法》第 45 条规定,产品责任,适用被侵权人经常居所地法律;被侵权人选择适用侵权人主营业地法律、损害发生地法律的,或者侵权人在被侵权人经常居所地没有从事相关经营活动的,适用侵权人主营业地法律或者损害发生地法律。

八、侵犯人格权的侵权行为

侵犯名誉权和隐私权等人格权的特殊侵权行为的法律适用也日益受到重视。日本 2007 年《法律适用通则法》第 19 条规定:因侵犯他人名誉或者信用的侵权行为而产生的债权的成立与效力,依被害人经常居所地法。被害人为法人及其他社团或财团时,依其主要营业所所在地法。

我国2010年《涉外民事关系法律适用法》第46条规定,通过网络或者采用其他方式侵害姓名权、肖像权、名誉权、隐私权等人格权的,适用被侵权人经常居所地法律。

九、不当得利和无因管理

（一）不当得利

凡是没有法律上的根据致使他人遭受损害而自己获得的利益称为不当得利。但对于在什么情况下成立不当得利以及其效力如何,则各国规定往往并非一致,因而需要选择准据法。

对于不当得利应适用的准据法的选择,有各种不同的主张,但一般来说,主要是认为应适用不当得利发生地法(即原因事实发生地法)。其理由是认为,不当得利应涉及不当得利发生地国的公共秩序、社会道德风尚和法律观念。但1988年生效的《瑞士联邦国际私法法规》规定,不当得利之诉,首先应适用支配不当得利从而产生的实际的或假想的法律关系的法律,但当事人也可以协议选择适用法院地的法律,从而引进了意思自治原则。

（二）无因管理

无因管理又称为"无委托的事务管理",是指既未受委托,又无法律上的义务而为他人管理财产或事务,因而支出的劳务或费用,依法有权请求他人支付。

对于无因管理的准据法选择,一般主张与不当得利一样,应适用事务管理地法。但也有反对适用管理地法的。如有人认为,无因管理制度既然是为保护本人的利益而设立的,故适用本人的住所地法才是最适宜的。也有人主张对管理人和本人的义务分别适用他们的本国法。还有人认为,如果原有委托关系存在,只是事务管理超出了委托合同的范围,这时也可适用原委托合同的准据法。

我国《涉外民事关系法律适用法》第47条规定,不当得利、无因管理,适用当事人协议选择适用的法律。当事人没有选择的,适用当事人共同经常居所地法律;没有共同经常居所地的,适用不当得利、无因管理发生地法律。

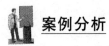

案例分析

案例一:某土产畜产有限公司诉某香港公司套币买卖合同纠纷案
——识别、当事人意思自治①

【案情介绍】

1999年时值澳门回归祖国之际,澳门特别行政区政府为庆祝回归决定发行流通套币。此种流通套币每套由7枚金属铸币组成,由加拿大皇家铸币局经澳门特别行政区政府货币暨汇兑监理署授权铸造。铸造完成后,该监理署与该铸币局还联合为流通套币签署了中、英、葡三国文字的说明书和鉴定证书。

本案被申请人某香港公司(以下简称"被申请人")被澳门特别行政区政府委任为流通套币在亚洲区的独家销售代理。1999年7月27日,内地某金银珠宝公司委托本案申请人某土产畜产有限公司(以下简称"申请人")与本案被申请人在中国云南昆明市签订销售合同一份,约定申请人向被申请人购买25万套澳门特别行政区政府为庆祝澳门回归而发行的流通套币。关于争议解决与法律适用问题,双方约定:凡因该合同所引起的一切争议、纠纷、争端或索赔,双方应首先尝试通过友好协商解决该争议。如任何一方向对方发出书面通知要求进行上述协商30日内仍未能解决该争议,则应将该争议提交仲裁作终局的解决。仲裁应由中国国际经济贸易仲裁委员会(经贸仲委)按当时有效的经贸仲委的仲裁条例。仲裁裁决是终局的,并具有约束力(合同第15条);1988年1月1日生效的《联合国国际货物销售合同公约》适用于该合同。该《公约》对于合同未有规定的事项,依据香港特别行政区法律解释。若该《公约》没有订明适用法律,则以香港特别行政区法律为合同的适用法律(合同第16条)。

销售合同签订后,被申请人提出将套币的产品说明书及证书和货物本身分别交货,申请人同意了被申请人的要求。在履行合同的过程中,双方并未出现任何争议。但是在申请人销售流通套币的过程中,接到了消费者的投诉,称套币背面图案与证书所示背面图案不同,证书所示套币背面图案有五角星,而实物则没有。消费者对套币的真伪提出质疑。申请人经过检查发现客户投诉属实后,遂

---

① 参见许光耀、宋连斌主编:《国际私法学——学习指导书》,湖南人民出版社2005年版,第164—170页;国际经济法网:http://www.intereconomiclaw.com/article/default.asp? id=1874,2006年6月5日访问。

将未销售货物停止发售,并于 1999 年 12 月 30 日通过书面形式就货证不符向被申请人提出补偿要求。但被申请人认为自己没有责任,拒绝了申请人的请求。申请人即根据销售合同中的仲裁条款在中国国际经济贸易仲裁委员会深圳分会提起仲裁,请求仲裁庭:(1) 将 29% 未售出货物合计 7.2 万套退还给被申请人,被申请人应立即返还申请人已支付的上述货款合计 1166400 美元(进口价,按 1:8.29 的汇率折合人民币 9669456 元);(2) 被申请人赔偿申请人其他损失 400000 美元(包括成本摊销、利息损失及预期利润,按 1:8.29 的汇率折合人民币 3316000 元);(3) 被申请人承担所有的仲裁费用。

【法律问题】

1. 本案是否可以以《联合国国际货物销售合同公约》作为准据法?
2. 被申请人交付的流通套币实物与套币证书不符是否构成违约,是否应当承担违约责任?

【参考结论】

1. 在本案中双方当事人买卖的流通套币虽然从实质上看具有货币的性质,但是当事人将之作为合同的标的物完全是因为其具有特殊的纪念意义,这种特殊的纪念意义使得流通套币不同于我们通常意义上所理解的货币。仲裁庭可以适用 1980 年《联合国国际货物销售合同公约》的相关规定确定当事人双方的权利与义务。

2. 仲裁庭经过审理认为,被申请人交付的流通套币实物与套币证书不符构成违约,应当承担违约责任。理由是:虽然双方当事人选择的合同的准据法以及合同条文本身都并未对货物必须与其所附的说明书、证书相符问题作出规定,但是从合同法的一般原理来看,作为对流通套币起证明和鉴定说明作用的证书,当然应与套币相符,否则其就没有存在意义了。也就是说"货证相符"是合同的一项默示义务,被申请人提供的套币与证书不符,违背了合同的默示义务,属于违约行为。但是根据合同准据法的规定,被申请人的行为并未构成根本违约,因为申请人的大部分销售都已获得了预期的利润。这样根据《联合国国际货物销售合同公约》第 46 条的规定,申请人无权要求退货或要求补偿差价。最后仲裁庭驳回了申请人的第一项仲裁请求,申请人的第二项仲裁请求,仲裁庭给予了支持。

【法律评析】

本案是一个特殊的货物买卖合同纠纷案件。从整体的分析过程与裁决结果来看,本案仲裁裁决基本是适当的。然而,本案所涉合同的标的物比较特殊,从表面上看,是澳门特别行政区政府为庆祝回归祖国而发行的用作纪念的套币;而从实质上看,该套币有面值,可流通,因此与通常意义上所言的"货币"并无二致。一旦注意到本案标的物的这种"特殊身份",便会发现关于本案的法律适用问题,实际上并不简单。首先仲裁庭就面临一个识别的问题,套币是货币还是货物?而识别的结果,将直接决定本案的法律适用。

《联合国国际货物销售合同公约》第2条采用排除法的方式表明了《公约》的适用范围,该条规定:本《公约》不适用于以下的销售:(1)供私人、家人或家庭使用的货物的销售,除非卖方在订立合同前任何时候或订立合同时不知道而且没有理由知道这些货物是供任何这种使用;(2)经由拍卖的销售;(3)根据法律执行令状或其他令状的销售;(4)公债、股票、投资证券、流通票据或货币的销售;(5)船舶、船只、气垫船或飞机的销售;(6)电力的销售。《公约》之所以将这些项目排除在外,主要源于两点考虑,一是其中有些项目是否可作为货物销售,各国存在争议;二是虽然有些项目可作为货物销售这一点本身不存在疑问,但由于各国对这些比较特殊的货物交易存在各种限制,因而统一进行规定的难度较大。考虑到这两方面的原因,《公约》明确将这些项目排除在适用范围之外。本案销售合同的标的物——流通套币——从其本质来看,就是《公约》第2条第4项所指的货币。

这样一来不可避免地产生了以下问题:当事人通过意思自治选择了一个法律作为准据法,而该法律明确规定不适用于当事人之间的这种交易(亦即当事人意思自治落空),此种情况下的法律选择条款的效力如何确定?对于这个问题,一般而言,认定当事人意思自治落空应当慎重,亦即只要当事人的意思自治并未违反法律的强制性规定,就应当尽可能地维护其有效性,从而维护法律选择条款的效力。就本案而言,虽然从表面上看,当事人的意思自治好像落空了,但通过对《公约》条文的解释,是可以仍旧保持当事人法律选择的有效性的。

首先,可能用以支持当事人法律选择有效性的一个理由是《公约》的任意性特点。《公约》是一个任意性而非强制性的国际条约。其第6条规定:"双方当事人可以不适用本《公约》,或在第12条的条件下,减损本《公约》的任何规定或改变其效力。"这样当事人可以根据第6条的规定,将它们原本不在《公约》调整范围之内的销售纳入到《公约》范围之内。这样从《公约》的任意性特点出发,本案当事人的法律选择效力似乎便可以得到维护了。

但此种解释并非毫无疑问。因为相当多的学者经过分析认为,《公约》第6条是为了表明这样一种立场:即使在《公约》应当得到适用时,当事人也可以通过明确约定适用其他法律而排除《公约》的适用或在适用时改变《公约》的具体条文。这样规定的目的是为了吸引更多的国家加入到《公约》中来,从而克服以往调整国际货物买卖公约发挥作用极为有限的弊端。因此从这种《公约》缔结的背景考查不难发现,《公约》第 6 条的规定的意图主要是承认或认可当事人排除《公约》适用的权利,而不是赋予当事人将原本不属于《公约》调整范围之内的交易纳入《公约》范围的权利,《公约》的缔结者也并不希望第 6 条的规定发挥这样的作用。如前所述,《公约》排除适用的项目,大都是各国对其交易存在特殊法律规定的项目,这些法律中有相当一部分属于各国强制性国内法的一部分,例如有关消费者合同的特殊规定。正是由于各国在这些特殊规定方面难以达成一致,《公约》才将这些项目予以排除。

另外,从《公约》的整体内容来看,即使允许当事人将《公约》排除的交易项目纳入到《公约》中来,实践中也极少会出现这种情况。因为《公约》在排除了具有一定特殊性的交易之后,整体框架都是建立在调整普通有体动产销售的基础之上的。因而特殊货物销售可能根本无法适用针对普通货物进行规定的《公约》,例如《公约》关于检验货物的规定、关于修理、退货的规定等,均无法适用于《公约》所排除的某些特殊货物的销售。所以从这个比较实际的角度出发去理解,《公约》第 6 条中"任何规定"也不应当包括第 2 条有关适用范围方面的规定。在实践中,特殊货物销售合同的当事人选择《公约》作为准据法的情况也是比较罕见的。

通过对《公约》缔结背景以及条文之间关系的考查,可以得出这样的结论:《公约》第 6 条赋予当事人的是排除适用《公约》的权利,当事人不能通过选择《公约》而将它们原本不在《公约》调整范围之内的销售纳入到《公约》的支配之下。依据这一结论,通过对第 6 条的解释来维护法律选择有效性的方法似乎在理论上没有充分的说服力。但是这也不表明当事人所作的法律选择就一定是无效的,结合本案的实际情况还有一种解释方法可以用来支持当事人法律选择的效力,即对标的物进行有利于认定法律选择效力的识别。

在本案中双方当事人买卖的流通套币虽然从实质上看具有货币的性质,但是当事人将之作为合同的标的物完全是因为其具有特殊的纪念意义。从这个角度而言,本案中的流通套币的价值不在于流通而在于纪念,这种特殊的纪念意义使得流通套币不同于我们通常意义上所理解的货币。从本案适用法律的具体情况来看,也并没有出现任何问题,仲裁庭完全可以适用 1980 年《公约》的相关规定确定当事人双方的权利与义务。由此可见,本案销售合同的标的物流通套币与《公约》所排除的严格意义上的货币还是存在很大区别的,从其纪念意义来讲,完全可以将其视为普通的货物。从实际情况来看,流通套币的买卖合同适用针对普通货物的《公约》也并没有产生无法适用的问题。这样通过对流通套币与《公约》所排除的"货币"进行识别,从而支持本案当事人对《公约》的选择。

因此,认定当事人意思自治落空应当是在无可补救的情况下的决定。对于表面落空的法律选择,仲裁庭应本着尊重当事人意思自治的理念,尽可能通过合理的解释维护其效力。本案虽然仲裁庭适用的仍是《公约》,但是不经过任何对《公约》条文的解释与分析就对当事人的法律选择表示认可并不很恰当。毕竟从表面上看,存在着对当事人法律选择效力的疑问,即使当事人双方并未就法律适用问题产生争议,仲裁庭也应当首先对这一问题予以阐明。

案例二:广州海运集团菠萝庙船厂诉香港东升船务有限公司案
——涉外合同的法律适用

【案情介绍】

1994年8月26日,原告广州海运集团菠萝庙船厂与被告香港东升船务有限公司签订一份修船合同。合同约定:原告为被告修理"东升"轮,修理期限从1994年8月27日进厂起至1994年9月25日出厂止;工程估价修理费人民币388000元(不包括坞修);原告应在船舶出厂后10天内向被告提出结账单,以及机务代表签认的完工证明书等文件;被告对有关异议部分的结算单可在10天内与原告联系解决,超过10天应向原告支付每天1%的滞纳金。8月27日至10月20日期间,"东升"轮经原告修理,各项工程总修理费合计人民币1179693元,被告支付了563240元,尚欠原告616453元。10月24日,原告、被告双方达成了修船费用付款协议书,被告同意在1995年2月28日前将欠款一次性付给原告,超过1995年4月25日,未付清的款项应向原告支付每月1%的滞纳金。1994年11月28日至12月23日期间,"东升"轮第二次在原告处修理,各项工程总修理费为人民币134382元,被告支付了84491元,尚欠原告49441元。在对"东升"轮修理工程产生的修理费进行了结算后,被告确认了原告提出的工程结算单,共欠原告修理费人民币750600元。1995年5月31日,被告再次确认拖欠原告修理费人民币750600元。但原告向法院提供的价格单和被告付款证据证实,被告实际拖欠原告修理费为人民币665894元。原告于1995年6月26日向广州海事法院提起诉讼,请求法院判令被告支付拖欠船修理费人民币750600元及其拖欠期间每日1%的滞纳金。

被告答辩认为:被告两次在原告处修船,未付清部分修理费属实。但未付清修理费的确切金额应经双方对账确认,所修质量如何也应确认。由于"东升"轮在新加坡被扣押,被告无力解扣,原告意欲在新加坡诉讼争取获得分配份额,因此,被告为帮助原告尽可能补偿损失,确认了原告开出的结算单的金额。被告确认的金额并非被告所能接受的实际金额。原告请求支付所欠修理费每日1%的滞纳金没有理由,应按1994年10月24日签订的付款协议书的规定计算滞纳金。

海事法院认为:原告与被告签订的修船合同合法有效,对双方均具有约束力。原告依约为被告修船,付出了劳务,有权向被告收取修船费。被告应予支付,原告向被告提出工程结算单,尽管被告先后两次确认原告提出的修船费用数额,但与实际发生的费用不符,应以实际拖欠的数额为准。原告、被告达成的修船费用协议书,重新约定付款时间和滞纳金,故双方均应履行协议中的承诺。被告未按时支付修船费用,应向原告支付滞纳金。

根据中国《民法通则》第106条、第111条和第112条的规定,海事法院判决:被告香港东升船务有限公司向原告广州海运集团菠萝庙船厂支付修船费人民币665894元,以及从1995年4月26日起至付款之日止每月1%的滞纳金。

判决后,双方当事人均没有上诉。

【法律问题】

1. 本案是否属于涉外合同的法律适用问题?本案的准据法应如何确定?
2. 关于修理费用数额的确定和滞纳金问题的确定是否正确?说明理由。

【参考结论】

1. 本案可以视为涉外合同的法律适用问题,因为法律冲突既包括国际法律冲突,也包括区际法律冲突。目前,香港与祖国内地的法律冲突,按涉外民商事法律冲突处理。本案当事人未约定合同的法律适用,根据我国《民法通则》第145条和原《涉外经济合同法》第5条的规定,应适用最密切联系原则确定合同的法律适用。本案中体现合同特征的合同履行地在中国内地,因此应适用中国内地的法律。

2. 本案关于修理费用数额的确定和滞纳金问题的确定是正确的。理由如下:在本案双方签订的船舶修理合同中,仅约定合同的工程估价修理费为三十多万元,这是在订立合同时根据船东提出的修理项目估算的。而实际修理的费用却高达一百多万元,原因是修船中许多修理的项目和更换的机件未在合同中及修理清单上列明。但合同又约定,原告应在船出厂后10天内向被告提出结账单,并附有轮机长和大副签认的验收单,以及机务代表签认的完工证明书等文件。这表明,双方在实际履行合同中,对没有约定的修理项目和费用可以补充和完善,只要承修方进行了修理并经船方有关代表确认,船东应按实际修理项目支付修理费。原告作为承修方,应对自己的主张负举证责任,提交上述证据材料,核实修船实际发生的费用。但经核实,修船实际发生的费用与原告提出的工程结算单不符,因此,原告请求以被告确认的拖欠修船费数额缺乏事实依据,故法院认定以实际拖欠的数额为准是正确的。

· 关于延期付款的滞纳金问题,根据我国《民法通则》的规定,当事人可以在合同中约定,一方违反合同时向另一方支付一定的违约金;也可以在合同中约定,对于违反合同而产生的损失赔偿额的计算方法。本案中,双方对第一次船舶修理费延期支付的滞纳金计算先后有两次约定,第二次约定是对第一次约定的修改和变更,应以第二次约定为准。

【法律评析】

本案主要涉及合同双方在合同没有约定具体修理项目而在修理时确定项目如何计算修理费和修理费延期支付的滞纳金先后作出不同的约定时如何处理的问题。广州海事法院的判决对此问题作出了正确的处理。对原告及请求的修船费以实际拖欠的数额为准,这一认定,体现了法院强调当事人的举证责任,以事实为根据的原则。修理费应当依据修船合同,以及相关的事实及证据材料予以确定。法院对于滞纳金的确认也是符合法律依据的。

案例三:香港 S 公司诉广州 H 公司案——合同的无效

【案情介绍】

1989 年 11 月 4 日香港 S 公司(申请人)与广州 H 公司(被申请人)订立了买卖钢材的合同,约定:S 公司向 H 公司购买 18 吨钢材,价格条件为 CIF 纽约 11.00 美元/千克,装船日期为 1989 年 11 月 25 日,付款方式为买方即 S 公司须于 1989 年 11 月 10 日前开给卖方 100% 不可撤销跟单信用证。1989 年 11 月 8 日,S 公司开出了以 H 公司为受益人的不可撤销跟单信用证。1989 年 11 月 9 日,H 公司致函称,由于市场行情上涨及供货工厂涨价,要求提价并要求 S 公司修改信用证。但 S 公司不同意。以后 H 公司连续几次发出要求提价的电函。1989 年 11 月 14 日,S 公司复函,同意将单价由每千克 11.00 美元增至每千克 11.40 美元,其余条款仍按原合同规定办理。11 月 16 日,通知行深圳某银行通知 H 公司称修改信用证的通知已到。同日,H 公司致函 S 公司称:H 公司 1989 年 11 月 14 要求涨价至 11.40 美元/千克,并要求申请人当日予以答复,但等到当日 17 点 30 分即工作日结束尚未得到申请人的回复。由于国内货源持续涨价,货物价格已涨至 18.50 美元以上。1989 年 11 月 17 日,S 公司通过其律师致函 H 公司,要求按合同的规定于 1989 年 11 月 25 日将货物发运。1989 年 11 月

第十二章 债权的法律冲突

19日,H公司致函S公司称:造成目前无货可交的根本原因在于工厂的价格不断上涨,贵公司没有作出及时的相应的价格反应,我公司竭力做工厂的工作,眼看到手的货因贵公司不能提价而失掉。1990年1月9日,S公司通过其代理律师通知H公司,要H公司最迟于1990年1月11日下午5时前回复确认货物已在纽约备妥待交,否则将立即开始法律程序向被申请人索赔。1991年7月12日S公司通过其代理律师向H公司发出索赔函,索取276732.72美元损失,双方经友好协商未能解决争议,S公司遂向中国国际经济贸易仲裁委员会申请仲裁。

关于本案适用的法律,S公司认为应适用中国的法律,《联合国国际货物销售合同公约》作为国际惯例也适用于本案。H公司认为本案应适用中国法律。

关于本案合同失效的时间,S公司主张宣告合同无效的时间应认定为1990年1月11日,并要求H公司赔偿到此时为止的价格差,H公司则认定1989年11月11日为合同失效时间。

【法律问题】
1. 本案合同中当事人未选择适用的法律,该如何适用法律?
2. 如何确定宣告合同无效的时间?

【参考结论】
1. 根据我国相关法律的规定,在当事人没有选择适用的法律的情况下,适用与合同有最密切联系的国家的法律,并且,如该合同是国际货物买卖合同,则适用卖方营业地法律。本案中卖方是中国广州H公司,其营业地在中国,因此,应适用中国法律。

2. 本案合同规定的履行期是11月底(装船期为1989年11月25日)。1989年11月11日H公司仍表示"供货没问题,请贵公司酌情考虑恰当的价格",而并未提出解除合同,后来双方就合同的价格继续磋商,原合同继续有效,故H公司主张11月11日合同无效没有理由。另一方面由于市场货价持续上涨,到临近合同履行期11月16日被申请人仍表示拒绝发货,到合同规定的装船期被申请人仍无履行表示,根据这些情况,申请人S公司应判定H公司不履行合同,从而应及时采取措施防止损失扩大,故主张1990年1月11日合同无效没有理由。综上所述,应以合同规定的履行期1989年11月底为合同无效的日期。

【法律评析】
关于涉外合同的法律适用,根据当事人意思自治的原则,如当事人在合同中约定了应适用的法律,则依当事人的约定;如当事人在合同中没有约定应适用的法律,则根据最密切联系原则来确定应适用的法律。在涉外货物买卖合同中最密切联系地为卖方营业地,故适用卖方营业所所在地的法律来处理有关合同的争议。本案中的卖方营业地在广州,故适用中国的法律。确定合同无效的时间对于确定H公司的赔偿额具有十分重要的意义。本案中,由于货物的市场价格在不断上涨,直至合同规定的装运日期仍未达成一致,此时S公司应采取适当的措施来防止因H公司未交货而造成损失的扩大,然而S公司并没有这样做,反而提出一个更大的赔偿数额,有违交易中的诚实信用原则,根据中国有关法律的规定,S公司无权就合同无效后扩大的损失要求赔偿。同时,H公司也不能主张双方仍在就价格进行磋商的时候就宣告合同无效。

案例四:江苏省轻工业品进出口股份有限公司诉江苏环球国际货运有限公司、美国博联国际有限公司海上货物运输合同纠纷案——最密切联系原则

【案情介绍】

参见本书第六章(冲突规范)的案例分析一。

【法律问题】

在准据法的确定上,法院的做法是否正确?

【参考结论】

在准据法的确定上,法院的做法是正确的。

【法律评析】

法院面对这起涉外案件,首先尊重了当事人的意思自治,以其选择适用的1936年美国《海上货物运输法》作为本案的准据法。然而,该法对于案件争议的处理并没有相关规定。在当事人选法落空的情况下,法院及时作了调整,根据最密切联系原则,法院对与法律关系有联系的各种因素作了极为仔细的通盘考察,然后得出结论,美国与本案具有最密切的联系,本案应适用美国的相关法律(《美国统一商法典》)为准据法。

实际上,本案也可以说涉及的是外国法的查明问题,也就是要解决在外国法无法查明时如何适用法律的问题。各国的司法实践关于外国法无法查明时的解决方法是多种多样的,主要有直接适用内国法,类推适用内国法,驳回当事人的诉讼请求或抗辩,适用同本应适用的外国法相近似或类似的法律以及适用一般法理,等等。但上升到立法上的规定,则只有适用内国法和驳回诉讼请求两种。我国最高人民法院在1988年《关于贯彻执行〈中华人民共和国民法通则〉若干问题的意见(试行)》中,以司法解释的形式规定:外国法不能查明时,"适用中华

人民共和国法律"。另外,最高人民法院在1987年《关于适用〈中华人民共和国涉外经济合同法〉若干问题的解答》中也曾经规定:外国法不能查明时,"可以参照我国相应的法律处理"。但本案并没有按照上述做法,在当事人选择了法律但事实上所选法律缺乏相应规定的情况下,最终是由法院运用最密切联系原则解决了有关争议的法律适用问题。这种司法实践是对上述司法解释的突破,也是对外国法无法查明时的解决方法的发展。因此,在中国法院法律适用透明度不高的背景下,该案在法律选择和法律适用方面的处理,应该说是一个极具意义的范例。

案例五:Moraglis S. A. 诉上海伽姆普实业有限公司涉外买卖合同纠纷案——特征履行说

【案情介绍】

2009年5月8日,外国原告Moraglis S. A. 与被告上海伽姆普实业有限公司签订合同一份,约定:被告向原告提供M-71制服2万件,单价为22.86美元,总价值为45.72万美元。2009年6月22日发送8000件制服,2009年7月17日发送1.2万件制服,款项在船运结束时支付。被告以15万美元作为原告方永久的保障,以第二批船运的1.2万件制服的形式呈现。双方约定衣服的颜色将根据L*a*b规格确定,最大色差(DE)为1,按照买家给定的模式进行印刷。在每次发货前,商检机构SGS需进行质量控制检查。如果订单规格发生错误,被告将承担百分之百的责任,并向原告支付军队索取的罚款。卖方必须按照交付日期进行交付,如发生延误情况,卖方将缴纳10%的罚款,前提条件是在2009年5月18日前(最新规定的时间)提供正确的规格标签。双方还约定制服的经向收缩和纬向收缩为1%。浅绿色、深绿色和板栗色的色差最高值为1。

后双方在合同履行过程中发生纠纷,原告Moraglis S. A. 向上海市第一中级人民法院提起诉讼,称被告提供的服装所用的材料不符合订单所规定的标准,导致原告不能实现合同的目的,被告的行为构成根本违约,要求法院判令:(1)解除双方之间签订的合同;(2)被告返还原告支付的预付款160700.80美元;(3)本案诉讼费用由被告负担。

上海市第一中级人民法院于2010年5月21日立案受理后,于2010年12月8日、2011年6月8日两次公开开庭对本案进行了审理。

【法律问题】

本案应如何适用法律?

【参考结论】

法院审理后认为,本案系涉外买卖合同纠纷,根据中国《涉外民事关系法律适用法》第 41 条,当事人可以协议选择合同适用的法律。当事人没有选择的,适用履行义务最能体现该合同特征的一方当事人经常居所地法律或者其他与该合同有最密切联系的法律。本案中,双方当事人并未选择合同所适用的法律,故依据特征性履行原则来确认合同应适用的法律。又根据最高人民法院《关于审理涉外民事或商事合同纠纷案件法律适用若干问题的规定》第 5 条之规定,买卖合同中卖方住所地最能体现买卖合同的特征,本案中的卖方即被告住所地位于中国境内,故应适用中华人民共和国法律作为本案准据法。

【法律评析】

我国把当事人意思自治原则作为合同法律适用的首要原则,当事人没有选择的,适用与合同有最密切联系的国家的法律。为了给法院提供一个最密切联系的标准,我国采纳了国际社会通行的"特征履行说"。2007 年最高人民法院《关于审理涉外民事或商事合同纠纷案件法律适用若干问题的规定》第 5 条规定,人民法院根据最密切联系原则确定合同争议应适用的法律时,应根据合同的特殊性质,以及某一方当事人履行的义务最能体现合同的本质特性等因素,确定与合同有最密切联系的国家或者地区的法律作为合同的准据法。(1) 买卖合同,适用合同订立时卖方住所地法;如果合同是在买方住所地谈判并订立的,或者合同明确规定卖方须在买方住所地履行交货义务的,适用买方住所地法。……(17) 居间合同,适用居间人住所地法。如果上述合同明显与另一国家或者地区有更密切联系的,适用该另一国家或者地区的法律。

我国《涉外民事关系法律适用法》第 41 条直接规定了"特征履行说",但并没有就特征履行地的确定作出更具体的规定。在本案审理期间,我国《涉外民事关系法律适用法》于 2011 年 4 月 1 日起施行。因此,本案涉及我国《涉外民事关系法律适用法》的适用及其与之前司法解释的关系问题。我们认为,2007 年最高人民法院《关于审理涉外民事或商事合同纠纷案件法律适用若干问题的规定》第 5 条对 17 种合同特征履行地的规定在不违反《涉外民事关系法律适用法》的前提下仍然有效,可以作为合同特征履行地的判断标准。上海市第一中级人民法院在本案中也采纳了这种做法,表明 2007 年最高人民法院《关于审理涉外民事或商事合同纠纷案件法律适用若干问题的规定》在我国《涉外民事关系法律适用法》生效后仍然可在司法实务中得到适用。

案例六:潘卉与广西来宾市永大实业有限责任公司、中国工商银行股份有限公司鹿寨县支行借款合同纠纷案①
——借款合同与保证合同的法律适用

【案情介绍】

2005年6月12日,香港特别行政区永久性居民潘卉与广西来宾市永大实业有限责任公司(以下简称"永大公司")签订一份《借款合同》,约定:永大公司因扩大煤矿生产经营需要,向潘卉借款450万元,借款期限从2005年6月12日起至2006年4月13日止;永大公司分十期逐月还款,前九期每月还款15万元,最后一期至2006年4月13日一次性归还全部借款315万元;逾期还款按每日10‰计收罚息;借款的担保方式为:中国工商银行股份有限公司鹿寨县支行(以下简称"鹿寨工行")出具担保函,以及永大公司以其在贵州省荔波县水尧乡水捞村及贵州省六盘水市六枝特区落别乡穿洞煤矿的全部固定资产和开采经营销售权作担保;在履行合同过程中发生争议的,先由双方协商解决,协商不成的,在潘卉所在地法院通过诉讼方式解决。当日,永大公司向潘卉出具一份《收据》,称收到潘卉支付的借款450万元。2005年6月13日,鹿寨工行向潘卉出具一份《担保函》,表示对永大公司的上述借款承担无条件的不可撤销连带责任,担保金额为450万元及全部利息和费用。《担保函》中还写明:本保函按中华人民共和国法律订立,适用中华人民共和国法律;合同履行中发生争议,各方当事人协商或调解不成,由潘卉所在地人民法院提起诉讼。该保函上加盖有鹿寨工行的公章,并有该行原行长邓世勇的签名。

由于永大公司未按前述《借款合同》约定的时间还款,鹿寨工行亦未履行担保义务,潘卉遂诉至南宁市中级人民法院。该院于2006年12月15日受理后,依法组成合议庭,于2007年4月23日公开开庭进行了审理。

【法律问题】

本案应如何适用法律?

【参考结论】

本案借款合同的当事人没有对法律适用问题作出约定,因此应适用与合同有最密切联系的国家的法律,通常是贷款人住所地法,本案贷款人潘卉常住中国内地,因此借款合同应适用我国内地法律。本案保证合同约定适用中华人民共和国法律,因此应尊重当事人意思自治,适用我国内地法律。

---

① 参见广西壮族自治区高级人民法院(2010年)桂民四终字第12号民事判决书。

【法律评析】

中国《合同法》第 126 条第 1 款规定:"涉外合同的当事人可以选择处理合同争议所适用的法律,但法律另有规定的除外。涉外合同的当事人没有选择的,适用与合同有最密切联系的国家的法律。"根据最高人民法院 2005 年《第二次全国涉外商事海事审判工作会议纪要》第 56 条,人民法院根据最密切联系原则确定合同应适用的法律时,应根据合同的特殊性质,以及当事人履行的义务最能体现合同的本质特性等因素,确定与合同有最密切联系国家的法律作为合同的准据法。在通常情况下,借款合同的特征履行地为贷款人住所地。在本案的借款合同中,潘卉与永大公司在《借款合同》中未就解决合同争议所适用的法律作出选择,应适用与合同有最密切联系的国家的法律。通常情况下,借款合同的最密切联系地是贷款人住所地,本案贷款人潘卉虽然是香港特别行政区永久性居民,但常住中国内地,涉案借款合同签订地、履行地均在中国内地,约定使用的币种为人民币,因此与借款合同有最密切联系地是我国内地,本案借款合同应适用我国内地法律。在保证合同中,鹿寨工行在《担保函》中已写明该保函适用我国内地的法律,潘卉亦接受该保函,故保证合同的双方当事人已对适用法律作出了选择,即共同选择我国内地的法律作为解决纠纷的准据法。因此,本案保证合同应适用我国内地的法律。

案例七:李优梓与林永锋民间借贷纠纷案
——涉外债权转让的法律适用

【案情介绍】

2005 年 4 月 18 日,案外人范林羽从美国汇丰银行电汇 3 万美元到被告林永锋在中国银行南宁分行所开立的账户中。2008 年 9 月 8 日,被告林永锋出具一份承诺书,内容为:"本人因购房缺少资金,于 2005 年 4 月向 Fan Linyu 借款叁万美元(按当时美元兑人民币比率为 1∶8.3 元计算,折合人民币 24.9 万元。当年国家住房贷款年利率为 6%,按 4 年期计算其利息),由于本人目前无法归还 Fan Linyu 上述借款,本人承诺在 2008 年底之前连本带息将上述借款一并归还给 Fan Linyu 或其债权人。"

2008 年 10 月,案外人范林羽与原告李优梓签订了一份债权转让协议书,主要内容为:转让人范林羽将自己对被告林永锋享有的 3 万美元及其利息的债权转让给原告李优梓,转让价款为 30 万元人民币;自协议签订之日起,上述债权归原告李优梓行使,同时约定本协议自双方签字之日起成立生效。该债权转让协议书落款显示,案外人范林羽的签字日期为 2008 年 10 月 10 日,原告李优梓的签字日期为 2008 年 10 月 30 日,签约地点为"南宁"。

2009 年 1 月 18 日,案外人范林羽签署一份债权转让通知书,该通知书的内容为:"林永锋(Alexander Lam)先生,我现在正式通知你,我对你拥有的债权叁万美元(折合人民币 24.9 万元)及其利息,已经转让给中国公民李优梓先生,请你今后直接向李优梓先生履行偿还上述债务的义务。"同年 1 月 28 日,案外人范林羽出具一份《授权委托书》(该《授权委托书》已经美国公证机构公证和中国驻纽约总领事馆认证),委托中国律师覃某将上述债权转让通知书送达被告林永锋。2009 年 2 月 20 日,中国律师覃某将该债权转让通知书送达给被告林永锋,但被告林永锋拒绝接收。

因债务人林永锋拒不向债权受让人李优梓支付该笔款项,李优梓以林永锋为被告诉至南宁市中级人民法院。本案涉案的原借贷法律关系当事人未约定选择所适用的法律,在债权转让后当事人亦未就法律适用问题达成一致意见。被告债务人林永锋主张案件应适用其与原债权人的国籍国法——美国法;原告债权受让人李优梓则认为案件"明显与中国有更密切联系",应适用中国法律。

【法律问题】
本案应如何适用法律?

【参考结论】
本案一审和二审法院都认可了原告的观点,适用了中国法律判决被告债务人应向原告支付涉案款项。二审法院在判决的法律适用部分写到:本院认为,本案系基于债权转让而形成的民间借贷纠纷,原借贷法律关系双方即范林羽与上诉人林永锋未约定纠纷处理应当适用的法律,在债权转让后上诉人(原审被告林永锋)与被上诉人(原审原告李优梓)双方亦未就法律适用问题达成合意。根据我国《民法通则》第 145 条"涉外合同的当事人可以选择处理合同争议所适用的法律,但法律另有规定的除外。涉外合同的当事人没有选择的,适用与合同有最密切联系的国家的法律"的规定,应当根据最密切联系原则确定本案实体审理所适用的法律。虽然上诉人林永锋与原债权人范林羽均是美国公民,但案涉借款是范林羽由美国汇至林永锋在中国银行开立的账户,借条以中文的形式表述,借条中将借款货币由美元转换成人民币,借款利息以中国住房利率为计算依据,故本案借款合同与中国有最密切联系。范林羽转让债权给被上诉人李优梓,双方所签订的债权转让合同的缔约地为中国南宁,债权受让人、债务人在中国南宁有住所地及经常居住地,据此,本案债权转让合同亦明显与中国有更密切联系,故本案实体审理应适用中华人民共和国的法律。上诉人认为本案应适用美国纽约州法律进行审理的上诉主张,本院不予支持。

【法律评析】

本案需要分别确定原借贷合同及债权转让合同应适用的法律。根据2007年最高人民法院《关于审理涉外民事或商事合同纠纷案件法律适用若干问题的规定》,对于借款合同,当事人可以选择应适用的法律,没有选择的,适用贷款人住所地法,如果借贷合同明显与另一国家或者地区有更密切联系的,适用该另一国家或者地区的法律。虽然本案原借贷合同的贷款人范林羽住所地为美国,但所涉借款是范林羽由美国汇至林永锋在中国银行开立的账户,借条以中文的形式表述,借条中将借款货币由美元转换成人民币,借款利息以中国住房利率为计算依据,故本案借款合同明显与中国有更密切联系。因此,本案原借贷合同应适用中国法律。对于债权转让合同的法律适用,不像许多国家和地区的国际私法那样,我国法律及司法解释并未作出特别规定,因此法院根据一般合同的法律适用规则进行判定,即首先适用当事人意思自治选择的法律,如果未选择的,则适用与合同有最密切联系的国家或者地区的法律。本案债权转让合同的当事人没有对法律适用问题作出约定,而债权转让合同的缔约地为中国南宁,债权受让人、债务人在中国南宁有住所地及经常居住地,本案债权转让合同明显与中国有最密切联系,据此,本案债权转让合同应适用中国法律。

对于本案原借贷合同的法律适用,我国司法解释作出了非常具体的规定,法院对法律适用部分的说明也足够充分。而本案的实质争议是债务人是否应向债权受让人承担支付有关款项的责任,即债权转让的"成立与效力"问题,包括债权的可转让性、债权转让是否需通知债务人、债务人与受让人之间的权利义务关系等问题。因此本案债权转让合同的法律适用是最关键的问题。债权转让合同具有特殊性,是否可以适用合同冲突法一般规则值得探讨。我国有学者认为,对于债权转让合同,在当事人意思自治方面,基本上毫无联系的债务人与受让人之间自然不存在事先的法律选择协议,而在争议发生后,一旦发生真实的法律冲突(即竞相适用的法律分别有利于债务人和受让人),也很难想象他们会在法律适用问题上达成事后的协商一致;而在寻找"最密切联系地法律"时,面对只有"间接联系"的债务人和受让人,法院亦只能通过分别确定原借贷合同及债权转让合同的最密切联系地来"间接地"确定与债务人和受让人具有最密切联系的法律。如果案情使得原借贷合同与转让合同的最密切联系法律并不一致,法院也将面临选择的难题。因此,对于债权转让"成立与效力"问题的法律适用,目前我国一些法院采取援引合同冲突法一般规则的做法是不恰当的。① 2008年欧盟《关于合同之债的法律适用条例》第14(2)条规定,债权转让的成立与效力问题,依该被转让债权的准据法决定。我国应借鉴外国或外地区的立法,对此问题的法律适用作出规定,在此之前,法院可根据国际私法的理论与国际上的通行做法判案。

案例八:甲国公民A与乙国公民B赠与合同纠纷案
——意思自治原则的例外

【案情介绍】

假设在我国某外资企业工作的甲国公民A和乙国公民B签订了一项赠与合同,合同规定A赠送给B价值200万元人民币的钻石戒指一只,但条件是B必须和A共同在该外资企业工作10年,并且在10年内B不得与他人结婚,否则A可收回赠送的钻石戒指。双方明示选择甲国法作为该赠与合同的准据法,而依甲国法该附条件的赠与合同是有效的。3年后B与他人结婚,A欲讨回钻石戒指不成,2011年9月诉至中国法院。

【法律问题】

1. 中国法院对该合同纠纷是否有管辖权?为什么?
2. 当事人是否可以对该合同的法律适用作出约定?为什么?
3. 该合同当事人约定适用甲国法是否有效?为什么?

【参考结论】

1. 我国2007年修订的《民事诉讼法》规定,对于合同纠纷,被告住所地或者合同履行地的中国法院有管辖权。

2. 我国法律规定,合同当事人可以选择处理合同争议所适用的法律,可以对该合同的法律适用作出约定。

3. 该合同当事人约定适用甲国法无效。我国法律规定,适用外国法不能违背中华人民共和国的社会公共利益,甲国法允许赠与合同附加不得与他人结婚的条件违背了我国的社会公共利益。

【法律评析】

本案涉及涉外合同的管辖权和法律适用问题。依据我国2007年修订的《民

---

① 参见黄进、李何佳、杜焕芳:《2010年中国国际私法司法实践述评》,载《中国国际私法学会2011年年会论文集》。

事诉讼法》关于特殊地域管辖的有关规定:因合同纠纷提起的诉讼,除被告住所地法院可以管辖以外,合同履行地法院也具有管辖权。涉外民事诉讼的被告对人民法院管辖不提出异议,并应诉答辩的,视为承认该人民法院为有管辖权的法院。本案的赠与合同在中国签订、履行,当事人向中国法院起诉,中国法院有管辖权。

关于涉外合同的法律适用,我国的做法与世界各国的通行做法一致,以意思自治原则为主,以最密切联系原则为辅。我国《涉外民事关系法律适用法》第41条规定:"当事人可以协议选择合同适用的法律。当事人没有选择的,适用履行义务最能体现该合同特征的一方当事人经常居所地法律或者其他与该合同有最密切联系的法律。"故本案当事人可以对合同的法律适用作出选择。

根据国际私法上的公共秩序保留制度,一国法院依其冲突规范本应适用外国法时,如其适用会与法院地国的重大利益、基本政策、道德的基本观念或法律的基本原则相抵触,便可排除该外国法的适用。我国对公共秩序保留问题持肯定的态度,我国有关公共秩序保留的立法采用直接限制的方式,以"结果说"为标准。我国《涉外民事关系法律适用法》第5条规定:"外国法律的适用将损害中华人民共和国社会公共利益的,适用中华人民共和国法律。"本案中,当事人在合同中约定的甲国法承认赠与合同附加不得与他人结婚的条件,违背了我国《婚姻法》婚姻自由的基本原则,有损我国社会公共利益,故该甲国法应排除适用,当事人选择甲国法无效。

案例九:韩国公民某老太太和中国公民分别诉韩国公民金某案——涉外侵权行为的法律适用

【案情介绍】

2011年8月20日,在中国的韩国籍留学生金某,借中国公民李某的汽车出去兜风。路上因驾驶不慎,撞伤一个老太太,金某上前询问伤势,得知老太太系来中国旅游的韩国籍公民。金某急忙开车送老太太去医院,慌忙之中忘记锁好车门,发现时,汽车已经被盗。金某拒不赔偿老太太的医药费用和汽车损失。老太太和李某分别将金某告上法庭。法庭经当事人同意,将两诉合并审理。经法庭调查,查明金某和老太太的经常居所地都在韩国。

【法律问题】

1. 对老太太的起诉应如何适用法律?
2. 对李某的起诉应如何适用法律?

【参考结论】

1. 本案中,被侵权人老太太和侵权人金某均为韩国籍公民,侵权行为发生在中国,侵权行为实施地和侵权结果发生地均为中国。我国《涉外民事关系法律适用法》第44条规定:"侵权责任,适用侵权行为地法律,但当事人有共同经常居所地的,适用共同经常居所地法律。侵权行为发生后,当事人协议选择适用法律的,按照其协议。"该人身侵权案件双方当事人的经常居所地均为韩国,因此应以当事人的共同经常居所地韩国的法律作为准据法。

2. 侵权人金某与被侵权人李某之间的财产侵权关系,因为当事人双方不具有共同经常居所地,而侵权行为发生在中国,根据中国《涉外民事关系法律适用法》第44条的规定,应适用侵权行为地法,即中国的法律作为其准据法。在本案中,当事人还可以在侵权行为发生后协议选择适用的法律。

【法律评析】

本案包括两个涉外侵权法律关系:一是两个韩国籍公民之间的人身侵权法律关系;二是韩国籍公民与中国公民之间的财产侵权法律关系。两者都涉及涉外侵权的法律适用问题,相关法律条文为我国《涉外民事关系法律适用法》第44条。

我国《涉外民事关系法律适用法》第44条规定:"侵权责任,适用侵权行为地法律,但当事人有共同经常居所地的,适用共同经常居所地法律。侵权行为发生后,当事人协议选择适用法律的,按照其协议。"最高人民法院《关于贯彻执行〈中华人民共和国民法通则〉若干问题的意见(试行)》第187条规定:"侵权行为地的法律包括侵权行为实施地法律和侵权结果发生地法律。如果两者不一致时,人民法院可以选择适用。"

国际私法上对于侵权法律关系的准据法一般采用"侵权行为地法"来确定。作为例外情形,当事人具有相同的经常居所地时,我国法律规定适用当事人的共同经常居所地法律。值得注意的是,我国《涉外民事关系法律适用法》在侵权领域采用了意思自治原则,允许当事人在侵权行为发生后协议选择适用的法律。

案例十:益恒公司诉义钢公司、冠德公司侵权纠纷案
——涉外侵权的法律适用

【案情介绍】

2007年12月,义钢实业股份有限公司(以下简称"义钢公司")向常熟市益

恒针织有限公司(以下简称"益恒公司")发出编号为96187-B/01和96188-B/01的两份订单,向益恒公司购买布料,总价为287918.40美元。双方还约定,上述货物以FOB价出口至约旦等地,付款方式为信用证。合同签订后义钢公司委托冠德纺织制衣(上海)有限公司(以下简称"冠德公司")办理上述货物的出口事宜,并作为托运人委托丹沙中福货运代理有限公司(以下简称"丹沙中福公司")对上述货物进行运输。

2010年6月益恒公司以义钢公司、冠德公司为被告诉至上海市第一中级人民法院,称义钢公司、冠德公司通过伪造草稿提单的方式将货物提走。后在原告的催讨下,冠德公司与原告进行结算,承诺在2008年6月20日之前通过信用证支付原告10万美元,但原告至今未收到上述款项。原告认为两被告恶意串通的行为严重侵害原告的财产权益,故向本院提起诉讼,要求判令:(1)被告义钢公司赔偿原告损失10万美元及利息损失(按照1年期贷款利率5.31%自2008年6月20日起计算至判决生效之日止);(2)被告义钢公司赔偿原告退税损失1.1万美元;(3)被告冠德公司对被告义钢公司所负的上述债务承担连带责任;(4)本案诉讼费用由两被告负担。

被告义钢公司辩称,原告的诉讼请求没有事实和法律依据,其主要理由为:(1)义钢公司依据双方的买卖合同取得货物所有权。双方之间是按照FOB的贸易条件进行结算,原告应当凭提单副本而非正本进行押汇,提单的副本冠德公司已经传真给原告。(2)由于原告提供的货物存在严重质量瑕疵,故原告与冠德公司签订协议约定对于货物尾款10万美元冠德公司暂缓支付,待冠德公司处理完客户的索赔后再与原告协商最终的处理方式及货款金额。(3)本案原告起诉已经超过诉讼时效,义钢公司已经于2008年3月12日取得货物所有权,同年4月9日通知原告拒付系争货物款项,2008年5月28日原告承认其提供的货物有瑕疵,则原告至少在2008年5月28日就知道其权利受到侵害,其于2010年6月8日才向法院起诉超过法定的期限。(4)由于原告提供的货物存在质量瑕疵,给义钢公司造成损失,义钢公司保留另案起诉的权利。

被告冠德公司辩称,原告的诉讼请求没有事实和法律依据,其主要理由为:(1)冠德公司是义钢公司在中国内地的代理人,其行为的后果应当由义钢公司承担;(2)冠德公司并不存在伪造草稿提单的行为;(3)本案诉讼时效已经消灭。

【法律问题】

本案应如何适用法律?(说明:法院审理案件时,我国《涉外民事关系法律适用法》已经生效)

【参考结论】

本案侵权责任应适用侵权行为地中国法律,而诉讼时效问题应适用相关涉外民事关系应当适用的法律,即侵权责任的准据法:中国法律。

【法律评析】

本案系涉外财产损害赔偿纠纷,属于侵权纠纷的范畴。我国《涉外民事关系法律适用法》第44条规定:"侵权责任,适用侵权行为地法律,但当事人有共同经常居所地的,适用共同经常居所地法律。侵权行为发生后,当事人协议选择适用法律的,按照其协议。"本案中,双方当事人未选择案件应适用的法律,且双方当事人不具有共同经常居所地,则适用侵权行为地的法律。原告主张的两被告伪造草稿提单的行为发生在中国内地,故本案侵权责任应适用中华人民共和国法律作为案件准据法。

诉讼时效是一个独立的法律适用问题。我国《涉外民事关系法律适用法》第7条规定:"诉讼时效,适用相关涉外民事关系应当适用的法律。"但本案法院在处理诉讼时效问题时并没有适用这一冲突规范,而是径直适用中国法律。虽然最终的法律适用并没有错,但在涉外民事关系中不经冲突规范指引直接适用实体法是不妥的。

案例十一:陈某、林某诉三菱公司案——涉外产品责任的法律适用①

【案情介绍】

1996年9月13日,原告陈某之夫、林某之父林容乘坐所在单位的日本产三菱吉普车从福建省莆田市前往福州市。途中,该车前挡风玻璃突然爆破,林容因玻璃爆破震伤经医院抢救无效而死亡。交通管理部门经现场勘查后认定,此次事故不属于交通事故。事故发生后,为查明玻璃爆破的原因,被告三菱公司将破碎的玻璃运至玻璃的生产厂家日本旭硝子株式会社,委托其鉴定。旭硝子株式会社的鉴定结论为:本次发生挡风玻璃破碎的原因,并非玻璃本身有质量问题,而确属外部因素造成。对此结论,陈某、林某不同意。后委托中国国家质检中心对损坏的玻璃进行鉴定,得出推断性结论为:前挡风玻璃为夹层玻璃,在不受外力作用下,夹层玻璃自身不会爆裂。

原告、被告双方对此问题存有较大分歧,不能就损害赔偿达成协议,原告遂向三菱公司驻中国北京办事处所在地的北京市朝阳区人民法院提起诉讼,请求

---

① 参见赵一民主编:《国际私法案例教程》,知识产权出版社2005年版,第249—252页。

判令被告对林容之死承担责任,给原告赔偿丧葬费、误工费、差旅费、鉴定费、抚恤金、教育费、生活补助费等共计人民币50万元。

【法律问题】

1. 这起涉外产品质量侵权案应适用哪国法律?
2. 如适用我国《涉外民事关系法律适用法》,本案应如何处理?

【参考结论】

1. 这起涉外产品质量侵权案应适用中国法律。被告应当承当相应的损害赔偿责任。

2. 本案中被侵权人的经常居所地为中国,侵权人在中国设有办事处,表明侵权人在中国有相关经营活动,根据我国《涉外民事关系法律适用法》第45条的规定,本案应适用中国法律。当然,本案被侵权人可以选择适用侵权人主营业地日本法律。

【法律评析】

1. 本案是一起典型的涉外产品责任侵权赔偿案。产品责任是产品在消费过程中造成人身伤害或财产损失所引起的民事责任。产品责任作为一种特殊的侵权责任,目前已引起世界各国的高度重视。然而,各国对于产品责任的法律适用规定的并不多,实践中绝大多数国家把产品责任视为一种侵权责任,按照解决一般侵权行为之债的冲突法规则来确定产品责任的准据法。有的主张适用侵权行为地法,有的主张适用侵权行为地法和法院地法,有的主张依照最密切联系原则来确定准据法。在民事责任的归责原则上,产品责任一般采用无过错责任,这是一种特殊的民事侵权责任。

根据我国《民法通则》的有关规定,侵权行为的损害赔偿,适用侵权行为地法律。本案中因产品质量而发生的侵权行为地是在中国境内,侵权结果发生地也在同一地,因此,二审法院适用侵权行为地法律即中国法律来解决原告和被告之间的产品责任侵权赔偿纠纷,是合法、合理的。

2. 我国《涉外民事关系法律适用法》第45条规定,产品责任,适用被侵权人经常居所地法律;被侵权人选择适用侵权人主营业地法律、损害发生地法律的,或者侵权人在被侵权人经常居所地没有从事相关经营活动的,适用侵权人主营业地法律或者损害发生地法律。

案例十二:W 轮与"猎鹰001"船碰撞案
——涉外海事侵权的法律适用

【案情介绍】

1994年10月24日,我国沿海S市人民政府打击走私办公室(以下简称"打私办")征用渔民钟某的渔船参加海上缉私并改船名为"猎鹰001"。1995年11月25日,该船在执行缉私任务时,在我国东南海面北纬22°09′08″、东经114°31′3″处被从香港开出的巴拿马宏发航运公司的W轮撞沉,造成船上5人死亡1人失踪,并造成巨额的财产损失。经调查,事故系W轮违反中国《海上交通安全法》而造成的。

事故发生后,钟某、S市打私办及死难者家属向S市海事法院起诉。

【法律问题】

1. 本案的性质如何认定?
2. 本案应如何适用法律?

【参考结论】

1. 本案属因船舶碰撞引起的涉外侵权损害赔偿纠纷案。
2. 根据法律适用原则,由船舶碰撞引起的涉外损害赔偿,应适用侵权行为地法,即船舶碰撞发生地法或船舶碰撞损害结果发生地法作为解决争议应适用的准据法。本案中,碰撞地和损害结果发生地均在我国水域,故应以我国法律作准据法,即适用我国《民法通则》的有关规定来解决损害赔偿问题。

【法律评析】

船舶碰撞系指船舶在海上或者与海相通的可航水域发生接触造成损害的事故。本案中作为侵害方的W轮系巴拿马宏发航运公司的船舶,具有涉外因素;碰撞造成了重大人员伤亡和财产损失,故本案是由船舶碰撞引起的涉外侵权损害赔偿纠纷案。根据国际私法规则,涉外侵权适用侵权行为地法,侵权行为地包括侵权行为地和损害结果地,本案的碰撞地和损害结果地都在我国,故应适用我国法律。在一般情况下,船舶碰撞的赔偿责任应依我国《海商法》确定。但我国《海商法》对其调整的船舶范围有限制。本案中被碰撞的船舶系正当执行缉私任务的政府公务船,非我国《海商法》调整范围内的船舶,因而不能根据我国《海商法》来确定W轮的赔偿责任。W轮对"猎鹰001"船的碰撞已构成对钟某、打私办和船上人员的人身和财产侵害,由此引起的损害赔偿关系属民法的调整范围。有关赔偿责任的确定应适用我国《民法通则》的相关规定,因而在确定适用中国法律以后还要确定应适用中国的哪一法律。民法上,承担侵权损害赔偿责任得具备以下条件:一是行为须有违法性;二是须有损害事实发生;三是违法行为与损害事实之间须有因果关系;四是须有过错。本案中 W 轮违反了我国《海上交通安全法》,由于其行为违法,导致了碰撞事件发生,故应对因此造成的人身伤亡及财产损失承担全部的赔偿责任。

案例十三:厦门商业公司诉兴成远洋运输公司案
——海上货物运输侵权的损害赔偿

【案情介绍】

厦门商业公司与斯里兰卡科隆坡市的 A 公司在我国厦门市签订白糖销售合同。1994 年 2 月 3 日,兴成远洋运输公司所属的"清风"轮在厦门装载厦门商业公司托运的 5000 吨白糖,并签发了清洁提单。提单中收货人一栏载明货交提单持有人。1994 年 2 月 22 日,厦门商业公司按照信用证的要求,拿提单等单据去议付行结汇。银行以单证不符为由,拒绝议付,要求修改单据。3 月 1 日,厦门商业公司修改好单据,但已过信用证有效期限,银行拒绝接单。3 月 1 日,"清风"轮到达目的港科隆坡。当地 B 公司称尚未收到正本提单,只有一份副本提单,B 公司为尽早提货,申请了银行保函,要求承运人放货,承运人接受了保函,并交了货。3 月 2 日,A 公司获悉"清风"轮已到,到码头查验时发现货已被提走,遂于 3 月 10 日以自己是销售合同的买方即该批白糖的所有权人为由在我国法院起诉,要求承运人承担无单放货的侵权赔偿责任。

【法律问题】

1. 本案原告是否适格?

2. 假设厦门商业公司 1995 年 3 月 3 日向承运人起诉,是否已过诉讼时效期间?

3. 本案兴成远洋运输公司应该承担赔偿责任吗?

4. 假设 3 月 1 日"清风"轮抵科隆坡时,因提单未到,无人提货,承运人将货卸在码头仓库。提单中载明运费到付。问:(1) 承运人处理该批货物是否恰当?(2) 承运人能否对该批货物行使留置权以收回运费?

【参考结论】

1. 依据我国《海商法》第 71 条的规定,提单是物权凭证,谁合法持有提单,谁就拥有提单项下货物的所有权。本案提单因单据不符合信用证要求未能通过银行交付给收货人 A 公司,仍保留在厦门商业公司手中,也就是说,该批白糖的所有权仍然属于厦门商业公司,而非 A 公司。因此,A 公司要求承运人承担侵害其货物所有权的赔偿责任,主体是不适格的,应当由厦门商业公司充当原告。

2. 依据我国《海商法》第257条第1款、第267条第1款的规定,本案的诉讼时效为1年,依法应从1994年3月1日起至1995年3月1日到期,本案A公司1994年3月10日提起诉讼,但因其不具有原告主体资格,不是合法的请求人,因此该诉讼行为不产生时效中断效果。故厦门商业公司若于1995年3月3日起诉,已经过了诉讼时效期间。

3. 我国《海商法》第71条明确了提单的物权凭证性质及承运人凭单放货的义务,航运惯例要求凭正本提单交付货物。本案中承运人在B公司未提交正本提单的情况下,只凭银行保函和副本提单放了货,使提单持有人的货物所有权受到侵害,依法应当承担赔偿责任。

4. (1)根据我国《海商法》第86条的规定,本案在卸货港无人提货的情况下,承运人将货物卸在码头仓库里的做法是正确的。(2)依据我国《海商法》第87条的规定,承运人有权留置债务人的货物以实现其债权。本案提单中规定:运费到付,即运费应由收货人支付。而提单仍在托运人即厦门商业公司手中,意味着货物的所有人是厦门商业公司,而非收货人。因此承运人不能留置托运人的货物以收回收货人欠付的运费。

【法律评析】

本案是国际海上货物运输侵权损害赔偿纠纷案件。其中包含两个合同法律关系:一是厦门商业公司与科隆坡A公司之间的货物买卖合同;二是托运人厦门商业公司与承运人兴成远洋运输公司之间的海上货物运输合同。涉及提单的性质、无单放货、海上货物运输诉讼时效、时效中断、承运人留置权等问题。对于厦门商业公司与科隆坡A公司之间的货物买卖合同,当事人未选择准据法,但是根据最密切联系原则,由于合同的特征履行方在中国,应适用中国的法律。

案例十四:美国梵盛公司与苏州恒瑞公司不当得利纠纷案
——涉外不当得利之债的法律适用①

【案情介绍】

2006年11月10日、11月16日、12月6日,美国梵盛公司(美国企业法人)

---

① 江苏省高级人民法院(2010年)苏商外终字第0056号民事判决书。

三次向苏州恒瑞公司(中国企业法人)在中国银行苏州分行10107750708091001账户汇入68746美元、43668美元、48926美元,三笔合计161340美元,汇款手续费用计36美元。2007年8月,梵盛公司委托律师向恒瑞公司发函,要求返还上述汇款计161367美元。后经梵盛公司、恒瑞公司、广协公司及东方国际集团上海市对外贸易有限公司(以下简称"东方公司")间相互协商,未果。梵盛公司诉至法院,以财务人员操作失误汇入恒瑞公司账户为由,要求恒瑞公司返还不当得利。

【法律问题】

本案应如何适用法律?

【参考结论】

本案一审和二审法院都适用了中国法作为准据法,法院在判决中写道:"本案中,梵盛公司指控恒瑞公司不当得利,因恒瑞公司属中华人民共和国企业法人,故本案应适用中华人民共和国法律。双方当事人对此无异议。"可见,法院适用了不当得利人国籍国法。

【法律评析】

在2010年我国《涉外民事关系法律适用法》之前,我国法律和司法解释没有对涉外不当得利的法律适用作出规定。对于不当得利的法律适用,中国司法实践中有适用不当得利发生地法律、当事人协议选择的法律、原法律关系准据法、最密切联系地法律等不同的做法。本案中被告不当得利人恒瑞公司是中国法人,不当得利发生地中的原因行为发生地、利益获得地也位于中国境内,因此,本案以中国法作为准据法来审理为佳。

法院在本案中适用中国法是合适的,然而其理由并不恰当。对于不当得利,一般不主张适用不当得利人国籍国法,各国司法实践也很少适用不当得利人国籍国法。我国《涉外民事关系法律适用法》也没有采纳这一做法。我国《涉外民事关系法律适用法》第47条规定,不当得利,适用当事人协议选择适用的法律。当事人没有选择的,适用当事人共同经常居所地法律;没有共同经常居所地的,适用不当得利发生地法律。

案例十五:美国A公司诉毛里求斯B公司案
——涉外不当得利之债的法律适用

【案情介绍】

2003年10月,美国A公司与毛里求斯B公司在中国青岛订立了一份买卖合同,由毛里求斯 B 公司将其在中国购买的锗锭 5000 千克出口到买方美国,合同约定锗锭单价为每千克 445 美元,CIF 旧金山,通过瑞士银行付款,交货期限规定为 2004 年 1 月交 1000 千克,2 月和 3 月各交 2000 千克。在合同签订以后,买方于 2004 年 2 月和 4 月分别支付了 1000 千克和 2000 千克锗锭的货款,因买方工作人员的问题,却按锗锭单价每千克 455 美元付款。毛里求斯 B 公司拿到货款后,一直未声张。美国 A 公司发现后,通过各种关系与毛里求斯 B 公司沟通,希望协商解决问题。但几经努力,买方美国 A 公司在与毛里求斯 B 公司协商解决不成之后,于 2004 年 6 月在中国提起诉讼,要求被告返还其多支付给毛里求斯 B 公司的 5 万美元及利息。

【法律问题】

1. 本案中,毛里求斯 B 公司是否应返还美国 A 公司多支付的 5 万美元及其利息?不当得利的法律适用应如何处理?

2. 如适用我国《涉外民事关系法律适用法》,本案应如何处理?

【参考结论】

1. 本案的毛里求斯 B 公司应返还美国 A 公司多支付的 5 万美元并赔偿其利息损失。对于不当得利应适用的准据法,一般认为应适用不当得利发生地法(即原因事实发生地法)。其理由是,不当得利涉及不当得利发生地国的公共秩序、社会道德风尚和法律观念。

2. 本案当事人没有协议选择适用的法律,也没有共同居所地,根据我国《涉外民事关系法律适用法》第 47 条的规定,应适用不当得利发生地中国法律。

【法律评析】

1. 凡无法律上的根据,致他人遭受损害而自己获得的利益,称为不当得利。这个制度是得到各国承认的。但在什么情况下成立不当得利,以及其效力如何,则各国规定往往并不一致,因而在发生法律适用上的冲突时,需要选择其准据法。

对于不当得利应适用的准据法选择,有各种不同的主张。但主要是认为应适用不当得利地法(即原因事实发生地法)。

2. 我国《涉外民事关系法律适用法》第 47 条规定,不当得利、无因管理,适用当事人协议选择适用的法律。当事人没有选择的,适用当事人共同经常居所地法律;没有共同经常居所地的,适用不当得利、无因管理发生地法律。

案例十六:汇丰银行上海分行诉美国佛罗里达州梅隆联合国民银行国际托收纠纷案
——涉外无因管理之债的法律适用①

【案情介绍】

上海申达股份有限公司(以下简称"申达公司")与美国万隆公司建立有国际货物买卖合同关系,美国万隆公司为货款结算事宜向申达公司申请付款方式为付款交单(以下简称"D/P方式")。申达公司同意美国万隆公司提出的D/P付款方式。申达公司于1999年12月31日委托上海新海捷船务有限公司承运货物,并按其与美国万隆公司约定的日期将货物装船运抵至目的地。申达公司于2000年1月12日开出汇票一份。该汇票载,开证行为联合国民银行;金额为140393.55美元;付款方式为D/P方式。申达公司于2000年1月14日将该汇票、提单、发票等单据交给了香港汇丰银行股份有限公司上海分行(以下简称"汇丰分行"),并填写了给汇丰分行的托收委托书。该委托书载,托收按国际商会第522号《托收统一规则》(1995年修订版,以下简称"522规则")规定办理等。同日,汇丰分行致函申达公司,确认其已收到申达公司托收项下的汇票,并表示本次托收按522规则办理。同日,汇丰分行还制作了《汇票提示清单》,该单载明托收方式为D/P,并对收件银行提出了不要放弃托收和所需收取利息及手续费的要求。该《汇票提示清单》的收件人写为美国加利福尼亚州联合国民银行(以下简称"加州银行"),而地址却误写为美国佛罗里达州33130迈阿密西南一路1399号,即美国佛罗里达州梅隆联合国民银行(以下简称"佛州银行")。该《汇票提示清单》及所附汇票、提单、发票等单据均由佛州银行收到。

佛州银行收到上述单据后不顾《汇票提示清单》载明的付款交单规定,将提单等单据径直寄给了美国万隆公司。美国万隆公司以并非正常途径取得的提单,提取了全部货物。申达公司曾向美国万隆公司催索货款,但遭该公司无理拒绝。后来申达公司通过诉讼获得汇丰分行共计8275.49美元的赔偿。汇丰分行因此以佛州银行不当无因管理为由,将美国佛罗里达州梅隆联合国民银行诉至中国法院,请求法院判决佛州银行给予一定的赔偿。

【法律问题】

1. 本案应适用哪一国的法律来加以解决?
2. 如适用我国《涉外民事关系法律适用法》,本案应如何处理?

---

① 参见赵相林:《国际私法教学案例评析》,中信出版社2006年版,第215—216页。

【参考结论】

1. 对于无因管理案件的法律适用,一般主张依事务管理地法,在本案中,事务管理地为美国,所以本案的准据法为美国法。

2. 本案当事人没有协议选择适用的法律,也没有共同居所地,而无因管理发生地为美国,根据中国《涉外民事关系法律适用法》第47条规定,所以本案的准据法为美国法。

【法律评析】

本案涉及的是无因管理的法律适用问题。

1. 根据各国的国际私法关于无因管理准据法的立法规定,可将其法律适用原则归纳为以下几种:(1)通行的原则是事实发生地法原则,又称事务管理地法原则。(2)适用当事人的属人法原则。(3)无因管理起因法律关系之准据法原则。(4)委任合同准据法原则。该原则较为少用。

关于本案的法律适用。我国《民法通则》第93条对无因管理制度作出了规定:"没有法定的或者约定的义务,为避免他人利益受损失进行管理或者服务的,有权要求受益人偿付由此而支付的必要费用。"但对于无因管理之债的法律适用问题则未作专门规定。在实践中,处理有关无因管理的案件,一般主张依无因管理的事实发生地法。

本案中佛州银行的无因管理行为发生地在美国,依据当前国际社会的通行做法和我国的司法实践,应该适用无因管理的事实发生地法作为解决双方当事人争议的准据法,所以本案的准据法是美国法。

2. 中国《涉外民事关系法律适用法》第47条规定,不当得利、无因管理,适用当事人协议选择适用的法律。当事人没有选择的,适用当事人共同经常居所地法律;没有共同经常居所地的,适用不当得利、无因管理发生地法律。

案例思考题

思考题一:耿某诉大连海福拆船公司案
——涉外侵权行为的法律适用

1989年7月,本案原告耿某被大连经济技术开发区海达公司(以下简称"海达公司")聘为外派船员,为此,双方签订了《外派船员合同书》,其中规定,外派船员自离境时起,在外轮工作期间因工致伤、致残和生病、死亡,均按中国劳动法律法规的有关规定处理。海达公司和大连海福拆船公司(以下简称"海福公司")签订有《雇用船员合同》,同年7月25日,耿某即被外派受雇于海福公司所属的巴拿马籍"佳灵顿"轮,任该轮大管轮之职,期限为两年。海福公司依据和海达公司签订的《雇用船员合同》第13条关于"船员受雇期间的人身、行李安全办好保赔协会的保险,其条件相当于《香港雇员赔偿条例》第282章"的规定,对包括耿某在内的受雇船员在大连保险公司投保了人身保障和赔偿险。

耿某受雇后,即随船工作。1989年11月28日,"佳灵顿"轮在土耳其汉杰港卸货,耿某在机舱紧固舵机底座螺丝时,左手食指被砸伤,中指亦受伤。经当地医院简单处理后,于同年12月1日被送回北京。经国内医院治疗,终因伤势过重,受伤的左手食指被截掉一节。住院治疗期间,耿某共付医疗费人民币1145.54元。出院时经法医鉴定:其左手食指第一节缺如(指截掉),近掌指骨关节僵固,指掌关节大部分能活动,鉴定费人民币90元。耿某出院后,多次找海福公司解决伤害赔偿之事,均被拒绝。耿某遂于1991年7月1日向大连海事法院起诉,依据海达公司与海福公司签订的《雇用船员合同》第13条的规定,要求海福公司支付2184美元的保险赔偿金,赔偿其工资损失4441.67美元和医疗费人民币1145.54元。

被告海福公司辩称:耿某是经海达公司而受雇于我公司的,不是我公司的直接雇员,与我公司无合同关系,故其不应直接向我公司主张权利。我公司与海达公司签订的《雇用船员合同》第13条是无效条款,因此,我公司不负赔偿责任。耿某应以其与海达公司签订的《外派船员合同书》作为请求赔偿的依据。耿某请求补偿工资损失4441.67美元不合理,只应补偿其49天的工资412.50美元。我公司为"佳灵顿"轮船员投保了船员受伤的保障与赔偿险,因保险公司对赔偿有异议,故我公司无法按其要求给予补偿。

问题

1. 该案为涉外侵权行为的损害赔偿纠纷,应如何适用法律?
2. 被告海福公司是否应该承担赔偿责任?

重点提示

本案为一起典型的涉外侵权行为的损害赔偿。原告是在外籍轮上工作时,并在外国领域内发生人身伤害事故的。

1. 本案属于涉外侵权损害赔偿,我国《民法通则》第146条第1款规定:"侵权行为的损害赔偿,适用侵权行为地法律。当事人双方国籍相同或者在同一国家有住所的,也可以适用当事人本国法律或者住所地法律。"对于何为侵权行为地,我国的司法解释认为,侵权行为地包括侵权行为实施地和侵权结果发生地。如果两者不一致时,人民法院可以选择适用。可见,我国法院对于侵权行为地的理解,采取了较为灵活的解释方法,既包括侵权行为实施地,也包括侵权结果发生地。此外,我国《民法通则》还规定当事人共同属人法原则,可以作为侵权行为地法原则的补充,能够更好地符合我国司法实际,确实有效地解决一般侵权行为的法律适用问题。

对于本案而言,侵权行为发生地和发生时出现的受伤结果地均在土耳其领域内,按规定应适用土耳其法。但原告耿某是在回国治疗时被确诊截指的,可以认定为是一种侵权行为的结果。该侵权行为的结果发生地在中国境内,因而可根据上述司法解释选择适用中国法。此外,本案原告、被告双方国籍相同,均在中国境内有住所,也可以作为适用中国法的根据。基于上述理由,在本案中大连海事法院适用了我国法律。

2. 耿某遭受伤害的事实发生在海福公司所属的"佳灵顿"轮上,其又在该轮上任大管轮,这是双方都不否认的事实,说明双方存在雇佣关系,耿某在船上工作时左手食指被砸伤,本人无过错,有权向海福公司索赔因致残减少的实际收入损失。因此,海福公司应该承担赔偿责任。

思考题二:陆红诉美国联合航空公司案
——国际航空旅客运输损害赔偿的管辖权与法律适用①

1998年5月12日,原告陆红乘坐被告美国联合航空公司(以下简称"美联航")UA801航班,由美国夏威夷经日本飞往香港。该机在日本东京成田机场起飞时,飞机左翼引擎发生故障,机上乘客紧急撤离。陆红在紧急撤离过程中受伤,被送往成田红十字医院救护。经该院摄片诊断为右踝骨折。5月14日,陆红到香港伊丽莎白医院作检查,结论为右踝侧面局部发炎,不能立即进行手术。征得美联航同意后,陆红于5月16日入住安徽省立医院治疗,诊断为右侧内、外、后踝骨骨折伴粉碎性移位。该院先后两次对陆红进行手术治疗。1998年12月22日,陆红出院,休息至1999年3月底。受伤住院期间,陆红聘用两名护工护理,出院后至上班期间,聘用一名护工护理。陆红受伤期间,每月工资收入减少人民币11145元。美联航在陆红受伤后曾向其致函,表示事故责任在于美联

---

① 参见武汉大学国际法研究所网站:http://translaw.whu.edu.cn/cn/caseanalyse/20030623/202942.php,2006年6月5日访问。

航,美联航承担了陆红两次手术的医疗费用计人民币 86748.10 元。

由于多次与美联航协商赔偿未果,陆红遂向上海市静安区人民法院起诉,请求法院根据《统一国际航空运输某些规则的公约》(即《华沙公约》)、《修订 1929 年 10 月 12 日在华沙签订的统一国际航空运输某些规则的公约的议定书》(即《海牙议定书》)的规定,以及《蒙特利尔协议》所确定的 7.5 万美元的赔偿责任限额,判令被告赔偿原告伤残补助费及生活护理费计 7.5 万美元。诉讼中,陆红变更诉讼请求,要求被告按照《吉隆坡协议》规定的 10 万特别提款权(即 132099 美元)承担赔偿责任(包括护理费、误工费、伤残补偿费、精神安抚费和律师费用及律师差旅费在内)。

美联航辩称:本案赔偿标准应适用《华沙公约》或中国《民用航空法》的规定。《吉隆坡协议》既不是国际惯例,也不是国际条约,仅是作为国际航空运输协会成员的承运人之间订立的内部协议。原告只是一名旅客,并非该《协议》的签约主体,而且该《协议》的内容也未纳入旅客运输合同中,故无权引用该《协议》向被告索赔。

另外,在审理过程中,法院应被告美联航的申请,依法委托上海市人身伤害司法鉴定专家委员会对陆红右下肢的伤残情况和损伤级别进行了司法鉴定,结论为 VIII 级伤残。法院还查明,原告陆红所购被告美联航的机票,在"责任范围国际旅客须知"中载明:对于旅客死亡或人身伤害的责任,在大多数情况下对已探明的损失赔偿责任限度为每位乘客不超过 7.5 万美元。到达这种限度的责任,与公司方是否有过失无关。上述 7.5 万美元的责任限度,包括法律收费和费用。

经过审理,上海市静安区人民法院于 2001 年 11 月 26 日作出判决如下:(1)被告美联航于本判决生效之日起 10 日内,赔偿原告陆红的护理费人民币 7000 元、误工费人民币 105877.50 元、伤残补偿费人民币 18.6 万元、精神抚慰金人民币 5 万元。(2)被告美联航于本判决生效之日起 10 日内,赔偿原告陆红聘请律师支出的代理费人民币 16595.10 元、律师差旅费 11802.50 元。鉴定费人民币 11243 元、实际执行费人民币 6000 元由被告美联航负担。

一审宣判后,双方当事人均未上诉,一审判决已经发生法律效力。

问题

1. 本案是涉外旅客运输合同纠纷还是侵权纠纷?
2. 中国法院对本案是否有管辖权?为什么?有管辖权的法院应适用什么法律来解决争议?
3. 法院的判决是否合理?

第十二章 债权的法律冲突

重点提示

1. 识别

本案是涉外旅客运输合同纠纷与侵权纠纷的竞合。原告陆红因乘坐被告美联航的班机受伤致残,而向美联航索赔,索赔请求中包括精神损害赔偿。乘坐班机发生纠纷,通常是旅客运输合同纠纷,解决的是违约责任。但因乘坐飞机受伤致残,违约行为同时侵犯了人身权利,就可能使违约责任与侵权责任竞合。中国《合同法》第122条规定:"因当事人一方的违约行为,侵犯对方人身、财产权益的,受损害方有权选择依照本法要求其承担违约责任或者依照其他法律要求其承担侵权责任。"由此可见,违约责任与侵权责任不能在同一民事案件中并存,二者必选其一,应由受损害方选择。陆红在请求美联航承担违约责任的同时,又请求精神损害赔偿,应视作对责任选择不明。在此种情况下,如何确定责任的选择,对为受害当事人提供必要的司法救济尤为重要。

违约责任与侵权责任的重要区别在于二者的责任范围不同。合同的损害赔偿责任严格按合同的约定执行,主要是对财产损失进行赔偿;侵权的损害赔偿责任按侵权造成的损害后果确定,不仅包括财产损失的赔偿,还包括人身伤害和精神损害的赔偿。因此,从最大限度保护受害人利益的角度出发,法院依职权为受害当事人选择适用侵权损害赔偿责任。由本案一审判决的结果来看,也证明了这一点。

2. 管辖权与法律适用

在本案中,首先要确定的是适用什么法律?是适用中国法,还是美国法,抑或是有关的国际公约?就航空旅客起诉国际航空承运人的权利,《华沙公约》中作了规定。该《公约》第1条第1款规定:"本公约适用于所有以航空器运送旅客、行李或货物而收取报酬的国际运输。"而该条第2款又规定:"本公约所称的国际运输,系指根据各当事人所定的合同约定,不论在运输中有无间断或转运,始发地点和目的地点是在两个缔约国的领土内,或者在一个缔约国的领土内,而在另一个缔约国,甚至非缔约国的主权、宗主权、委任统治权或权力管辖下的领土内有一个约定的经停点的任何运输。"本案中,原告陆红是从美国夏威夷(始发地点)飞往中国香港(目的地点),并经停日本东京,而中国和美国是《华沙公约》的缔约国,由此可见,该运输是国际航空运输无疑,因此本案应适用《华沙公约》的有关规定。

对于适用《华沙公约》的有关规定这一点,双方没有什么争议。那为什么本案由上海市静安区人民法院来受理?案情中没有告诉我们,我们还是来看看《华沙公约》有关管辖权与法院的规定。

《华沙公约》第 28 条规定:"有关赔偿的诉讼,应由原告选择,在一个缔约国的领土内,向承运人住所地或其主营业所所在地或签订合同的机构所在地法院提出,或向目的地法院提出。"

这样,公约提到了四种可受理诉讼的法院:一是承运人住所地法院,本案中作为承运人的美联航住所地在美国芝加哥;二是承运人主营业地法院,这须证明承运人赖以进行大量商业活动的办事机构已构成了该公司的总管理部;三是订立承运合同的营业机构所在地法院,本案中原告陆红的机票很有可能是从美联航在上海的办事处订购的;四是目的地法院,本案中航班目的地是香港。从以上对公约有关条款的分析中,我们还不能得出上海市静安区人民法院对本案具有管辖权的结论。而根据中国 1991 年《民事诉讼法》第 243 条的规定,因合同纠纷或者其他财产权益纠纷,对在中华人民共和国领域内没有住所的被告提起的诉讼,如果被告在中华人民共和国领域内设有代表机构,可以由代表机构所在地人民法院管辖。这一规定正是上海市静安区人民法院对本案拥有管辖权的法律根据——美联航在上海设有办事处。

3. 承运人责任及赔偿限额问题

《华沙公约》第 17 条规定:"旅客因死亡、受伤或任何其他身体伤害而产生的损失,如果造成这种损失的事故发生在航空器上或在上、下航空器过程中,承运人应承担责任。"本案中,陆红受伤是在美联航飞机左翼引擎发生故障,机上乘客紧急撤离的过程中发生的,伤害与"事故"之间存在着因果关系,因此作为承运人的美联航理应承担责任。《华沙公约》第 24 条规定:"在第 17 条规定的情况下,任何有关赔偿的诉讼,不论其根据如何,只能按本公约规定的条件和限额提起。"修正《华沙条约》的《海牙议定书》中规定,承运人对每一旅客所负的责任,以 25 万法郎为限,但旅客可与承运人以特别合同约定一较高的责任限额。本案中,双方当事人在机票上约定的承运人赔偿责任限额是 7.5 万美元。这个限额不仅体现了"当事人意思自治原则",也符合《海牙议定书》的规定。因此,法院对双方当事人约定的这一最高赔偿责任限额予以了认定。

人身伤害的损害赔偿,应以实际造成的损失为依据。原告陆红请求被告美联航赔偿护理费、误工费、伤残补偿费,对其中合理的部分,应由美联航赔偿。由于美联航的行为给陆红造成了一定的身体和精神上的痛苦,陆红请求美联航赔偿精神抚慰金,也应允许。按照双方当事人的约定,7.5 万美元的赔偿责任限额内包括法律收费和费用。因此,陆红请求赔偿的律师费用和律师差旅费,也应根据实际情况酌情支持。从一审判决的结果可以看出,法院在 7.5 万美元的限额内基本上支持了原告陆红的诉讼请求。

思考题三：某供销贸易公司与香港恒昌贸易公司销售合同纠纷案
——涉外产品责任的法律适用①

天津海云公司代理某供销贸易公司(用户)于1991年11月13日与香港恒昌贸易公司签订一份销售合同。合同约定由香港恒昌贸易公司(卖方)供给内地某公司(买方)冀力霸红外线激光点火系统12万套，总价值292万美元，交货时间为1991年12月和1992年1月。双方口头约定，点火系统的技术标准最终以卖方提供的产品安装说明书为准。同时合同还规定，买方如果认为质量不合格，应在货物到达后12个月内向卖方提出，并由有效的检验机构出具检验证明。合同签订后，卖方按时交付货物，但用户在使用时发现存在质量问题，于是请卖方在1992年4月到用户处安装试验，试验发现：(1)点火系统的节油率不能达到说明书规定的指标；(2)电脑被击穿。在卖方的努力下，解决了电脑被击穿的问题，但节油率仍不能达到指标。用户在1992年11月通知买方这一实情，买方随即向卖方提出质量异议并索赔，同时要求用户立即办理商检。1993年年初起，用户虽多次联系卖方共同商检，但卖方一直未参与。用户迟至1993年8月1日才办理商检证明。买方据此于1993年10月30日向中国某仲裁机构提请仲裁。

买方诉称：双方在订立合同时，曾口头约定质量标准以产品安装说明书为准，可以认为该产品安装说明书就是该合同的一个附件，现点火系统达不到说明书的要求，卖方存在违约责任。对于索赔时效届满的问题，买方诉称：买方在得知该产品不合说明书要求时就立即向卖方提出了异议，买方提交商检证明晚了5个多月，是因为卖方一直违约没有参与检验，故迟延责任应在卖方。卖方辩称：合同中未明确订立技术标准也未明确规定以说明书作为基准，所以货物与产品安装说明书的标准不一致不能作为质量不合格的依据；关于节油率达不到要求，卖方认为合同标的是点火系统，不是节油器，节油率达不到要求不能认为产品质量不合格；卖方还辩称，根据合同的规定，买方出具商检证明逾期5个多月，应属无效。

问题

1. 本案应适用哪国法律来解决产品质量纠纷？卖方是否要承担侵权赔偿责任？

2. 如适用我国《涉外民事关系法律适用法》，本案应如何处理？

---

① 参见赵一民主编：《国际私法案例教程》，知识产权出版社2005年版，第253—254页。

重点提示

1. 本案是因产品质量纠纷而引起的侵权赔偿案。由于本案买方在使用卖方提供的产品时发生了严重的质量问题,可以判断侵权行为地是在中国,根据我国《民法通则》第 146 条的规定,适用侵权行为地法也就是适用中国的法律。具体来说,应根据我国《民法通则》《产品质量法》来处理买卖双方之间的争议。

根据我国 1985 年《涉外经济合同法》(已被 1999 年《合同法》废止)第 7 条,涉外经济合同应该以书面形式订立,本案中当事人对质量标准的口头约定是无效的。但是,买方提供的产品存在缺陷是一个事实,而且买方还出具了有关点火系统的试验报告和中国商检局的检验报告,对于买方未能及时提出索赔要求卖方也有责任,因此,卖方应承担相应的赔偿责任。

2. 我国《涉外民事关系法律适用法》第 45 条规定:产品责任,适用被侵权人经常居所地法律;被侵权人选择适用侵权人主营业地法律、损害发生地法律的,或者侵权人在被侵权人经常居所地没有从事相关经营活动的,适用侵权人主营业地法律或者损害发生地法律。

第十三章 国际经济贸易合同关系的国际私法调整

本章知识点

一、国际货物买卖

(一) 国际货物买卖合同的概念及其主要内容

国际货物买卖合同,是指营业所在不同国家的当事人之间就货物的进出口交易所达成的协议。在现阶段,从国际私法角度调整国际货物买卖合同的,既包括国内冲突法和统一冲突法,也包括国内实体法和统一实体法。

国际货物买卖合同的内容是由双方当事人在平等互利的基础上协商确定的,主要包括三个部分,即效力部分、权利义务部分和争议解决部分。另外,合同的附件也是合同的重要组成部分。

(二) 1980 年《联合国国际货物销售合同公约》

1.《公约》的适用范围

对于该《公约》的适用范围问题,其第一章作了一些限制性的规定,归纳起来有:

第一,《公约》仅适用于营业地在不同国家的当事人之间订立的货物销售合同,并且必须同时具备下面的两个条件之一,即双方当事人的营业地都在缔约国境内,或者根据国际私法规则导致适用某一缔约国的法律。

第二,由于以特殊的标的物作为客体或以特殊方式进行销售的货物销售合同往往要涉及一些特殊的法律问题,为了避免和减少适用该《公约》的困难,该《公约》第 2 条明确规定《公约》不适用于以下的销售:(1) 仅供私人、家人或家庭使用的货物的销售,除非卖方在订立合同前任何时候或订立合同时不知道而且没有理由知道这些货物的购买是供这种使用的;(2) 经由拍卖的货物;(3) 根据法律执行令状或其他令状执行的销售;(4) 公债、股票、投资证券、流通票据或货币的销售;(5) 船舶、船只、气垫船或飞机的销售;(6) 电力的销售。

第三,依该《公约》的规定,受《公约》支配的事项,仅限于这种销售合同的订立以及双方当事人因此种合同而产生的权利义务。凡此外的其他事项,仍应由国际私法规则指定应适用的法律来解决。

第四,《联合国国际货物销售合同公约》对合同当事人不具有强制性,合同双方当事人可以不适用本《公约》,或在第12条的条件下,减损本《公约》的任何规定或改变其效力。

2. 合同的形式及成立

对于国际货物买卖合同的形式,《联合国国际货物销售合同公约》第11条规定:"销售合同无须以书面订立或书面证明,在形式方面也不受任何其他条件的限制,销售合同可以用包括人证在内的任何方法证明。"但《公约》同时规定,成员国在缔结或加入《公约》时有权对《公约》第11条的适用提出保留声明。我国于交存的批准书中,对此作了保留。不过,根据《公约》的规定,非书面合同有效的效力仅及于合同的订立,至于合同的更改或终止的协议则仍须是书面的。《公约》所指的"书面"包括电报和电传。

《公约》还对合同的订立作了详细的规定,主要内容涉及"要约"和"承诺"的规则,以及合同成立的时间等。根据《公约》第23条"合同于按照本公约规定对要约的承诺生效时订立"的规定,国际货物销售合同自承诺送达要约人时即告成立,同时承诺送达地为合同成立地。

3. 买卖双方的权利义务

《公约》对买卖双方的权利与义务作了明确而详尽的规定。其中卖方的义务包括:交付货物和移交与货物有关的单据、货物相符和权利无瑕疵担保责任,以及违反合同的补救方法等三大方面。而买方的义务则包括支付价款、收取货物和违反合同的补救等三大方面。此外,《公约》还就风险的转移以及预期违反合同和分批交货合同、损害赔款、利息、免责、宣告合同无效及其后果、保全货物等方面的买卖双方义务的一般条款作了统一规定。

(三) 1974年《联合国国际货物买卖时效期限公约》

国际货物买卖中的时效期限问题,由于各国法律的规定不一,有碍于国际贸易关系的正常发展,因而在1974年6月14日在纽约联合国总部召开的外交会议上订立了由联合国贸易法委员会起草的《联合国国际货物买卖时效期限公约》,将时效期限统一规定为4年(第8条)。在4年内,买卖双方皆可就国际货物买卖合同的任何争议提起诉讼。《公约》还就时效的起算作了详尽的规定。

另外,《联合国国际货物买卖时效期限公约》的适用范围,与《联合国国际货物买卖合同公约》的适用范围相吻合。

(四)《国际货物销售合同法律适用公约》

海牙国际私法会议于1986年12月22日订立的《国际货物销售合同法律适用公约》(简称《海牙公约》)是一个冲突法公约,它力求与《联合国国际货物销售合同公约》相配套和衔接,其所适用的国际货物销售合同亦以当事人的营业地在不同的国家为条件,它所调整的买卖的种类基本上也与1980年《联合国国际货物销售合同公约》的规定大体相同。《海牙公约》至今尚未生效。

依该《公约》规定,首先,国际货物销售合同应受当事人选择的法律支配。但这种选择必须是明示的或能从合同条款和当事人的行为得到表现的(即不排除默示的选择)。其次,《公约》还规定,合同当事人可以约定将合同的一部或全部置于他们选择的法律支配之下,并且可以随时改变已作出的这种选择而使之受另一法律的支配。如果当事人未作出选择,依《公约》规定,合同应适用卖方营业地的法律,但在下列情况下则应适用买方营业地国法律:(1)合同谈判在该国进行,并由当事人当场签订;(2)合同约定卖方应在买方国履行其义务;(3)合同主要是根据买方提出的条件并通过投标而缔结的。

(五)国际贸易惯例

为了简化合同洽谈的繁琐程序和合同内容,在长期的国际贸易实践中,形成了各种"价格条件",即在国际货物买卖合同中,用几个简写的英文字母来表示不同价格成分的专门术语(故又称"贸易术语")。因为这些价格条件是在长期的国际贸易实践中形成的惯例,所以也被称为"国际贸易惯例"。构成一项国际贸易惯例,应具备以下两个条件:一是在国际贸易的长期普遍实践中形成;二是要有确定的规则或内容。

当前,影响较大的国际贸易惯例主要有三种:(1)1932年《华沙—牛津规则》;(2)2010年《国际贸易术语解释通则》;(3)1941年《美国对外贸易定义》。

国际贸易惯例既非国内立法也不是国家间缔结的条约,所以不具有当然的拘束力,这就决定了国际贸易惯例的适用具有以下两方面的特殊性:其一,国际贸易惯例的适用以合同当事人的意思自治为基础,只有合同双方当事人在合同中引用时,国际贸易惯例才对当事人有约束力。其二,对国际贸易惯例的有关内容,当事人双方经协商一致可作出变更,并且,即令当事人双方已明示选择适用某一国际惯例,但如果合同所订内容与该国际贸易惯例的有关内容不一致时,仍按照合同的规定。

二、国际货物运输

（一）调整国际海上货物运输合同的主要法律

1. 国际海上货物运输合同的概念及种类

国际海上货物运输合同是指由海运承运人以船舶为运输工具，经由海路将货物从装运港运至卸货港，交付收货人，而货主向承运人支付一定费用的协议。

国际海上货物运输合同有两种基本形式：一种是租船合同，另一种是班轮运输合同。其中租船运输，是指托运人租用船舶的全部、部分或指定舱位运送货物的运输方式，一般用于大宗货物运输。所谓班轮运输，是指托运人将一定数量的货物交由作为承运人的轮船公司，轮船公司按固定航线，沿线停靠固定港口，按固定船期和固定运费所进行的运输，它多用于运输数量少、交接港分散的货物，是海上货物运输中使用最广的一种方式。这种运输方式是通过承运人签发提单来实现的，因此亦有人称其为"提单运输"。

2. 租船合同中的法律问题

租船合同是出租人（船方）与承租人（租船方）之间订立的租用船舶运输货物的合同。根据租船方式不同，租船合同可以分为航次租船合同、定期租船合同和光船租船合同。

目前，国际上对定期租船一般多采用"波尔的姆"定期租船格式合同，航次租船合同一般多采用"金康"（Gencon）航次租船格式合同。

租船合同规定了当事人的权利和义务，各方必须按照约定，彼此互相尊重对方的权利，认真履行自己的义务。各国法律对于这个问题，大多是尊重当事人自己的约定，一旦发生争议，就应当根据合同中的法律适用条款，来决定解决争议应适用的法律。

3. 提单运输中的法律问题

而所谓提单，是指承运人于收到承运货物后，签发给托运人的一种单证。提单的法律特征为：（1）提单是国际海上货物运输合同的凭证；（2）提单是承运人收到所承运货物的收据；（3）提单是所记载的货物的物权证明。

依据不同的划分标准，提单可分为：清洁提单和不清洁提单（依对货物的记载有无瑕疵进行的分类）；记名提单、不记名提单和指示提单（依对收货人的不同记载方式进行的分类）；已装船提单和待运提单（依货物是否装船进行的分类）；直运提单和转船提单（依运输的方式进行的分类）；运费预付提单和运费到付提单（依运费支付的时间进行的分类）。

调整提单的法律，既有国内法，也有国际法。后者目前主要有：1924年的

《海牙规则》、1968年的有关修改上述规则的《布鲁塞尔议定书》(即《维斯比规则》)和1978年的《汉堡规则》以及2008年的《鹿特丹规则》。

一般来说,对于提单所适用的法律已在提单中作了具体规定。但如果提单中没有规定,比较流行的做法是适用运输合同的准据法,即一般适用当事人选择的法律,当事人没有选择时,按最密切联系原则确定。

(二) 调整国际铁路货物运输合同的主要法律

国际铁路货物运输是指经过两个或两个以上国家的铁路所进行的国际货物运输方式。它一般需根据铁路相连的国家间所缔结的公约来进行。目前,关于国际铁路货物运输的国际公约主要有两个:一个是《关于铁路货物运输的国际公约》,另一个是《国际铁路货物联运协定》。

《关于铁路货物运输的国际公约》,简称《国际货约》,是1890年由总部设在伯尔尼的国际铁路运输中央执行局制定的,故称《伯尔尼货运公约》,1893年开始生效施行,1938年改现名,现行文本是1999年的修订本。《国际铁路货物联运协定》,简称《国际货协》,我国是其成员国。

按照《国际货协》的规定,国际铁路货物运输仍需签订运输合同来实现。国际铁路货物运输合同的主要内容包括:合同的签订、托运人的权利与义务、承运人的权利与义务、承运人的责任限额与免责、索赔与诉讼等。

如果国际铁路货物运输合同的当事人所属国之间没有共同强制适用的国际公约,或者对国际公约未规定的事项,当事人一般可以选择适用于合同的法律,没有选择的,适用与合同有最密切联系的国家的法律。

(三) 调整国际航空货物运输合同的主要法律

如果国际航空货物运输合同的当事人所属国之间没有共同强制适用的国际公约,或者对国际公约未规定的事项,当事人一般可以选择适用于合同的法律,没有选择的,适用与合同有最密切联系的国家的法律。例如,1995年中国《民用航空法》第188条的规定。

目前,调整国际航空货物运输的国际公约主要有四个,即1929年的《华沙公约》、1955年的《海牙议定书》和1961年的《瓜达拉哈拉公约》以及1999年的《蒙特利尔公约》。

《华沙公约》的全称是《统一国际航空运输某些规则的公约》。该《公约》由德国、奥地利、比利时、巴西、丹麦、法国和波兰等23个国家于1929年10月12日在华沙签订,自1933年2月13日开始生效,其后又经多次修改和补充,至今已有150多个国家加入。我国是该《公约》的成员国。

《修改1929年10月12日在华沙签订的统一国际航空运输某些规则的公约

的议定书》,简称《海牙议定书》。《海牙议定书》主要是在航行过失免责、责任限制以及提出索赔期限等事项上,对《华沙公约》作了比较重大的修改。《统一非缔约承运人所办国际航空运输某些规则以补充华沙公约的公约》,简称《瓜达拉哈拉公约》。该《公约》于1961年9月18日在墨西哥的瓜达拉哈拉签订,1964年5月1日开始生效。《瓜达拉哈拉公约》旨在弥补上述两个公约之不足,把《华沙公约》中有关承运人的各项规定的适用,扩及于非合同承运人,即根据与托运人订立航空运输合同的承运人的授权,而办理该合同中的全部或部分国际航空运输的实际承运人。

1999年5月28日,国际民航组织缔约国大会在蒙特利尔通过了旨在取代"华沙体系"的、全新的《统一国际航空运输某些规则的公约》(简称1999年《蒙特利尔公约》)。《蒙特利尔公约》以统一旧华沙体制下的各项公约和议定书为目标,并在其基础上对国际航空运输规则和承运人责任制度进行了重大修改。《蒙特利尔公约》已于2003年11月4日生效。中国于2005年2月28日决定批准该《公约》,同时声明:在中国政府另行通知前,《公约》暂不适用于香港特别行政区。《公约》于2005年7月1日起对中国生效,中国成为《公约》的第94个成员。

三、国际货物运输保险

国际货物运输保险是指在国际货物运输过程中,一方当事人以支付一定费用为条件,要求另一方当事人对在国际间运输的货物可能发生的损失承担约定的赔偿责任的一种法律关系。

(一) 国际货物运输保险合同的当事人及其订立

在一个国际货物运输保险合同中,通常涉及以下几个基本的当事人:保险人、被保险人、投保人。

国际货物运输保险合同必须由保险人签发的书面文件来证明。此种书面文件主要是保险单,也包括保险人或其代理人签发的其他书面的保险凭证。

订立保险合同一般由投保人填写投保单,保险人在投保单上签字后,保险合同即告成立。

(二) 国际货物运输保险的险别

险别是保险人承保风险的类别,在国际货物运输保险中,险别可分为主要险别和附加险别两大类,此外还有特别附加险。

1. 海上运输保险的主要险别

海上运输保险的主要险别包括平安险、水渍险和一切险。

2. 空运保险的主要险别
空运保险的主要险别包括航空运输险、航空运输综合险。

3. 陆地运输保险的主要险别
陆地运输保险的主要险别包括陆运险、陆运综合险。

(三) 保险人与被保险人的主要权利和义务

保险人的主要权利有:(1)收取保险费;(2)进行再保险;(3)出险赔偿后从被保险人处接受代位证书,取得代位权;(4)按推定全损赔偿后,通过委付获得残余标的物所有权;(5)发生承保险别项下的事故时,有权勘查和检验;(6)在除外责任范围内有权拒赔。

保险人的主要义务有:(1)接受投保单后,签发保险单;(2)在保险责任范围内,对已发生的承保险别项下的损失,按保险金额与损失大小的比例给予赔偿。

被保险人的主要权利有:(1)接受保险单正本,并可将保险单随货物转让给其他人;(2)出险后有权索赔;(3)就同一批货物进行重复保险;(4)在保险合同订立之后、保险责任开始之前,可要求解除合同或减少保险金额。

被保险人的主要义务有:(1)支付保险费;(2)对被保险货物情况陈述的正确性负责;(3)被保险货物出险后,即时通知保险人,自行或按保险人的指示,及时采取措施以防止或减少损失;(4)取得保险人的赔偿后,通过权利转移证书把对该货物的权利转移给保险人。

(四) 索赔、争议的解决及法律适用

被保险货物出险后,被保险人有权索赔,但应提出索赔书,并附上各种能证明可取得赔偿的单证。

索赔发生争议,经双方协商而无法达成一致意见时,则可通过仲裁或诉讼解决。按照我国的实践,仲裁或诉讼应当向被告住所所在国的仲裁机构或法院提出。

仲裁和诉讼应在索赔期限内提出。按中国保险条款的规定,海上货物运输保险的索赔期限为 2 年,从被保险货物在最后卸货港全部卸离海轮后起算。航空和陆地货运保险的索赔期限为 1 年,从被保险货物在最后目的地车站或机场全部卸离车辆或飞机后起算。

目前,尚无调整国际货物运输保险的统一实体法,因而各国大多是采用当事人意思自治原则,由当事人通过保险合同中的法律适用条款,来选择适用某一国家的法律。在当事人没有选择合同准据法时,大多数国家主张以保险人的属人法为保险合同的准据法,但是也有以投保人的属人法为准据法的。

四、国际贸易支付

（一）国际贸易支付的手段

1. 货币

货币是国际贸易中的计价单位，同时也是国际贸易支付关系的标的。能用于国际贸易支付的，一般应是可以自由兑换的货币。

2. 票据

国际贸易支付中的票据是指以支付一定金额为目的，可以自由流通转让的有价证券。票据关系的基本关系人包括出票人和受票人及受款人。

票据一般可以分为汇票、本票和支票三种。

（二）国际贸易支付的方式

1. 汇付

汇付是指汇款人主动将货款交给银行，由银行根据汇款指示汇交给收款人的一种付款方式。汇付又可分为信汇、电汇和票汇。

2. 托收

托收是指债权人委托银行凭票据向债务人收取货款的一种支付方式。托收一般的做法是：由债权人（卖方）根据发票金额，开立以买方为付款人的汇票向债权地银行提出申请，委托银行通过其在债务地分行或其他往来银行，代为向买方收取货款。

最常用的托收类型是光票托收和跟单托收。调整托收关系的统一规则是1958年由国际商会草拟的《商业跟单托收统一规则》，该《规则》经1978年修订后易名为《托收统一规则》（Uniform Rule for Collection，URC）。这一《规则》已被世界各国广泛采用。中国在实践中也参照使用。国际商会1993年又组织专家对《托收统一规则》进行了修订，并于1995年公布，即国际商会"第522号出版物"（简称URC 522），并于1996年1月1日起实施。

3. 信用证

信用证是开证银行应（简称开证行）应开证申请人的申请签发的、在满足信用证要求的条件下，凭信用证规定的单据向受益人付款的一项书面凭证。信用证的基本法律特点有以下几点：首先，以银行信用取代商业信用；其次，信用证具有相对独立性；最后，信用证是单据交易。

信用证种类较多，根据不同的性质可分为不同的种类：按信用证能否撤销作为标准，可分为可撤销信用证和不可撤销信用证；按信用证能否保兑作为标准，可分为保兑信用证与不可保兑信用证；按信用证兑现方式，可分为付款信用证、承兑信用证和议付信用证;按信用证是否可以转让,分为可转让信用证、不可转让信用证和可分割信用证;按信用证是否能重复使用,可分为循环信用证与非循环信用证;按信用证开证方式,分为对开信用证与非对开信用证。

对于信用证的法律适用,2005年最高人民法院《关于审理信用证纠纷案件若干问题的规定》作了规定。其第2条规定,人民法院审理信用证纠纷案件时,当事人约定适用相关国际惯例或者其他规定的,从其约定;当事人没有约定的,适用国际商会《跟单信用证统一惯例》或者其他相关国际惯例。其第4条规定,因申请开立信用证而产生的欠款纠纷、委托开立信用证纠纷和因此产生的担保纠纷以及信用证项下融资产生的纠纷应当适用中华人民共和国相关法律。涉外合同当事人对法律适用另有约定的除外。其第6条规定,人民法院在审理信用证纠纷案件中涉及单证审查的,应当根据当事人约定适用的相关国际惯例或者其他规定进行;当事人没有约定的,应当按照国际商会《跟单信用证统一惯例》以及国际商会确定的相关标准,认定单据与信用证条款、单据与单据之间是否在表面上相符。信用证项下单据与信用证条款之间、单据与单据之间在表面上不完全一致,但并不导致相互之间产生歧义的,不应认定为不符点。

1933年国际商会通过了《跟单信用证统一惯例》(Uniform Customs and Practice for Documentary Credit)。此后国际商会先后对该《惯例》进行了6次修订,最近两次修订文本分别于1993年、2006年通过,称为国际商会第500号出版物(1993年修订本,简称UCP 500)和国际商会第600号出版物(2007年7月1日生效,简称UCP 600)。到目前为止,《跟单信用证统一惯例》已为一百七十多个国家或地区的银行集体地或个别地采纳,成为银行和贸易企业处理信用证业务和解释信用证条款的主要依据。国际商会为了适应电子商务在国际贸易领域的广泛应用,还制定了《〈跟单信用证统一惯例〉电子交单补充规则》。

(三) 国际贸易支付中的法律适用

1. 有关票据问题的准据法

由于各国的法律关于票据的种类、票据的形式要件、票据当事人的行为能力等方面的规定不同,因此在票据的国际流通中以及支付过程中不可避免地会发生各种法律冲突。

2. 关于票据的国际统一立法

关于票据的国际统一立法主要有1930年通过的三个关于票据法统一的公约,即《本票、汇票统一法公约》、《解决本票、汇票若干法律冲突公约》、《本票、汇票印花税公约》,以及1931年在日内瓦制订的关于支票的三个公约,即《支票统一法公约》、《解决支票若干法律冲突公约》、《支票印花税公约》。除此之外,联合国于 1988 年还通过了《国际汇票和本票公约》。

3. 我国《票据法》对涉外票据的法律适用问题的规定

我国 1995 年通过、2004 年修正的《票据法》对涉外票据的法律适用问题设专章予以了规定(第五章)。

在票据行为能力方面,我国《票据法》第 96 条规定,票据债务人的民事行为能力,适用其本国法律;票据债务人的民事行为能力,依照其本国法律为无民事行为能力或者为限制民事行为能力而依照行为地法律为完全民事行为能力的,适用行为地法律。这一规定与前述日内瓦公约的规定是一致的。

关于出票时的记载事项,我国《票据法》第 97 条以两个条款对汇票、本票和支票分别予以了规定。汇票、本票出票时的记载事项,适用出票地法律;支票出票时的记载事项,适用出票地法律,经当事人协议,也可以适用付款地法律。为了与日内瓦公约保持一致,我国《票据法》第 97 条第 2 款也允许当事人在达成协议后,对支票出票时的记载事项适用付款地法律。此外,我国《票据法》第 100 条规定,有关拒绝证明的方式,适用付款地法律。

关于票据的背书、承兑、付款和保证行为,我国《票据法》第 98 条规定,一律适用行为地法律。

对于票据追索权的行使期限,我国《票据法》第 99 条规定,对之适用出票地法律;对于票据的提示期限、出具拒绝证明的期限,我国《票据法》第 100 条规定适用付款地法律;对于票据丧失时失票人请求保全票据权利的程序,我国《票据法》规定也适用付款地法律。

我国《票据法》还规定,中国缔结或者参加的国际条约同本法有不同规定的,适用国际条约的规定,但是,中国声明保留的条款除外。本法及中国缔结或参加的国际条约没有规定的,可以适用国际惯例。但中国未加入上述日内瓦公约和联合国票据公约。

五、国际技术转让合同

(一) 国际技术转让的方式

国际技术转让是指转让方将技术超越国境转让给受让方的以某种技术为标的的交易活动。通常国际技术转让包括以下六种方式:许可证贸易、工程承包、合营企业、补偿贸易、合作生产、咨询服务。

(二) 国际技术转让合同的准据法

1. 双方有明示选择时的准据法

根据"意思自治原则",当事人有权选择合同适用的法律,只要此种选择不违反有关国家的有关涉外技术转让的公共秩序和强制性法规。

2. 当事人默示选择的准据法

当事人默示选择的准据法是指当事人虽然没有明示选择合同适用的法律,但根据当事人订立合同时的真实意思推定选择的法律。这种推定的依据主要有以下三种:(1)根据与合同的订立、履行有关的事实或其他情势;(2)根据合同使用的语言;(3)根据当事人所选择的解决争议的地点。

3. 当事人没有选择时的准据法

在当事人既无明示选择,也无法推定其默示选择时,法院将根据最密切联系原则、特征履行说等规则来确定合同适用的准据法,通常为法院地法、合同履行地法、工业产权保护地法。

六、国际私人直接投资

(一)国际私人直接投资的概念

国际私人直接投资即私人投资者通过在国外举办合资企业、合作企业、独资企业等方式而进行的投资。

(二)我国有关的几种国际私人投资合同

国际私人直接投资大多通过合同来实现,我国的外商投资合同主要有中外合资经营企业合同、中外合作经营企业合同、中外合作勘探开发自然资源合同等几种。

(三)我国外商投资合同争议的解决和法律适用

根据我国相关的法律,外商投资合同争议主要通过协商、调解、仲裁、诉讼的方式解决。另外,解决争议所适用的法律是中国法律。

七、国际贷款协议

(一)国际贷款协议的概念及其主要内容

国际贷款协议是指具有不同国籍的当事人或政府之间或国际金融组织与其成员之间就借贷一定数额的货币所达成的确定双方权利义务的协定或合同。国际贷款协议的主要种类可分为政府间或国际金融组织与其成员国间的贷款协议和国际商业贷款协议,后者又可细分为独家银行贷款协议和国际银团贷款协议两种。

国际贷款协议是确定借贷双方当事人权利义务关系的基本法律文件,其主要条款一般应包括:借贷的货币、贷款数额、贷款期限、贷款利率(固定的或浮动的计算方法)、偿还方式、贷款的提取、有关费用(管理费、代理费等)、违约及其救济、争端解决等。

（二）国际贷款协议的法律适用

国际贷款协议的法律适用往往因主体的不同而有所区别。

1. 政府间贷款协议的法律适用

政府间贷款属于政府间的对外援助，政府间贷款协议属于国际协定，因此其争议的解决多通过外交途径进行，在协议中不规定法律适用问题。

2. 国际金融组织与其成员国间的贷款协议的法律适用

国际金融组织，诸如国际货币基金组织、世界银行及其下属的国际开发协会和国际金融公司、亚洲开发银行等，对其成员国的贷款一般都只适用该组织的有关规定，而不适用任何国家的国内法。

3. 国际商业贷款协议的法律适用

国际商业贷款协议允许协议双方当事人自主地按照共同的意思表示来选择协议的准据法。但鉴于国际商业贷款协议的特殊性，各国对此种协议的当事人运用意思自治原则来选择适用于协议的准据法一般都加以必要的限制，其限制主要表现在以下诸方面：(1) 双方当事人协商选择的法律必须是跟协议有某种联系的国家的法律；(2) 双方当事人选择适用于协议的法律，不得以规避原应适用于协议的强行性法律为目的；(3) 双方当事人选择的法律不能违背法院地国家的公共秩序；(4) 双方当事人选择的协议准据法是指借款协议缔结当时现行有效的某一国家的内国法；(5) 当事人的此种法律选择应该是明示的。

八、国际劳务合作合同

（一）国际劳务合作的概念和种类

国际劳务合作是指不同国籍或营业地在不同国家的当事人之间所进行的劳务输出和输入活动，它包括各国公司、企业之间相互提供技术服务、劳动服务、提供机器设备和管理经营服务，以及银行、保险、财会、法律等方面的服务，因而它的范围是非常广泛的。如果从形式上划分，国际劳务合作可以分为单纯的劳务输出与输入和通过国际承包工程形式带动的劳务输出与输入。前者是狭义上的国际劳务合作，后者则包括在广义上的国际劳务合作之中，它是国际上更为重要的一种国际劳务合作形式。

（二）国际工程承包合同的法律适用

国际工程承包是指承包人承揽外国政府、国际组织、公司集团或私人业主的工程建设项目或其他有关业务从而获取酬金的一种合同关系。国际工程承包的成交方式主要有两种：一是通过业主或总承包商的直接邀请，双方在磋商议价中认为条件适当时达成协议，即可签订合同；二是采用招标方式，经过招标、投标、开标、定标等过程，最后由承包人同发包人签订工程承包合同的程序来确定的。

国际工程承包招标是由业主（招标人）将所需兴建的工程项目及业务技术要求等，在政府公报或有关报刊上发表通告，说明投标条件以及需要提供的担保或投标保证金，同时规定投标期限，以便由多家承包公司（投标人）对工程项目提出报价，进行投标，然后由业主从中选定承包人（中标人），并与其签订合同的一种法律行为。

国际工程承包合同主要是指在国际工程承包关系中明确业主（也包括作为业主顾问或工程监理的工程师）与承包人之间权利义务关系的协议。对于国际工程承包合同的法律适用，国际上普遍的做法是采用当事人意思自治原则，可以由合同当事人协议选择来决定，而在无此种协议时，一般多主张适用工程实施所在国法。

（三）国际劳务合同的法律适用

国际劳务合同是指由派遣劳务人员的国家的专门劳务输出公司或有关的国际经济技术合作公司与外国接受劳务人员一方就此所签订的合同。劳务输出的一方称为供方或受聘方，劳务输入的一方称为受方或聘方。

在国际劳务合同中，有时要涉及三个国家的法律：一是雇主所属国的法律；二是受雇人所属国的法律；三是受雇人实际从事劳务地国家的法律。关于国际劳务合同的法律适用问题，主要有以下几种理论和实践：(1) 依意思自治原则，主张由劳务合同中当事人自主选择应适用的法律；(2) 适用受雇人惯常进行工作所在国法律；(3) 适用雇主的营业所所在国法律；(4) 依最密切联系或最有利于保护受雇人利益的原则决定应适用的法律。

九、国际消费合同

（一）国际消费合同的概念

消费合同是指为个人或家庭使用目的而进行商品或服务的交易以及为此种交易提供资金的合同。而国际消费合同是指含有跨国因素并涉及不同国家立法管辖权的合同。

（二）国际消费合同的法律适用

(1) 当事人意思自治原则的限制适用。虽然在国际消费合同的法律适用中引入了当事人意思自治原则，但同时强调对当事人选择法律的自由加以限制。

在实践中,各国大多规定,当事人所选择的法律不得排除在未选择准据法的情况下原应适用的法律对于消费者的保护;也有些国家主张对国际消费合同应排除当事人意思自治原则的适用。

(2) 当事人未作法律选择时,有些国家规定适用消费者居所地法,也有主张适用与消费合同有最密切联系的法律。

(3) 在当事人未作有效选择,或虽已选择但在一定条件下,内国法的某些强制性规定直接适用于消费合同。

案例分析

案例一:中国A公司与B国B公司洗衣机出口纠纷案
——国际货物买卖合同的法律适用

【案情介绍】

中国A公司和营业地在B国的B公司于1999年7月1日在C国签订了一份货物买卖合同,合同规定A公司向B公司出口1万台家用洗衣机。后发生纠纷诉至中国法院。

【法律问题】

1. 假设B国是《联合国国际货物销售合同公约》的成员国,A公司和B公司对该合同的法律适用已合意选择C国法,我国法院应适用什么法律作为审理该合同纠纷的准据法?为什么?

2. 假设B国是《联合国国际货物销售合同公约》的成员国,A公司和B公司对该合同的法律适用没有作出选择,我国法院应适用什么法律作为审理该合同纠纷的准据法?为什么?

3. 假设B国不是《联合国国际货物销售合同公约》的成员国,A公司和B公司对该合同的法律适用没有作出选择,我国法院应适用什么法律作为审理该合同纠纷的准据法?为什么?

【参考结论】

1. 适用C国法。因为《联合国国际货物销售合同公约》对缔约国当事人不具有强制性,如果合同当事人已选择准据法的,则首先适用当事人选择的法律。

2. 适用《联合国国际货物销售合同公约》,因为根据该《公约》的精神和1987年我国对外经济贸易部发布的《关于执行〈联合国国际货物销售合同公约〉应注意的几个问题》的规定,在当事人对合同法律适用没有约定时,营业地在不同缔约国境内的当事人签订的货物买卖合同自动适用该《公约》的规定。

3. 适用与该合同有最密切联系的国家的法律。因为B国不是《联合国国际货物销售合同公约》成员国,该合同不能适用该《公约》。而我国法律规定,当事人没有选择准据法的,适用与合同有最密切联系的国家的法律。

【法律评析】

《联合国国际货物销售合同公约》于1980年在维也纳外交会议上通过,1988年生效。我国政府又于1986年12月11日正式向联合国交存了批准书,成为该《公约》的缔约国。该《公约》第6条规定:"当事人可以全部排除公约的适用,也可以删减或改变公约的任何规定的效力。"也就是说,该《公约》的适用并不具有强制性,即使合同双方当事人的营业地分处不同的缔约国本应适用该《公约》,但如果他们在合同中规定不适用《公约》,而选择《公约》以外的其他法律作为合同的准据法,也可以完全排除《公约》的适用。

1987年12月4日,我国对外经济贸易部发布了《关于执行〈联合国国际货物销售合同公约〉应注意的几个问题》并作出规定:自1988年1月1日起,我国各公司与其他受条约约束的国家的公司达成的货物买卖合同如不另作法律选择,则合同规定事项将自动适用《公约》的有关规定,发生纠纷或诉讼亦得依《公约》处理。

关于该《公约》的适用范围有明确的限制,仅适用于营业地在不同国家的当事人之间订立的货物销售合同,而且同时必须具备下面两个条件之一:(1)双方当事人的营业地都在缔约国境内。(2)如果当事人的营业地所在国不是缔约国,则必须依据国际私法规则导致适用某一缔约国的法律。我国在批准该《公约》时对该点作出了保留。也就是说,就我国而言,该《公约》仅适用于营业地在我国和营业地在另一缔约国的当事人之间签订的国际货物销售合同,如对方不是《公约》的缔约国,当事人又未对法律适用作出选择,则适用法院地冲突规则所指引的准据法。本案在中国法院起诉,依中国的冲突规则,涉外合同首先应考虑适用当事人合意选择的那个法律作合同的准据法,在当事人未作选择或选择无效的情况下,应适用与合同有最密切联系的国家的法律。

案例二:河南某机械厂货物丢失赔偿案
——国际铁路货物联运

【案情介绍】

1990年,河南某机械制造厂通过中国技术进出口公司从法国购买了4台机床,该设备被分装为18箱以国际联运的方式运往中国,到站为洛阳,并办理了一切必要的手续。该设备于1990年11月23日启运途经各站直至蒙古国铁路扎门乌德等站,各方换装交接时均无议异。1990年12月26日,货物运达中国呼和浩特铁路局所辖的二连浩特站时,发现货物短少一箱。二连浩特站随即编制了商务记录,经证实责任方为蒙古国铁路部门,蒙方工作人员在商务记录上也签字确认。1991年7月29日,河南某机械制造厂向呼和浩特铁路局提出赔偿请求。原告在经过180天未受到处理结果的情况下,向中国呼和浩特铁路运输中级法院提起诉讼,要求赔偿损失。

诉讼过程中,被告要求蒙古国铁路部门与其清算以后再行赔付原告。

【法律问题】

1. 本案应适用什么法律作准据法?
2. 原告收到货物以后能否马上起诉要求被告赔偿损失?
3. 本案应如何处理?

【参考结论】

1. 本案运输合同是依据《国际铁路货物联运协定》(简称《国际货协》)签订的国际联运合同,我国和蒙古国是该《协定》的缔约国,故处理本案的准据法应为该《协定》。

2. 根据《国际铁路货物联运协定》,收货人的赔偿请求必须向到达站提出,由进口国境铁路局受理。进口国境铁路局自收到赔偿请求之日起必须在180天内审核该项请求并答复请求人。只有在进口国境铁路局拒绝或部分拒绝赔偿请求,或逾期不答复请求人时,赔偿请求人才有权起诉。故原告不能在收到货物以后马上起诉。

3. 根据《国际铁路货物联运协定》的规定,应判决被告先行赔偿原告因短少一箱货物所受的损失,按法国售货者账单中所列价格,根据赔付当日中国人民银行外汇牌价折合的人民币来确定赔偿的数额。上述款项支付以后,被告有权向参加责任国铁路部门,即本案中的蒙古国铁路部门清算。

【法律评析】

本案是一起国际铁路货物联运合同货物丢失赔偿案。由于国际铁路货物运输涉及的国家多,各国法律规定不同,造成运费收取、责任分担等问题上的纠纷。国际上通过缔结国际条约的方式来解决这些问题,比较有名的有《国际货约》与《国际货协》。我国是《国际货协》的参加国,本案合同是根据《国际货协》订立的,故发生纠纷以后应根据该协定解决。本案中货物丢失以后,只有在先向进口国境铁路局提出赔偿请求未解决满180天以后才能起诉。在诉讼的过程中货物的丢失虽系蒙古国铁路部门的责任,但被告作为国际联运的参加路,未能按合同的规定,将货物交付原告,属违约行为。被告作为该国际铁路货物联运的进口国境铁路局,有义务受理赔偿并支付赔款。被告提出待责任路蒙古国铁路部门与其清算后再赔付原告的理由不能成立。《国际货协》第32条规定:根据本协定对于货物的全部或部分灭失已付赔款的铁路,有权向参加运送的由于自己过失造成损害负绝对责任的铁路索取这项赔款。呼和浩特铁路局向原告支付赔款以后,即可向蒙古国铁路部门索取这项赔款。

案例三:美顺国际货运有限公司与巴润摩托车有限公司海上货物运输合同纠纷案——提单中法律选择条款的效力

【案情介绍】

2006年7月,巴润摩托车有限公司(以下简称"巴润公司")与Free Domotor Company Limited(以下简称"FMC公司")签订买卖合同,约定巴润公司向FMC公司购买140套TOMAK150型摩托车及配件,贸易条款FOB上海74035.02美元。此后,FMC公司委托美顺国际货运有限公司(以下简称"美顺公司")办理该批货物从中国上海至美国迈阿密的海运事宜。同年8月5日,美顺公司向FMC公司签发的编号SALG06070011A(以下简称"S11A提单")的提单显示,承运人美顺公司,收货人巴润公司,装载货物的集装箱号为KNLU5007098和TGHU7054670,运输责任期间场到场,运费到付。此后,巴润公司通过贸易取得全套正本提单。货物到港后,美顺公司向巴润公司发出到货通知和缴纳海运费、关税等应付费用的通知。包括本案在内的三件关联案件项下货物的海运费12300美元和关税、仓储费、内陆运费及货物保管费等费用,巴润公司均未支付。

巴润公司与美顺公司均为在美国注册的企业。涉案提单左下角载明,货方(包括进出口贸易商人)接受该提单,即表明货方同意受制于提单正面和反面所列所有条款和条件,无论这些条款和条件是手写、打字、章印的还是印刷的,当本地的习惯、常规、特权与该提单相悖时,货方同意本提单上的条款及条件高于(优先于)前述一切(习惯、常规、特权所带来的)规定和条款。提单背面首要条款记载,适用美国1936年《海上货物运输法》。

2007年8月15日,巴润公司向上海海事法院起诉,认为美顺公司实施了无单放货行为,要求美顺公司进行赔偿。在案件审理过程中,当事人就法律适用问题提出了不同主张。巴润公司认为,起运港在上海且合同履行地在中国,在美国法无法查明的情况下应当适用中国法律。美顺公司认为,双方均为在美国注册的法人,提单背面条款约定运输中发生争议应适用美国法律;美国目的港的放货行为,根据最密切联系原则应适用美国法律。

【法律问题】

本案应如何适用法律?

【参考结论】

本案应当适用美国法律。因为本案提单正面和背面记载的条款,均应视为双方当事人意思表示一致的有效约定。我国法律规定合同当事人可以选择合同适用的法律,法律另有规定除外。涉案提单是双方当事人自愿选择适用的,提单正面条款记载货方(包括进出口贸易商人)接受该提单,即表明货方同意受制于提单正面和反面所列所有条款和条件。提单背面条款明确约定适用美国1936年《海上货物运输法》。因此,双方当事人对适用美国法律解决涉案纠纷的书面约定是明确的。此外,本案适用美国法并不违反中国的公共利益,故本案应当适用美国法律。

【法律评析】

在海上货物运输合同纠纷中,承运人签发的提单背面条款均载明法律适用条款。然而,对于提单中所含法律适用条款的效力问题,我国不同法院的做法并不一致。在海事审判实践中,很多法院倾向于认定提单中的法律适用条款无效。宁波海事法院就曾在判决中认为,提单记载的法律适用条款系承运人单方制作的格式条款,其内容排除了托运人与承运人协商选择发生纠纷时适用法律的权利,承运人也未能证明其在签发提单时已向托运人就法律适用条款进行协商并取得托运人同意,因此,法律适用条款无效。[①] 上海市高级人民法院也曾在判决中指出,承运人以提单背面条款记载适用1936年美国《海上货物运输法》为由请求适用美国法。但现有证据不能证明双方曾就法律适用问题进行过协商且托运人接受提单法律适用条款,相反,托运人从未对该条款表示过认可,所以提单

---

① 参见宁波欧典音响电子有限公司与West Consolidators Inc.(美国华志货运有限公司)、宁波市立豪物流有限公司、深圳华联国际货运代理有限公司海上货物运输合同无单放货纠纷案,中华人民共和国宁波海事法院(2009年)甬海法商初字第400号民事判决书。

法律适用条款不能约束托运人。① 在上述两个案件中，法院最终都根据"最密切联系的原则"适用了我国法律。

本案的一审法院上海海事法院也认为，"当事人选择合同争议应适用的法律，应当以明示的方式进行。涉案提单背面虽然有适用美国法律的记载，但该提单系承运人单方面印制的格式条款，双方当事人并未就涉案纠纷的准据法达成合意。根据我国法律规定，当事人未选择合同争议应适用的法律，应当适用与合同有最密切联系的国家或者地区的法律。中国上海是涉案提单的签发地和运输起运港，因此，中国是与本案纠纷具有最密切联系的国家。法院认定处理本案争议的准据法为中华人民共和国法律。"②本案终审法院上海市高级人民法院在法律适用问题上作出了完全相反的认定，法院在终审判决中指出："巴润公司要求美顺公司在签发提单时将其列为记名收货人，故巴润公司与美顺公司海上货物运输合同成立有效，对双方当事人均有约束力。涉案提单正面和反面记载的条款，均应视为双方当事人意思表示一致的有效约定。我国法律规定合同当事人可以选择合同适用的法律，法律另有规定除外。涉案提单是双方当事人自愿选择适用的，提单背面条款明确约定适用1936年美国《海上货物运输法》，又鉴于涉案双方当事人均为在美国境内注册成立且营运的公司，涉案货物运输的目的港和纠纷又在美国境内，故双方当事人对适用美国法律解决涉案纠纷的书面约定是明确的且意思表示一致，并不违反中国的公共利益，应当予以尊重和认定。"③可见，上海市高级人民法院对提单中法律选择条款的态度有所转变，开始尊重提单中的法律选择条款。然而，法院在决定适用美国法律时还考虑了最密切联系因素，即"涉案双方当事人均为在美国境内注册成立且营运的公司，涉案货物运输的目的港和纠纷又在美国境内"。这就使人产生疑惑，如果该案与美国没有任何联系，法院是否还会认定提单中法律选择条款的效力呢？我们认为，我国海事审判实践的发展趋势是尊重提单中的法律选择条款。

---

① 参见南京金岛服装有限公司与雅得美运通有限公司（The Ultimate Freight Management Corporation）海上货物运输合同纠纷案，上海市高级人民法院（2008年）沪高民四（海）终字第170号民事判决书。
② 上海海事法院（2007年）沪海法商初字第707号民事判决书。
③ 上海市高级人民法院（2009年）沪高民四（海）终字第27号民事判决书。

案例四：远东中国面粉厂有限公司诉利比里亚美姿船务公司货损赔偿案——承运人的义务

【案情介绍】

1989 年 1 月 11 日，远东中国面粉厂有限公司委托一香港公司在美国购买了一批小麦，交由利比里亚美姿船务有限公司所属的、由香港东昌航运有限公司经营的"宏大"轮承运。3 月 9 日，中国面粉厂有限公司收到上述货物的两份提单。该提单上载明"提单有效性依照 1936 年美国《海上货物运输法》并受其约束"。起航前，船长收到一份远航建议书，提及在"宏大"轮预定的航线附近可能会遇上恶劣气候。3 月 11 日，该轮驶抵中国蛇口港。经有关部门检验证实：该轮货舱舱盖严重锈蚀并有裂缝，舱盖板水密橡胶衬垫老化、损坏、脱开、变质及通风筒损坏。开舱时发现在裂缝、舱盖、舱盖板接缝下以及通风筒下的货物水湿、发霉、发热、结团、变质。为此，远东中国面粉厂有限公司向广州海事法院起诉，要求船方依照 1936 年美国《海上货物运输法》赔偿损失。船方辩称：根据 1936 年美国《海上货物运输法》的规定，承运人不承担因海上灾难而引起的一切责任。

【法律问题】

1. 本案应依什么法律解决？
2. 承运人违背了其所承担的哪项义务？本案应如何判决？

【参考结论】

1. 本案应依 1936 年美国《海上货物运输法》解决。海运提单中载明适用该法，且当事人都依该法提出诉讼请求或进行抗辩，说明当事人合意选择了美国的上述法律作为准据法。这不但符合国际上通行的"意思自治"原则，而且也符合我国《涉外经济合同法》（现已失效）的有关规定。

2. 承运人违背了"在开航前和开航时恪尽职责，使运货船舶处于适航状态"的义务，其抗辩证据不足，承运人应对因船舶不适航引起和造成的灭失或损害负责，所以应判决承运人根据 1936 年美国《海上货物运输法》赔偿原告"实际发生的损失"。

【法律评析】

本案属涉外海上货物运输合同纠纷。在合同法律适用方面，当事人意思自治是一项久经确认的国际私法原则。本案提单载明适用 1936 年美国《海上货物运输法》，法庭上，双方当事人都引用了该法，且美国为本案合同的缔结地、货物启运港所在地、载货船舶"宏大"轮起航前和起航时是否适航事实发生地，这说明美国与该合同存在一定的联系。美国法律和中国法律都承认当事人依意思自治原则选择法律。故法院应尊重当事人的选择。

1936年美国《海上货物运输法》和1924年《海牙规则》都规定了承运人有提供适航船舶的义务,否则应负赔偿之责。在实践中,适航状态包括:(1)船舶的结构、强度和设备能经受航次可预见的海上风浪的侵袭,适合所经地区的航行;(2)适当配备船员,装备船舶及配备供应品;(3)使货仓、冷藏舱或船舶的其他载货部位,能适合于收受、承运和保管承运的货物。法院查明,"宏大"轮不适航状态是在开航前或开航时存在的,且船长预知航行中会遇到恶劣气候,故不能引用海上灾难免除其责任,而是应赔偿因提供不适航船舶给原告造成的实际损失。

案例五:"三江口"轮货损货差纠纷案——承运人的免责

【案情介绍】

1995年4月17日,广州远洋运输公司所属"三江口"轮在巴基斯坦某港装载巴基斯坦产白糖净重12000吨。在装船过程中,船长曾向托运人和装货人发出书面声明和抗议,指出货物堆放于码头无任何遮盖物并发生了污染,宣布货物为不清洁;抗议装卸工人采用手钩装货以及不断向船上装载破包货;理货员理货不准确,理货数量与船方水尺计重相差甚大。5月8日,装货人致函船长,承诺船舶在卸货港无须对货物的任何情况负责。5月9日,船长再次声明,称装上船的货物总重量只有11602吨,船东对卸货港货物的任何短少均无责任。该声明由"三江口"轮船长、托运人代理人及装货人三方签字确认。随后,船长签发了编号为STL/01、STL/02和STL/03的三套清洁提单。提单记载STL/01、STL/02和STL/03提单项下白糖分别为10000吨(200000包)、1000吨(20000包)和1000吨(20000包),此外还记载了托运人、收货人目的港等内容。上述三票货物属同一种类、同一品名、同一包装,装船时没有进行隔票装载,也没有分别制作运输标志。其中,STL/01、STL/02号提单项下共11000吨白糖,系广西粮油食品进出口北海公司(以下简称"北海粮油公司")进口,价格条件为CFR,每吨437美元,总价款4807000美元。北海粮油公司作为被保险人,于1995年5月3日向中国人民保险公司北海分公司投保了英国1982年1月1日协会货物保险(A)条款,保险金额5287200美元,保险费人民币176803.77元。

"三江口"轮抵达北海卸下全部货物。经北海外轮理货公司理货,确认三票货物共短少了308包,破空袋2559包,破损4745包,大副在理货单上签名,同时批注:"灌包3070包"。货物卸离船舶以后,经广西进出口商检局检验确认STL/01、STL/02号提单项下短少3308包,损失净重165.4吨;漏空2346包,损失净重

117.3 吨；破损 4288 包，损失净重 122.871 吨，累计货损净重 405.571 吨。按照货物到岸实际价值计算，经济损失为 177234.527 美元。按货物保险金额和保险费的比例，短少货物保险费人民币 6519.77 元。此外，产生商品检验费人民币 7146 元，破损包翻工费用人民币 5578 元。1996 年 1 月 10 日，中国人民保险公司北海分公司依据保险合同支付了被保险人北海粮油公司货损保险赔款 194957.98 美元，取得了北海粮油公司的权益转让证书。此外 STL/03 号提单项下 1000 吨白糖，收货人未申请残损检验，没有证据证明发生了货损货差。

1996 年 5 月 10 日，中国人民保险公司北海分公司向海事法院起诉，请求法院判令被告广州远洋运输公司赔偿货物损失 194957.98 美元及其利息，以及货物检验费、整理费人民币 12724 元，并承担本案诉讼费。被告答辩提出不能排除 STL/03 提单的货损，索赔项目中应扣除重新灌包的 3070 袋糖包。此外，被告的责任与免责应依据提单背面条款的规定，适用《海牙规则》，最多赔付 62936.75 美元。

【法律问题】

1. 承运人是否应当负赔偿责任？如何确定赔偿的数额？
2. 承运人能否依据《海牙规则》限制赔偿责任？

【参考结论】

1. 被告广州远洋运输公司应负赔偿责任，应赔偿中国人民保险公司北海分公司货物损失及利息、货物检验费及整理费。其中货物损失应按货物装船时的价值加运费加保险费计算，共 177234.527 美元，人民币 6518.77 元及其利息，检验费、整理费人民币 12724 元。

2. 承运人不能依据《海牙规则》限制赔偿责任。承运人明知装船的货物包装破损、数量短少，仍签发清洁提单，属于明知可能造成损失而轻率地不作为，根据《海牙规则》和我国的《海商法》，承运人丧失了限制责任的权利。

【法律评析】

提单是指用以证明海上货物运输合同和货物已经由承运人接收或装船，以及承运人保证据以交付货物的单证。有关承运人与提单持有人、收货人之间的权利义务关系应当依据提单确定。原告作为提单项下货物的保险人，赔偿被保险人因保险货物遭受的损失以后，有权向承运人提出追偿。承运人在起运港装货时，已经发现货物污染、破包、短重等不良状况，本可以在提单上批注，经过批注的提单称为不清洁提单。对于不清洁提单，承运人可以在批准的范围内对收货人免除责任。但船长不顾货物状况不良的事实，仍然认可托运人所确定的货物重量、数量，未如实在提单上批注。这种承运人或代其签发提单的人未批注货物表面状况的,提单为清洁提单,表示货物的表面状况良好。对于清洁提单,承运人须向收货人或提单持有人交付与提单记载相符的、表面状况良好的货物,否则,应承担赔偿责任。货物的灭失或损坏在装船前或装船时已经发生,也不能免除承运人对收货人或提单持有人的责任。本案事实表明,被告向提单持有人交付的货物数量短少,部分货物包装破损甚至漏空。毫无疑问,承运人应对提单持有人(在货物保险人依据保险合同赔偿了提单持有人损失,取得权益转让的情况下,向保险人)承担赔偿责任。

我国《海商法》第 55 条规定:"……货物损坏的赔偿额,按照货物受损前后实际价值的差额或者货物的修复费用计算。货物的实际价值,按照货物装船时的价值加保险费加运费计算。"由于保险人向承运人提出索赔行使的是代位求偿权,索赔的依据是运输合同而不是保险合同,因此,应按运输合同即调整运输合同的法律确定赔偿的范围。本案原告以其依据保险合同向被保险人实际赔付的数额提出索赔,不应支持。

本案的被告能否享受责任限制的权利? 依据《海牙规则》和我国的《海商法》,如果货物的灭失、损坏或迟延交付是由于承运人的故意或者明知可能造成损失而轻率地作为或者不作为造成的,承运人不得享受限制赔偿责任的规定。本案中,承运人明知货物短重状况不良而不加批注,故不能享受责任限制。承运人在装船时所提出的声明和抗议,不仅不能免除其对收货人的责任,而且还因此丧失了责任限制的权利。

案例六:格里尔诉普尔货物运输保险索赔案
——涉外货物运输保险合同的法律适用①

【案情介绍】

普尔是一位保险人,在英国营业,他向投保人格里尔签发了一张海上货物运输保险单,保险的货物由一艘法国货轮装运,货主就是在英国经商的格里尔。在运输途中,法国货轮发生故障,就近驶入一个港口进行修理。船长为了担保借贷合同的债务,就以货轮、运费和货物设立抵押。由于仅货轮和运费用于借贷合同的债务清偿而价值不足,格里尔就支付了不足部分,以取得货物。其后,格里尔就其支付的这部分金额向保险人普尔索赔,双方发生争议。于是,格里尔在英国法院对普尔提起诉讼,要求其赔偿格里尔为取得货物而支付的金额。

---

① 参见赵一民主编:《国际私法案例教程》,知识产权出版社 2005 年版,第 195—196 页。

货主格里尔为取得货物而支付的金额,按法国法可归于海难造成的损失,因而格里尔能向保险人普尔索赔,但依英国法,保险人普尔对格里尔支付的这笔金额没有赔偿责任。法国法和英国法在本案与保险合同都有联系,前者是运货船舶的船旗国法律,后者是保险人及被保险人的营业地所在国法律。

【法律问题】

英国法院对本案应该适用法国法还是适用英国法?

【参考结论】

英国法院认为本案保险合同的准据法为英国法,因而依其判决保险人普尔对被保险人格里尔为取得货物所支付的金额没有赔偿责任。

【法律评析】

英国法院审理本案所采用的冲突规则是,保险合同在当事人没有明示或默示选择对其适用的法律时,合同受保险人营业地法律支配。许多国家对保险合同准据法的确定也采用类似规则,原因之一在于,保险人营业地与保险合同的联系通常较为密切。如今,包括我国在内的不少国家,在对当事人没有选择法律的保险合同依最密切联系原则确定准据法时,就是以保险人营业所所在地法律作为准据法来适用的,只有当情况表明其他国家或地区与保险合同明显具有更为密切的联系时,才以该其他国家或地区的法律作为保险合同的准据法。

案例七:中国 A 公司诉美国 B 公司案
——国际货物买卖合同双方的权利和义务

【案情介绍】

买方中国 A 公司与卖方美国 B 公司于 1992 年 5 月 14 日签订了两项合同,规定卖方向买方供应某货 8000 公吨,交货期为 1992 年 7 月至 12 月,按月份分批交货,装货口岸为汉堡、鹿特丹、安特卫普,由卖方选择。成交以后,买方于 1992 年 6 月 8 日主动提前开出了信用证。此后,买方由 1992 年 6 月至 11 月七次电函催促卖方发货。卖方在其四次答复中提到他的供货人未能交货并对迟延发出通知表示歉意。1992 年 11 月 13 日卖方致函买方,以美元贬值为由,要求提高合同价格,买方未接受这一要求。合同终于 1993 年 4 月、5 月部分履行,卖方仍希望买方提高合同价格,买方未同意。1994 年 11 月 16 日买方函告卖方,声明收到该函告后 45 天内如果再不履行交货义务,即提请仲裁,要求赔偿损失。卖方复函,由于买方 1992 年 6 月 8 日开出的信用证已过期,后来又未开出新的信用证,因此解除了卖方的交货义务。买方于 1995 年 5 月 20 日向中国国际经济贸易仲裁委员会提交仲裁申请书,要求卖方赔偿买方的损失,即按照 1993 年 6 月 29 日市场价格与合同价格的差价计算,共 74.8 万美元,并要求卖方承担仲裁的一切费用。卖方提出书面理由,指出买方未按期开立信用证,应负违约责任,其索赔要求不能成立,应予驳回,并应承担仲裁费用。

【法律问题】

该案件应怎样处理?中国 A 公司是否需开立新的信用证才不算违约?为什么?

【参考结论】

此案应是美国 B 公司违约。本案中美国 B 公司在与中国 A 公司签订合同后,未能按合同规定的交货期分批交货,先是迟延交货,后是拒绝交货,因此应承担违约责任。至于美国 B 公司辩称买方开立的信用证过期,那完全是卖方的违约行为造成的。中国 A 公司在合同订立后,实际履行期到来之前主动提前开出了信用证,是符合合同规定和国际惯例的。后由于美国公司没有履行通知其供货人交货时间的义务,导致了中国公司开立的信用证过期,也不可能开立新的信用证。货物买卖合同是双务有偿合同,一方的违约,必然导致另一方不能履行合同,但违约方不能以此为由,认定对方违约,从而解除自己的责任。本案的处理结果应是美国 B 公司承担违约责任,赔偿中国 A 公司因其未能正确履约而造成的一切经济损失,并承担仲裁的一切费用。

【法律评析】

1980 年《联合国国际货物销售合同公约》明确规定了国际货物买卖双方的主要权利和义务。其中规定提交货物和单据是国际货物销售中卖方的一项主要义务,包括卖方应在合同指定的时间和地点移交货物和单据。根据该《公约》的规定,买方有支付价金与接受商品的义务,买方不履行义务则卖方可依法得到救济。支付价金的义务包括根据合同或法律和规章规定的步骤和手续,在约定的时间和地点支付货款。支付价金的义务首先是由当事人在销售合同中规定的,如果双方在合同中未作规定,则依《公约》的规定,对于非缔约国,则依有关国际私法的原则,适用《公约》或有关的国内法的规定。该案件是美国 B 公司未能正确履行其卖方义务从而导致中国 A 公司不能履行合同,故责任在美国 B 公司。

值得注意的是,按照一般的国际贸易实践,买方的付款义务包括向银行申请开立信用证或银行付款保函、向政府主管部门申请进口许可证及所需外汇。如果买方不履行这些义务,则构成违约。本案中,中国公司并没有违反付款义务。本案的事实是卖方签订合同后该货物市价大幅度上涨,美元贬值,货源没有着落,卖方根本无货可交。

案例八：广州市 S 公司与港商 N 公司案——信用证单证相符原则

【案情介绍】

1985年，广州市 S 进出口公司与港商 N 公司签订了一份出口合同。该港商 N 公司将合同项下的货物转售，并以下家开给的信用证为依托，通过银行向 S 公司开证。但该港商在转售时，擅自变更了商品的规格，因而无法向其下家履约和收款。该港商遂伙同开证行利用 S 公司所提交的结汇单证的瑕疵，拒绝付款，还趁机试图不承担任何付款义务而取得全套单据。S 公司多方寻找货物下落，最后，通过船公司取得了补偿。

具体案情为：1985年3月1日，广州市 S 公司与港商 N 公司协商一致签订钢材出口合同，规定：卖方按 FOBST 上海，价格220美元/公吨交货，共计1.1万公吨，总价值242万美元，目的港为利比亚的黎波里。装运期为卖方收到信用证后60天。买方须于3月12日前将保兑的、不可撤销的、可转让的、可分割的见票45天付款的信用证开到卖方。3月23日，该港商通过香港某银行电开信用证，经审核，发现信用证有8处与合同规定不符。3月26日，S 公司通过通知行广州某银行电传通知开证行要求修改信用证。信用证先后作了7点修改，但还有一点"装运期4月30日，议付期5月6日"与合同不符，未按卖方的要求予以修改。经卖方一再催促，买方电传告：已通知银行，装期展至5月7日，鉴于买方擅自提前派船前来广州，空船已待装一个多月，S 公司为减轻对方的困难，决定分批装船。4月23日，正式通知广州外轮代理公司接受装船。4月28日开装，4月30日停装移泊，等待信用证修改装运期及议付期通知电的到达。但是直到5月6日仍未收到上述信用证修改，S 公司不得已，只好按2040公吨，金额44.9万美元交单议付。5月8日，信用证的延期修改书到达。但原已修改的7点又恢复了原来的修改条款，S 公司还是不能接受，因为信用证与合同规定不符，S 公司事实上也无法做到。S 公司决定将此次修改书经通知行退回开证行香港某银行。

关于已装船的货物，S 公司备妥全部单据送议付行审单后，议付行提出了略作修改的意见。S 公司作了修改后，议付行即于5月8日将正本单据快邮寄往香港开证行索汇。

1985年5月11日，开证行回电告，议付单证有三点不符，不能接受。此后，议付行与开证行之间电传往返辩驳达一个多月。在此期间，该港商将一切责任推给开证行，最后则与开证行相互呼应，拒不付款，蓄意赖账。7月3日开证行致电议付行，提出脱开信用证，改为托收方式，并将全部单据退回 S 公司，并将原

第十三章 国际经济贸易合同关系的国际私法调整

来所谓三点不符增至七点从而使事态恶化。

后经 S 公司查实,发现承运这批钢材的轮船并没有按合同规定驶往非洲的黎波里港,也没有去信用证修改后的目的港泰国曼谷港,而是将货卸在我友好邻国××港。

【法律问题】

1. 港商 N 公司申请开立的是哪一种类型的信用证?
2. 开证行以议付单证不符为理由拒不付款是否有理?为什么?
3. S 公司如要挽回损失可采取怎样的措施?

【参考结论】

1. N 公司申请开立的是一张背对背信用证。因为该公司是以其下手开来的信用证为基础而开立一张类似的信用证给卖方 S 公司。

2. 开证行以单证不符为由拒绝付款是符合国际贸易惯例的。因为单证相符是信用证业务必须遵守的原则,开证行和付款行只有在单据严格符合信用证规定的条件下才履行付款责任。银行对于不符合信用证条款规定的单据有权拒绝接受。

3. S 公司可以凭退回的全部单据包括提单追查货物的下落。承运人违反合同,没有驶往约定的目的港,并让租船人提走货物,违反了有关提单的国际公约,S 公司可以凭提单向承运人提取货物或索赔。

【法律评析】

本案是有关信用证交易的案例,国际商会编纂的《跟单信用证统一惯例》被世界各国普遍采用。《跟单信用证统一惯例》第 13 条规定:银行必须尽合理之注意审核信用证规定的一切单据,从而确定单据表面上是否符合信用证条款。如果单据表面上与信用证条款不符,银行可以拒绝接受单据,拒绝付款。S 公司接到信用证以后,发现信用证与合同有 8 处不符,立即通过通知行要求开证行修改,这种做法是正确的。但 S 公司未收到修改后的信用证就将货物装船启运,虽然是出于善意,以减轻对方的困难,却使自己面临单证不符无法收到货款的困境。从这一点来说开证行拒绝付款是有道理的,也是符合国际贸易惯例的。

其实,从深层原因来看,N 公司和开证行在单证不符的细节上大做文章,其目的在于逃避他们的付款义务。开证行在确定单证不符后,可以根据自己的判断接洽开证申请人,请求放弃不符点。在不损害买方实际利益的情况下,开证申请人一般会放弃不符点,通知开证银行照付,可惜开证行和 N 公司都没有这样做,反而伙同起来,既想取得提单又不想承担付款义务。反之,如果 N 公司放弃不符点,指示开证行付款,那么,他就无法向其下手收取货款。因为该公司在转卖时自行改变了货物的规格,其收到的信用证和开出的信用证之间在货物规格这一主要条款上对不起来,无法收取货款。

提单是物权凭证,是承运人收到货物和提单持有人向承运人提取货物的凭证。S公司抓住承运人违反有关提单的国际公约,凭借N公司退回的提单,不失时机向承运人提出索赔要求,挽回了大部分损失,不失为一种积极的补救方法。

案例九:国际技术许可协议纠纷案——卖方的权利担保义务

【案情介绍】

1996年10月16日,中国A公司与美国C公司签订了镀膜技术许可合同。合同规定:中国A公司从美国C公司引进某种生产镀膜设备专利技术,许可合同中"鉴于"条款规定"C公司拥有某镀膜设备生产的专利,能够合法地向引进方授予制造某镀膜设备的生产许可证……"许可证合同签订以后,在双方的密切合作下,很快生产出合格的合同产品,但当该产品销往美国以后,美国的另一家B公司提出诉讼,指控中国A公司制造的某镀膜设备侵犯了其专利权。

【法律问题】

1. 中国A公司是否应诉?
2. 中国A公司还有什么权利?

【参考结论】

1. 中国A公司不必应诉。根据"鉴于"条款的规定,应责成美国C公司应诉。本案中C公司在合同"鉴于"条款中担保其对所提供的技术拥有合法、有效、完整的专利权。一旦中国A公司被第三方指控侵权,C公司负有不可推卸的责任,应由该公司应诉。

2. 由于C公司违反了对其所提供技术的权利担保,构成违约,应承担由此而给被许可方中国A公司造成的经济损失。被许可方中国A公司有权向许可方C公司提出赔偿损失的请求。

【法律评析】

本案是一起国际技术转让协议中技术供方违反担保条款及专利侵权条款而引起的纠纷。国际技术转让协议中的技术供方应保证其所提供的技术符合合同的要求,能够生产出符合合同的产品,这通常称为技术担保。同时技术供方应保证其对所转让的专利技术拥有合法的权利,不构成对第三方的侵权,这就是权利担保。专利侵权条款通常规定当技术受方或被许可方在利用供方的技术进行制造、销售业务时如构成对第三人专利权的侵犯,应由供方承担一切责任并保证受方不受损害。本案中的"鉴于"条款说明供方在订立合同时,就对其所转让技术的合法性作出了保证,所以,当第三方对该技术主张权利时应由供方应诉,并由供方赔偿受方因此而遭受的经济损失。

案例十:丹东曙光车桥股份有限公司诉美国柏利莱机械公司合资争议案——中外合资经营企业合同的法律适用

【案情介绍】

丹东曙光车桥股份有限公司(以下简称"曙光公司")与美国柏利莱机械公司(以下简称"柏利莱公司")于1996年3月26日在中国辽宁省丹东市签订丹东柏利莱齿轮有限公司合同。合同约定:双方举办合资经营企业,合营期限为12年,合资公司投资总额为350万美元,注册资本为210万美元,中方投资额占49%,美方投资占51%。合资公司的注册资本自合资公司营业执照签发之日起9个月内缴清,任何一方未按规定的出资时间和出资额缴清出资时,即构成违约,守约方可依法要求违约方赔偿因未缴付或缴清出资造成的经济损失。合同还约定:曙光公司负责办理为设立合资公司向中国主管部门申请批准、登记注册、领取营业执照、租用厂房及其他工程设施,联系落实水、电、交通等基础设施。合同的订立、效力、解释、履行和争议的解决均适用中华人民共和国法律,解决合同纠纷的方式为提交中国国际经济贸易仲裁委员会仲裁。同日,双方还签订了5个合同附件。

合同及合同附件签订后,曙光公司依约履行了合同义务,办理了建立合资企业的各种批文。1996年3月28日,辽宁省人民政府颁发了批准证书,中华人民共和国国家工商行政管理局颁发了营业执照。1996年5月8日,曙光公司向柏利莱公司汇付了购买设备的定金10万美元,同年6月26日,电汇了49%的热处理设备款。与此同时,曙光公司还履行了合同规定的其他义务。

1996年8月1日,柏利莱公司以资金困难为由,要求曙光公司为其垫付应缴的51%的热处理设备款,此后,柏利莱公司又数次以传真的方式提出这一要求,均被曙光公司拒绝。同年8月13日,柏利莱公司再次传真曙光公司,提出曙光公司为其垫付51%的热处理设备款,其余设备款可在设备验收时支付。曙光公司同意了柏利莱公司的请求,于1996年9月2日开出了为其垫付51%的热处理设备款的信用证。1996年9月26日,合资公司派人到美国验收设备,并在美国奥克兰银行开立账户,拟汇入款项以便验收设备后即支付其余设备款。

在合资公司人员到达美国准备验收设备的当天,柏利莱公司宣布不予以合资,要求曙光公司用已付的定金和设备款购买其旧设备。曙光公司要求柏利莱公司履行合同,继续合资,否则应返还已付款项,柏利莱公司拒绝曙光公司的合理要求。1996年11月28日,柏利莱公司正式向曙光公司以书面形式发出《关于终止丹东柏利莱齿轮有限公司的通知》,终止了合资合同。

1997年1月13日,曙光公司依据合资合同中的仲裁条款向中国国际经济贸易仲裁委员会提起仲裁,请求仲裁庭裁定:(1)返还已支付的购设备款本息242711.78美元。(2)双倍返还投资设备定金及利息218295.9美元。(3)承担投资损失人民币302699.44元,美元57080.82元。(4)承担逾期缴纳投资违约金357000美元。(5)承担仲裁费和律师代理费。

【法律问题】

1. 本案应适用什么法律?
2. 柏利莱公司是否应承担法律责任?

【参考结论】

1. 根据中国当时有效的法律《中外合资经营企业法实施条例》第15条或者《涉外经济合同法》第5条的规定,在中国境内的中外合资经营企业合同只能适用中华人民共和国法律,因此,本案只能适用中国的法律。

2. 柏利莱公司单方撕毁合资合同,属严重违约行为,应承担相应的违约责任。

【法律评析】

根据中国《中外合资经营企业法》的规定,在中国境内组建的合资企业,其法律地位是中国法人,具有中国国籍,受中国法律的保护和管辖。由于合资企业是中国法人,合资企业合同在中国境内履行,所以,经1987修订的中国《中外合资经营企业法实施条例》第15条规定,合营企业合同的订立、效力、解释、执行及其争议的解决,均应适用中国的法律。1985年《涉外经济合同法》第5条规定,在中华人民共和国境内履行的中外合资经营企业合同、中外合作经营企业合同、中外合作勘探开发自然资源合同,适用中华人民共和国法律。

违反合资合同应承担什么法律责任,取决于我国的法律规定和当事人之间在法律范围内的约定。根据我国法律规定,当事人违反合资合同可采取以下补救措施或承担以下法律责任:(1)实际履行合同或强制实际履行合同。实际履行原则是指合同当事人按照合同约定的标的履行合同义务。实际履行原则是合同必须信守的传统规则的具体要求,也是合同效力的必然体现。我国法律规定了实际履行原则,即一方当事人违反合同时,对方要求继续履行合同的,应当继续履行。强制实际履行是指当事人违反合同、违反法律规定时,国家权力机关作出具有强制力的决定。强制当事人实际履行合同,如果不履行,将承担相应的法律后果。(2) 违约赔偿。当事人违反合同,给对方当事人造成损失,应承担赔偿责任。违约赔偿具有补偿性,一般不具有惩罚性,赔偿的目的是为了弥补或填补债权人因违约行为遭受的损害后果。在一般情况下,损害赔偿的确定以实际发生的损害为计算标准,而不以当事人主观过错程度作为确定赔偿的标准,这是因为赔偿的目的不是处罚过错行为,而是补偿受害人的损失。所以,违约赔偿有一定的任意性,当事人可以在法律限定范围内约定赔偿标准和赔偿数额。

违约赔偿可以采用违约金或定金的方式进行。违约金是当事人在订立合同时确定的,在违约后生效的独立于履行行为之外的给付。设立违约金旨在强制债务人履行债务,确保债权的效力。定金是当事人约定的,由一方预先给另一方一定数量的货币或其他代替物,以保证合同的履行。定金的作用是担保合同债务的履行,但这种担保作用是通过定金罚则来实现的,即给付定金的一方如果不履行合同,将无权请求返还定金,接受定金的一方如果不履行合同,将双倍返还定金,这样,定金就成为合同不履行的责任形式。在本案中,柏利莱公司收取曙光公司 10 万美元定金后,不履行合同义务,仲裁庭依据我国法律中关于定金的规定,依法裁决柏利莱公司双倍返还定金。这既体现了对柏利莱公司的惩罚,也体现了对守约方曙光公司的补偿。

一方违约可能招致的一种法律后果是另一方当事人解除合同。严格地说,解除合同本身不是违约责任的形式,但解除合同确与违约责任紧密相连。正因为如此,在讨论各种责任形式时,往往将解除合同一并纳入其中。解除合同的方式主要有两种:一种是通过司法或仲裁程序解除合同;另一种是一方当事人根本违反合同,另一方当事人即享有解除合同的权利,另一方当事人将解除合同的意思表示送达到对方当事人或采用告知的方式通知对方当事人,即发生解除合同的效力。

解除合同的条件必须是法律规定的或当事人约定的,当这些条件成就或不成就时,当事人才享有解除合同的权利,否则,擅自解除合同构成违约。在本案中,柏利莱公司在曙光公司认真履行合同的情况下,抓住曙光公司履行合同过程中的微小瑕疵,单方面宣布解除合同。由于解除合同的条件不具备,柏利莱公司的行为构成违约,故本案仲裁庭裁决柏利莱公司承担赔偿责任。

案例十一:日本香美公司诉法国同进公司案
——国际工程承包合同的法律适用

【案情介绍】

1999年5月,法国同进公司和汕头龙湖乐园有限公司合作经营桑拿按摩中心。合作经营合同规定,由龙湖乐园有限公司提供场地、水电设施、营业场所,办理企业登记注册(共计投入人民币200万元),由同进公司负责室内设备安装。合同同时规定,按摩中心由同进公司承包经营。承包期间,每月交给龙湖乐园有限公司承包款人民币6万元。合作合同未约定应适用的法律。之后,同进公司于同年9月在香港将工程承包给日本香美公司安装。后因所安装的热水锅炉与合同规定的品名不符及部分项目未安装,同进公司拒付安装款,并于同年11月开业。后因国家对按摩健身行业进行整改,行文禁止异性按摩,法国同进公司承包的按摩中心停业,而所得利润已全部汇往法国。日本香美公司为追索工程安装费而向汕头市中级人民法院提起诉讼。

【法律问题】

1. 谁应是本案的被告?
2. 本案起诉的过程中如达不成法律选择的协议,应适用何国的法律作准据法?并加以说明。

【参考结论】

1. 法国同进公司应是本案的被告。因为按摩中心由同进公司承包,并在原合作经营合同中规定室内设备安装由法国同进公司负责,然后法国同进公司再与日本香美公司签订了合同。

2. 此案应适用中国法律。因合同中双方当事人未选择合同所应适用的准据法,事后如不能就法律选择达成一致的协议,人民法院应按最密切联系原则确定所应适用的法律,通常情况下是设备安装工程所在地的法律,即中国法律。

【法律评析】

本案是一个国际工程承包合同纠纷案,该合同的双方分别是承包了按摩中心的法国同进公司和日本香美公司,由日本香美公司负责按摩中心设备安装,由法国同进公司支付工程安装款,当双方就工程安装费发生纠纷时,法国同进公司理所当然应成为被告。汕头龙湖乐园有限公司只是合作经营合同的一方,已将设备安装事项交由法国同进公司负责,它不是工程安装合同的缔约方,不应列为该合同纠纷的被告。对于国际工程承包合同的法律适用,国际上通行的做法是采用当事人意思自治的原则,由双方当事人协议选择解决,如无此协议,或不能达成一致协议,一般多主张根据最密切联系原则适用工程实施所在国的法律。

根据我国 2007 年最高人民法院《关于审理涉外民事或商事合同纠纷案件法律适用若干问题的规定》,建设工程合同,适用建设工程所在地法。

案例十二:北京百事通影视文化传播有限公司上海分公司诉香港利是美国际中国有限公司案
——委托合同的法律适用

【案情介绍】

原告北京百事通影视文化传播有限公司上海分公司与被告香港利是美国际中国有限公司在 2004 年签订参展协议,被告委托原告为"2004 F1 世界锦标赛中国大奖赛博览会"F1 威斯迈凯轮梅赛德斯车队赛车提供布展、展示等服务,原告按照参展协议的约定履行了义务,且被告支付了原告合同项下款项 100 万元。

后原告向上海市第一中级人民法院提起诉讼,称双方于 2004 年 8 月 24 日、2004 年 9 月 13 日分别签订了《F1 2004 年世界锦标赛中国大奖赛博览会"魅力上海精彩 F1"参展协议》(以下简称"《参展协议》")及《F1 2004 年世界锦标赛中国大奖赛上海国际赛车场比赛场地周边品牌宣传合同》(以下简称"《品牌宣传合同》",约定由原告向被告提供相应的展示、宣传等服务。后原告按约履行了上述两份协议,但被告只支付了《参展协议》项下的款项,《品牌宣传合同》项下的款项被告迟迟不予支付。原告多次催讨未果,故起诉至法院,要求判令:(1)被告支付原告《品牌宣传合同》项下的款项人民币 100 万元(以下币种同,略);(2)被告支付原告违约金 100 万元;(3)本案诉讼费用由被告负担。

上海市第一中级人民法院于 2007 年 3 月 30 日立案受理后,于 2011 年 4 月 7 日开庭对本案进行了审理。

【法律问题】

本案应如何适用法律?

【参考结论】

本案应适用受托人即原告住所地中华人民共和国法律。

【法律评析】

本案系涉港委托合同纠纷,根据我国《涉外民事关系法律适用法》第 41 条,当事人可以协议选择合同适用的法律。当事人没有选择的,适用履行义务最能体现该合同特征的一方当事人经常居所地法律或者其他与该合同有最密切联系的法律。本案中,双方当事人未选择合同所适用的法律,故本院依据最密切联系原则确认系争合同应适用的法律。又根据最高人民法院《关于审理涉外民事或商事合同纠纷案件法律适用若干问题的规定》第5条之规定,委托合同中受托人住所地最能体现该合同的特征,本案中的受托人即原告住所地位于中国内地,故本院适用中华人民共和国法律作为审理本案的准据法。

案例十三:中国工商银行深圳市分行诉香港嘉星(集团)有限公司等七被告借款纠纷案——借款和担保合同的法律适用①

【案情介绍】

在中国工商银行深圳市分行诉香港嘉星(集团)有限公司等七被告借款纠纷案中,除了原告中国工商银行深圳市分行与中国被告东益公司之间的《房地产抵押合同》约定适用中国法律,原告与香港被告嘉星(集团)有限公司之间的《贷款协议》约定不排除适用借款人原告资产所在地的中国法律之外,原告与香港被告投资公司之间的《开证及T/R额度协定》则约定适用澳门地区法律,戚康九、林锋、李秀慧和嘉星香港公司等四个香港被告向原告出具的《担保书》中约定适用香港地区法律。对后两个合同,原告在中国起诉后单方变更选择准据法为中国法。

法院经审理认为:"原告与被告投资公司签订的《开证及T/R额度协定》中虽然约定合同适用澳门地区法律并受澳门地区法院管辖,但现原告宣示放弃其在合同中关于适用澳门地区法律处理该合同争议的选择,继而选择中国法律来处理纠纷,在被告投资公司经合法传唤不到庭,从而构成对于其依法享有的法律适用的选择权放弃的情况下,由于该协议在我国境内签订,并经深圳市公证处公证,原告是中国法人,根据最密切联系原则,对于本案原告表示选择适用中国法律处理本案争议的请求应予准许。""被告戚康九、林锋、李秀慧和嘉星香港公司向原告出具的担保书,为香港嘉星(集团)有限公司向原告偿还本案的借款债务作出连带责任的保证,该保证书中约定了不排除我国法院对保证合同纠纷行使管辖权。虽然合同中约定适用香港地区法律,但原告已向我院表示适用中国法律处理本案的争议,被告戚康九、林锋、李秀慧和香港嘉星(集团)有限公司又均不到庭应诉,应视为是对于其享有的民事诉讼权利的放弃。对于该从债务所依附的主债务纠纷适用我国法律处理的情况下,适用中国法律来调整保证合同各

---

① 参见许光耀、宋连斌主编:《国际私法学——学习指导书》,湖南人民出版社2005年版,第180—182页;案情详见中国涉外商事海事审判网:http://www.ccmt.org.cn/hs/writ/judgementDetial.php?sId=495,2006年6月5日访问。

方的权利义务关系,更有利于法律的平等适用和当事人各方利益的保护。"

【法律问题】

法院的处理是否适当?

【参考结论】

法院的处理是不适当的。

【法律评析】

从判决书来看,对于上述两个合同的法律适用问题,是在双方当事人已有法律选择的情况下,法院认可了原告的单方变更选择,最终适用原告单方选择的中国法并作出了缺席判决。

我们认为,法院的这种做法值得商榷。第一,双方当事人协议选择法律适用条款的效力。该案原告与被告投资公司签订的《开证及T/R额度协定》和被告戚康九、林锋、李秀慧和香港嘉星(集团)有限公司向原告出具的《担保书》中约定有关合同分别适用澳门地区法律和香港地区法律,这种约定是明确的,且没有违反我国强制性或禁止性规定,应认定为有效的法律选择,法院在处理有关合同争议时就应分别适用双方当事人选择的澳门地区法律和香港地区法律。审理该案的法院却无视双方当事人的这种有效约定,因此这种做法是有问题的。第二,原告单方变更法律选择协议的效力。法律选择协议是双方当事人意思一致的一种约定,那么其变更也必须是双方当事人的意思一致,任何单方意志变更行为均为无效。在双方当事人已有法律选择的情况下,该案法院却认为:"被告经合法传唤不到庭,从而构成对于其依法享有的法律适用选择权的放弃。"法院据此进而认定原告单方选择适用中国法,作出了判决。被告不出庭是其在诉讼程序上的选择和放弃,但这并不意味着被告对其已作的法律选择的放弃,两者并没有因果关系。因此,法院的这种分析逻辑和做法也是有问题的。第三,担保合同纠纷的法律适用。担保合同虽然从属于主合同,但它是相对独立的合同。在法律适用问题上,双方当事人可以选择担保合同适用的准据法,该案中双方当事人就选择了香港地区法律作为准据法;即使没有法律选择或法律选择无效,根据最密切联系原则和特征性履行方法,担保合同纠纷一般适用担保人住所地法,在该案中即为被告戚康九、林锋、李秀慧和香港嘉星(集团)有限公司的住所地香港地区的法律,而不适用被担保人住所地法。该案法院却反其道而行,适用了被担保人原告住所地的中国法。就这一点而言,法院的做法也有不妥。

案例思考题

思考题一:中国昌华公司与美国丽特公司纠纷案
——国际货物买卖合同的法律适用

1993年5月,美国丽特公司拟向中国昌华公司购买一批玩具。双方通过传真往来达成协议,由卖方提供玩具25万套,单价每套15元,FOB上海港,由买方不迟于当年6月5日开出不可撤销的即期保兑信用证。另外,合同中没有载明应适用的法律。由于买方要求签订协议确认书,卖方就将经其签字且内容与上述协议相同的确认书寄交买方。买方将收到的确认书作了修改并签字以后又寄回卖方。卖方收到该确认书后,发现信用证的开证日期被买方改为延至同年6月20日,并且原先规定的即期信用证也被其改为远期信用证。卖方认为买方所作改动不能接受,随即给买方发了传真,表示不同意改动。对此,买方并未理会。同年6月5日,卖方备好货物,准备发运,但没有收到买方开出的信用证。直到同年6月15日,卖方在仍未收到信用证的情况下,为避免损失,就将备好的货物转卖给另一家公司,并通知买方解除合同。买方对此表示不同意,认为卖方将货物转卖是严重违约,于是,在中国提请仲裁,以卖方严重违约为由,要求其赔偿损失50万美元。

问题

仲裁庭在审理案件时应适用什么法律?

重点提示

《联合国国际货物销售合同公约》于1988年1月1日正式生效,中国和美国都是该《公约》的成员国,因此,该《公约》对中、美两国都有约束力。《公约》第1条规定其适用于营业地在不同缔约国的当事人之间订立的国际货物销售合同,由于本案中的合同由营业地在中国的卖方与营业地在美国的买方订立,当然可以适用《公约》。但根据《公约》第6条规定合同双方当事人也可以排除《公约》的适用,所以还必须确定本案合同当事人未排除《公约》的适用,这样《公约》才能适用于本案合同。从本案情况看,当事人双方没有选择应适用的法律,其排除《公约》适用的迹象也并不存在。因此,《公约》将自动适用于本案合同。

思考题二：中国某进出口公司和外商之间的贸易惯例与合同条款关系的争议案——贸易惯例的效力①

中国某进出口公司与外商签订了一项买卖合同，由该中国公司出售一批中国产圆粒大米给外商，双方约定采用 FOB 价格条件，装运港为上海。合同还规定，买方必须以沙特阿拉伯的吉达或达曼作为货物运输的目的港。买方也保证，该批大米一定是运往沙特阿拉伯销售，不会将其转口到其他地方。但在合同签订后不久，卖方得知买方已将该批大米出售给香港一家公司，该公司要将其转售到菲律宾。买方否认自己有转售行为，并称其依 FOB 条款安排运输时目的地的确定是不受限制的。卖方坚持认为买方的行为是违约行为。双方之间的争议后来被提交仲裁解决。

问题

本案中，买方确定货物运输的目的地是依 FOB 价格条件，还是要受合同另外所作规定的约束？

重点提示

任意性是国际贸易惯例的一大特点，因此，当事人协商同意采用国际贸易惯例，该惯例才对当事人产生约束力。而且，当事人还可以对其选择的某种贸易惯例进行变更或修改，使它产生当事人所期望的效果。如果当事人明确或默示采用的贸易惯例与合同条款内容发生抵触或不一致，则应以合同条款内容为准。这就是合同条款在适用效力上优于贸易惯例的一般原则。就本案而言，双方约定采用的价格条件作为国际贸易惯例，在适用效力上自应服从合同的其他条款。

思考题三：货主诉中国 A 船务公司案——国际海上货物运输合同的法律适用

中国 A 船务公司某轮装载 500 吨香蕉运往欧洲某港口。船长签发了一式三份清洁提单。船舶到达欧洲指定卸货港时，正值当地港口工人罢工，不能卸货。罢工持续两天。船员在罢工期间忘记开放货舱通风，致使舱内香蕉全部变坏。货主向法院起诉索赔。承运人以香蕉变坏是由于工人罢工不能卸货所致，主张免责。提单上载明了提单受中国《海商法》约束。

---

① 参见赵一民主编：《国际私法案例教程》，知识产权出版社 2005 年版，第 187 页。

问题

1. 该案应如何适用法律？
2. 船长签发提单的效力如何？
3. 承运人对香蕉全部变坏主张免责能否成立？承运人是否应当承担赔偿责任？

重点提示

本案是一起国际海上货物运输合同损害赔偿纠纷案件，涉及国际海上货物运输合同的法律适用、船长签发提单的效力、承运人管货义务以及承运人免责事项等问题。相关的法律条文包括我国《海商法》第 48 条、第 51 条、第 72 条、第 76 条、第 77 条和《民法通则》第 145 条。

思考题四：上海某公司诉美国某运送服务公司案
——国际航空运输合同的法律适用①

1993 年 7 月，上海某公司因为急需快递一份文件到也门共和国参加投标，就在上海将该文件交美国某运送服务公司通过航空运输快递到也门共和国。美国该运送服务公司作为承运人让上海某公司即托运人填写了航空货运单，该运单背面载明：《华沙公约》（即《统一国际航空运输若干规则的公约》的简称）及其修改议定书适用于本运单；托运人同意运单背面条款，并委托承运人为出口和清关代理。由于承运人美国某运送服务公司在收下上海某公司托运的标书文件之后，未按行业惯例于当日前往机场报关，直到第 3 日晚上才办完报关出境手续，以致到第 7 日才将标书文件送达目的地，因而标书文件比投标截止日迟到 1 天。其后，上海某公司作为托运人在上海某人民法院对承运人美国某运送服务公司提起诉讼，要求其退还原告所交运费，并赔偿原告因失去投标机会而蒙受的直接经济损失 10360 美元。

问题

1. 国际航空运输应如何适用法律？当事人可以选择法律吗？如未选择，应如何确定准据法？
2. 本案应适用什么法律？法院应如何处理？

重点提示

《华沙公约》长期以来一直是国际航空运输合同领域影响最大也是最主要

---

① 参见杜新丽主编：《国际私法教学案例》，中国政法大学出版社 1999 年版，第 186—188 页。

的一个国际公约,包括我国在内的150多个国家是该《公约》的成员国。该《公约》的修改议定书简称《海牙议定书》,它对《华沙公约》作了一些修订,包括我国在内的130多个国家是该议定书的成员国。根据《华沙公约》和《海牙议定书》的规定,合同约定出发地和目的地分别位于两个缔约国的航空运输,属于《华沙公约》和《海牙议定书》的适用范围。在本案中,航空运输的出发地和目的地分别为中国和也门,都是《公约》缔约国,并且运单上也规定适用《公约》,因此,缔约国中国的法院对本案应适用《华沙公约》和《海牙议定书》。

思考题五:中国某外贸公司诉保险人赔偿案——CIF 价格条件

2002年,我国一家外贸公司从美国购买一批化肥,合同使用的贸易术语是CIF,卖方在美国某保险公司投买了一切险,自美国内陆仓库起,直至我国外贸公司的仓库为止。这批化肥拟从卖方仓库运往码头,装船以前,发生了承保范围内的风险损失。事后,我外贸公司凭卖方转让的保险单向保险人索赔时,保险人拒绝赔偿,其理由是我外贸公司在保险事故发生时对该批化肥没有保险利益。

问题

(1)我国《海商法》关于该案中涉及的问题是如何规定的?该规定与国际商会《国际贸易术语解释通则》一致吗?

(2)为什么在当事人未选择法律时,除国际惯例外,还可以适用保险人营业所在地国家的法律?为什么不适用被保险人营业地的法律?

重点提示

国际货物保险合同除适用关于价格术语的国际惯例以外,关于合同的效力,合同的当事人之间的关系通常适用保险人营业所在地法。根据《国际贸易术语解释通则》,卖方负有办理保险的义务。但从性质上看,卖方实际上是代替买方办理保险。因为卖方投保的险别、保险金额等都受买方的约束,一般应该按国际货物买卖合同或信用证列明的保险条件去办理投保,并非由卖方一方决定,因此,该案中买方有权向保险人索赔。

思考题六:中国某汽车制造厂诉美国某汽车制造集团专利技术 转让合同案——技术引进合同的法律适用

1992年9月,中国某汽车制造厂与美国某汽车制造集团在中国北京签订了一项专利技术转让的独占许可合同。合同的主要内容如下:美国某汽车制造集团向中国某汽车制造厂提供生产某种新型小轿车的全套技术,包括主体技术及配套技术。转让方美国某汽车制造集团保证该套技术均为专利技术,并且在中国只转让给受让方一家,合同总价为120万美元,转让方交付全套技术资料后,受让方支付60万美元,第一台样品汽车生产出来并验收合格后再支付60万美元。合同有效期为10年,届满后受让方不得再使用该技术。合同还包括以下一些规定:受让方只能从转让方处购买必需的零部件;受让方若对该技术有所改进或研究出替代技术,须无偿交给转让方,而转让方若有该技术的改进方法或替代技术,受让方可以以优惠价格购买;受让方在受让该技术的第一年内,只能利用该技术生产100辆该种新型小轿车,以后才能逐年增加;转让方派专家到受让方所在地协助指导利用该技术,食宿、交通费用概由受让方负担。

1992年10月,转让方向受让方交付了全套技术资料,受让方支付了60万美元的价款,并购买了转让方提供的零部件,在转让方专家的指导下开始试制生产。然而,直至1992年年底,仍然未能试制成功。转让方调换了专家,修改了某些技术后,至1993年1月,终于试制出第一台样车,但经检验发现,该样车的大部分技术参数达不到合同规定的标准。受让方将从转让方处购买的零部件送检,发现其中许多零部件质量不过关。于是,受让方以转让方违约为由提出索赔,转让方则认为样车试制不成功是因为受让方工作人员素质不高,以及生产设备落后,与其技术无关,不同意索赔。受让方遂向法院提起诉讼,要求转让方赔偿损失共180万美元。转让方认为中国法院无管辖权,拒绝应诉。受让方指出,根据中国《民事诉讼法》的规定,中国法院对本案享有管辖权。后来,转让方又提出审理本案应适用美国法律,受让方则坚持适用中国法律,最后,法院裁定适用中国法律。法院受理案件后,将被告提交的全套技术资料交由专利局鉴定是否为专利技术。经专利局国际检索发现,有些技术根本不是专利技术,有些专利技术已经失效,还有一些专利技术有效期不足10年,这些技术约占全套技术的50%。转让方提供的零部件大部分也不合格。经进一步审理又发现,中方当事人未将该技术引进合同提交中国审批机关审批,而按中国当时的法律规定,技术引进合同必须经审批机关批准方为有效。因此,双方的合同实质上是无效合同。此外,合同亦含有许多为中国法律所禁止的限制性条款。

问题
1. 中国法院是否有管辖权及本案应适用何种法律?
2. 该技术引进合同的效力如何?

重点提示
我国《民事诉讼法》第243条(2007年修订的《民事诉讼法》第241条)规

定:"因合同纠纷或者其他财产权益纠纷,对在中华人民共和国领域内没有住所的被告提起的诉讼,如果合同在中华人民共和国领域内签订或者履行,或者诉讼标的物在中华人民共和国领域内,或者被告在中华人民共和国领域内有可供扣押的财产,或者被告在中华人民共和国领域内设有代表机构,可以由合同签订地、合同履行地、诉讼标的物所在地、可供扣押财产所在地、侵权行为地或者代表机构住所地人民法院管辖。"本案中,双方当事人未在合同中订立任何有关管辖权的条款,合同的签订地和履行地又均在中国,因此中国法院是完全有管辖权的。

我国过去把技术引进合同中适用外国法律的法律选择条款视作限制性条款而予以禁止。为了促进对外经济关系的发展,我国的这一习惯做法已经得到了改变。根据我国《民法通则》第145条的规定,在当事人双方未能就所适用法律的选择达成一致的情况下,适用与合同有最密切联系的国家的法律。对"最密切联系"的概念,我国的理解与国际上的一般理解是一致的。本案中,由于当事人没有制定适用法律选择条款,且在人民法院受理案件后仍不能协商一致作出选择,法院即基于合同签订地、履行地、受诉法院所在地均在中国境内的事实,按最密切联系原则作出了适用中国法律的裁定。这也是符合国际惯例的。

技术引进是一个涉及政治、经济、金融、技术、法律及国家发展战略和政策等各个方面的极为复杂的过程,因此,对技术引进合同实行一定的国家管理是十分必要的。目前,我国技术引进合同的管理采取政府审批制,以加强对技术引进工作的国家管理,保证所签订的合同符合国家的法律和政策,保证所签订的合同能够顺利有效地执行,维护合同各方的合法权利与经济利益。

《技术引进合同管理条例》(以下简称《管理条例》,已被2001年《技术进出口管理条例》废止)第4条规定:"受方和供方必须签订书面的技术引进合同(以下简称合同),并由受方在签字之日起的30天内提出申请书,报中华人民共和国对外经济贸易部或对外经济贸易部授权的其他机关(以下简称审批机关)审批;审批机关应当在收到申请书之日起60天内决定批准或不批准,经批准的合同自批准之日起生效。在规定的审批期限内,如果审批机关没有作出决定,即视同获得批准,合同自动生效。"由此可见,凡未经批准或未视同获得批准的技术引进合同均为无效合同,对合同双方当事人均无法律约束力。

结合以上法律依据可以看出,本案中受让方根本就未将该技术引进合同提交审批机关进行审批,所以,该合同为无效合同。

同时,本案中的技术引进合同还含有大量不合理的限制性条款,几乎都属于《管理条例》中明确列举的未经特殊批准合同中不得含有的条款,包括限制受让方自由选择从不同来源购买原材料、零部件或设备;限制受让方利用引进的技术生产产品的数量、品种或销售价格;禁止受让方在合同期满后继续使用引进的技术;以及双方交换改进技术的条件不对等。

思考题七:香港吉德投资有限公司诉沈阳市东陵区殡葬管理所案
——中外合作经营企业合同的法律适用[①]

1994年12月20日,香港吉德投资有限公司(以下简称"吉德公司")与沈阳市东陵区殡葬管理所(以下简称"殡管所")签订了中外合作经营沈阳天山福园有限公司合同。合同约定:吉德公司与殡管所根据《中华人民共和国中外合作经营企业法》和中国的其他法律规定,建立合作经营沈阳天山福园有限公司。吉德公司出资相当于人民币1050万元的美元现汇,殡管所出资位于沈阳市东陵区满堂乡荒地村20万平方米的土地使用权。合作公司经营期限为12年,经营期间任何一方如果向第三方转让其全部或部分出资额,则须经另一方同意,并报审批机构批准。对建立天山福园有限公司这一合作项目,沈阳市计委1995年1月11日作了批复,沈阳市外经贸委1995年1月26日作了批复,沈阳市人民政府1995年1月28日作了批复,同意成立。沈阳市外经贸委1995年1月28日颁发了《外商投资企业批准证书》,同日,国家工商局颁发了沈阳天山福园有限公司营业执照。

天山福园有限公司成立后,吉德公司陆续投入资金,截至1997年5月,吉德公司投入的资金1050万元人民币全部到位,辽宁省信诚会计师事务所对吉德公司投入的资金进行了验资,出具了[1997]第014号验资报告,确认投资全部到位这一事实。

1996年4月23日,吉德公司合伙人之一黄忠洲与香港崇正集团的张扬签订了合伙协议书,转让黄忠洲投入吉德公司并已成为吉德公司投入天山福园有限公司合作项目投资的60万美元。1996年5月1日,黄忠洲发表声明,称合伙协议书是在张扬的欺骗下签订的,是在受到张扬的恐吓、自身安全受到威胁的情况下签订的,声明协议书无效。黄忠洲转让股份一事,未经吉德公司同意,未经殡管所同意,亦未报主管部门批准。

1998年9月,与天山福园有限公司无任何关系的香港崇正集团委托辽宁审计师事务所对该公司在天山福园有限公司的注册资金进行了审计。辽宁审计师事务所进行了审计并出具了辽审师业字[1998]第066号审计报告,报告中确认

[①] 参见赵一民主编:《国际私法案例教程》,知识产权出版社2005年版,第216—219页。

张扬在天山福园有 60 万美元的投资。对这一审计结果,吉德公司和殡管所均予以否认。此后,殡管所的上级部门片面地听取崇正集团的一面之词,通过行政手段,在吉德公司不知情的情况下,迫使殡管所申请辽宁审计师事务所对合作公司资金注入情况进行审计。辽宁审计师事务所进行了审计,并出具了辽审师业字[1999]第 002 号审计报告,该审计报告与[1998]第 066 号审计报告如出一辙,将吉德公司在合作公司的投资变为张扬的投资,审计依据是"张扬与黄忠洲分别签有合伙协议书及退股协议书受让股权"。殡管所在其上级部门的干预下,依据辽宁审计师事务所的审计报告,于 1999 年 4 月 10 日与香港崇正集团签订了中外合作经营沈阳天山福园有限公司补充合同。补充合同根据沈阳市人民政府 1998 年 12 月 21 日市长办公会议纪要和沈阳市外商投资协调服务办公室 1999 年 3 月 15 日第 3 号《情况通报》精神,在原合作公司协议、合同、章程的基础上,修订、补充了若干条款。补充合同对原合作合同进行了根本性的修改,合作人吉德公司被香港崇正集团所取代。

1999 年 10 月 12 日,吉德公司依据中外合作经营沈阳天山福园有限公司合同中的仲裁条款,向中国国际经济贸易仲裁委员会提起仲裁,要求裁定殡管所继续履行吉德公司与其于 1994 年 12 月 20 日签订的中外合作经营沈阳天山福园有限公司合同,终止其与香港崇正集团合作经营的违约行为。

被申请人进行了答辩,称:被申请人与申请人合作一直比较愉快。只因申请人推荐张扬任合作公司总经理,才引起公司管理的混乱。后经合作公司董事会一致决议将张扬罢免,公司经营又走上正轨。

1998 年 10 月下旬,被申请人收到辽宁审计师事务所辽审师业字[1998]第 066 号审计报告,该报告将申请人投入的黄忠洲从香港汇入的 60 万美元确认给崇正集团,甚感惊讶,并向有关部门提出了反对意见。有关部门指令被申请人要对合作公司的资金注入情况进行审计,并责令到辽宁审计师事务所审计。1999 年 2 月,被申请人收到辽宁审计师事务所辽审师业字[1999]第 002 号审计报告,该审计报告与上述第 066 号审计报告是一致的。在此情况下,被申请人依据上级有关部门的意见同申请人终止合作关系,同香港崇正集团履行以前同申请人签订的合作合同以及和香港崇正集团签订的补充合同。双方合作过程中之所以产生纠纷,是申请人未处理好内部关系,被申请人不应承担违约责任。

仲裁庭对本案进行了审理,认为:(1)申请人与被申请人于 1994 年 12 月 20 日签订的合作合同依照法定程序于 1995 年 1 月 28 日经沈阳市人民政府批准,合法有效;(2)被申请人终止与申请人的合作关系,与香港崇正集团签订补充合同,是上级有关部门行政干预的结果,违反我国的法律规定;(3)将申请人在合作合同中的股权变更为香港崇正集团所有,违反我国法律规定;(4)审计报告的合法性存在问题。

补充合同没有按照法律规定的程序通过董事会决议,由申请人、被申请人和香港崇正集团签订股权转让合同、订立修订合作合同和章程的协议,向审批机关呈报投资者股权变更申请书并获得批准,在程序上也是违反法律的。

仲裁庭裁决:继续履行申请人吉德投资有限公司与被申请人沈阳市东陵区殡葬管理所于1994年12月20日签订的中外合作经营沈阳天山福园有限公司合同。

问题

1. 香港吉德公司与沈阳市东陵区殡葬管理所签订的中外合作经营沈阳天山福园有限公司合同是否有效?

2. 黄忠洲转让其在吉德公司的投资的行为是否有效?

3. 香港崇正集团与沈阳市东陵区殡葬管理所签订的补充协议是否符合我国法律?

重点提示

中外合作经营企业是指由外国的企业、其他经济组织或个人同中国的企业或其他经济组织依照中国法律,在中国境内共同举办的以合同规定合作双方权利和义务关系的一种企业形式。合作经营企业的法律性质属于"契约式"经营企业,合作双方的出资或提供的出资条件不是必须以货币计值折价入股,其收益或产品分配、风险和亏损分担也是由合作双方通过合同约定,而不是像合资企业那样,按出资人的投资比例分担。

合作经营企业的法律地位,因合作双方的约定不同而有所不同。当事人双方可以约定建立具有法人资格的合作企业或建立不具有法人资格的合作企业。合作企业采用具有法人资格的组织形式,合作双方可以根据自己的意愿采用有限责任公司、两合公司、股份有限公司乃至无限责任公司的公司形式。在实践中,股份有限公司设立程序复杂,股份转让自由,企业规模较大,因而不适合契约性、规模小,但灵活性大的合作企业。两合公司是以无限责任股东为主经营,因而也适合由合作双方共同经营管理的合作企业。无限公司的股东一般是自然人,不能是公司,这也排除了具有公司身份的中外合作者间的合作企业组成无限公司的可能性。由此看来,法人式合作企业的最佳组织形式是有限责任公司。法人式合作企业具有中国法人地位,受中国法律管辖和保护。

不具有法人资格的合作企业,从法律地位上讲是一种合伙关系,合作双方的权利和义务应受我国《中外合作经营企业法》和《合伙企业法》等法律调整。合作双方可以根据其认缴的出资或提供的合作条件,在合同中约定各自承担债务的比例,并对合作企业的债务承担连带责任。偿还合作企业债务超过自己应当承担数额的合作一方,有权向其他合作者追偿。

本案中,吉德公司与殡管所合作建立的沈阳天山福园有限公司是具有中国法人地位的契约式合作企业。外商在我国投资建立合作经营企业,其行为的核心部分或主要内容是平等主体间的民事法律行为。但合作经营企业的设立和经营不局限于民事行为,还涉及许多行政行为,受我国行政法律规范调整。

思考题八:某中外合资电感元件有限公司贷款合同纠纷案
——国际贷款合同的法律适用[①]

1985年3月,中国某无线电元件厂(以下简称"元件厂")(占70%)与香港大宏电子有限公司(以下简称"大宏公司")(占30%)投资250万美元在祖国内地成立中外合资某电感元件有限公司(以下简称"电感公司")。1985年6月22日,电感公司与大宏公司订立CCIM850622号进口电感元件生产线成套技术设备合同,总价201万美元,由元件厂支付141万美元,作为双方首期出资。元件厂于1985年9月12日请求中国某租赁有限公司(以下简称"中租公司")与大宏公司订立85RMEY4100247CN号合同,进口上述成套设备,并由中租公司支付141万美元给大宏公司。9月19日,中租公司与元件厂签订"融资租赁合同"将该设备租给元件厂。由于日元持续升值,1987年12月24日和1988年2月8日,电感公司以项目贷款购中租公司产品和散件生产全套生产设备为名向中国某银行申请贷款245万美元,同时向该行提交了1987年11月27日和12月9日电感公司董事会同意贷款的纪要,同意向××银行贷款解决中方股本问题。1988年2月6日,电感公司向银行出具申贷报告:"董事会决定向××银行申贷245万美元拟付还中租公司日元贷款。"1988年2月8日和10日某银行与电感公司先后订立了88006号和88007号两份总额为245万美元的外汇贷款合同。同时中国电子进出口公司福建公司为电感公司向银行贷款提供担保,并向该行出具两份总额为245万美元的保函。1988年1月5日,银行将81.2万美元汇入电感公司开户行厦门某银行。2月13日,银行又直接将163.8万美元汇给中租公司并注明"还租赁款"。因电感公司无力还贷,1993年7月,银行向福建省高级人民法院起诉要求电感公司及中国电子进出口公司福建公司返还本息计400万美元。法院依中国法判决两份贷款合同均无效。

[①] 参见杜新丽主编:《国际私法教学案例》,中国政法大学出版社1999年版,第217—218页。

问题

怎样确定贷款合同的准据法？

重点提示

根据当时有效的我国《涉外经济合同法》(已被1999年《合同法》废止)第5条的规定，在本案中，当事人未选择贷款合同应适用的法律，应按最密切联系原则确定合同的准据法。在实践中，一般依据特征履行说来确定最密切联系地。对国际贷款合同来说，根据最密切联系原则，一般适用贷款人的营业所所在地的法律(我国最高人民法院《关于适用〈中华人民共和国涉外经济合同法〉若干问题的解答》第2条规定就是如此)。故本案应适用中国法。2007年最高人民法院《关于审理涉外民事或商事合同纠纷案件法律适用若干问题的规定》规定："借款合同，适用贷款人住所地法。"

思考题九：史密斯诉上海福克有限公司案
——涉外劳动合同的法律适用①

美国人史密斯于2001年与中美合资上海福克有限公司签订了劳动合同，进入该公司从事管理工作。由于史密斯工作不负责，屡教不改，2003年他被上海福克有限公司解雇。史密斯不服公司的处理，遂向上海市劳动局申请仲裁。

问题

1. 史密斯与中美合资上海福克有限公司签订的劳动合同是否是涉外合同，该合同适用什么法律作准据法？

2. 如适用我国《涉外民事关系法律适用法》，本案应适用什么法律作准据法？

重点提示

1. 根据最高人民法院《关于贯彻执行〈中华人民共和国民法通则〉若干问题的意见(试行)》第178条，涉外民事关系是指"一方或者双方当事人是外国人、无国籍人、外国法人的；民事关系的标的物在外国领域内的；产生、变更或者消灭民事权利义务关系的法律事实发生在外国的"民事关系。本案中的劳动合同的一方当事人史密斯为美国人，因此该合同属于涉外合同。

根据我国《合同法》第126条第1款规定，涉外合同的当事人可以选择处理合同争议所适用的法律，但法律另有规定的除外。涉外合同的当事人没有选择

---

① 参见杜新丽主编：《国际私法教学案例》，中国政法大学出版社1999年版，第223—224页。

的,适用与合同有最密切联系的国家的法律。如果当事人选择了劳动合同所适用的法律,则适用当事人所选择的法律。如果当事人未选择劳动合同所适用的法律,根据最密切联系原则,应适用我国关于处理涉外劳动争议的法律法规。

2. 我国《涉外民事关系法律适用法》第43条规定,劳动合同,适用劳动者工作地法律;难以确定劳动者工作地的,适用用人单位主营业地法律。劳务派遣,可以适用劳务派出地法律。本案中,劳动者工作地为中国,因此应适用劳动者工作地中国法律作准据法。

第十四章 婚姻家庭关系的法律适用

本章知识点

一、结婚的法律适用

婚姻成立的标志是结婚,而结婚是男女双方成立夫妻关系的一种法律行为。其有效成立,必须符合法律规定的实质要件和形式要件。

(一)结婚实质要件的法律适用

结婚的实质要件,包括婚姻当事人必须具备的条件和必须排除的条件。前者一般是指双方当事人必须达到法定婚龄、必须双方当事人自愿等;而后者一般是指双方不在禁止结婚的血亲之内、不存在不能结婚的疾病或生理缺陷、没有另外的婚姻关系等。

对于结婚的实质要件,一般主张适用婚姻举行地法,或适用当事人本国法,或适用当事人住所地法,或兼采上述各连结点而依不同情况分别予以适用的混合制。

(二)结婚形式要件的法律适用

在结婚形式方面,目前主要存在民事婚姻方式、宗教婚姻方式、民事登记和宗教仪式结合的方式以及不要求任何形式等四种制度。对于婚姻形式要件的法律适用,主要有以下不同实践:适用婚姻举行地法、适用婚姻当事人本国法、选择适用属人法和行为地法。此外,领事婚姻(consular marriage)、兵役婚姻(service marriages)、公海婚姻(marriages on the high sea)等几种特殊形式的婚姻,应根据具体情况适用特殊的法律。

(三)无效婚姻和可撤销婚姻的法律适用

一般认为,支配婚姻有效性的法律也可适用于无效婚姻和可撤销婚姻,所以多主张对无效婚姻依支配婚姻有效性的法律。但在具体执行中,如果某一婚姻属于违反了实质要件,则应适用支配婚姻实质有效性的法律;如果违反形式要件,就适用支配婚姻形式有效性的法律。

我国《涉外民事关系法律适用法》第21条规定,结婚条件,适用当事人共同经常居所地法律；没有共同经常居所地的，适用共同国籍国法律；没有共同国籍，在一方当事人经常居所地或者国籍国缔结婚姻的，适用婚姻缔结地法律。该法第22条规定，结婚手续，符合婚姻缔结地法律、一方当事人经常居所地法律或者国籍国法律的，均为有效。这里的"结婚条件"，是指结婚的实质要件，"结婚手续"是指结婚的形式要件。

二、离婚的法律适用

关于离婚的法律适用，主要有以下几种不同实践：适用法院地法、适用属人法、选择或重叠适用当事人属人法和法院地法、适用有利于实现离婚的法律。

我国《涉外民事关系法律适用法》第26条规定，协议离婚，当事人可以协议选择适用一方当事人经常居所地法律或者国籍国法律。当事人没有选择的，适用共同经常居所地法律；没有共同经常居所地的，适用共同国籍国法律；没有共同国籍的，适用办理离婚手续机构所在地法律。该法第27条规定，诉讼离婚，适用法院地法律。

三、夫妻人身关系的法律适用

夫妻人身关系包括姓氏权、同居义务、忠贞及扶助义务、住所决定权、从事职业和社会活动的权利、夫妻间的日常家务代理权等方面的内容。在这些问题上，由于各国政治、经济，社会风俗、历史传统、宗教信仰的不同，常有不同的法律规定，不可避免地产生法律冲突。

为了解决夫妻人身关系的法律冲突，大致形成了以下几种有关夫妻人身关系法律适用的理论与实践：适用丈夫的本国法、适用夫妻共同属人法、适用行为地法、采用结果选择方法。

我国《涉外民事关系法律适用法》第23条规定，夫妻人身关系，适用共同经常居所地法律；没有共同经常居所地的，适用共同国籍国法律。

四、夫妻财产关系的法律适用

夫妻财产关系又称夫妻财产制，主要包括婚姻对双方当事人的婚前财产发生什么效力，婚姻存续期间所获财产的归属，以及夫妻对财产的管理、处分和债务承担等方面的制度。由于大多数西方国家，如美国、英国、法国等，把夫妻关系看做是一种特殊的契约关系，所以大都主张适用解决契约关系的法律冲突原则来处理夫妻财产关系的法律冲突，即实行当事人"意思自治"。另外，还有国家主张适用当事人属人法或主张适用行为方式的准据法。而一些国家特别是英、美等普通法系国家主张区分动产和不动产,分别适用不同的准据法。

我国《涉外民事关系法律适用法》第24条规定,夫妻财产关系,当事人可以协议选择适用一方当事人经常居所地法律、国籍国法律或者主要财产所在地法律。当事人没有选择的,适用共同经常居所地法律;没有共同经常居所地的,适用共同国籍国法律。

五、确定婚生子女的准据法

亲子关系又称父母子女关系,是指父母和子女之间的一种法律关系。父母子女关系依父母与子女之间是否有血缘关系而划分为亲生父母子女关系和养父母子女关系。亲生父母子女关系是有血缘关系的父母子女关系,养父母子女关系是因收养而成立的父母子女关系。一般来说,养父母与养子女之间并无血缘关系。在亲生父母子女关系中,依子女是否为有效婚姻关系所生,又分为父母与婚生子女的关系和父母与非婚生子女的关系。

婚生子女是指有效婚姻关系中怀孕所生育的子女,而非婚生子女是指非婚姻关系(包括无效婚姻)中所生的子女。为保护子女的利益,许多国家的立法正在努力缩小婚生子女与非婚生子女地位的区别。

(一)确定子女是否为婚生的准据法

关于子女是否为婚生的准据法,有以下几种主张:(1)适用父母属人法,其中又分为适用生母之夫的本国法、生父的住所地法、子女出生时生母的属人法、父母双方的属人法或分别适用父母的各自属人法;(2)适用子女属人法;(3)适用决定婚姻有效性的法律;(4)适用对子女婚生更为有利的法律。

(二)非婚生子女的准正

1. 准正的方式和条件

(1)父母事后婚姻。即非婚生子女可以因父母事后结婚而取得婚生子女的地位。(2)认领。认领乃父对其非婚生子女承认为其父而领为自己子女的法律行为。(3)国家行为。这种办法目前主要是通过确认亲子关系的诉讼,由法院作出判决来实现的。

2. 准正的准据法

有些国家并不为不同的准正方式分别规定应适用的准据法,而是笼统地规定准正应适用的法律。但有些国家分别规定了事后结婚、认领及国家行为准正所应适用的法律。有些国家的法律对通过个人认领而准正的准据法也作出了专门规定。在这种情况下,常区分认领的形式要件准据法和实质要件准据法。一一般来说,认领的形式只要符合认领行为发生地的要求就足够了。不过,属人法常在这个问题上起制约作用。认领的实质要件的准据法有这么几种:父母属人法、分别适用父母和子女的属人法、子女属人法。

(三) 父母子女间的权利义务关系

父母子女间的权利义务关系又称为亲子关系,是最近的直系血亲关系。实践中,各国立法在规定父母子女关系时,主要是规定父母对未成年子女的人身和财产的权利和义务。

1. 亲权的内容

亲权的内容包括两个方面:一是父母对未成年子女人身方面的权利和义务,二是父母对子女财产方面的权利和义务。人身方面的权利、义务,主要是保护教育权、居所指定权、职业许可权、惩戒权、交还子女请求权(即对不依法扣留子女的人的一种请求权)、法定代理权等。父母对未成年子女的财产方面的权利、义务,主要涉及父母对其财产的管理、取得、收益及处分的权利和义务。

2. 父母子女间关系的准据法

对于父母子女间关系应适用的法律,有的国家采取笼统的规定方式。采这种规定方式的国家,对亲子关系不再区分婚生子、非婚生子、被收养子女和他们养父母之间的关系。因为,在这些国家看来,只要任何一种亲子关系成立,亲子间的权利和义务关系应适用的准据法便是同一的。但也有的国家区别几种不同亲子关系的内容而分别规定不同的准据法。

对于亲子关系应适用的准据法,有的国家主张适用双亲的属人法,采这种观点的国家大都认为在家庭关系中,父和母是居于主导地位的。有的国家则主张适用子女的属人法,采这种观点的,无疑是侧重于保护子女的利益。但是,在亲子关系中,如对子女的监护、教育,并不能完全理解为谋求亲的利益,因此,借维护子女的利益而完全排斥双亲的属人法的适用也不见得完全妥当,于是又有第三种主张,即适用亲子双方共同本国法的出现。

我国《涉外民事关系法律适用法》第 25 条规定,父母子女人身、财产关系,适用共同经常居所地法律;没有共同经常居所地的,适用一方当事人经常居所地法律或者国籍国法律中有利于保护弱者权益的法律。

六、收养的法律适用

收养是在收养人和他人子女(被收养人)之间建立起父母子女关系的法律行为。

在国际私法上,对涉外收养的成立的形式要件,诸如是否须经当事人申请,是否须经公证或登记,大都只主张适用收养成立地法。但对涉外收养的实质要件的准据法选择则有以下几种立法与实践:主要适用法院地法、适用收养人属人法、适用被收养人的属人法、分别适用收养人和被收养人本国法。

我国《涉外民事关系法律适用法》第 28 条规定,收养的条件和手续,适用收养人和被收养人经常居所地法律。收养的效力,适用收养时收养人经常居所地法律。收养关系的解除,适用收养时被收养人经常居所地法律或者法院地法律。

七、监护

监护是对未成年人或禁治产人在无父母或父母不能行使亲权的情况下,为保护其人身和财产利益而设置的一种法律制度。监护可以分为对未成年人和对成年人的监护。对未成年人的监护一般是在未成年人无父母或父母不能行使亲权时设立;对成年人来说,一般不发生监护问题,但如果成年人被宣告禁治产时,也应设立监护。

监护制度主要是为保护受监护人的利益而设置的,以此目的出发,大多数国家以被监护人的属人法作为有关监护问题的准据法。但也有的国家适用法院地法来解决有关监护的冲突,还有的国家在涉及监护人的利益方面,也允许适用监护人的本国法。

我国《涉外民事关系法律适用法》第 30 条规定,监护,适用一方当事人经常居所地法律或者国籍国法律中有利于保护被监护人权益的法律。

八、扶养

(一) 扶养的概念及其法律特征

扶养是指根据身份关系,在一定的亲属间,有经济能力的人对于无力生活的人应给予扶助以维持其生活的一种法律制度。在扶养关系中,有扶养义务的人称为扶养义务人(或扶养人),有受扶养权利的人称为扶养权利人(或被扶养人)。

(二) 扶养关系的准据法

由于扶养有配偶之间的扶养、亲子之间的扶养以及其他亲属之间的扶养,在国际私法上,有的国家对上述三类扶养分别规定准据法,有的则只对其中的一两种扶养规定准据法。

综观各国有关扶养法律适用的立法,大多数国家是规定应适用被扶养人的属人法,但也有些国家认为扶养义务是扶养制度的基础和本体,因而应适用扶养义务人的属人法,还有些国家在确定扶养的准据法时兼顾扶养人和被扶养人的利益而适用双方的共同属人法。

我国《涉外民事关系法律适用法》第 29 条规定,扶养,适用一方当事人经常居所地法律、国籍国法律或者主要财产所在地法律中有利于保护被扶养人权益的法律。

案例分析

案例一:英国公民乔治与中国公民王芳在中国境内结婚案
——结婚实质要件的法律适用

【案情介绍】

英国公民乔治于 1978 年出生,在 1996 年他来中国求学。读书期间与本校中国籍女学生王芳相识并产生恋情。王芳于 1976 年出生。1998 年 6 月,王芳毕业后在一家外资企业工作。同年 9 月,王芳与乔治决定结婚,遂一同到王芳住所地的街道办事处办理结婚登记手续。办事处工作人员认为:乔治与王芳的婚姻属涉外婚姻,应到区人民政府婚姻登记机关办理结婚登记。乔治与王芳遂到区人民政府婚姻登记机关办理结婚登记。婚姻登记机关审查了乔治提供的证明材料后认为:乔治现年 20 岁,不符合中国《婚姻法》关于结婚年龄的规定,而且没有按照民政部《中国公民同外国人办理婚姻登记的几项规定》提供有关证件和证明,系证件不全,决定不予以登记。

【法律问题】

外国人在中国境内与中国公民结婚应适用什么法律?区人民政府婚姻登记机关的做法是否正确?

【参考结论】

根据我国《民法通则》第 147 条的规定,外国人在中国境内与中国公民结婚应适用中国的法律。本案中,乔治没有达到我国法律规定的结婚年龄标准,并且没有按照我国法律规定提供有关证件和证明,因此,婚姻登记机关不予以结婚登记是正确的。

【法律评析】

我国《民法通则》在第 147 条中,对涉外结婚的准据法作了具体的规定:"中华人民共和国公民和外国人结婚适用婚姻缔结地法律。……"不论是婚姻成立的实质要件,还是婚姻成立的形式要件,均以婚姻缔结地所在国家(或地区)的法律作为准据法。根据适用婚姻缔结地法律的原则,中国公民和外国人在我国境内结婚,应适用我国《婚姻法》和《婚姻登记管理条例》,以及《中国公民同外国人办理婚姻登记的几项规定》等的有关规定。中国公民和外国人在我国境内结婚,应符合我国《婚姻法》的基本原则,适用我国法律中有关结婚的必备条件和禁止条件的规定。在不违背我国《婚姻法》基本原则的前提下,对于外国人一方的结婚条件问题,应适当考虑其本国法中的有关规定,以免该项婚姻被其本国法认定为无效。

本案涉及婚姻实质要件问题。婚姻实质要件,是指结婚必须具备的条件和必须排除的条件,不具备或不排除这样的条件就不能结婚。各国婚姻法、家庭法通常把婚龄、当事人双方自愿、当事人之间没有近亲关系、当事人双方与他人没有婚姻关系作为婚姻的实质要件。除此之外,一些国家还规定患麻风病未治愈、患艾滋病、患传染性疾病、患精神病等医学上认为不应当结婚的疾病的人禁止结婚;基于国家安全或公益事业的考虑,一些国家规定禁止从事某类公务活动的人同外国人结婚。

本案的当事人一个是英国人,一个是中国人,按英国法律规定,男满18岁,女满18岁,即达到婚龄的法定标准,可以结婚;而按中国婚姻法规定,男满22岁,女满20岁,方达到婚龄的法定标准,才能结婚。按英国法律规定,乔治与王芳可以结婚,而按中国法律规定,乔治与王芳不能结婚,那么,乔治与王芳能否结婚究竟应适用哪国法律作准据法呢?乔治与王芳是在中国境内向中国的婚姻登记机关申请登记结婚的,根据我国《民法通则》第147条的规定,乔治与王芳在中国境内能否结婚应以我国法律为准据法来判定。我国法律对婚龄的要求是男满22岁,女满20岁,乔治未达到我国法律规定的婚龄,所以婚姻登记机关不能予以结婚登记。

在本案中,乔治未能出具我国法律规定的身份证件或证明,也是我国婚姻登记机关不予以婚姻登记的原因之一。〔说明:由于过去中国有关婚姻登记的规定过于分散,除针对内地居民之间的《婚姻登记管理条例》外,针对中国公民同外国人、华侨同国内公民、港澳同胞同内地公民、大陆居民同台湾居民等不同的婚姻登记主体都制定了不同的规定、办法。例如1983年民政部《中国公民同外国人办理婚姻登记的几项规定》、1983年民政部《华侨同国内公民、港澳同胞同内地公民之间办理婚姻登记的几项规定》和1998年民政部《大陆居民与台湾居民婚姻登记管理暂行办法》等。2003年7月30日国务院通过的《婚姻登记条例》

（自 2003 年 10 月 1 日起施行）对这些规定、办法进行了合并而成为在中国办理婚姻登记统一适用的法规。此外，民政部还分别于 2003 年 9 月、2004 年 3 月发布了《婚姻登记工作暂行规范》和《关于贯彻执行〈婚姻登记条例〉若干问题的意见》。]

案例二：外国留学生哈密勒在中国申请结婚法律适用案
——一夫一妻制婚姻原则的适用

【案情介绍】

哈密勒是某国来中国的留学生，来中国之前已在本国娶有妻子。在中国留学连续居住一年后，哈密勒认识了某公司女职员中国公民柳某，双方交往频繁且产生了感情，于是提出结婚。因哈密勒已在本国娶有妻子，柳某所在单位的同事强烈反对柳某同哈密勒结婚，柳某父母也极力反对这件事。柳某却愿意同哈密勒结婚，于是哈密勒即以其本国法律允许一夫多妻且柳某自愿同其结婚为由，2011 年 9 月向柳某户籍所在市民政局提出与柳某结婚的申请，请求发给双方结婚证。

【法律问题】

哈密勒以其本国法为依据要求在中国申请结婚登记的理由是否成立？本案应如何处理？

【参考结论】

哈密勒的理由不成立。因为 2010 年我国《涉外民事关系法律适用法》第 21 条规定，结婚条件，适用当事人共同经常居所地法律；没有共同经常居所地的，适用共同国籍国法律；没有共同国籍，在一方当事人经常居所地或者国籍国缔结婚姻的，适用婚姻缔结地法律。双方当事人共同经常居所地在中国，应适用中国法律。而我国《婚姻法》规定实行一夫一妻制为基本原则。哈密勒在其本国已经结婚，又在中国申请与中国公民结婚，违反了我国一夫一妻制的基本原则。因而民政局对该项结婚登记的申请，不予登记，并应向双方指出其行为的违法性。

【法律评析】

本案涉及涉外结婚的法律适用问题，有的国家区分了结婚的实质要件和形式要件分别规定应适用的法律。我国不区分结婚的实质要件和形式要件。本案中哈密勒的本国法律允许一夫多妻制，而我国法律规定了一夫一妻制原则，到底运用哪一国的法律必须由中国的冲突规范来决定。根据 2010 年我国《涉外民事关系法律适用法》第 21 条规定，双方当事人共同经常居所地在中国，故应适用中国法律,依中国法律规定的一夫一妻制原则,哈密勒已有妻子,所以,民政部门应驳回其结婚申请。即使哈密勒的本国法应予适用,我国也可以其一夫多妻制违背我国一夫一妻制这一基本婚姻法原则(公共政策)为由,拒绝适用其本国法,改而适用中国法,驳回其结婚申请。

案例三:张莉诉王伟亲属遗产继承案——涉外婚姻中的法律规避①

【案情介绍】

中国公民王伟与中国公民张莉是邻居,自幼相处,两小无猜,1998年(王伟当时21岁,张莉当时19岁)二人决定结婚,到住所所在地街道办事处登记。街道办事处工作人员认定二人未到法定婚龄,不予以登记。为了达到结婚的目的,王伟、张莉参加了某旅行社组织的新加坡、泰国、马来西亚旅游团,在泰国按宗教方式举行了结婚仪式。回国后,二人以夫妻名义共同生活。

第二年,王伟死于一场意外车祸。为遗产继承问题,张莉与王伟的亲属发生纠纷。张莉认为自己是王伟的妻子,与其共同生活一年多,是法定继承人之一。王伟亲属认为,张莉与王伟未进行婚姻登记,在泰国按宗教仪式举行了婚姻仪式,违背我国法律关于婚姻形式要件的规定,属无效婚姻,因此,不是遗产继承人。双方协商未果,遂诉诸法院。法院经审理查明,王伟、张莉未达到法定结婚年龄,登记结婚被拒绝,之后,二人到泰国采取宗教方式结婚,婚后回国居住。法院认为:王伟、张莉在婚姻实质要件不符合我国法律规定的情况下到泰国采取宗教方式结婚,婚后回国居住,是规避我国法律的行为,其婚姻无效,采用宗教方式结婚,我国法律不予认可。张莉对王伟的遗产不享有继承权。

【法律问题】

1. 王伟和张莉的婚姻是否有效?
2. 结婚的形式要件应如何确定?

【参考结论】

1. 中国公民王伟和张莉没有达到我国法律规定的婚龄,因此,不具备结婚的实质要件。尽管他们在外国采用宗教方式结婚,且依婚姻缔结地法在婚姻的实质要件和形式要件两方面都符合法律的规定,但这种婚姻因规避我国法律不发生适用外国法的效力,不为我国法律所承认,所以他们的婚姻是无效的。

---

① 参见赵一民主编:《国际私法案例教程》,知识产权出版社2005年版,第283—284页。

2. 关于婚姻的形式要件,根据我国法律的规定,男女双方自愿结婚必须到婚姻登记机关进行登记,即结婚登记是我国法定的婚姻形式要件。另外,我国不承认中国公民之间在中国境内采用宗教方式缔结婚姻的效力,也不承认事实婚姻。

【法律评析】

王伟、张莉在我国婚姻登记机构办理结婚登记,因不具备结婚的实质要件,即婚龄没有达到我国《婚姻法》规定的标准,因此被婚姻登记机构拒绝登记。为达到结婚的目的,王伟、张莉参加旅行社组织的境外旅游,在外国采用宗教方式结婚,婚后回到中国。王伟、张莉在外国缔结婚姻的目的很明确,就是要规避我国《婚姻法》中关于婚龄的强制性规定。最高人民法院《关于贯彻执行〈中华人民共和国民法通则〉若干问题的意见(试行)》第194条规定:"当事人规避我国强制性或者禁止性法律规范的行为,不发生适用外国法律的效力。"所以,王伟、张莉在外国缔结的婚姻,尽管依婚姻缔结地法在婚姻的实质要件和形式要件两方面都无瑕疵,但这种婚姻因规避我国法律不发生适用外国法的效力,为我国法律所不承认。

关于婚姻的形式要件,中华人民共和国国务院1985年12月31日批准的、民政部1986年3月15日发布的《婚姻登记办法》(现已失效)第2条作出明确规定,即"男女双方自愿结婚、离婚或复婚,必须依照本办法进行婚姻登记"。所以,结婚登记是我国法定的婚姻形式要件。我国不承认中国公民之间在中国境内采用宗教方式缔结婚姻的效力,也不承认事实婚姻。简言之,不具备我国法律规定的形式要件的婚姻在我国不发生婚姻效力。

王伟、张莉之间的婚姻缺乏法律规定的实质要件和形式要件,不具有结婚的效力,故张莉不能继承王伟的遗产。

案例四:中国公民某甲诉某乙涉外离婚案——管辖权与法律适用

【案情介绍】

中国公民某甲与某乙结婚后多年分居。某甲在上海工作,某乙多病,与父母同住西安。后某甲移居美国,1997年申请取得美国国籍。2000年2月,某甲向其居住地美国法院提起与某乙的离婚诉讼。同年3月,居住在西安的某乙也向西安市中级人民法院提起诉讼,要求与某甲离婚。

【法律问题】

1. 我国法院对该案有无管辖权?

2. 本案应如何适用法律？

【参考结论】

1. 离婚案件直接关系到本国公民及其家庭的利益，所以，各国大都主张对在内国设有住所或具有内国国籍的当事人享有管辖权。我国法律结合国籍和住所地标准确定涉外离婚案件的管辖权，扩大了法院对离婚案件的管辖。本案中，虽然某甲已向美国法院起诉，但根据我国1991年《民事诉讼法》第23条第1项和最高人民法院《关于适用〈中华人民共和国民事诉讼法〉若干问题的意见》第15条的规定，我国国内一方原告住所地——西安市中级人民法院仍然享有管辖权。

2. 关于涉外离婚法律适用有不同的主张与实践：(1) 法院地法说；(2) 属人法说；(3) 选择或重叠适用当事人属人法和法院地法说；(4) 适用有利于实现离婚的法律说。我国采用法院地法说。本案中，我国法院既已依法取得管辖权，根据我国《民法通则》第147条和最高人民法院《关于贯彻执行〈中华人民共和国民法通则〉若干问题的意见（试行）》第188条的规定，应适用我国法律对本案进行审理。

【法律评析】

本案被告某甲居住在美国，并已取得美国国籍，成为美国公民，中国公民某乙提出与其离婚，属于涉外离婚案件。所以本案涉及涉外离婚的司法管辖权和法律适用问题，相关法律条文包括我国1991年《民事诉讼法》第23条和《民法通则》第147条。

最后谈一下我国《民法通则》规定的离婚案件的法律适用问题。在该法起草过程中，有人提出对涉外离婚适用法院地法的同时，还应规定中国公民在国外要求与国内的配偶离婚的，适用我国的法律。该建议主要基于以下的考虑，由于我国公费和自费出国人员数量剧增，不少人因为环境和观念的改变，抛弃国内的配偶，向国外的法院提起离婚诉讼，而且往往在国内一方缺席的情况下获得法院的缺席判决。这种离婚会给国内的一方带来严重的精神损害，也影响家庭关系的稳定。但我们首先要明白，在这种情况下规定适用我国的国内法实际上起不到任何的作用。国际上通行的是，离婚适用法院地法。如果国外的当事人在当地起诉，我国的法律根本起不到任何的作用。其次，国外法院适用其法院地的法律并不一定对我国的当事人不利。实际上，我国的婚姻法也逐步与国际接轨。在外国的判决符合我国法律要求的情况下，可予以承认。

案例五：杨致祥、王双梅诉杨英祥案
——夫妻共同财产制的法律适用①

【案情介绍】

中国公民杨致祥、王双梅系夫妻，旅居日本多年，现住日本国东京都新宿区石人町。中国公民杨英祥、王桂英系夫妻，现住大连市八一路群英巷。杨致祥系杨英祥之胞弟。

1992年9月29日，杨致祥通过日本国东京都总会从日本三菱银行汇款1.2亿日元到中国银行大连市分行，收款人系杨致祥本人。杨致祥来中国后将这笔款取出交给杨英祥，杨英祥将款兑换成600万元人民币，于1993年5月27日购买坐落于大连市中山区长江路复生巷33号商品房一处，总建筑面积为604.25平方米，房价款为人民币3502720元，并于该房门前花费人民币6万元建房一处，建筑面积为52.2平方米。房屋产权证登记产权人为杨英祥、王桂英。1993年6月12日，杨致祥与杨英祥签订一份"赠送书"，杨致祥将1.2亿日元赠给杨英祥，用作在中国购买房地产和其他产业费用，其所有权归杨英祥所有；用此款所购的复生巷33号房屋和开办的大连山东华致祥康乐酒楼所有权归杨英祥所有，不准日本亲属参与经营和拍卖。同日，杨致祥又与杨英祥签订一份权利书，写明杨致祥、杨英祥有权处理大连山东华致祥康乐酒楼，中、日双方亲属无权处理，权利书永远有效，没有杨致祥、杨英祥的手印一律无效。数日后，杨致祥与杨英祥的长子杨占山签订一份授权书，授权杨占山全权行使杨氏家族创办的大连山东华致祥康乐酒楼的企业支配权和经营代理权，并作为企业法人代表办理注册。上述文书有该二人的签名盖章并加按手印。王双梅不在场，事后也无签名盖章。1993年11月27日，经工商行政部门核准，大连山东华致祥康乐酒楼成立。

1994年5月，双方为上述财产发生争执。杨致祥、王双梅向大连市中级人民法院提起诉讼，称给付杨英祥的1.2亿日元是委托其代购房产、代办企业的费用，杨英祥却以自己的名义购买房产、开办企业。1.2亿日元是其在日本的全部财产，不是赠与被告的。赠送书是杨英祥利用杨致祥不识中文，以欺骗手段获取的，要求杨英祥返还1.2亿日元。

大连市中级人民法院于1996年6月14日作出判决。宣判后，双方当事

---

① 本案例选自《人民法院案例选》，案例提供单位：辽宁省高级人民法院，编写人：大连市中级人民法院刘培红、李涛，责任编辑：中国应用法学研究所杨洪逵；亦可参见大连房市网：http://www.2house.com.cn/build_news/news_show.asp? news_id=219&a_types=，2006年6月7日访问。

人均不服,向辽宁省高级人民法院提起上诉,该院于 1996 年 12 月 24 日作出判决。

【法律问题】

本案应如何选择准据法?

【参考结论】

可适用中国法或日本法。

【法律评析】

夫妻财产关系在民法和国际私法上又称夫妻财产制,它是双方当事人因成立婚姻而在财产关系上产生的效力的表现。

由于本案两原告是旅居在日本的华侨,案涉的 1.2 亿日元的财产(现金)又是在日本形成的,并是从日本汇出的,因而本案实质上发生了一个夫妻财产关系的法律适用问题。我国立法当时未规定夫妻财产制的法律适用。对于夫妻财产制,国际上一般适用婚姻财产双方共同选择的法律。在没有这种选择时,一般可适用配偶共同住所地法或他们的最后共同住所地法或适用他们的本国法。可见,夫妻住所地国家的法律对夫妻财产关系的形成和调整,具有最直接和最密切的作用,特别是这些财产所在地又同属夫妻住所地国家,更是如此。所以,在案件中遇到本案这种情况,应学会运用法律适用的方法来处理。当然,实践中不这样做,可能和我国法律当时无这方面的具体冲突规范的规定有关。但不能就此而否定本案这种情况下对夫妻财产关系应按法律适用的方法来确认的机制。就本案来说,可考虑适用中国法或者日本法。

案例六:张伟明受监护、抚养争议案——父母子女关系的法律适用

【案情介绍】

1986 年,中国籍男子张旺与日本籍女子佐佐木智子结婚。婚后生一子,取名张伟明。根据《中华人民共和国国籍法》第 4 条的规定,父母双方一方是中国人,其子女出生在中国的,具有中国国籍,因此,张伟明具有中国国籍。1992 年,佐佐木智子回日本,长期不归。1994 年,张旺以夫妻长期分居、感情淡漠为由,到住所地的中国法院提起离婚诉讼。在子女抚养问题上,张旺要求抚养张伟明,佐佐木智子要求张伟明由她带到日本抚养,法院询问张伟明愿随父还是愿随母生活,张伟明答与谁一起生活均可。

【法律问题】

1. 应适用什么法律来解决张伟明的抚养权?

第十四章 婚姻家庭关系的法律适用

2. 如果适用我国《涉外民事关系法律适用法》,应适用哪国法律作准据法?

【参考结论】

1. 根据我国法律,扶养适用与被扶养人有最密切联系的国家的法律。在本案中,张旺具有中国国籍,其子张伟明也具有中国国籍,张伟明出生在中国,出生后在中国生活,张旺和张伟明的住所也在中国,所以,中国与本案有最密切的联系,本案应适用中国法律。

2. 应适用中国法作准据法。

【法律评析】

1. 我国当时立法对父母子女关系(亲子)的准据法未作规定,因此,《民法通则》第148条关于扶养关系的准据法同样适用于父母子女关系。我国《民法通则》第148条规定:"扶养适用与被扶养人有最密切联系的国家的法律。"在本案中,张旺具有中国国籍,张伟明出生在中国,出生后在中国生活,具有中国国籍,张旺和张伟明的住所也在中国,因此,中国与本案有最密切的联系,本案应适用中国法律。

最高人民法院1987年《关于涉外离婚诉讼中子女归谁抚养问题如何处理的批复》([1987]民他字第36号)就杭州市中级人民法院审理的加拿大籍华人姜伟明与中国公民陈科离婚一案有关子女归谁抚养的问题指出:对该案审理中涉及的外籍华人离婚后子女抚养的问题,应适用我国法律,按照我国婚姻法有关规定的精神,从切实保护子女权益,有利于子女身心健康成长出发,结合双方的具体情况进行处理。处理时,对有识别能力的子女,要事先征求并尊重其本人愿随父或随母生活的意见。鉴于姜伟明、陈科之子陈宇(现年12岁)过去主要由其母姜伟明抚养,本人又坚决表示不愿随父陈科生活的实际情况,我们同意你院审判委员会的处理意见,即根据有关政策法律规定,陈宇以仍由其母姜伟明抚养为宜。此外,最高人民法院1993年通过的《关于人民法院审理离婚案件处理子女抚养问题的若干具体意见》对离婚时子女的抚养问题作了规定。

2. 根据中国《涉外民事关系法律适用法》第25条规定,由于父母双方与子女没有共同经常居所,应适用一方当事人经常居所地法律或国籍国法律中有利于保护弱者权益的法律。本案中,张旺和张伟明的共同经常居所在中国,同时都具有中国国籍,张伟明长期生活在中国,故适用中国法有利于保护张伟明的利益。

案例七:唐顾齐诉张某夫妻案——涉外收养的法律适用

【案情介绍】

　　台湾居民唐顾齐,原籍湖南省,于1949年随国民党军队撤至台湾,随后在台湾定居。唐顾齐在台湾与当地一女子黎朵岳结婚,婚后无子女。其妻黎朵岳在台湾病逝后,唐顾齐孑然一身。1991年,唐顾齐回祖国大陆探亲时,经人介绍在祖国大陆收养张某儿子为养子,并在养子所在地的民政部门办理了收养手续,到当地公安机关进行了户籍登记。后来,唐顾齐发现养子有先天性心脏病,遂反悔,否认他与养子之间的收养关系。为此,唐顾齐与养子的亲生父母发生争执,诉至祖国大陆法院。

【法律问题】

　　本案应适用什么样的准据法?如何处理?

【参考结论】

　　本案属于我国两岸三地之间的区际收养法律冲突,因收养关系的成立与效力均发生在祖国大陆,理应适用中华人民共和国有关收养子女的法律、法规。由于唐顾齐在祖国大陆收养子女是其真实的意思表示,并到民政部门办理了收养手续,到公安机关进行了户籍登记,收养关系已经成立。唐顾齐否定收养关系存在,与事实不符,有悖法律。但是送养人未向收养人如实告知其儿子的身体情况,送养人隐瞒被收养人的健康状态,送养行为有瑕疵,所以收养关系可以解除。

【法律评析】

　　中国1991年通过、1998年修改的《收养法》只在第21条中对涉外收养作了粗线条规定:外国人依照本法可以在中华人民共和国收养子女。外国人在中华人民共和国收养子女,应当经其所在国主管机关依照该国法律审查同意。收养人应当提供由其所在国有权机构出具的有关收养人的年龄、婚姻、职业、财产、健康、有无受过刑事处罚等状况的证明材料,该证明材料应当经其所在国外交机关或者外交机关授权的机构认证,并经中华人民共和国驻该国使领馆认证。该收养人应当与送养人订立书面协议,亲自向省级人民政府民政部门登记。收养关系当事人各方或者一方要求办理收养公证的,应当到国务院司法行政部门认定的具有办理涉外公证资格的公证机构办理收养公证。

　　此外,我国民政部根据《收养法》于1999年5月25日发布了《外国人在中华人民共和国收养子女登记办法》。该《登记办法》第2条规定了其适用范围:"外国人在中华人民共和国境内收养子女,应当依照本办法办理登记。收养人夫妻一方为外国人,在华收养子女,也应当依照本办法办理登记。"对于涉外收养的法律适用,该《登记办法》第 3 条规定:"外国人在华收养子女,应当符合中国有关收养法律的规定,并应当符合收养人所在国有关收养的法律的规定;因收养人所在国有关收养的法律的规定与中国法律的规定不一致而产生的问题,由两国政府有关部门协商处理。"由此可见,这是一条重叠性冲突规范,即在中国境内进行的涉外收养,必须同时符合中国有关收养的法律和收养人所在国的法律。此外,该《登记办法》对于涉外收养的程序、收养组织、收养费用等作出了详细而具体的规定。

中国还于 2005 年批准加入了 1993 年海牙《跨国收养方面保护儿童及合作公约》。

案例思考题

思考题一:香港居民王贤璋与李忠敏婚姻案
——中国的一夫一妻制是否适用于涉外婚姻

1988 年香港居民王贤璋和王某某在加拿大安大略省登记结婚,婚后,王贤璋夫妇加入加拿大国籍。第二年,王贤璋到香港东方陶瓷土有限公司任职。1990 年,王贤璋受公司委派到广东省中山市任该公司驻中山办事处首席代表。上任不久,王贤璋在中山市一家酒店与中国四川籍姑娘李忠敏相识,李忠敏当时在酒店做服务员。二人一见钟情,往来密切,感情发展迅速,并从 1992 年底公开同居。为掩人耳目,王贤璋隐瞒已婚事实,采取欺骗的手段,从加拿大驻中国大使馆骗取了一份未婚证明书。之后,王贤璋与李忠敏在四川省成都市涉外婚姻登记处办理了结婚登记。婚后,王贤璋在中山市购住房一套,供其与李忠敏寻欢作乐。

王贤璋在任职期间很少回香港,引起他在香港的妻子的怀疑和猜测。为了搞清楚事情的缘由,王某某到中山市对其夫进行跟踪调查。没用多久,王某某就将事情调查了个一清二楚。她对丈夫背着她另娶妻子感到失望,气愤至极,到中山市中级人民法院状告其夫犯重婚罪。

问题

我国法律规定的一夫一妻制婚姻制度是否适用于涉外婚姻?

重点提示

我国《婚姻法》第 2 条规定:"实行婚姻自由、一夫一妻、男女平等的婚姻制度。"第 3 条第 2 款规定:"禁止重婚。"我国《民法通则》第 147 条规定:"中华人民共和国公民和外国人结婚适用婚姻缔结地法律"。这里的"适用婚姻缔结地法律",既包括结婚的实质要件,也包括结婚的形式要件,既包括在中国境内结婚,也包括在中国境外结婚。我国法律规定的一夫一妻制婚姻制度当然适用于涉外婚姻。

思考题二:法国商人冯德智林的非婚生子阿昌的法律地位案
——涉外亲子关系的法律适用

法国商人冯德智林在巴黎已娶有妻子,但婚后多年不育。法国公司 2001 年派冯德智林到中国武汉市工作。在中国工作期间,经长期交往冯德智林与江西省某地女子胡延产生感情,双方未婚同居。因冯德智林的太太特想要一个中国小孩,于是,冯德智林便与胡延达成借腹生子协议,由胡延为其生一子女,男女均可,所生子女为冯德智林的太太所有,胡延哺乳 6 个月后交冯德智林的太太,冯德智林付胡延人民币 15 万元人民币。协议达成后,冯德智林、胡延二人同居致使胡延怀孕,2011 年 5 月分娩一男孩阿昌。哺乳期 6 个月后,胡延将孩子交给已到中国的冯德智林太太抚养,冯德智林付胡延 15 万元人民币。冯德智林太太带孩子回法国时遇到法律障碍。我国有关部门不让冯德智林太太将小孩阿昌带回法国。冯德智林便以生父的名义带孩子离境,因冯德智林与胡延不存在婚姻关系,并且我国法律不允许借腹生子,也同样被拒绝。最后,冯德智林便以收养的名义带孩子出境,由于冯德智林与孩子有血缘关系,我国有关部门拒绝为冯德智林出具收养关系证明和手续,此路也同样不通。

问题

法国商人冯德智林非婚生子阿昌的法律地位如何?应采取何种措施对所生子女进行保护?

重点提示

本案涉及非婚生子女的法律地位问题。根据我国《涉外民事关系法律适用法》第 25 条规定,本案中父母子女的经常居所地均在中国,应适用中国法作准据法。我国《婚姻法》第 25 条规定:"非婚生子女享有与婚生子女同等的权利,任何人不得加以危害和歧视。不直接抚养非婚生子女的生父或生母,应当负担子女必要的生活费和教育费,直至子女能独立生活为止。"

第十五章　继承的法律适用

本章知识点

一、法定继承的法律适用

（一）法定继承的准据法

对于涉外法定继承的法律适用，过去各国主要是根据各自的国内法来解决的，在实践中，主要存在以下几种不同的制度：(1) 区别制，又称分割制，是指在涉外继承中，主张就死者的遗产区分动产和不动产，分别适用不同冲突规范指引的准据法，即遗产中动产适用死者的属人法，不动产适用不动产所在地法。(2) 同一制，亦称单一制，是指在涉外继承中，对死者的遗产不区分动产与不动产，也不管遗产分布在不同的国家，其继承概由死者的属人法支配。在采同一制的国家中，有些规定被继承人的本国法作为涉外继承关系的准据法，有些则采用被继承人住所地法作为涉外继承关系的准据法。(3) 以属人法为主，兼采财产所在地法。由于单纯采区别制或同一制都有其难以克服的缺陷，因而有的国家采介于同一制与区别制之间的做法。这些国家一方面原则上规定涉外继承适用死者的属人法，但另一方面却强调处在其国内的不动产的法定继承又必须受不动产所在地法支配。(4) 遗产所在地法。在涉外法定继承准据法的选择上，也有少数几个国家奉行"继承适用遗产所在地法原则"。这种做法与当今国际社会的习惯做法和发展趋势是背道而驰的，不利于解决涉外继承关系的法律适用。

（二）法定继承准据法的适用范围

法定继承准据法的适用范围，各国立法不尽相同，但一般来说，继承准据法至少应支配以下几个方面的问题：(1) 继承的开始及开始的原因；(2) 继承人的范围和顺序；(3) 继承开始的效力；(4) 被继承人遗嘱处分财产的权利。

（三）无人继承财产

在涉外继承关系中，有下列情形之一的，一般即可确定为无人继承财产：(1) 被继承人没有法定继承人且又未立遗嘱指定任何人为受遗赠人，或所立遗嘱和遗赠无效;(2)全体继承人和受遗赠人都放弃或拒绝继承或受遗赠;(3)所有继承人都被剥夺继承权;(4)继承人或受遗赠人情况不明,经公告仍然无人出面接受继承或受遗赠。但认定无人继承财产的准据法应是继承准据法。

对于无论是本国人还是外国人死后遗留在一内国的无人继承财产,各国法律多规定应归国库所有。但是,国家究竟是以什么资格或名义取得这种无人继承财产,立法实践与学说却有截然对立的两种主张:

第一,继承权主义。这种主张认为,国家对无人继承财产有继承权,国家可以特殊继承人或最后继承人的资格来取得无人继承财产。

第二,先占权主义。这种主张认为,国家是以先占权取得无人继承财产的。为了防止个人先占引起社会混乱而危及公益,对于无人继承财产,国家可以根据领土主权以先占权取得,即应由无人继承财产所在国的国库收取该项绝产。

对于无人继承财产的归属,各国的立法与实践或采继承权主义或采先占权主义,因而在解决涉外无人继承财产归属问题时也会产生法律冲突。对于这种法律冲突的解决,有的主张适用被继承人属人法,即继承关系的准据法,但也有的主张采用遗产所在地法作为涉外无人继承财产归属的准据法。

我国 2010 年《涉外民事关系法律适用法》第 31 条规定,法定继承,适用被继承人死亡时经常居所地法律,但不动产法定继承,适用不动产所在地法律。该法第 34 条规定,遗产管理等事项,适用遗产所在地法律。第 35 条规定,无人继承遗产的归属,适用被继承人死亡时遗产所在地法律。

二、遗嘱继承的法律适用

(一)立嘱能力的法律适用

关于立嘱能力,一般认为应适用当事人的属人法解决。但对于何为当事人属人法,在实践中存在不同的做法。有些国家主张适用当事人本国法,而另外一些国家则主张适用当事人住所地法或习惯住所地法。但关于不动产的立嘱能力通常要求另适用不动产所在地法。

(二)遗嘱方式的法律适用

遗嘱方式包括遗嘱是否必须采用书面形式,是否必须经过公证等问题。对遗嘱方式应适用的法律,既有主张区分动产遗嘱和不动产遗嘱而分别选择适用准据法的,也有主张统一适用立嘱人属人法或立嘱行为地法的。

(三)遗嘱解释的法律适用

在立法上,许多国家没有对遗嘱的解释单另规定准据法,而是笼统地规定遗嘱成立和效力适用什么法律。在这种情况下,遗嘱解释当受遗嘱实质要件准据法的支配。不过,也有的国家,在立法中对遗嘱的解释规定了准据法,如《泰国国际私法》规定,遗嘱的解释依遗嘱人死亡时住所地法。

(四) 遗嘱撤销的法律适用

一个已经有效成立的遗嘱既可因后一遗嘱而撤销,也可因焚毁或撕毁而撤销,对于新遗嘱是否废除旧遗嘱,多主张由决定新遗嘱成立的准据法来回答。

(五) 遗嘱实质有效性的法律适用

遗嘱的实质有效性,包括遗嘱继承是否允许和不受限制、立嘱人是否必须给他的配偶和子女留下一定份额的遗产、遗赠是否有效等方面的内容,故又可以称为"遗嘱的效力"。对于这个问题,应由继承的准据法来决定,而不受遗嘱本身的制约。

我国2010年《涉外民事关系法律适用法》第32条规定,遗嘱方式,符合遗嘱人立遗嘱时或者死亡时经常居所地法律、国籍国法律或者遗嘱行为地法律的,遗嘱均为成立。该法第33条规定,遗嘱效力,适用遗嘱人立遗嘱时或者死亡时经常居所地法律或者国籍国法律。

三、关于遗嘱和继承的海牙公约

目前已有三个涉及遗嘱和继承的海牙公约,即1961年的《遗嘱处分方式法律冲突公约》、1973年的《遗产国际管理公约》和1989年的《死者遗产继承法律适用公约》。

(一)《遗嘱处分方式法律冲突公约》

《公约》第1条明确规定:不动产遗嘱方式,依财产所在地法;动产遗嘱方式,可依下列任一法律:(1) 遗嘱人立遗嘱地法;(2) 遗嘱人立遗嘱时或死亡时的国籍国法;(3) 遗嘱人立遗嘱时或死亡时的住所地法;(4) 遗嘱人立遗嘱时或死亡时的惯常居所地法。而且,《公约》不妨碍缔约国现有的或将来制定的法律规则承认上述法律适用规则所指法律以外的法律所规定的遗嘱方式的有效性。

(二)《遗产国际管理公约》

海牙国际私法会议于1973年通过了《遗产国际管理公约》,规定了"国际证书"(international certificate)制度。这种国际证书,凡由死者生前惯常居所地的缔约国的有关机构依《公约》所附格式及自己的法律(在《公约》规定的其他情况下,也可依死者国籍国法)作出的,应得到其他缔约国的承认。证书载有遗产证书持有人(遗产管理人)的姓名以及他依据一定的法律,有权对所有遗产中的有体或无体动产为有效的法律行为,并得为这类遗产的利益而从事活动的权利。

但《公约》规定,被请求国得要求证书持有人在行使上述权利时服从地方当局的适用于其本国的遗产代表人同样的监督和管理。被请求国并得占有在其领土内的财产以清偿债务。《公约》规定,在证书是非正式的或未依其所附格式,或作出机关不具有管辖权,或死亡者在被请求国有惯常居所或该国国籍等情况下,被请求国均可拒绝承认这种证书。

(三)《死者遗产继承法律适用公约》

《死者遗产继承法律适用公约》共有5章31条。其主要内容为:

(1)《公约》的适用范围。第一,事项范围。《公约》第1条将不属于《公约》调整范围内的事项作了明确规定,这些事项包括遗嘱的方式、遗嘱人的能力、夫妻财产制以及非依继承方式获得的财产权益等。除这些事项外,一切遗产继承的法律适用问题,均由《公约》调整。第二,空间范围。《公约》第2条规定,即使准据法为非缔约国法律,《公约》也应适用。

(2)采用"同一制"继承制度。《公约》采用了继承法律适用的同一制制度,即把死者的遗产看成一个不可分割的整体,统一适用一个准据法。

(3)采用以惯常居所地为主的多元连结因素。

(4)意思自治原则被纳入继承领域。

(5)继承准据法的适用范围。《公约》第7条规定,根据《公约》第3、5条确定的法律,适用于死者的所有遗产,不管这些遗产分布于何处。由继承准据法调整的具体事项包括:继承人、遗产受赠人及其份额;死者遗留的债务以及由他死亡所引起之种种继承权利的确定;继承权的剥夺和继承资格的取消;有关礼物、预赠或遗产的归还及清结;对于遗嘱处分财产的限制;遗嘱的实质要件。此外,《公约》还规定,依据《公约》所确立之准据法,还可适用于法院地国法律认为属于继承法部分的其他事项。

(6)转致制度。《公约》第4条规定,如果根据《公约》的有关条款应适用非缔约国的法律,而该国法又指定适用另一非缔约国的法律,且该另一国的冲突法指定适用自己的法律,则最终适用后一非缔约国的法律。

(7)公共秩序保留制度。关于公共秩序保留问题,《公约》作了明确的规定,即根据《公约》所确定的法律,当其适用与公共政策(公共秩序)明显不相容时方可拒绝其适用。

(8)区际与人际法律冲突制度。

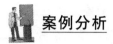
案例分析

案例一：美国公民陶思茅诉中国公婆财产继承案
——法定继承的法律适用①

【案情介绍】

1983年，中国公民金东明就读复旦大学。1986年，金东明学业已过大半，面临毕业。金母为使儿子毕业后能在当地分配工作，留在自己身边，特地托人介绍市府机关的一女青年给儿子做对象。金东明与该女青年相亲后，又接触了几次，感到双方性格、志趣相去甚远，遂中止了来往。金母得知，十分恼怒，写信训斥儿子，并称如再不遵从父母意见，就不要回家。金东明对母亲的强逼十分反感，决计毕业后远离父母，独自出去闯荡天下。适逢学校根据中美文化交流协议，选拔品学兼优的学生赴美留学深造。金东明未与母亲商议，自行报名，经学校研究确定为首批公派留美学生之一。

1987年，金东明来到美国某大学学习，留学期间，金东明认识了同校美籍华裔女学生陶思茅。通过一定的交往和了解，两人渐生恋情。临近留学结束前，金东明、陶思茅已是情投意合，难舍难分，最终两人决定在美国喜结连理。金东明写信告诉父母他欲与陶思茅结婚，金母得知这一信息，雷霆大怒，复信催逼儿子立即返家。金东明与陶思茅商议，由金东明先程返回，陶思茅尽快办理有关出国手续，办好后随即返回祖国。金东明回国后，在上海某外资公司工作。陶思茅在美国大学毕业后，受聘于美国西部某研究所做技术人员，虽经多次努力，仍未能获准出国。金东明、陶思茅夫妻两人只能鸿雁来往，互诉思念之情。

1994年，金东明借办理公司业务之机，欲绕道香港前往美国，见妻子一面。飞机飞至广东某机场上空时，突遇机上歹徒劫机，欲挟持驾驶员飞往我国台湾地区。金东明与其他乘客奋起反抗，歹徒丧心病狂开枪射击，金东明腹部中弹壮烈牺牲。全机乘客义愤填膺，群起攻之，终于制服歹徒，飞机迫降于国内。有关部门清理金东明遗物，确定其身份后，当即通知金东明所在公司和金东明父母。金母闻讯后，对儿子的善后工作事宜自行做了处理，对陶思茅隐瞒儿子已经死亡的真相。

陶思茅迟迟未见丈夫赴美，放心不下，借机绕道上海，恰好从当地报纸得知

---

① 参见齐湘泉：《涉外民事关系法律适用法总论》，法律出版社2005年版，第202—205页。

劫机事件,即火速赶到金东明家中,却被拒之门外,金母声称不知陶思茅为何人。陶思茅又向邻居打听,确认金东明已死。悲愤至极,陶思茅向当地外事部门反映。在有关部门的干预下,陶思茅方被获准参加金东明追悼会。在处理金东明个人遗产时,金母拒不承认陶思茅与自己儿子存在夫妻关系。

陶思茅为维护自己的合法权益,委托中国律师代理,向当地人民法院起诉,并提交了有关证件、文书、证明材料。法院经审理后判决:陶思茅与金东明的父母是第一顺序继承人,对金东明的遗产享有继承权,被继承人的遗产由第一顺序继承人等额继承。

【法律问题】

本案的遗产继承应适用何地法律?

【参考结论】

我国《民法通则》第149条规定,遗产的法定继承,动产适用被继承人死亡时住所地法律,不动产适用不动产所在地法律。我国《继承法》第36条第1款规定,中国公民继承在中华人民共和国境外的遗产或者继承在中华人民共和国境内的外国人的遗产,动产适用被继承人住所地法律,不动产适用不动产所在地法律。最高人民法院《关于贯彻执行〈中华人民共和国继承法〉若干问题的意见》第63条补充规定,涉外继承,遗产为动产的,适用被继承人住所地法律,即适用被继承人生前最后住所地国家的法律。本案中,金东明死亡时住所地在中国,本案的准据法是中国法律。

【法律评析】

在本案中,被继承人金东明未留遗嘱死亡,金东明的妻子陶思茅要求继承金东明在中国境内的遗产,因陶思茅是美籍华人,所以,本案属涉外法定继承。涉外法定继承,首先要解决法律适用问题。

根据我国《民法通则》第149条或者最高人民法院《关于贯彻执行〈中华人民共和国继承法〉若干问题的意见》第63条的规定,金东明死亡时住所地在中国,本案的准据法是中国法律。

案例二:某英国女子遗产继承案——立嘱能力的法律适用

【案情介绍】

一个20岁的英国妇女与一个法国男子结婚后,她原来设在英国的住所随之变更在法国。然后她立下一份遗嘱,指明丈夫为她的完全遗赠人。该遗嘱设立时,她还未满21岁,10年以后她去世,当时仍住在法国,英国法院审理她的遗产继承案时,涉及如何确定她立遗嘱的能力问题。本案中英国和法国有关遗嘱能力的法律规定存在差异,从而导致法律冲突的产生。按照英国法律,该妇女不具有立遗嘱的能力,因为她立遗嘱时尚不足 21 岁的法定年龄;而按照法国法不足 21 岁但已满 16 岁者,可以立遗嘱处置其足龄时有权处置的财产的一半。

【法律问题】

在该妇女未满 21 岁之前,她是否有能力设立遗嘱?

【参考结论】

在本案中,要确定该妇女是否具有设立遗嘱的能力,关键在于法院是适用英国法还是法国法。最后法院适用的属人法是当事人住所地法,也就是说依被继承人立遗嘱的住所地——法国——的法律确定了当事人在已满 16 岁未满 21 岁之前,有设立遗嘱的能力,因而判定该妇女有能力处置其财产的一半,该一半财产归丈夫所得,另一半作为未指定继承人的情况处理(法定继承)。由本案的判决可以看出,法院确定被继承人遗嘱能力的法律适用原则是"住所地法原则",而不是"本国法原则"。

【法律评析】

一个有效遗嘱的成立,必须符合一定的实质要件和形式要件。一个人是否具备通过遗嘱处分其遗产的能力,属于遗嘱有效成立的实质要件。对于成立遗嘱的能力,各国法律规定常有不同。关于立嘱能力,一般认为应适用当事人的属人法。但在对继承只适用被继承人属人法的国家,其所立遗嘱如涉及位于他国的不动产,此种能力就不一定能得到不动产所在国的承认,因此,也有主张对不动产的立嘱能力适用不动产所在地法的。其次,在适用当事人属人法时,如立嘱时与死亡时的属人法连结点发生了改变,这时究竟适用前一连结点指引的属人法,抑或适用后一连结点指引的属人法,在学说与实践中也有分歧:有主张适用新连结点所指引的法律的,也有主张适用立嘱时的属人法的。

案例三:赫尔曼遗嘱案——受遗赠人接受遗赠的能力的法律适用

【案情介绍】

赫尔曼的住所在英国,他将自己的 250 英镑以遗嘱方式遗赠给了一个德国人的两个子女。这两个孩子一男一女,在赫尔曼去世时,男孩 17 岁,女孩 18 岁。这两个孩子的住所在德国汉堡。按照本案当时的德国法律,男满 22 岁为成年,女满 18 岁为成年,未成年者的父亲有权作为其监护人接受遗赠给未成年者的财产。英国法院审理赫尔曼遗产继承案时,需要确定这两个德国小孩是否有能力接受遗赠。法院判决,女受遗赠人依德国法有权以自己的名义接受赫尔曼的遗赠,男受遗赠人则要等其按英国法或德国法成年时才可以受领属于给他的那份遗赠款项。

【法律问题】

本案是如何确定受遗赠人接受遗赠的能力的准据法的?

【参考结论】

为了使受遗赠人尽可能早地得到遗赠,法院不为适用受遗赠人住所地法的原则所限,而是允许本案男受遗赠人按其住所地德国的法律或按英国法成年时都可以受领遗赠,这意味着在德国法与英国法中可以以成年年龄规定较小者为准。法院判决,女受遗赠人依德国法有权以自己的名义接受赫尔曼的遗赠,男受遗赠人则要等其按英国法或德国法成年时才可以受领属于给他的那份遗赠款项。

【法律评析】

本案在此要解决受遗赠人是否有能力根据遗嘱人的遗嘱接受遗赠的问题,也属于遗嘱继承中能力问题的一种。按照本案当时的德国法律,男满22岁为成年,女满18岁为成年,未成年者的父亲有权作为其监护人接受遗赠给未成年者的财产。那么,法院对本案是否应当以受遗赠人住所地德国的法律来确定其能力?

在本案中,德国法是作为受遗赠人住所地法而得以适用的,说明法院对于受遗赠人的能力问题以适用受遗赠人住所地法为解决原则。但为了使受遗赠人尽可能早地得到遗赠,法院又不为适用受遗赠人住所地法的原则所限,而是允许本案男受遗赠人按其住所地德国的法律或按英国法成年时都可以受领遗赠,这意味着在德国法与英国法中可以以成年年龄规定较小者为准。需要注意的是,英国法在本案是遗赠人住所地法律,法院却将其兼用于确定受遗赠人的能力,这反映了英国法院对遗嘱人住所地法的重视。

案例四:中国公民L涉外继承纠纷案
——继承的管辖权与法律适用

【案情介绍】

L系中国人,经常居所地为中国。2011年10月L在澳大利亚去世。去世时L在澳大利亚有房屋两幢,生前在中国某银行有存款及利息8万元,在某投资公司有股票及股息12万元。L生前未立遗嘱,配偶早死,有两个儿子,一个住在中国,一个住在澳大利亚。L死后,两个儿子因遗产继承问题发生纠纷,诉至中国法院。

【法律问题】

1. 中国法院对本案是否有管辖权?
2. 本案应如何适用法律?

【参考结论】

1. 中国法院对本案有管辖权。被继承人为中国公民,死亡时住所在中国,有遗产在中国,继承人中有一方住在中国。依我国2007年修订的《民事诉讼法》第34条第3款规定,因继承遗产纠纷提起的诉讼,由被继承人死亡时住所地或主要遗产所在地人民法院管辖。故中国法院对此案拥有管辖权。

2. 根据我国《涉外民事关系法律适用法》第31条的规定,L在中国的存款、股票及股息是动产,应适用被继承人死亡时经常居所地中国的法律处理;L在澳大利亚的两处房产是不动产,应适用不动产所在地澳大利亚的法律处理。

【法律评析】

国际私法上的涉外继承,没有统一实体法,各国争夺管辖权的情况十分常见,出现反致、转致的情况比较多。

本案属于国际私法上的涉外法定继承。因被继承人的国籍、住所、部分遗产在中国,当事人向中国人民法院起诉,故被继承人死亡时住所地的中级人民法院对本案拥有管辖权。在法律适用问题上,根据中国《涉外民事关系法律适用法》第31条的规定,法定继承,适用被继承人死亡时经常居所地法律,但不动产法定继承,适用不动产所在地法律。本案中L死亡时的经常居所地在中国,在中国境内留有动产,在国外留有不动产,故对中国境内的动产适用中国的法律,对位于国外的不动产则按不动产所在地法处理。

案例五:陈鉴泉诉钟惠娟等继承纠纷案——遗嘱继承的法律适用①

【案情介绍】

钟惠娟与陈金华于1983年4月10日在广东省中山市登记结婚,生有一子陈子宏;陈鉴泉、陈鸿泉、陈彩娟是陈金华与前妻翁玉好的婚生子女。1999年2月8日,陈金华在中山市立下遗嘱,将其自置产业香港九龙长沙湾道199号

---

① 参见许光耀、宋连斌主编:《国际私法学——学习指导书》,湖南人民出版社2005年版,第198—201页。

5/FB座楼房送给长子陈鉴泉。1999年4月4日,陈金华在中山市死亡。1999年6月20日,陈鉴泉以港币119万元将该物业售予浩新发展有限公司。前列当事人因继承前述遗产发生纠纷,而诉至中山市中级人民法院。

法院经审理认为:对于陈金华自书遗嘱将香港九龙长沙湾道199号5/FB座楼房赠与陈鉴泉一事,根据中国《继承法》第36条不动产的继承适用不动产所在地法律的规定,陈金华遗嘱处理的是位于香港的不动产,根据我国香港地区的法律,自书遗嘱必须有两个见证人签名方生效,陈金华所立遗嘱不具备两个见证人签名,因而是无效的。既然遗嘱无效,则按法定继承处理。根据我国香港地区《无遗嘱者遗产条例》第4条,遗产处理先从119万元中拨出5万元以及自陈金华去世之日起至遗产分配日止按年利率5%计算的利息归钟惠娟。余下遗产,钟惠娟1/2,其他继承人1/2。1999年12月1日,中山市中级人民法院作出判决,确认香港九龙长沙湾道199号5/FB座楼房系陈金华的遗产,其出售所得款项港币119万元现由陈鉴泉保管。陈鉴泉应先自119万元中划出5万元及该款利息(按年利率5%自1999年4月4日起计至遗产分配时止)归钟惠娟。余下部分,钟惠娟占1/2,其余继承人均分另一半。

陈鉴泉不服一审判决,向广东省高级人民法院提起上诉,认为该房产是其父陈金华的遗产,后者已立下自书遗嘱,将该房产交由陈鉴泉继承,且香港是中国领土的一部分而非境外,原审法院适用法律错误,应改判此房产归陈鉴泉继承。广东省高级人民法院经审理,判决驳回上诉人的上诉请求。

【法律问题】

1. 本案应适用何地法律?
2. 如适用我国《涉外民事关系法律适用法》,本案应适用何地法律?

【参考结论】

1. 根据我国《继承法》第36条,本案应适用我国香港地区的法律。
2. 我国《涉外民事关系法律适用法》第32条规定,遗嘱方式,符合遗嘱人立遗嘱时或者死亡时经常居所地法律、国籍国法律或者遗嘱行为地法律的,遗嘱均为成立。根据案情介绍,本案遗嘱人立遗嘱时或者死亡时经常居所地、国籍国和遗嘱行为地均为中国内地,因此应适用中国内地法律。

【法律评析】

对于涉外继承问题,我国《继承法》第36条规定:"中国公民继承在中华人民共和国境外的遗产或者继承中华人民共和国境内的外国人的遗产,动产适用被继承人住所地法律,不动产适用不动产所在地法律。"因为我国《继承法》规定比较笼统,没有区分法定继承和遗嘱继承,可以认为该条规定既适用于法定继承又适用于遗嘱继承,当然也包括遗嘱方式问题。因此,本案中陈金华处理不动产所采用的遗嘱形式应适用不动产所在地法律,即我国香港地区法律。

陈金华采用的是自书遗嘱形式处理位于我国香港地区的不动产,我国香港地区对于自书遗嘱的规定有三大特殊之处:一是规定遗嘱必须以书面形式为主,主要形式为自书遗嘱,这里自书遗嘱就不仅仅是几种主要形式之一,而是居于最主要的地位。二是不仅对遗嘱的书写、署名等常规要求作出了规定,还对自书遗嘱的见证作出了规定,即自书遗嘱须经两个见证人签名方为生效,这也是香港有关遗嘱继承中最特殊的一条规定。三是与我国《继承法》第17条规定的遗嘱形式相比,口头遗嘱和录音遗嘱是不具有法律效力的。我国《继承法》第17条共规定了五种遗嘱形式,即:公证遗嘱由遗嘱人经公证机关办理;自书遗嘱由遗嘱人亲笔书写,签名,注明年、月、日;代书遗嘱应当有两个以上见证人在场见证,由其中一人代书,注明年、月、日,并由代书人、其他见证人和遗嘱人签名;以录音形式立的遗嘱,应当有两个以上见证人在场见证;遗嘱人在危急情况下,可以立口头遗嘱。口头遗嘱应当有两个以上见证人在场见证。危急情况解除后,遗嘱人能够用书面或者录音形式立遗嘱的,所立的口头遗嘱无效。这五种遗嘱形式中,公证遗嘱、自书遗嘱、代书遗嘱和录音遗嘱可归为普通遗嘱;而在危急情况下订立的口头遗嘱则属特别遗嘱。

可见,根据香港法律有关自书遗嘱见证的规定,陈金华所立自书遗嘱应是无效的。因此,陈金华所立的无效自书遗嘱所涉及的位于香港的不动产应按照法定继承办理。

同时,香港虽然于1997年回归祖国,但按照我国相关司法解释的规定,涉港案件比照涉外案件处理。因此,本案中法院适用我国《继承法》第36条是适当的。

案例六:蒙古国公民巴图继承案——无人继承财产的法律适用

【案情介绍】

巴图为蒙古国公民,定居蒙古国。2000年5月在中国云南昆明旅游时,心脏病突发死亡。留有现金、照相机、信用卡等价值人民币6000元。经查,该公民配偶早亡,无子女,也没有其他亲属随其一同生活,生前也未留有遗嘱。为确定其继承人,当地外事部门申请昆明市中级人民法院对外发出寻找继承人的公告。昆明市中级人民法院发出公告,公告期6个月。6个月以后,没有人申请法定继承权。

【法律问题】

对该蒙古国公民的遗产依何国法律处理？如何处理？

【参考结论】

依据我国最高人民法院《关于贯彻执行〈中华人民共和国民法通则〉若干问题的意见(试行)》第191条和《继承法》第36条第3款的规定,涉外无人继承财产,依照我国法律处理,两国缔结或参加的国际条约应优先适用。由于我国与蒙古国存在生效的《中蒙领事条约》,依《中蒙领事条约》第29条第4款的规定,该遗产应移交蒙古国驻中国的领事官员。

【法律评析】

关于涉外无人继承财产归属的法律适用,主张"继承权主义"的国家多采用被继承人的属人法作准据法,奉行"先占主义"的国家往往采用遗产所在地法作准据法。

本案中,被继承人为蒙古国公民,住所地在蒙古国,在中国死亡,遗产所在地为中国,故为涉外继承法律关系。该蒙古国公民生前未留有遗嘱,公告期满,没有人申请法定继承权,依照1954年最高人民法院、外交部发布的《外国人在华遗产继承问题处理原则》第6条的规定:"外国人在华遗产,如所有合法继承人及受赠人均拒绝受领,或继承人之有无不明,而在公告继承期间(公告期限6个月)无人申请继承者,即视为绝产,应收归公有。上述遗产之处理,应报外交部批准。"其遗留的遗产,即是无人继承财产,也称绝产。本案涉及涉外绝产的法律适用问题。我国《继承法》第36条第3款规定:"中华人民共和国与外国订有条约、协定的,按照条约、协定办理。"最高人民法院《关于贯彻执行〈中华人民共和国民法通则〉若干问题的意见(试行)》第191条规定:"在我国境内死亡的外国人,遗留在我国境内的财产如果无人继承又无人受遗赠的,依照我国法律处理,两国缔结或者参加的国际条约另有规定的除外。"1987年生效的《中蒙领事条约》第29条第4款规定:"派遣国公民死亡后在接受国境内留下的遗产中的动产,应将其移交给派遣国领事官员。"

案例思考题

思考题一:张宜群案——涉外法定继承的法律适用

张新文与其妻刘艳为美籍华人。张新文夫妇生前在上海置有房产两处。一处为位于延安东路 26 号的混凝土三层楼房,总面积 201.46 平方米;另一处位于淮海中路 76 号的二层楼房,总面积 98.76 平方米。另外,张新文夫妇在美国加利福尼亚州还购有住宅一座。张新文和刘艳分别于 1960 年和 1972 年在美国去世,未留下遗嘱处分其遗产。张新文和刘艳有婚生子女二人,儿子张宜能、女儿张宜群以及养子张宜民,三人均为美籍华人,住所在美国。儿子张宜能已于 1982 年去世。张宜能有子女三人,女儿张启佳、长子张启明、次子张启亮,其中张启佳与张启亮为美国籍人,住所在美国,张启明为加拿大籍人,住所在加拿大。张新文夫妇购置的上海淮海中路 76 号的二层楼房有 50 平方米被征用,房屋折款 1500 元由张启佳领得。另一栋延安东路 26 号的三层楼房全部出租,20 世纪 50 年代后由张启佳代收房屋租金,管理房屋修理等事宜。在美国的住宅,由张新文夫妇及女儿张宜群共同居住。张新文夫妇去世后,由张宜群及其丈夫居住。1985 年,张宜群委托代理人起诉于上海市中级人民法院,要求继承其父母所购置的上海延安东路 26 号的楼房。

法院在查明事实之后,根据中国《继承法》第 9 条、第 10 条、第 13 条的规定,作出判决如下:(1) 位于上海市延安东路 26 号楼房一层 1/2 和二层 1/2 产权由张宜群继承;(2) 该楼房一层另 1/2 和三层的 1/2 产权由张宜能的子女张启佳、张启明、张启亮共同继承;(3) 该楼二层 1/2 和三层另 1/2 产权由张宜民继承。

问题
1. 本案属无遗嘱涉外法定继承案件,其涉外因素体现在哪些方面?
2. 上海法院适用中国《继承法》解决本案继承纠纷是否正确?依据是什么?

重点提示
本案主要涉及不动产继承的法律适用问题。

思考题二:任爱玲等诉王美珍案——涉外遗嘱的效力

任爱玲与姜伟勋 1958 年 12 月在广州市登记结婚。婚后育有姜玉秀、姜玉洁两个女儿。1963 年,姜伟勋只身赴香港定居。起初以做小生意为生。1983 年 5 月 2 日起姜伟勋在香港九龙开设了新记毛织公司,从事制衣业。1984 年 10 月 6 日,姜伟勋和王美珍代表新记毛织公司与广东省某市某针织厂签订了来料加工合同。合同期限为 3 年。根据合同规定,由香港方向某市某针织厂提供不作价借用的制衣专用设备一套共 126 台(件),原总价值 40 万港元。双方履行合同后,在 1984 年 10 月至 1985 年月 12 月间,香港方按合同规定应获得纯利润人民币 26100 元(王美珍收到 18440 元)。1985 年 12 月 28 日,姜伟勋在香港立下遗嘱,将其所有财产全部赠给王美珍。王美珍也在香港根据香港法律规定作出了接受遗赠的声明书。姜伟勋除新记毛织公司所有财产外,另有股票计港币9.6万元。1986年1月10日,姜伟勋在香港医院因病医治无效去世。1986年3月11日,姜伟勋的妻子任爱玲及两个女儿姜玉秀、姜玉洁,向广东省某市人民法院起诉,要求继承姜伟勋的所有财产。原告任爱玲认为自己为姜伟勋的妻子,应有一半财产归自己所有,此外请求法院认定姜伟勋的遗嘱无效,并继承应得的部分财产。姜玉秀、姜玉洁认为自己是姜伟勋亲生女儿,第一顺序法定继承人,有权继承父亲的财产。被告王美珍认为姜伟勋所立遗嘱符合香港法律规定,自己亦按香港法律规定作出接受,姜伟勋之遗产应全部归自己所有。

某市人民法院依据中国法律规定,认定姜伟勋在香港和某市所有的财产,均属于姜伟勋和妻子任爱玲在婚姻关系存续期间所得财产,属夫妻共同财产。姜伟勋在香港所立遗嘱,根据中国法律规定只能部分有效,即他只能处理其本人所有的那一部分财产即所有财产的1/2,而不能处理其妻子任爱玲所有的一部分财产。因此判决如下:(1)位于香港九龙的新记毛织公司所有财产及其孳息归原告任爱玲和被告王美珍共同所有,各占1/2;(2)香港新记毛织公司借给广东省某针织厂的全套专用设备126台(件)及附件和按合同应得的利润人民币18440元由原告任爱玲和被告王美珍共同所有,各占1/2;(3)香港新记毛织公司与广东省某针织厂所订的合同,自1986年1月至1987年10月,双方继续履行,所得收益,归原告任爱玲、被告王美珍共同所有,各占1/2;(4)姜伟勋拥有的股票计港币9.6万元,原告任爱玲、被告王美珍各得1/2;(5)驳回原告姜玉秀、姜玉洁的诉讼请求。

问题

本案属涉外遗嘱效力问题,应适用什么法律来确定姜伟勋所立遗嘱的效力?

重点提示

本案涉及遗嘱继承的法律适用问题。中国《继承法》第36条第1款规定:"中国公民继承在中华人民共和国境外的遗产或者继承中华人民共和国境内的外国人的遗产,动产适用被继承人住所地法律,不动产适用不动产所在地法律。"因为该条规定比较笼统,没有区分法定继承和遗嘱继承,可以认为该条规定既适用于法定继承又适用于遗嘱继承,当然也包括遗嘱效力问题。

第十六章 海事的法律冲突

本章知识点

一、海事关系法律冲突的范围

海事关系的法律冲突包括船舶物权的法律冲突、国际海上货物运输合同的法律冲突、船舶碰撞的法律冲突、海难救助的法律冲突和共同海损的法律冲突以及海事赔偿责任限制的法律冲突。

（一）船舶物权的法律冲突

船舶物权是指权利人直接对船舶行使并排除他人干涉的权利，通常包括船舶所有权、船舶抵押权和船舶优先权。由于各国对船舶物权的法律规定不尽相同，船舶物权的法律冲突的发生在所难免。

（二）国际海上货物运输合同的法律冲突

国际海上货物运输合同的法律冲突，主要表现为承运人的责任与托运人的责任两个方面。尽管在国际海上货物运输方面存在着一系列的国际公约，但由于不同的国际公约的规定不同，不同公约缔约国之间在国际海上货物运输合同方面也存在冲突。即使是同一公约的缔约国，由于有的国家在加入公约时作了某种保留，因此，在这些国家之间也存在海事法律冲突。

（三）船舶碰撞的法律冲突

船舶碰撞是典型的海上侵权行为，直接威胁着海上交通安全。广义的船舶碰撞是指两艘或两艘以上船舶的某一部位同时占据同一空间，致使一方或几方发生损坏的物理状态。狭义的船舶碰撞，则是指对碰撞的船舶给予特别限定的碰撞，或称为海商法上的碰撞。

二、海事关系的法律适用

在当前，关于海事关系法律冲突的法律适用，各国并没有一致的做法，在实践中大致形成了以下几种制度：国际公约优先原则、国际惯例补缺原则、意思自治原则、最密切联系原则、船旗国法、侵权行为地法、法院地法和理算地法。

案例分析

案例一：丹麦雪亮公司诉富兴渔业公司船舶抵押权案
——船舶所有权和抵押权

【案情介绍】

1999年10月，中国公民王某、张某、刘某、蔡某合伙成立富兴渔业公司，每人投资25%购得一条船进行经营。该船在当地港务部门进行了登记。2000年2月，富兴渔业公司与丹麦雪亮公司签订长期鲜鱼供应合同。丹麦雪亮公司提出要富兴渔业公司提供担保。王某、张某、刘某同意将船抵押作为债务担保，蔡某不同意。王某、张某、刘某遂以合伙名义与丹麦雪亮公司签订了船舶抵押合同并共同到港务部门进行了抵押登记。同年3月，蔡某听说有一外地人何某要买船，出价高出当地船价1倍，于是主张将船卖给何某，再另买一条船进行经营。4人都同意，并与何某签订了船舶转让合同，但双方均未到港务部门进行登记。同年6月，该船遇风暴沉没灭失。同年9月，丹麦雪亮公司发现转让船舶之事，于是向我国法院起诉，主张该船舶转让合同无效，船舶所有权并未转移，要求法院确认自己享有抵押权。

【法律问题】

1. 本案应如何适用法律？

2. 王某、张某、刘某在不经蔡某同意的情况下与丹麦雪亮公司签订的船舶抵押合同有效吗？双方设定抵押担保，在程序上是否合法？

3. 富兴渔业公司与何某之间的船舶转让合同是否有效？船舶所有权转移了吗？

4. 丹麦雪亮公司确认自己享有抵押权的请求能否得到满足？为什么？

【参考结论】

1. 本案是有关船舶所有权、抵押权的涉外确权之诉，依我国《海商法》第270条、第271条的规定应适用船旗国法律。本案的争议标的即船舶是在中国登记，因而船旗国是中国。所以，本案依法应适用我国《海商法》及相关法律来处理。

2. 我国《海商法》第16条规定："船舶共有人就共有船舶设定抵押权，应当取得持有2/3以上份额的共有人的同意，共有人之间另有约定的除外。"本案中，王某、张某、刘某和蔡某是共同出资购买船舶，共同经营该船舶，依照我国《民法通则》的有关规定,该船属于 4 人共有财产。在抵押该共有财产的问题上,三人同意,占总份额的 3/4。因此,该船舶抵押合同依法有效。蔡某不同意将船舶抵押作为债务担保,不影响设置船舶抵押权行为的有效性。本案中,抵押双方签订了书面的船舶抵押合同,并共同办理了抵押权登记,依照我国《海商法》第 12 条、第 13 条的规定,抵押双方设定的抵押担保,在程序上是合法的。

3. 抵押权作为一种担保物权,对所有权人的处分权能起一定的限制作用。本案中,富兴渔业公司未经抵押权人同意,擅自将被抵押船舶转让给何某,依据我国《海商法》第 17 条和《合同法》有关违反法律和行政法规的合同无效的规定,该转让合同依法无效。因此,该船舶所有权并未发生转移,依法仍属于富兴渔业公司所有。

4. 本案中,被抵押船舶已于 2000 年 6 月遇风暴沉没灭失,依我国《海商法》第 20 条的规定,设置其上的抵押权依法随之消灭。因此,丹麦雪亮公司要求确认自己享有抵押权的请求无法得到满足。

【法律评析】

本案是因转让设有抵押权的船舶而引起的争议,涉及法律适用、共有财产抵押权、设有抵押权的财产转让的效力、船舶所有权的转移、抵押权丧失等问题。相关法律条文包括我国《海商法》第 9 条、第 12 条、第 13 条、第 17 条、第 20 条、第 270 条和第 271 条。

案例二:大华航务有限公司偿债纠纷案
——船舶抵押权、留置权和优先权

【案情介绍】

1995 年 5 月,大华航务有限公司以其所有的"兴海"轮作为抵押向银行贷款 80 万元人民币,期限为 1 年。1996 年 9 月,"兴海"轮入坞检修,修船费用 18 万元人民币,约定 10 月检修完毕,船舶出坞前支付修船费用。1996 年 4 月至 10 月,"兴海"轮船员李某休假半年,10 月回船后发现自己半年的工资被扣发,合计 2.4 万元人民币。李某指出:劳动合同中明确规定船员休假期间工资应当照发。大华航务有限公司以资金困难为由,拒不补发。1996 年 11 月,修船厂因大华航务有限公司不支付修船费用,宣布对"兴海"轮进行留置,请求法院拍卖该船以清偿债务。银行也以大华航务有限公司 1996 年 5 月未清偿到期贷款及利息,向法院提出拍卖抵押物——"兴海"轮以拍卖所得清偿债务的请求。

【法律问题】

1. 修船厂、银行、李某各对"兴海"轮享有什么性质的海事请求权?

2. 假设法院拍卖"兴海"轮,获款 95 万元人民币,法院拍卖船舶支付费用 2 万元人民币,对银行、修船厂、李某的请求,依法应如何分配该拍卖所得?

【参考结论】

1. 本案中,修船厂与大华航务有限公司订有修船合同,在大华航务有限公司不如期支付 18 万元修船费用时,依据我国《海商法》第 25 条第 2 款的规定,修船厂有权对其占有之下的"兴海"轮行使留置权,以担保债权的实现。本案中,银行对"兴海"轮享有抵押权,以担保大华航务有限公司履行其债务。依据我国《海商法》第 11 条的规定,大华航务有限公司到期未能还本付息,银行作为抵押权人有权要求拍卖抵押物,从拍卖所得中优先受偿。本案中,船员李某因工资被扣发而提起的海事请求,依据我国《海商法》第 21 条、第 22 条的规定,具有船舶优先权,李某有权要求从"兴海"轮拍卖所得中优先受偿。

2. 本案中,法院对"兴海"轮拍卖所得的 95 万元人民币,依据我国《海商法》第 24 条、第 25 条的规定,应首先拨付法院为拍卖支出的 2 万元费用,再按照船舶优先权、船舶留置权、船舶抵押权的顺序依次受偿。即李某首先得到被扣发的 2.4 万元人民币工资;修船厂其次得到 18 万元修船费用;银行只能就剩余的 72.6 万元人民币受偿。

【法律评析】

本案是由于大华航务有限公司拖欠船员工资、银行贷款本息、修船费用而引起的纠纷,涉及船舶优先权、船舶抵押权、船舶留置权的性质以及受偿顺序、拍卖费用先行拨付等问题,相关法律条文包括我国《海商法》第 11 条、第 21 条、第 22 条、第 24 条和第 25 条。

案例三:货方诉"亚神"号案——共同海损的法律适用

【案情介绍】

1995 年 6 月 15 日,"亚神"号货轮在航线上遭遇异常风暴,船体剧烈摇晃。为船舶安全,船长命令船员将舱面上的木箱货物推入海中。16 日清晨,风暴停息。"亚神"号被风暴带到 A 地沙滩搁浅。为使船舶起浮,船长命令开足马力后退,致使船舶动力装置受损。"亚神"号遂与 B 拖轮公司达成拖航协议,由 B 公司所属的"舟山"号拖轮拖至邻近的 C 港进行临时检修,拖航费用 5 万元人民币。拖航过程中,"亚神"号舱内货物起火,烧毁价值 5000 美元的货物,船舶甲板被熏出一个洞。为灭火,船长命令船员向舱内灌水,湿损货物价值6000美元。18日,"亚神"号抵达C港。在C港检修船舶期间,为将货物卸载在码头、储存、重装等,支付费用5000元人民币,另外港口费用、船员工资、船舶所用燃料、物料等耗费人民币4000元。货物在码头露天储存时,天降大雨,货物湿损4000元人民币。21日,"亚神"号驶离C港,两天后到达目的地中国D港,船长立刻宣布了共同海损。船方与货方约定在D港理算。8月20日,理算结束,"亚神"号不提供担保,也不支付分摊款项。1996年7月10日,货方向中国D地法院提起诉讼。

【法律问题】

1. 本案应如何确定准据法?
2. 本案哪些损失属于共同海损?哪些不属于共同海损?

【参考结论】

1. 本案船货双方约定在中国D港所在地理算,依据我国《海商法》第274条的规定,应以中国法律为准据法。

2. 依据我国《海商法》第193条的规定,本案中属于共同海损的损失包括:(1)"亚神"号遭遇异常风暴,属于船舶与货物共同面临的危险,船长命令船员抛木箱货物下海的行为属于为了共同安全而有意采取的合理措施,因此该批货物的损失是特殊牺牲,应列入共同海损;(2)"亚神"号搁浅,是船、货共同面临的危险,船长命令开足马力后退是为共同安全而有意采取的合理措施,因此该措施造成的船舶动力装置的损失是特殊牺牲,属于共同海损;(3)"亚神"号船长签订拖航合同是为使船舶和货物摆脱搁浅的危险而有意采取的合理措施,因此而产生的费用是特殊费用,应列入共同海损;(4)拖航过程中发生火灾,使船舶和货物面临共同危险,船长命令灌水灭火,是为共同安全有意采取的合理措施,由此造成的货物湿损是特殊牺牲,属于共同海损;(5)根据我国《海商法》第194条的规定,"亚神"号受损后为安全完成航程,进入C港临时检修,在此期间产生的修船费、港口费用、船员工资、船舶自耗的燃料、物料等费用,都属于共同海损范围。

本案不属于共同海损的损失包括:(1)拖航过程中"亚神"号舱内货物起火造成的火损,是火灾造成的自然后果,并非人为有意采取的措施造成的特殊牺牲,因此不属于共同海损;(2)货物在C港露天储存时因天降大雨造成的湿损,是货物单方面临的危险造成的自然结果,并非人为有意采取的措施产生的损失,因此不能列入共同海损。

【法律评析】

本案是一起海上货物运输过程中发生的共同海损纠纷案件,涉及共同海损的范围、法律适用、诉讼时效、海事赔偿责任限制等问题,相关法律条文包括我国《海商法》第 193 条、第 194 条、第 203 条和第 274 条。

案例四:南京华夏海运公司诉塞浦路斯澳非尔提斯航运有限公司船舶碰撞案——船舶碰撞侵权行为的法律适用

【案情介绍】
参见本书第八章(冲突法的一般问题)案例思考题三。

【法律问题】
对于本案涉及的船舶碰撞侵权行为,应适用哪国法律?

【参考结论】
根据我国《海商法》的规定,船舶碰撞的损害赔偿,适用侵权行为地法,即泰国法,但在本案中由于通过各种途径无法查明泰国法,根据最高人民法院《关于贯彻执行〈中华人民共和国民法通则〉若干问题的意见(试行)》第 193 条的规定,应适用我国法律。

【法律评析】
确定准据法是人民法院审理涉外民事案件必须首先解决的问题,审理此案的一、二审法院虽均将中国法确定为本案的准据法,但它们确定的依据不同。原审法院认为,本案法律适用的第一选择是 1910 年《统一船舶碰撞若干法律规定的国际公约》,但因为该《公约》对我国尚未生效,故不能被选择适用;第二选择是泰国法律即侵权行为地法,因双方当事人均不属泰国籍,不主张适用泰国法,视为当事人对泰国法不举证,故泰国法不能被选择适用;第三选择是法院地法,基于双方当事人的主张和以上二种选择不成立的原因,本案应当适用中国《海商法》。二审法院认为,根据中国《海商法》第 273 条第 1 款"船舶碰撞的损害赔偿,适用侵权行为地法律"的规定,本案应当适用泰国法。但根据最高人民法院《关于贯彻执行〈中华人民共和国民法通则〉若干问题的意见(试行)》第 193 条"对于应当适用的外国法律,可通过下列途径查明:(1)由当事人提供;(2)由与我国订立司法协助协定的缔约对方的中央机关提供;(3)由我国驻该国使领馆提供;(4)由该国驻我国使馆提供;(5)由中外法律专家提供。通过以上途径仍不能查明的,适用中华人民共和国法律"的规定,二审法院通过这些途径仍不能查明泰国法,遂决定适用中国法。其实,鉴于我国与泰国之间的广泛交流,泰法律的查明对我国法院来说并非困难的事情，完全可以通过我国最高人民法院所规定的方式予以查明。

案例思考题

思考题一：美国JP摩根大通银行诉利比里亚海流航运公司案
——船舶抵押权的法律适用[①]

1997年6月19日，原告美国JP摩根大通银行与被告利比里亚海流航运公司、航海者航运公司、曼特玛航运公司、海威德航运公司、塔拉玛航运公司五家借款人订立了贷款合同，约定由原告向五借款人提供贷款3500万美元。合同约定的准据法为英国法。2001年9月3日，原告又与包括被告在内的上述五名借款人就上述贷款合同签订补充协议，将最终期满日改为2002年4月30日。1997年6月27日，原告与被告签订担保协议，约定以被告所有的"航海者"轮向原告抵押，为上述贷款合同项下3500万美元贷款设立第一优先抵押权。1997年6月27日，原告与被告根据上述贷款合同及担保协议，在伦敦巴哈马籍船舶注册官处办理了"航海者"轮的船舶抵押登记手续。

1999年7月7日，原告与海运国际公司签订了一份透支协议，约定由原告向海运国际公司提供透支贷款200万美元，海运国际公司应在原告要求时立即偿还透支贷款。2000年7月17日，被告及其他担保人航海者航运公司、曼特玛航运公司、海威德航运公司、塔拉玛航运公司与原告签订了担保合同，约定包括被告在内的五位担保人为上述200万美元透支贷款承担连带清偿责任。2000年7月18日，被告与原告签署了一份第二优先担保契据，约定被告以其所属的"航海者"轮作抵押，为向原告清偿上述透支贷款提供担保。2000年7月18日，被告按照上述透支协议、担保合同的约定，在伦敦巴哈马籍船舶注册官处办理了抵押登记手续。

2002年3月7日，原告为上述两笔贷款向被告发出了催款通知。2002年3月14日，原告以被告拖欠其船舶抵押贷款本息7323377.26美元为由，向广州海事法院申请扣押"航海者"轮，要求被告提供780万美元的担保。3月15日，广

[①] 参见杜涛：《国际经济贸易中的国际私法问题》，武汉大学出版社2005年版，第152—155页；中国涉外商事海事审判网；http://www.ccmt.org.cn/hs/news/show.php？cId=3306，2006年5月3日访问。

州海事法院裁定准许了原告的扣船申请,责令被告在30日内提供780万美元的担保,同日扣押了该轮。原告JP摩根大通银行于2002年3月22日向广州海事法院起诉,请求法院判令被告偿付所欠的贷款、透支款、利息及费用共计7045208.64美元,并承担扣船申请费、债权登记费及本案诉讼费,确认原告基于上述债权对"航海者"轮享有船舶抵押权,有权从船舶拍卖款项中优先受偿。3月22日,原告提起本案诉讼后即以被告拒不提供担保,船舶不宜继续扣押为由向本院申请拍卖"航海者"轮。

经审查,广州海事法院于3月29日裁定拍卖该轮,保存船舶价款。2002年4月5日,被告函复原告,承认以上欠款至今尚未偿付,同时确认被告与其他借款人连带承担偿还以上欠款的责任。5月9日,"航海者"轮被法院依法拍卖。广州海事法院经审理认为:本案属涉外船舶抵押权纠纷。中国《海商法》第271条规定:"船舶抵押权适用船旗国法律。"本案抵押船舶"航海者"轮的船旗国为巴哈马。因此,对本案船舶抵押权纠纷应适用《巴哈马商船法》(Bahamas Merchant Shipping Act)。原告向本院提供了《巴哈马商船法》英文文本,经巴哈马公证机关公证并经中华人民共和国驻巴哈马大使馆认证,证明该法律文本于1976年11月29日颁布,自1976年12月31日生效,现尚有效。该法律文本"抵押权"部分第33条至第41条的中文翻译件经公证与原文内容相符。依照《巴哈马商船法》第35条、第37条的规定,广州海事法院于2002年7月25日判决被告海流航运公司偿付原告JP摩根大通银行贷款、透支款及其利息与相关费用共7045208.64美元,原告JP摩根大通银行基于该债权在本院拍卖"航海者"轮以前对该轮享有船舶抵押权,在该轮拍卖后有权从该轮拍卖款项中优先受偿。宣判后,双方当事人均没有上诉。

问题

1. 本案应如何定性?我国法院对该案是否有管辖权?
2. 本案应如何适用法律?

重点提示

本案是我国"入世"后成功审理的一宗相当具有国际影响的典型的涉外船舶抵押权纠纷案。本案的审理正确处理了涉外民商事案件中的定性、管辖权和法律适用三个基本问题,在拍卖船舶、查明并适用外国法、审核英文书证方面作了一些尝试。

第一,案件的管辖权与识别。本案双方当事人均为外国法人,所涉被抵押船舶的船旗国是巴哈马,由于被抵押船舶抵达我国广东水域后,原告在我国申请扣船并起诉,依照中国《海事诉讼特别程序法》第6条第2款第6项及第13条关于被保全财产所在地法院管辖、担保物所在地法院管辖的规定,广州海事法院对本案被抵押船舶的扣押及实体审理均具有管辖权。本案是因原告向被告追索抵押贷款,请求行使船舶抵押权而发生的纠纷,它包含两种法律关系,即借款合同法律关系与抵押担保法律关系,前者是先决条件,只有借款合同下的债权成立,抵押担保法律关系才能成立。本案审理的重点是确定原告是否具有船舶抵押权,审查船舶抵押权自然会涉及审查抵押担保的债权,故本案应定性为船舶抵押权纠纷,而不宜定性为贷款合同纠纷或船舶抵押合同纠纷,后两种定性均为合同纠纷,不能涵盖或突出抵押权的效力这一核心问题。

第二,外国法的查明与适用。按照中国《海商法》第 271 条关于船舶抵押权适用船旗国法律的规定,本案应适用巴哈马法律审查船舶抵押权的成立及效力问题。较为棘手的是,本案贷款合同本应适用合同约定的准据法(英国法),法官认为英国法中的有关判例难以查明,最终只能适用我国法律进行审查。但由于本案贷款合同的双方当事人、合同签订地、履行地等均与我国没有联系,直接运用我国法律审查该贷款合同,无疑不符合当事人的真实意思,也显得不合情理。考虑到本案双方当事人对贷款事实与欠款数额均一致认可,并无异议,故本案不涉及贷款合同的法律适用问题。关于巴哈马法律的查明,在本案审理过程中,原告向法院反映及时查明巴哈马法律有困难,办案法官了解有关情况后,直接电话与我国驻巴哈马国大使馆取得联系,得到了该大使馆工作人员的支持,该大使馆在 10 天内即将经公证认证的《巴哈马商船法》快递至国内。法院审理涉外案件时要积极发挥自身优势,利用各种合法途径,主动查明外国法。

思考题二:奥帕尔星轮抵押案——船舶抵押权和优先权的法律适用

奥帕尔星轮属利比里亚派里昂·格莱特运输公司,具有利比里亚籍。1981 年 2 月,该公司以该轮作抵押物,在美国纽约向美国欧文信托公司贷款 815 万美元。双方向设在纽约的利比里亚海事委员会作了登记,并就船舶抵押达成协议,制作了抵押文书。该抵押文书规定,如果派里昂·格莱特运输公司违反协议,欧文信托公司有权宣布所有尚未偿还的贷款本息均已到期,并可要求一并偿还,并行使利比里亚海商法或其他任何准据法赋予抵押权人的权利。此后不久,"奥帕尔星"轮更名为"奥帕尔城"轮。

1984 年,"奥帕尔城"轮被卖到了利比里亚的詹尼斯运输公司,并将随船的抵押权利和义务全部转让给该公司。欧文信托公司同意这种转让,并与上述两运输公司签订了转让合同。同时,利比里亚海事委员会也对该轮船舶登记证书所载抵押事项作了修改登记。从此,詹尼斯运输公司成了欧文信托公司的抵押债务人。其后,丹麦东亚有限公司与詹尼斯公司签订了租船合同,并按合同授权又将船舶转租给美国的梯·捷·斯蒂文逊公司,期限两个月。

1985年3月,中国五金矿产进出口公司从澳大利亚宝勤山有限公司购买钢材,五金矿产进出口公司委托美国矿产有限公司向斯蒂文逊公司承租了奥轮。7月15日,奥轮在澳大利亚怀阿拉港装货后,由于船东詹尼斯公司无力支付船员工资,船员拒绝开船,致奥轮滞留该港多日。后斯蒂文逊公司为完成原定航次,愿垫付船员工资和遣返费用,于是奥轮船长和船员将海事请求权及其他权益,转让给斯蒂文逊公司。船舶抵达上海以后,斯蒂文逊公司以詹尼斯运输公司为被告,向上海海事法院提起诉讼,主张其对为奥轮垫付费用及该轮在怀阿拉港滞留期间所发生的各种费用具有优先请求权。欧文信托公司随后也提起诉讼,请求变卖奥轮,优先偿还被告所欠的抵押债务。

上海海事法院受理案件以后,应请求依法裁定扣船,并于1986年1月将该轮公开拍卖。随后,宝勤山有限公司、美国矿产有限公司、美国船级所分别提出债权登记申请。

问题

本案应如何适用法律?

重点提示

本案的案情比较复杂,但实际关系只有两个,抵押权人欧文信托公司要求拍卖船舶并要求优先受偿;垫付工资和滞港费用的债权人斯蒂文逊公司要求偿还垫付的工资和滞港费用,并主张优先权。根据何国法律来确定优先权及优先的次序是解决本案的关键。

中国《海商法》第269条规定,合同当事人可以选择合同适用的法律,法律另有规定的除外。合同当事人没有选择的,适用与合同有最密切联系的国家的法律。对于斯蒂文逊公司根据租船合同提出的要求被告支付奥轮垫付费用及该轮在怀阿拉港滞留期间所发生的各种费用的请求权,由于当事人未选择准据法,而船舶国籍为利比里亚,船舶的所有权人詹尼斯公司为利比里亚公司,船舶抵押关系的一方为利比里亚公司,抵押合同的签订地在利比里亚,船舶抵押的登记机关为利比里亚海事委员会,垫款争议一方为利比里亚当事人。所有这些连结因素都指向利比里亚,根据最密切联系的原则应适用利比里亚法律作为解决该争议的准据法。

中国《海商法》第271条规定,船舶抵押权适用船旗国法律。对于欧文信托公司请求变卖"奥帕尔城"轮,优先偿还被告所欠的抵押债务的请求权,由于船舶国籍为利比里亚,而且抵押合同中提到可以利比里亚海商法来确定抵押权人的权利,因此应适用利比里亚法律。

对于船舶优先权问题,根据中国《海商法》第272条规定,船舶优先权,适用受理案件的法院所在地法律。因此船舶优先权问题应适用中国的法律。中国《海商法》第22条规定,下列各项海事请求具有船舶优先权:(1)船长、船员和在船上工作的其他在编人员根据劳动法律、行政法规或者劳动合同所产生的工资、其他劳动报酬、船员遣返费用和社会保险费用的给付请求;……(3)船舶吨税、引航费、港务费和其他港口规费的缴付请求;……因此斯蒂文逊公司根据租船合同提出的要求被告支付"奥帕尔城"轮垫付费用及该轮在怀阿拉港滞留期间所发生的部分费用的请求权,优先于抵押债权受偿。

思考题三:斯达迪船务有限公司诉中海发展股份有限公司案
——无接触碰撞损害赔偿的法律适用

1993年11月8日,原告塞浦路斯斯达迪船务有限公司所属"吉米尼"轮于16:00时许从长江口进入,20:00时许驶至吴淞口,并顺流驶入黄浦江。在21:00时许右正横吴淞客运码头时,发现前方军工路江面行驶的被告中海发展股份有限公司所属的出口船"振兴"轮。21:05时,"吉米尼"轮驶至第2、3泊位外,发现"振兴"轮左转进入进口航道,随后又大角度右转,"吉米尼"轮即减速至微速前进。21:07时许,"吉米尼"轮驶抵张华浜5泊时,与"振兴"轮会遇驶过。同时,"吉米尼"轮采取了左舵10、左满舵、前进二的措施,因左转不明显,"吉米尼"轮即采取停车、快倒车、抛双锚的措施。21:10时,"吉米尼"轮连续碰撞了停泊于张华浜7泊位的"货0903"驳、"海港19"、"海港6"两拖轮及"黎明"等船舶,并间接碰撞了张华浜7泊位码头。

"振兴"轮于1993年11月8日19:00时驶离立新船厂游龙路码头逆流出口试航,19:20时过黄浦江114灯浮,19:32时过黄浦GB274瞭望台,20:04时过西沟信号台,20:38时过高桥信号台。在驶过106灯浮以后,为避让抛锚在航道中央的小船,左转驶入进口航道,让过小船以后,又右转驶向出口航道。21:07时许与"吉米尼"轮会遇驶过。

事故发生后,原告与上海港张华浜装卸公司协商,赔付其码头损失55万美元;与"黎明"轮船东协商,赔付"黎明"轮损失8041美元。就"货0903"驳及"海港6"、"海港19"两拖轮的损失,重庆长江轮船公司及上海港复兴船务公司已分别提起诉讼,请求本案原告赔偿。

原告塞浦路斯斯达迪船务有限公司诉称:此次事故是由于"振兴"轮穿越进口航道所致,被告应承担全部责任,请求法院判令被告赔偿"吉米尼"轮损失及已支付的张华浜码头和"黎明"轮的费用、重庆长江轮船公司和上海港复兴船务公司要求其赔偿的费用共计 931394.50 美元和 2698704.42 人民币。

被告中海发展股份有限公司辩称:1993 年 11 月 8 日,"振兴"轮按章显示航行号灯,并显示试航信号驶离立新船厂游龙路码头,按章守听 VHF 并及时通报航行通告。"振兴"轮一直沿出口航道右侧行驶。21:21 时过 106 灯浮后,"振兴"轮避让小船安全通过,船长摆正船位继续航行。于 21:26 时在张华浜 3、4 泊位处与"吉米尼"轮以左对左安全驶过。会船期间和会船之前,均未听见"吉米尼"轮鸣放任何声号。被告认为,原告所称 21:07 时事故发生时与"吉米尼"轮会遇的应是航行在"振兴"轮之前的另一艘船"鹰翔"轮。故本起事故完全是"吉米尼"轮航速过快,判断失误,操纵不当所致。故请求法院驳回原告起诉。

一审法院经审理后,委托了有关专家对双方船舶的航迹进行鉴定。有关专家根据上海港务监督的记录及当事船员的报告和双方船舶的航行资料,经分析推算,确定 1993 年 11 月 8 日 21:07 时与"吉米尼"轮会遇的船舶是"振兴"轮,而非"鹰翔"轮,同时认定"振兴"轮在一些航段超速航行。鉴定结论为"不排除'振兴'轮导致'吉米尼'轮碰撞张华浜 7 号泊位靠泊船的可能性"。

根据鉴定报告,一审法院认为,"振兴"轮在出口航行时,为避让在航道中央的抛锚小船,绕过进口航道。该行为虽然没有直接导致"吉米尼"轮发生紧迫局面,但客观上给"吉米尼"轮的航行造成了一定的困难。对两船会遇时"振兴"轮是否在进口航道,原告没有进一步证据加以证明。在 21:07 时两船会遇,到 21:10 时碰撞发生,两船相对距离已 800 米开外。直接导致碰撞的原因是"吉米尼"轮操纵不当,故原告应负主要责任。法院认为双方均违反了 1972 年《国际海上避碰规则》的有关规定,根据双方的过错程度,依照中国《海商法》第 169 条第 1 款、第 2 款和第 170 条的规定,判决被告赔偿原告损失 252128.43 美元及利息。

一审判决后,原告、被告双方均提起上诉。

二审法院经审理后认为,本案系船舶无接触碰撞纠纷。"振兴"轮为避让在出口航道中的抛锚小船,超速行驶,并抢先绕过部分进口航道,客观上影响了"吉米尼"轮的正常航行,致使两船会遇时形成紧迫局面,故上诉人中海发展股份有限公司应对本次事故承担一定的责任。上诉人斯达迪船务有限公司,并未举出本案发生的碰撞事故是不可避免的证据,也无证据证明"吉米尼"轮为避免碰撞所采取的左满舵、前进二、停车、倒车、抛双锚等措施是别无选择、正确合理的措施。原判认定"吉米尼"自身的操纵不当是碰撞的主要原因应予确认。原审判决认定事实清楚,证据充分,适用法律并无不当。据此,依照中国《民事诉讼法》第153条第1款第1项、第158条之规定,判决驳回双方上诉,维持原判。

问题
如何确定本案应适用的准据法?

重点提示
这是一起无接触船舶碰撞侵权损害赔偿案。关于法律适用的问题,我国《海商法》第273条第1款规定:"船舶碰撞的损害赔偿,适用侵权行为地法律。"第170条规定:"船舶因操纵不当或者不遵守航行规章,虽然实际上没有同其他船舶发生碰撞,但是使其他船舶以及船上的人员、货物或者其他财产遭受损失的,适用本章的规定。"因此,本案虽然原告、被告所属的船舶没有实际发生碰撞,但根据上述规定,我国是侵权行为地,应当适用我国法律来解决原告、被告之间的侵权纠纷。

第十七章 国际破产的法律适用

本章知识点

一、国际破产和国际破产法

国际破产也称为跨国破产,是指包含有国际因素或涉外因素的破产。

国际破产法是调整具有涉外因素破产关系的法律原则、规则和制度的总称。它既包括国内法也包括国际法。国际破产法的适用范围包括主体范围、地域范围以及时间范围。

单一破产制,是指某一债务人在一国宣告破产后就不需在另一国宣告破产,它可影响债务人位于各地的财产,在破产程序中发布的命令以及作出的处分在各地均为有效。单一破产制是一种较为理想的方式,它为债权人和债务人提供了较为方便迅捷的破产模式。

复合破产制,是指一国法院已对某一债务人在一国宣告破产的事实,并不能排除另一国法院再对同一债务人宣告破产。与之相应的是,它主张一国破产宣告的效力只能及于破产宣告国域内,对位于其他国家的财产应当由当事人在有关国家提出破产申请,因此,它否认了一国破产宣告的域外效力。

与单一破产制和复合破产制相关联的是普及破产主义与地域破产主义。普及破产主义认为,一国法院所作的破产宣告,其效力及于债务人在国内外的全部财产。而地域破产主义则主张,一国法院所作的破产宣告,其效力仅及于破产人在该国领域内的财产。在现代,还出现了一种将普及破产主义和地域破产主义中和的观点,通常称之为折中主义。折中主义一方面尽可能地将本国的破产宣告效力扩及国外,另一方面则不大倾向于承认外国破产宣告的效力。

根据我国2006年通过的《企业破产法》第5条的规定,依照本法开始的破产程序,对债务人在中华人民共和国领域外的财产发生效力。对外国法院作出的发生法律效力的破产案件的判决、裁定,涉及债务人在中华人民共和国领域内的财产,申请或者请求人民法院承认和执行的,人民法院依照中华人民共和国缔结或者参加的国际条约,或者按照互惠原则进行审查,认为不违反中华人民共和国法律的基本原则,不损害国家主权、安全和社会公共利益,不损害中华人民共和国领域内债权人的合法权益的,裁定承认和执行。可见,该法是采取单一破产制和普及破产主义的。但是,在该法通过以前,我国的实践既有采地域破产主义,也有采普及破产主义的。

二、国际破产的管辖权

(一) 国际破产管辖权的确定

在确定国际破产案件管辖权方面,各国在司法实践中主要考虑以下几种连结因素:主营业所所在地、住所地、财产所在地、国籍国。我国2006年通过的《企业破产法》第3条规定,破产案件由债务人住所地人民法院管辖。

(二) 国际破产案件管辖权冲突及其解决

各国由于规定了彼此不同的国际破产案件管辖权,因此,在实践中极其容易发生国际破产案件管辖权冲突。对于这种管辖权冲突的解决主要有两种途径,其一是通过国内立法或判例规定冲突发生时的解决原则;其二是通过国际协调的方法减少或避免管辖权的冲突。

(三) 国际破产的专属管辖和继续管辖

国际破产的专属管辖,主要是指排除当事人协议管辖的情形。

国际破产的继续管辖问题,主要是由于破产案件复杂多变,审理时间较长而引起的,它是指在破产申请提出后,破产程序开始之前,债务人的营业所或住所、财产所在地及国籍等因素发生变化时,原连结因素所确定的法院能否继续行使管辖权。

三、国际破产的法律适用

(一) 国际破产程序的法律适用

在国际私法中,一般认为程序问题依法院地法,故破产程序的法律适用也应依法院地法,也就是破产宣告国法。

(二) 国际破产债权的法律适用

在国际破产案件中,在破产债权的范围以及清偿顺序的法律适用问题上,主要有两种主张:一是主张适用破产宣告国法;另一主张是适用破产宣告时的财产所在地法。

(三) 国际破产财团的法律适用

关于破产财团范围的法律适用,一般认为应适用破产宣告国法。而对于破产财产究竟为动产或不动产的识别,应依物之所在地法。至于有关债权人对破产财团的物权,如别除权、取回权,应依物之所在地法,而债务人对抗债权人的抵销权和否认权等,各国一致认为应依破产宣告国法。

(四)国际破产管理的法律适用

国际破产管理涉及许多程序问题和实体问题。对于破产管理的法律适用,一般主张适用管理地法,亦即法院地法或破产宣告国法。

四、国际破产管理人

国际破产管理人,是指在国际破产程序中,依据破产法实施一般强制执行制度,负责破产财团管理、变价及分配的特殊组织。

破产管理人的选任大致有以下三种方式:与债权人自力救济主义原则相联系,破产管理人由债权人会议选任;根据破产程序的公力救济原则,破产管理人由法院选任;综合债权人自力救济主义和公力救济主义,破产管理人原则上由法院选任,债权人会议也可以另为选任。

案例分析

案例一:美国中央大鹰集团公司索赔案
——国际破产案件管辖权的冲突

【案情介绍】

美国中央大鹰集团公司贷款给委内瑞拉在纽约成立的环球贸易公司,纽约环球贸易公司与委内瑞拉国内一公司在委内瑞拉合资成立中美洲热带孵鸡公司(以下简称"孵鸡公司"),中央大鹰集团公司为确保其贷款能准时回收,也派人参与孵鸡公司的管理工作,因多方争夺经营权且孵鸡公司高层管理人员经营不善,孵鸡公司很快被宣告破产,整个公司产业成为破产诉讼中的标的物。当地官员奉命前往查封公司所属工厂设施,意欲扣押财产等待清偿,遇到公司职工抵制。他们占领厂房,设置路障,以免工厂被查封以后陷于失业,而且无法索回资方拖欠的工资。美资中央大鹰集团公司以及孵鸡公司的法律顾问劝告资方不要正式请求委内瑞拉政府出面派警察干涉,以免导致流血,扩大事态,从而造成工厂财产的彻底毁损。资方接受了这种劝告,未向东道国政府中央和地方行政当局请求"维护秩序、执行法律,保护厂区生命财产的安全";也未向当地司法部门提出控告,依法进行刑事诉讼和民事诉讼。数日后,骚动平息。但孵鸡公司的厂房设施在骚动中受到严重破坏,其价值已不足以清偿所欠中央大鹰集团公司债款。于是中央大鹰集团公司依美国国内的贷款保证合同向美国国际开发署(美国海外私人投资公司的前身)索赔。美国国际开发署一方面认定本案中孵鸡公司的财产遭当地官员的查封即属征用险,但是,另一方面,却又认为当地官员的查封引起公司职工的抵制引起骚动时,公司没有请求当地的行政、司法救济,导致造成严重损失。加之,美国国际开发署单方面认定中央大鹰集团公司无索赔权,最后,美国国际开发署决定不予赔付。

【法律问题】

从该案分析国际破产案件的管辖权及其冲突应如何解决?

【参考结论】

1. 本案中,孵鸡公司的主营业所所在地和财产均在委内瑞拉,该公司也具有委内瑞拉国籍,故该公司的破产由委内瑞拉法院受理是适当的。

2. 管辖权冲突的解决途径大致有两种:其一是通过国内立法或判例规定冲突发生时的解决原则;其二是通过国际协调的方法减少或避免管辖权的冲突。在采用前一途径的情形下,大陆法系诸多国家在其破产法上一般规定,在两个以上的法院对某项破产案件都有管辖权时,由先受理破产申请的法院管辖。另外一些国家,如英国,在其判例中确认,当英国法院和外国法院对同一债务人破产均有管辖权,而债务人没有财产在英国时,英国法院将放弃行使管辖权。由此可见,在采用这种途径解决国际破产案件管辖权冲突时,各国必须对自身的管辖权要求进行适当的"自我抑制"。

就后一种途径而言,它对于解决国际破产案件的管辖权冲突是十分理想的。国际社会对此也曾作过多次尝试,如海牙国际私法会议、欧共体等,都制定过有关的公约草案,但是,至今尚未有一部得以生效,其主要原因是这些公约的理想主义色彩过浓,对各国国际破产案件管辖权要求规定了过分严格的"自我否定"。

【法律评析】

国际破产管辖权对于国际破产案件的审理具有十分重要的意义。世界各国由于规定了彼此不同的国际破产管辖权制度,在国际破产案件发生后,各有关国家的法院一般都根据本国法中关于破产管辖权的规定来决定是否行使管辖权,于是将不可避免地发生国际破产案件管辖权的冲突。国际破产管辖权冲突产生的主要原因可归为两个方面:第一,各国对国际破产案件管辖标准的规定不同;第二,即使两国采用相同的管辖标准,但由于它们对管辖标准的解释不同,也会导致对国际破产案件管辖权的冲突。

综观各国的立法及司法实践,在确定国际破产案件管辖权方面,一般考虑以下几种连结因素:第一,主营业所所在地。第二,住所地。第三,财产所在地。第四,国籍国。

关于继续管辖问题,不同的国家有着不同的立法和司法实践:有的国家,用法定条文的形式,采取了反对继续管辖的明确态度;有的国家,则用法定条文的形式,明确地确定适用继续管辖原则,而且认为该项原则没有例外;有的国家,既没有在法律中明确反对,也没有明确接受,但在其法院实践和法学论著中,却承认可以在所有情况下适用继续管辖原则。

案例二:国际商业信贷银行深圳分行破产案——地域破产主义[①]

【案情介绍】

国际商业信贷银行(BCCI)是一家总部设在卢森堡的跨国银行,已经被72个国家的法院宣告破产。该行深圳分行的总资产约2000万美元左右,在中国的负债高达8000万美元。根据《深圳经济特区涉外公司破产条例》第6条的规定和中国《民事诉讼法》第243条的规定,深圳中级人民法院2002年受理了中国债权人对该银行提起的破产还债程序申请。中国债权人只参加对该银行深圳分行的清算,而不参加对该行的全球清算。由于该行深圳分行的财产较多,中国债权人的受偿比例达到25%左右。

【法律问题】

中国法院在本案中采取了属地主义原则还是普遍主义原则?

【参考结论】

此案是中国法院在跨国破产程序中坚持严格属地主义原则的典型案例。

【法律评析】

从本案来看,采用属地主义对保护我国债权人的利益似乎具有很大的好处,但其中最主要的原因在于该银行深圳分行的财产较多。假如该银行深圳分行财产很少的话,我国法院如果坚持属地原则,反而会不利于我国债权人的利益。在这种情况下,采用普遍主义原则,让我国债权人参与对该银行的全球破产清算,可能会更有利。

[①] 参见杜涛、陈力:《国际私法》,复旦大学出版社2004年版,第540页。

案例三:广东国际信托投资公司破产案——普及破产主义[①]

【案情介绍】

广东国际信托投资公司(以下简称"广信公司")成立于1980年7月,1983年被中国人民银行批准为非银行金融机构,享有外汇经营权。在20世纪90年代,广信公司在全世界范围融资,很快发展成为一个资产达到几百亿元的"商业航空母舰"。然而,由于内部管理混乱,广信公司在亚洲金融危机期间仍然漫无节制地到处发放贷款,终于发生了严重的外债支付危机。经过清算,广信公司资不抵债达到146亿多元。1999年1月11日,广信公司终于向广东省高级人民法院递交了破产申请。与此同时,广信公司下属的三家全资子公司广信企业发展公司、广东国际租赁公司和广信深圳公司也分别向广州市中级人民法院、深圳市中级人民法院提出破产申请。我国此前在处理金融机构清算时,采取的都是行政关闭的方式,对于外国债权人实行全额偿付。但在广信公司破产案中,中央政府明确指出,不再对金融机构的经营行为承担还债的义务。

进入破产程序后,共有近500家境内外债权人申报债权,金额达467亿元人民币,债权人中80%来自日本、美国、德国、瑞士、我国香港地区等国家和地区的130多家著名银行。这使得广信公司破产案成为"中国破产第一案",也成为一起案情错综复杂的跨国破产案件。2003年2月28日,广东省高级人民法院终于审结了此案。广信公司及其三个全资子公司的破产债权清偿率分别为12.52%、28%、11.5%和19.48%,为历年来最高。该案的审理结果也得到了国内外广泛的好评。

【法律问题】

中国法院在本案中采取了属地主义原则还是普遍主义原则?

【参考结论】

中国法院在本案中采取了普遍主义原则。

【法律分析】

广信公司破产案涉及我国法院破产程序的域外效力问题。它引起了我国理论和实务界对跨国破产问题的极大兴趣,同时也引起了全世界对我国处理跨国破产问题的法律和政策的高度关注。从法律角度看,广信公司破产案也为我国的跨国破产立法和司法实践提供了鲜活的经验。

[①] 参见杜涛、陈力:《国际私法》,复旦大学出版社2004年版,第541—543页;石静霞:《我国破产程序域外效力的实例分析——评香港高等法院对"广信"破产程序的承认》,载国际经济法网:http://www.intereconomiclaw.com/article/default.asp? id=91,2006年6月4日访问。

广信公司破产案审理中的一个最大的经验是明确肯定了我国法院破产程序的普遍主义效力。这一点可以从广信公司破产案审理进程当中香港高等法院对另一起相关案件即"中芝兴业财务有限公司诉广信公司案"的判决中得到印证。该案的原告中芝兴业财务有限公司是一家香港注册的中、美、日合资金融机构，同时也是广信公司破产案的债权人。被告是广信公司。另外还有一个第三债务人，即广信公司100%持股的香港子公司（广信香港），而"广信香港"也由于资不抵债而进入自愿清算程序，并且"广信香港"对其母公司广信公司也负有大量债务。由于广信公司被宣告破产，为了实现自己的债权，原告向香港高等法院起诉广信公司，要求偿还债务，香港法院作出了支持中芝公司的判决，并发出了扣押令，扣押所有"广信香港"对广信公司的到期债务和利息，以偿还判决债务。中芝公司据此向广信公司清算组补充申报债权，但遭到拒绝。现在，原告再次向香港高等法院申请使该扣押令成为绝对的或终局的裁决，以便执行。广信公司则申请中止包括扣押申请在内的所有程序的进行。本案的主审法官 Gill 判决驳回了原告的请求，支持了被告广信公司清算组要求中止所有执行程序的申请。这样一来，"广信香港"欠其母公司广信公司的债务在其清算中得到的偿付，应当直接付给广信公司清算组，并入广信公司的破产财产，对境内外债权人进行平等分配。

Gill 法官在进行判决过程中，重点分析了广信公司在中国内地的破产程序的性质，特别是该程序是否具有域外效力，从而是否能够及于位于香港的财产，即"广信香港"欠广信公司的债务。Gill 法官着重考虑了以下几点因素：第一，广信公司清算组的主要职责是对广信公司进行完全的控制，负责接收破产企业的财产、账簿、文件、材料及印章等。这里没有将其控制权仅仅限于中国内地范围内的说明。第二，广信公司清算组向"广信香港"申报了债权。尽管这一债权目前还未被接受，但没有证据表明它将会因为是一项海外债权而被拒绝。与此同时，广信公司清算组试图在追回广信公司位于中国内地之外的财产。第三，广信公司清算组拒绝中芝公司所申报债权的原因是基于债权本身的性质，而非因为它是一项境外债权。这种拒绝不是因为地域性的原因而引起。第四，在广信公司清算过程中，清算组定期报告其工作进展，并且在清算组承认的债权中，有4/5 价值的债权来自于境外债权人的申报。第五，广信公司破产案举行的新闻发布会以及媒体的相关报道更加明确了广信公司的破产清算贯彻了在境内外所有债权人中进行按比例平等分配的原则。第六，清算组及时通知了中芝公司其债权被拒绝的情况，并赋予了其提出异议的权利，也对异议进行了审查。第七，广东省高级人民法院在对清算组的指示中明确,清算组应当以自己的名义,追回广信公司位于境内外的所有财产。第八,也没有证据表明广信公司清算组在追回广信公司的境外财产方面正在经历或可能有困难。从香港法院的这一判决可以看出,我国法院在处理广信公司破产案中所采取的一系列措施,并没有局限于属地主义基础之上,而是采取了一种事实上的普遍主义态度。这一态度也得到了香港法院的承认。

案例思考题

思考题一:罗氏美光集团在香港被宣告破产案
——破产宣告的地域效力①

新南新染厂有限公司,是 1980 年由香港商人投资 4000 万港元在深圳经济特区设立的外商独资企业。该公司于 1981 年在香港向英国的莱斯银团借款 3600 万港元,并以该公司的所有资产,包括厂房和设备全部抵押给莱斯银团,作为第一抵押之债。1983 年 1 月以后,新南新染厂有限公司又向南洋商业银行透支港币 2900 万元,并将公司的资产再次抵押,作为第二抵押之债。此外,该公司还欠香港其他公司款项 840 万港元。

新南新染厂有限公司的主要股东是香港的罗氏美光集团,该集团占新南新染厂有限公司股份的 67%。1983 年罗氏美光集团在香港经营房地产生意破产,被享有债权的银行清盘接管。此时,债权人莱斯银团抢在他人之前行使抵押权,它委托一英国会计事务所到深圳,要求接管新南新染厂有限公司。

问题

罗氏美光集团在香港被宣告破产,该破产宣告的效力是否及于中国内地?

重点提示

关于一国法院所作的破产宣告在域外的效力,目前存在三种不同的观点,即普及破产主义、地域破产主义和折中主义。普及破产主义认为一国法院所作的破产宣告,其效力及于债务人在国内外的全部财产。而地域破产主义则主张,一国法院所作的破产宣告,其效力仅及于破产人在该国领域内的财产。折中主义

---

① 参见杜新丽主编:《国际私法教学案例》,中国政法大学出版社 1999 年版,第 85 页。

一方面尽可能地将本国的破产宣告效力扩及国外,另一方面则不大倾向于承认外国破产宣告的效力。

对于外国或外法域法院破产程序在我国的效力问题,我国当时立法未作规定,早先的判决多采取属地主义态度。但广东省佛山市中级人民法院于2001年11月作出的一个民事裁定(参见下述思考题二),明确承认了意大利法院作出的破产判决在我国的法律效力。

思考题二:意大利 B&T Ceramic Groubs.r.l 有限公司申请承认意大利米兰法院破产判决案——有限制的普遍主义[①]

2000年12月18日,意大利 B&T Ceramic Groubs.r.l. 有限公司向佛山市中级人民法院提出申请,要求承认意大利米兰法院的第62673号破产判决,并执行米兰市民事、刑事法庭作出的《被没收财产转让判处令》。

佛山市中级人民法院经审理查明,1993年3月4日,中外合资企业南海先锋模具有限公司经当时的南海对外贸易委员会批准成立,中方为南海吉利陶瓷实业公司,外方为意大利 Nassetti Ettores.p.a. 公司(以下简称"意大利公司")。至1995年12月26日,南海先锋模具有限公司的投资为610万美元,注册资本为550万美元。后来,意大利公司将在合资企业中所占的98%的股权转让给了香港隆轩国际有限公司。1997年10月24日,意大利公司被意大利米兰法院宣告破产,并对该公司破产财产作出处理。申请人 B&T 有限公司向米兰法庭报价购买。1999年9月30日,米兰市民事、刑事法庭颁布《被没收财产转让判处令》,责令意大利公司破产监护人将该公司的财产完全交给 B&T 有限公司。

佛山市中级人民法院认为,米兰法院和米兰市民事、刑事法庭的裁决符合我国的法律和我国与意大利之间订立的司法协助条约,故对其法律效力依法应予以承认。而对于申请人要求执行该合资企业中意大利公司所占的98%股权的申请,由于意大利公司已将股权转卖于第三人,而使佛山市中级人民法院无法发出执行令直接予以执行,故对此请求不作处理。

[①] 参见杜涛、陈力:《国际私法》,复旦大学出版社2004年版,第544—545页;刘建红:《申请承认和执行意大利法院破产裁决案》,载中国民商法律网 http://www.civillaw.com.cn/weizhang/default.asp?id=13343,2006年6月4日访问。

问题

中国法院在本案中采取了属地主义原则还是普遍主义原则？

重点提示

该案被诸多媒体评价为我国加入 WTO 后第一起承认域外破产程序的案例。由此可见，我国法院在对待外国破产程序在我国的效力方面也开始向有限制的普遍主义靠近。在总结我国破产司法实践经验基础上，最高人民法院于 2002 年 7 月 18 日通过了《关于审理企业破产案件若干问题的规定》，并于 2002 年 9 月 1 日起施行。该《规定》虽然没有对跨国破产问题专门规定，但其第 73 条第 4 款规定："破产企业在境外的财产，由清算组予以收回。"根据这一规定，我们可以进一步得出结论认为，我国法院审理的破产案件是应当具有域外效力的。

根据我国 2006 年通过的《企业破产法》第 5 条的规定，依照本法开始的破产程序，对债务人在中华人民共和国领域外的财产发生效力。对外国法院作出的发生法律效力的破产案件的判决、裁定，涉及债务人在中华人民共和国领域内的财产，申请或者请求人民法院承认和执行的，人民法院依照中华人民共和国缔结或者参加的国际条约，或者按照互惠原则进行审查，认为不违反中华人民共和国法律的基本原则，不损害国家主权、安全和社会公共利益，不损害中华人民共和国领域内债权人的合法权益的，裁定承认和执行。可见，该法是采取单一破产制和普及破产主义的，可以说比较符合国际上的趋势，也与我国近年来的司法实践相一致。但其具体操作需要在实践中进一步探索。

第十八章 知识产权

本章知识点

一、知识产权的概念

知识产权(intellectual property)一般是指个人或单位对其在科学、技术、文化、艺术等领域里创造的智力成果依法享有的权利。知识产权最初的范围主要包括版权、专利权和商标权,而其中的专利权和商标权又合称为工业产权。然而,随着社会的不断发展和科学技术的不断进步,知识产权的范围也在日益拓展。1967年《世界知识产权组织公约》虽然未对知识产权作出概念上的界定,但以列举加概括的方式界定了知识产权,该《公约》第2条规定:"知识产权应当包括与以下事项有关的权利:(1)文学、艺术和科学作品;(2)表演者的表演、录音和广播;(3)人类创造性活动的所有领域;(4)科学发现;(5)工业设计;(6)商标、服务商标、商号和商业标识;(7)反不正当竞争保护以及工业、科学、文学或艺术领域的知识活动所产生的所有其他权利。"上述(1)属于版权,(2)属于邻接权,(3)、(4)、(5)、(6)、(7)则构成工业产权。

二、知识产权的法律特征

知识产权是一种特殊的民事权利,它大致有以下一些法律特征:第一,知识产权虽然也是一种财产权,但其客体是智力成果,属于精神财富,既不是有体物,也不是行为;第二,知识产权的主体、客体及内容都必须经法律的直接确认,而且大都要履行一定的登记手续或注册程序;第三,知识产权具有独占性、地域性和时间性;第四,知识产权中的财产权可以转让或继承,但与这种财产权密切联系的人身权则不能转让和继承。

三、知识产权的法律冲突产生的原因

知识产权是一种特殊的民商事权利,其法律冲突的产生原因主要有:第一,因为各国有关知识产权的法律对各种知识产权在取得、行使、保护范围和保护期

限等方面作了不同的立法规定;第二,即使是受国际知识产权条约约束的国家,相互给予对方公民或法人的也都是"有限制的国民待遇",因而在权利的原始国的法律与被请求给予属地保护的国家的法律之间,也会因各自的法律规定不同而发生法律冲突;第三,迄今为止的有关知识产权的国际条约对许多问题仅仅作了粗线条的统一规定,具体的制度尚有赖于各国国内法的进一步补充,加之这些国际条约之间或同一国际条约的不同文本之间所提供的保护也会有所抵触。

四、知识产权的法律适用

关于知识产权的法律适用的方式与方法,归纳起来大致有如下几种理论与实践:(1)原始国法律说(即适用权利的原始取得国法);(2)被请求保护国法律说(即法院地法说);(3)行为地法律说,多适用于知识产权的侵权诉讼;(4)自主选择说,主要适用于知识产权的侵权诉讼,允许当事人约定应适用的法律,不过它一般只允许约定选择法院地法,亦多为侵权行为发生地法律;(5)综合适用法律说,依此主张,权利原始取得国法律和被请求保护国的法律或行为地法均宜加以考虑。

此外,对于知识产权使用权的转让,因其通过合同来实现,故除了它要受到有关国家强行法的制约外,一般应适用合同准据法的选择规则,即或适用当事人协议选择的法律,或适用与此种合同有最密切联系的国家的法律。

五、关于知识产权的国际条约

知识产权的国际保护,目前主要是通过缔结各种实体法公约的途径来实现的。迄今为止,就已缔结的保护知识产权的国际公约而言,最主要的全球性多边条约有1883年《保护工业产权巴黎公约》、1886年《保护文学艺术作品伯尔尼公约》、1891年《商标国际注册马德里协定》及其议定书、1952年《世界版权公约》、1970年《专利合作条约》、1994年《商标法条约》、1994年《与贸易有关的知识产权协定》、1996年《世界知识产权组织版权条约》、1996年《世界知识产权组织表演与录音制品条约》和2000年《专利法条约》、1891年《制裁商品来源的虚假或欺骗性标志马德里协定》、1958年《保护原产地名称及其国际注册里斯本协定》、1925年《工业品外观设计国际保存海牙协定》、1981年《保护奥林匹克会徽内罗毕条约》、1971年《国际专利分类斯特拉斯堡协定》、1977年《国际承认用于专利申请程序的微生物保藏布达佩斯条约》、1957年《商标注册商品和服务的国际分类尼斯协定》、1973年《建立商品图形要素国际分类维也纳协定》、1968年《建立工业品外观设计国际分类卢迦洛协定》、1961年《保护表演者、录音制品制作者和广播组织的国际公约》、1971年《保护录音制品制作者禁止未经许可复制其录音制品公约》、1974年《关于播送由人造卫星传播的载有节目的信号的公约》、1989年《视听作品国际登记条约》、1989年《关于集成电路的知识产权条约》和2006年《商标法新加坡条约》等等。最主要的区域性多边国际条约则有1973年《欧洲专利公约》、1975年《欧洲共同体专利公约》、1977年非洲国家签订的《班吉协定》等。

六、中国的立法

我国《涉外民事关系法律适用法》第48—50条规定,知识产权的归属和内容,适用被请求保护地法律。当事人可以协议选择知识产权转让和许可使用适用的法律。当事人没有选择的,适用本法对合同的有关规定。知识产权的侵权责任,适用被请求保护地法律,当事人也可以在侵权行为发生后协议选择适用法院地法律。

案例分析

案例一:涉外著作权案——著作权的取得

【案情介绍】

中国公民李某、张某与韩国人金某合著一本有关内科的医学著作,2003年由中国某科技出版社用中文出版,合署了3人的姓名。后来,张某与李某将该书译成英文,由中国某出版社转让给英国某出版社在英国出版。张某、李某在将书稿交给中国国内出版社时,在书稿上未署韩国作者金某的姓名,出版社由于疏忽也未提出异议就在英国出版发行。该书英文版在英国出版以后,被韩国作者金某发现,并找到英国出版社,英国出版社称此稿系中国出版社转让,署名中没有韩国金某的名字。金某遂来中国状告中国某科技出版社侵权。

【法律问题】

1. 根据我国的法律规定金某是否有著作权?

2. 金某是韩国人,假定中国法院因其作品在中国境内发表而给予其国民待遇,使其取得了著作权,这和我国所参加的《保护文学艺术作品伯尔尼公约》规定的"双国籍国民待遇原则"是否相矛盾?

【参考结论】

1. 韩国人金某参加了作品的创作,并在作品的中文版中署名,而且该作品首先在中国境内发表,根据我国《著作权法》第 2 条、第 11 条的规定其享有著作权。

2. 根据《保护文学艺术作品伯尔尼公约》(以下简称《伯尔尼公约》)第 3 条第 1 款规定的"双国籍国民待遇原则",只要作者具有《伯尔尼公约》成员国国籍或作品首先在《伯尔尼公约》成员国境内发表,即受成员国的保护。本案中,即使假定韩国不是《伯尔尼公约》的成员国,但金某的作品首先在中国境内发表,我国也应给其国民待遇,这和《伯尔尼公约》的规定并不矛盾。

【法律评析】

本案是一起合作作品涉外著作权纠纷案,主要涉及我国《著作权法》和《著作权法实施条例》及《伯尔尼公约》的有关条款。我国《著作权法》第 2 条第 3 款规定:外国人、无国籍人的作品首先在中国境内出版的,依照本法享有著作权。外国人在中国境内发表的作品,根据其所属国同中国签订的协议或者共同参加的国际条约享有的著作权,受本法保护。

我国《著作权法》第 11 条规定:创作作品的公民是作者。如无相反证明,在作品上署名的公民、法人或者其他组织为作者。第 13 条规定:两人以上合作创作的作品,著作权由合作作者共同享有。没有参加创作的人,不能成为合作作者。合作作品可以分割使用的,作者对各自创作的部分可以单独享有著作权,但行使著作权时不得侵犯合作作品整体的著作权。

我国《著作权法实施条例》第 7 条规定:外国人的作品首先在中国境内出版的,其著作权自首次出版之日起受保护。这说明外国人的作品,首先在中国境内出版的,依我国《著作权法》享有著作权。

《伯尔尼公约》第 3 条第 1 款规定:根据本《公约》,(1) 作者为本同盟任何成员国的国民者,其作品无论是否已经出版,都受到保护;(2) 作者为非本同盟任何成员国的国民者,其作品首次在本同盟一个成员国出版,或在一个非本同盟成员国和一个同盟成员国同时出版的都受到保护。

案例二:美国公司诉上海光明打火机厂等侵犯商标权案
——商标专用权的国际保护

【案情介绍】

美国菲利浦·莫里斯产品有限公司(以下简称"美国公司")向我国国家商标局申请 Marlboro 万宝路商标注册,经国家商标局审查,1987 年 2 月核准,予以登记注册，商标有效期限至 2002 年 3 月，商标使用范围为烟草、烟具、打火机等。1991 年 6 月，上海光明打火机厂与香港德辉国际洋行洽谈生产 T902 系列重油打火机，该系列打火机外壳图案中，部分使用了美国公司在我国注册的 Marlboro 万宝路商标。上海光明打火机厂于同年试生产，1993 年开始批量生产，并委托上海环龙工艺厂加工印制该系列产品的外壳图案。上海环龙工艺厂从 1991 年至 1995 年 8 月共为上海光明打火机厂加工印制了该系列打火机 Marlboro 万宝路商标标识外壳 577327 只，全部外壳均已由上海光明打火机厂组装成品后在国内外销售。上海光明打火机厂无自营进出口权，故该系列的部分产品由该厂委托中国航空技术进出口公司上海分公司代理出口。中国航空技术进出口公司上海分公司曾直接给上海光明打火机厂下发生产订单，订购 10 万只打火机用于出口，其余 477327 只打火机由上海光明打火机厂自行销售。中国航空技术进出口公司上海分公司自上海光明打火机厂收进的 T902 系列重油 Marlboro 万宝路商标打火机平均价格每只为人民币 2.20 元，上海光明打火机厂交由其下属门市部——上海明光经销部销售的 T902 系列重油打火机的价格不同，从部分发票存根中可以看出，最高销售价为每只 4.50 元人民币，最低销售价为每只人民币 2.10 元。美国公司针对上海光明打火机厂、上海环龙工艺厂和中国航空技术进出口公司上海分公司侵害其商标专用权的行为，以上述三公司为被告，在上海提起诉讼。

【法律问题】

1. 根据我国法律及参加的有关国际条约的规定，该案应如何处理？
2. 如适用我国《涉外民事关系法律适用法》，本案应适用何地法律？

【参考结论】

1. 本案中，上海环龙工艺厂、上海光明打火机厂、中国航空技术进出口公司上海分公司擅自使用美国菲利浦·莫里斯产品有限公司的注册商标并销售侵犯 Marlboro 万宝路商标专用权的商品，构成共同侵犯商标专用权，法院应判令三被告立即停止侵权行为，并承担连带赔偿责任。

2. 我国《涉外民事关系法律适用法》第 32 条规定，知识产权的侵权责任，适用被请求保护地法律，当事人也可以在侵权行为发生后协议选择适用法院地法律。本案知识产权侵权的被请求保护地为我国，因此应适用我国法律。即使当事人协议选择，也只能选择法院地我国法律。

【法律评析】

本案涉及的知识产权问题主要是商标专用权的国际保护问题。由于各国有关知识产权的立法规定不同，虽然缔结了一些有关知识产权的国际条约，但并没有消除知识产权的法律冲突。在知识产权的法律适用上有以下几种观点：

(1)采用原始国法律说;(2)采用被请求保护国法律说;(3)采用行为地法律说;(4)采用综合适用法律说等。如果有关国家参加了有关知识产权的国际条约,就必须受条约的约束,并承担条约义务。

本案属于国际商标保护,我国参加的关于商标的国际条约主要有:《保护工业产权巴黎公约》、《商标国际注册马德里协定》。我国1985年3月19日成为《巴黎公约》成员国,1989年10月4日成为《马德里协定》成员国。《巴黎公约》和《马德里协定》对商标注册和商标保护规定的基本精神是一致的,就是在缔约国之间实行国民待遇。在我国和一些国家缔结的贸易协定、知识产权保护协定等协定中,多订有商标注册、商标保护条款。例如,1979年7月7日签订于北京的《中华人民共和国和美利坚合众国贸易关系协定》第6条第2款规定:缔约双方同意在互惠基础上,一方的法人和自然人可根据对方的法律和规章申请商标注册,并获得这些商标在对方领土内的专用权。该条第3款规定:缔约双方同意应设法保证,根据各自的法律并适当考虑国际做法,给予对方的法人或自然人的专利和商标保护,应与对方给自己的此类保护相适应。该案侵犯商标权被请求保护的国家是我国,侵犯商标权的行为地也在我国,故应适用我国的法律。根据我国《商标法》的规定,外国人在我国申请注册商标,其专用权受中国法律保护。我国1993年第一次修订的《商标法》第40条规定:假冒他人注册商标⋯⋯除赔偿被侵权人的损失外,依法追究刑事责任。1988年1月3日国务院批准修订的《商标法实施细则》第43条规定:对侵犯注册商标专用权的⋯⋯处以非法经营额20%以下或者侵权所得利润2倍以下的罚款。1995年4月23日第三次修订的《商标法实施细则》加大了处罚力度,规定:"对侵犯注册商标专用权,尚未构成犯罪,工商行政管理机关可根据情节处以非法经营额50%以下或侵权所得利润5倍以下的罚款。"

案例思考题

思考题一:20世纪福克斯电影公司诉北京市文化艺术出版社音像大世界侵犯著作权纠纷案——外国作品著作权人的确定和发行权的用尽问题

20世纪福克斯电影公司(以下简称"福克斯公司")是在美国注册的一家电

影公司。福克斯公司于1985年、1990年分别对其制作的电影作品《独闯龙潭》、《虎胆龙威2》在美国版权局进行了版权登记,获得了版权登记证书,拥有上述电影作品的著作权。1994年6月6日,福克斯公司的律师在北京市文化艺术出版社音像大世界(以下简称"音像大世界")购得深圳市激光节目出版发行公司出版发行的激光视盘《独闯龙潭》、《虎胆龙威2》。上述购买行为经北京市公证处进行了证据保全公证。福克斯公司从未授权音像大世界发行销售其电影作品,也未授权任何第三人许可音像大世界进行同样的行为。音像大世界未经其许可,以录像、发行等方式使用其作品,是对福克斯公司著作权的严重侵犯,应当承担侵权的法律责任,故向北京市第一中级人民法院提起诉讼。

问题

1. 如何确定外国作品著作权人?
2. 本案中销售行为的侵权如何认定?

重点提示

外国作品著作权人的确定,依照我国《著作权法》第2条第2款、第3款、第4款的规定办理。本案中音像大世界销售行为的侵权认定,依照我国《著作权法》的有关规定办理。

思考题二:国网公司诉宝洁公司计算机网络域名侵权案
——涉外域名纠纷的管辖权和法律适用①

国网信息有限责任公司(以下简称"国网公司")是一家经营计算机信息咨询、计算机网络在线服务的公司,1998年8月3日,国网公司向中国互联网络信息中心申请注册了"whisper.com.cn"域名,该域名在计算机网络上一直未使用。

(美国)宝洁公司自1992年以来在中国分别注册了"WHISPER"及中文对应商标"护舒宝"和"护舒宝/WHISPER"中英对应商标、"WHISPER"及图形商标和"WHISPER"对应中文商标"护舒宝"等商标。前述注册商标大多核准使用在卫生用品类商品上。此外,宝洁公司在许多国家和地区也分别注册了"WHISPER"商标。自1992年起,宝洁公司许可广州宝洁纸品有限公司在中国使用"WHISPER"、"WHISPER及图形"和"护舒宝"商标。宝洁公司认为其"WHISPER"商标已经构成驰名商标,国网公司所注册的域名侵犯了其商标专用权,并构成不正

---

① 参见许光耀、宋连斌主编:《国际私法学——学习指导书》,湖南人民出版社2005年版,第189—196页;《"宝洁"域名纠纷案评析》,多招教育网:http://www.duozhao.com/lunwen/dai4/lunwen_9109.html,2006年6月5日访问。

当竞争,向北京市第二中级人民法院提起诉讼。北京市第二中级人民法院认定争议商标已构成驰名商标,依据中国《反不正当竞争法》第2条第1款的规定,判决:(1)国网公司注册的"whisper.com.cn"域名无效,国网公司立即停止使用并撤销该域名;(2)国网公司赔偿宝洁公司经济损失2万元人民币。

国网公司不服一审判决,向北京市高级人民法院提起上诉,请求撤销一审判决,驳回宝洁公司的诉讼请求。

北京市高级人民法院经审理查明,宝洁公司为在美国注册成立的法人。该公司于1992年2月28日在中国商标局注册了"WHISPER"文字商标,核定使用在商标国际分类第五类;1997年4月28日,宝洁公司在中国商标局注册了美术字体"WHISPER"商标,核定使用在商品国际分类第五类;1991年12月20日、1992年3月10日、1992年2月10日,宝洁公司在中国商标局分别注册了六个美术字体"WHISPER"加图形的商标,均核定使用在商品国际分类第五类;1989年11月30日,宝洁公司在中国商标局注册了中文繁体、中文美术简体、中文美术繁体"护舒宝"商标,均核定使用在商品国际分类第五类。宝洁公司为证明其在其他国家和地区也注册了"WHISPER"商标,提交了该公司在瑞典、英国、德国、澳大利亚、法国、泰国、日本、新加坡、马来西亚以及中国台湾地区及香港特别行政区注册"WHISPER"商标的商标注册证复印件。

1998年4月1日,宝洁公司与广州宝洁纸品有限公司签订《商标许可使用合同》,约定宝洁公司允许广州宝洁纸品有限公司在中国内地非独占性地使用在卫生巾、卫生毛巾、止血塞等卫生用品上使用前述的、在中国商标局注册的美术字体"WHISPER"和中文美术简体、中文美术繁体"护舒宝"等商标。宝洁公司在一审时陈述,在中国市场上出现的商品上英文"WHISPER"和中文、注册商标同时使用。对宝洁公司这一陈述,国网公司没有提出异议。宝洁公司提交了证明,证明自1996年至1999年,宝洁公司为"护舒宝"品牌投入的广告费用达3.0518亿元人民币。

1998年3月,中国国家统计局贸易外经司发布《1997年全国百家亿元商场畅销商品及品牌资料》载明,"护舒宝"品牌卫生巾在1997年度全国百家亿元商场各品牌卫生巾中,销售量、销售额、市场占有率位列第一。1999年,中国国内贸易局发布的年度全国食品日用品五百领先品牌中,"护舒宝"品牌位列第七。1999年4月1日,中国商标局发布《全国重点商标保护名录》,其中序号为219的是宝洁公司的注册商标"护舒宝/WHISPER"。

国网公司在注册了"whisper.com.cn"域名后,在计算机网络上一直未使用。

二审法院认为,中国与美国均为《巴黎公约》的成员国,宝洁公司作为在美国注册成立的法人,在认为其正当权益在中国受到侵害时,有权依照《巴黎公约》的规定向中国法院提起诉讼,中国法院应依据中国的法律和《巴黎公约》的规定进行审理。宝洁公司提交的中国商标局颁发的商标注册证,可以证明该公司为多种形式的"WHISPER"、"护舒宝"注册商标的专有权人。

域名是用户在计算机网络中的名称和地址,是用于区别其他用户的标志,具有识别功能。本案中,国网公司注册的域名"whisper.com.cn"中区别于其他域名的、最具有识别性的部分是其三级域名"whisper",而"whisper"与宝洁公司在中国商标局注册的商标"WHISPER"相同,足以造成公众对两者的误认。国网公司没有证据表明其对"WHISPER"一词享有权益,也没有证据证明其注册域名"whisper.com.cn"的正当理由。国网公司作为经营计算机网络信息服务和在线服务的经营者,应当知道域名在计算机网络中的作用和价值,却将宝洁公司的"WHISPER"注册商标作为具有识别性的三级域名使用在自己注册的域名"whisper.com.cn"中,并且未实际使用,其有意阻止宝洁公司注册该域名行为,具有明显的商业目的,其行为具有恶意。

国网公司的行为违背了中国《反不正当竞争法》和《巴黎公约》中所规定的民事活动中应当遵守的诚信原则,构成了对宝洁公司的不正当竞争,应当承担相应的民事责任。国网公司所提自己的行为未构成对宝洁公司不正当竞争行为的上诉理由不能成立。一审法院在判决中虽然提到了《中国互联网络域名注册暂行管理办法》,但并没有将其作为判决依据,国网公司所提一审判决适用了该《办法》的上诉理由不能成立。

在涉及计算机网络域名的民事纠纷案件的审理中,对驰名商标的认定实质上是对客观事实的确认,中国法院可以根据当事人的请求及案件的具体情况,对涉及的注册商标是否为驰名商标作出认定。国网公司所提一审法院违反法定程序认定宝洁公司的注册商标"WHISPER"为驰名商标的上诉理由不能成立。

宝洁公司提交的《商标使用许可合同》,可以证明广州宝洁纸品有限公司在相关商品上使用上述商标的权利。宝洁公司提交的中国国家统计局贸易外经司发布的《1997年全国百家亿元商场畅销商品及品牌资料》可以证明"护舒宝"品牌卫生巾在中国有较大的销售量,有较高的销售额,具有一定的市场占有率,根据此证据及宝洁公司关于在中国市场的商品上英文"WHISPER"和中文"护舒宝"商标同时使用的陈述,可以认定"WHISPER"注册商标在中国的相关公众中具有一定的知名度。宝洁公司提交的广东大通市场研究有限公司在中国部分城市进行妇女护理用品项目研究结果,是宝洁公司单方面取得的证据,不予采信。宝洁公司提交的在中国以外国家和地区商标注册的复印件,未经各注册国公证机关公证和中国驻该商标注册国使、领馆认证,不予采信。宝洁公司提交的广告费用的证明,并非宝洁公司出具,也无其他证据予以证明,不予采信。宝洁公司提交的1994年1月"护舒宝"品牌卫生巾为"中国妇女最喜爱商品(卫生巾)第一名"的证书的获得者是广州宝洁有限公司。宝洁公司未提交证据表明宝洁公司和广州宝洁有限公司的关系、广州宝洁有限公司有无权利使用"护舒宝"注册商标的证据。宝洁公司提交的使用"护舒宝"一词进行报道的报纸、中国国内贸易局及中国商标局的有关文件均是在国网公司注册"whisper.com.cn"以后出现的,这些证据不能说明在"WHISPER"注册商标在此之前已成为驰名商标。宝洁公司提交的证据证明"WHISPER"注册商标在中国相关公众中具有一定的知名度,但不能证明该注册商标为驰名商标。因此,国网公司的行为未侵犯宝洁公司的注册商标专用权。

综上,北京市高级人民法院认为一审判决部分事实认定不清,判决:(1)撤销一审法院判决第一、二项;(2)国网公司停止对(美国)宝洁公司的侵权行为,注销其注册的"whisper.com.cn"域名;(3)驳回宝洁公司的其他诉讼请求。

问题

从管辖权、法律适用和判决结果分析法院的判决是否正确?

重点提示

法院的判决基本正确,但没有判令国网公司赔偿宝洁公司的损失,理由不充分。

(1)管辖权和法律适用问题。本案是一起涉外域名纠纷,根据我国1991年《民事诉讼法》第四编有关涉外侵权案件管辖的规定,侵权行为地在我国,我国法院有管辖权。2001年7月24日开始实施的最高人民法院《关于审理涉及计算机网络域名民事纠纷案件适用法律若干问题的解释》(以下称《解释》)中也明确规定:"涉及域名的侵权纠纷案件,由侵权行为地或者被告住所地的中级人民法院管辖。"在法律适用方面,我国和美国都参加了《保护工业产权巴黎公约》,因此,应首先适用该《公约》的规定,该《公约》没有规定的,根据我国《民法通则》第146条"侵权行为的损害赔偿,适用侵权行为地法律"的规定,适用我国法律。

(2)抢注域名是否构成侵权。域名作为引导公众进入计算机网络上特定地址的符号,具有一定的识别性和经济价值,不恰当地注册域名,会引起公众的误解,损害他人的利益,从而构成侵权。域名侵权纠纷包括域名与商标、域名与域名之间的争议以及基于在先权利(如姓名权)与域名的争议。在实践中,常见的是域名与商标的争议,它可分为两类:第一类是受法律保护的商标权人对域名注册、使用等行为提出的争议。从实践来看,它又包括三种情形:一是自己没有商标或自己商标在市场上影响不大的商家抢先注册与受商标法保护的商标相同或近似的域名,该种行为明显具有恶意;二是若干商家就相同商标分别享有商标权的情况下抢先注册域名,一般而言,它不具有恶意性;三是在不同顶级域名注册与商标相同的二级域名所产生的争议,在该种情形下要考虑域名注册的行为是否正当。第二类是在先注册的网络域名所有人对在后使用或注册商标行为提出的争议。该种争议又称反向域名侵权。它又包括两种情形,其一是在先域名已获商标注册,其二是在先域名未获商标注册,这均是传统商标法所能解决的问题。

(3)驰名商标的认定机关及认定标准。人民法院在审理域名纠纷案件中,系对商标是否驰名有争议,其实是一种变化中的客观存在,对驰名商标的认定实质上是对变化中的客观事实的确认。法院在个案中对驰名商标作出认定,是国际通行的做法。我国学术界也取得了人民法院有权在个案中认定驰名商标的一致性意见,最高人民法院在《解释》中对此予以明确。该《解释》规定,人民法院审理域名纠纷案件,根据当事人的请求以及案件的具体情况,可以对涉及的注册商标是否驰名依法作出认定。对驰名商标的认定是依原告的请求启动的,原告未主张的,人民法院不予主动认定。驰名商标的认定标准,应当依照国家有关法律、法规的规定确定。目前,除1996年国家工商行政管理总局《驰名商标认定和管理暂行规定》外,我国法律、法规尚未有这方面的规定。在此情况下,人民法院在案件审理中可以参考1999年9月世界知识产权组织发布的《WIPO保护驰名商标联合建议》的规定,考虑以下六个方面的因素:一是相关公众对该商标的知晓程度;二是该商标使用的持续时间、程度和地理范围;三是该商标的任何宣传工作的持续时间、程度和地理范围;四是该商标在中国及外国(地区)的注册情况;五是该商标作为驰名商标受保护的记录;六是该商标驰名的其他因素。

(4)恶意的认定。《解释》第4条、第5条规定了域名侵权的构成要件,其中第5条规定,被告的行为被证明具有下列情形之一的,人民法院应当认定其具有恶意:一是为商业目的将他人驰名商标注册为域名的;二是为商业目的注册、使用与原告的注册商标、域名等相同或近似的域名,故意造成与原告提供的产品、服务或者原告网站的混淆,误导网络用户访问其网站或其他在线站点的;三是曾要约高价出售、出租或者以其他方式转让该域名获取不正当利益的;四是注册域名后自己并不使用也未准备使用,而有意阻止权利人注册该域名的;五是具有其他恶意情形的。而"恶意"作为域名侵权认定中的重要问题,因其判断具有弹性化特征,自由裁量权比重大。本案中,国网公司将与自己毫无联系的名称注册为域名,并且实际上一直未使用,具有明显的恶意。

(5) 不正当竞争的认定。我国《反不正当竞争法》第 2 条规定,经营者在市场交易中,应当遵循自愿、平等、公平、诚实信用的原则,遵守公认的商业道德。本法所称的不正当竞争是指有违反本法规定,损害其他经营者的合法权益,扰乱社会经济秩序的行为。国网公司恶意将与他人商标相同的名称注册为域名,妨碍他人使用该名称,损害了他人的合法权益,构成不正当竞争。《解释》第 4 条规定:人民法院审理域名纠纷案件,对符合以下各项条件的,应当认定被告注册、使用域名等行为构成侵权或者不正当竞争:一是原告请求保护的民事权益合法有效;二是被告域名或其主要部分构成对原告驰名商标和复制、模仿、翻译或音译;或者与原告的注册商标、域名等相同或相似,足以造成相关公众的误认;三是被告对该域名或其主要部分不享有权益,也无注册、使用该域名的正当理由;四是被告对该域名的注册、使用具有恶意。

思考题三:澳大利亚多堆垛国际股份有限公司诉深圳富威冷暖设备有限公司案
——外国人在中国取得的专利权的保护

原告澳大利亚多堆垛国际股份有限公司因与被告深圳富威冷暖设备有限公司发明专利侵权纠纷案,向广东省深圳市中级人民法院提起诉讼。

原告多堆垛国际股份有限公司诉称:1985 年 8 月 15 日,由发明人罗纳德·戴维·康里向中华人民共和国专利局申请了申请号为 85106145 的组合式制冷系统发明专利。1992 年 1 月 8 日,原告依法取得该发明专利的所有权。原告所有的组合式制冷系统发明专利得到了美国机械工程师协会(A.S.M.E)及电气试验室(E.T.L)的认证,并先后在 43 个国家申请专利。在中国境内,仅有番禺速能冷暖设备有限公司获得使用许可。但自 1992 年底以来,原告发现被告未经许可非法使用该发明专利在中国境内生产、销售产品。原告已将被告生产、销售的产品送深圳市技术监督局和深圳市产品质量监督检验所鉴定,证明被告所生产的产品的技术结构特点,与原告发明专利类同。原告认为,根据中国《专利法》第 60 条的规定,被告的行为已构成对原告组合式制冷系统发明专利的严重侵犯,并已造成恶劣影响。依照中国《专利法》第 60 条和中国《民事诉讼法》第 20 条的规定,提出起诉,以维护原告的合法权益。

被告深圳富威冷暖设备有限公司未予答辩。

深圳市中级人民法院经审理查明:1985 年 8 月 15 日,DZW-110 型单元组合(模块式)冷水机组技术的发明人罗纳德·戴维·康里向中国专利局申请了申请号为 85106145 的发明专利。1992年1月8日,原告依法取得该发明的专利权。被告深圳富威冷暖设备有限公司未经原告许可,自1993年初以来,擅自生产和销售 DZW-110 型单元组合(模块式)冷水机组。被告生产和销售的该产品,具有原告专利产品所要求保护的必要的技术特征。

深圳市中级人民法院认为:中国《专利法》第11条第1款规定,专利权被授予后,除法律另有规定的以外,任何单位或者个人未经专利权人许可,不得为生产经营目的制造、使用、销售其专利产品。原告多堆垛国际股份有限公司取得DZW-110型单元组合(模块式)冷水机组专利权后,被告深圳富威冷暖设备有限公司未经原告许可,为生产经营目的制造、销售其该项专利产品,已构成专利侵权。该院依照中国《民事诉讼法》第85条的规定,经调解,于1994年6月7日,在事实清楚、分清是非的基础上,双方当事人自愿达成如下协议:

(1) 被告停止生产、销售 DZW-110 型单元组合(模块式)冷水机组及其他专利侵权行为。

(2) 被告愿赔偿原告损失人民币 226990 元。

问题

根据本案,试回答我国对外国人在中国的专利权的保护采取什么原则?

重点提示

对于外国人在内国申请专利的问题,当今许多国家采取无条件的国民待遇原则,但也有一些国家只在一定条件下赋予外国人这方面的国民待遇。这些条件包括:按对等原则或互惠原则、按照彼此参加或受约束的多边条约或双边条约或仅对在内国有住所的外国自然人或有营业所的外国法人给予国民待遇。我国现行《专利法》采取的是有条件的国民待遇原则。我国《专利法》第18条规定:"在中国没有经常居所或者营业所的外国人、外国企业或者外国其他组织在中国申请专利的,依照其所属国同中国签订的协议或者共同参加的国际条约,或者依照互惠原则,根据本法办理。"第19条又规定这类外国人在中国申请专利和办理其他专利事务的,应当委托国务院专利行政部门指定的专利代理机构办理。

第三编

国际民事诉讼法

第三章

日本的儿童文学

第十九章 国际民事诉讼法概述

▎本章知识点

一、国际民事诉讼与国际民事诉讼程序

民事诉讼是指国家司法机关根据当事人的请求而进行的保护其民事权益的程序。如果在民事诉讼中,介入了国际因素或者单从某一具体国家来看,涉及了外国的因素,即构成了国际民事诉讼。而国际民事诉讼程序是指一国法院审理国际民事诉讼案件和当事人及其他诉讼参与人进行此种诉讼行为时所应遵循的专用的特殊程序。国际民事诉讼法就是这些专用的特殊程序的总和。

二、国际民事诉讼的基本原则

国际民事诉讼的基本原则是指作为国际民事诉讼程序具体规定或制度基础的,贯穿于国际民事诉讼程序的各个领域始终的,并具有普遍的立法与司法指导意义的那些根本性的原则。根据我国《民事诉讼法》第四编的规定可以看出,国际民事诉讼程序有以下三项基本原则:(1)国家主权原则。国家主权原则要求在国际民事诉讼中保持国家的司法独立。其具体表现为:第一,一国法院在符合国际法的前提下所享有的对涉外民事案件的司法管辖权不容侵犯与剥夺;第二,一国法院审理涉外民事案件,除国际条约另有规定外,其诉讼程序和实体问题应适用何国法律,概由自己的法律包括冲突法作出规定;第三,一国法院审理涉外民事案件时,均只适用内国语言文字进行活动。(2)外国人与本国人诉讼权利平等原则。(3)遵守国际条约的原则。

三、外国人民事诉讼地位

外国人民事诉讼地位是指,外国人在内国境内享有什么样的民事诉讼权利,承担什么样的民事诉讼义务,并能在多大程度上通过自己的行为行使民事诉讼权利和承担民事诉讼义务的实际状况。

国际民事诉讼上所称的外国人,是指不具有法院地国国籍的人。无国籍或

国籍不明的人,一般也包含在外国人的概念之中,另外,这里所指的外国人还包括外国法人。

(一) 外国人民事诉讼地位的普遍原则

在对外国人的民事诉讼地位方面,当今世界各国普遍采用国民待遇原则。国民待遇原则是指内国给予外国人以内国公民享有的同等的民事权利地位。而在国际民事诉讼法领域,国民待遇原则是指一国赋予在本国境内的外国人享有和本国公民同等的民事诉讼权利,现已成为调整外国人民事诉讼地位的最普遍采用的一般原则。

(二) 外国人的诉讼权利能力

诉讼权利能力是指一个人享有诉讼权利和承担诉讼义务的能力。外国人的诉讼权利能力,是外国人的民事权利能力在诉讼领域的必然延伸,是后者的组成部分。为此,在国际民事诉讼法上,解决外国人的民事诉讼权利跟国际私法上解决外国人的民事权利能力一样,其所适用的准据法通常就是外国人的属人法。

(三) 外国人的诉讼行为能力

诉讼行为能力是指一个人通过他自己的行为,行使诉讼权利和承担诉讼义务的能力。通常,外国人的民事诉讼行为能力跟其民事实体行为能力一样,是适用其属人法的。

四、国际民事诉讼费用担保

国际民事诉讼费用担保是指外国人或在内国未设有住所的人在内国法院提起民事诉讼时,应被告的请求或内国法律的规定,为防止原告滥用诉讼权利,或防止其败诉后不支付诉讼费,而由内国法院责令原告提供的担保。设立国际民事诉讼费用担保的通行做法主要有以下六种类型:(1) 把免除诉讼费用担保的义务建立在实质性互惠的基础上;(2) 采取国籍原则;(3) 采取住所原则;(4) 认为在自己国内有可扣押的财产具有决定性意义;(5) 不要求原告提供诉讼费用担保;(6) 要求所有原告都应提供诉讼费用担保。

五、国际民事诉讼费用的减免和司法救助

国际民事诉讼费用的减免是指在国际民事诉讼中法院依法律规定,部分地或全部地免除其所得、收入或财政条件不充足的当事人支付诉讼费用的义务。

司法救助与诉讼费用减免是两个有密切关联的相近概念。但司法救助的范围比诉讼费用减免的范围要广,司法救助除了包括诉讼费用减免之外,还包括其他费用如律师费用的减免等。

六、诉讼代理制度

诉讼代理就是指诉讼代理人基于法律的规定、法院的指定或当事人及其法定代理人的委托,以当事人的名义代为实施诉讼行为。在国际民事诉讼中,由于涉及外国因素,诉讼代理就更为常见。在实践中,各国的诉讼立法也都允许外籍当事人委托诉讼代理人代为诉讼活动,但一般都规定,外国当事人如果想要委托律师代为诉讼行为,只能委托在法院国执业的律师担任诉讼代理人。不过也有些国家或地区的立法规定,在互惠的前提下,符合一定条件的外国律师也可以在内国执业出庭参与诉讼。

在国际民事诉讼代理中,还存在着一种特殊的代理制度,这就是领事代理制度。所谓领事代理,则是指一个国家的领事可以根据有关国家的诉讼立法和有关国际条约的规定,在其管辖范围内的驻在国法院依照职权代理派遣国国民或法人参与有关的诉讼,以保护派遣国国民或法人在驻在国的合法权益。《维也纳领事关系公约》对领事代理制度作了明确的肯定,许多国家还在双边领事条约或有关国内法中对这一制度作了进一步的规定。

案例分析

案例一:"易迅"轮与"延安"轮碰撞案——外国人的民事诉讼地位

【案情介绍】

1989年7月10日14时10分左右,利比里亚易迅航运公司所属的"易迅"轮与巴拿马金光海外私人经营有限公司所属的"延安"轮在34°22′E海面上发生碰撞,造成"易迅"轮机舱和船舱进水沉没,该轮轮机长随船沉没,下落不明,"延安"轮艏部和左舷船艉及右舷中部船体受损。

1989年12月29日,易迅航运公司获悉"延安"轮抵达中国秦皇岛港,遂向天津海事法院提出海事请求权保全申请,申请扣押"延安"轮,要求提供300万美元担保。天津海事法院于1990年1月1日作出裁定:(1)准予申请人对被申请人海事请求权保全的申请;(2)扣押被申请人所属"延安"轮;(3)责令被申请人提供经过中国银行加保的300万美元担保。同日,天津海事法院发出扣押船舶命令,将被申请人所属的"延安"轮在中国秦皇岛港予以扣押。

1990年1月11日,被申请人通过中国人民保险公司天津分公司代日本住所地海上火灾保险公司向天津海事法院提供了300万美元的担保函。次日,天津海事法院发布解除扣押船舶命令,解除了对"延安"轮的扣押。

1990年2月2日,易迅航运公司在天津海事法院对金光海外私人经营有限公司提起诉讼,要求被告赔偿经济损失300万美元。

【法律问题】

本案的原告、被告都是外国人,他们在我国进行民事诉讼享有何种待遇?

【参考结论】

根据我国1991年《民事诉讼法》,外国人在我国进行民事诉讼,享有国民待遇,与我国公民享有同等的权利,承担同等的义务。

【法律评析】

国际民事诉讼中的国民待遇是指在一国境内,外国人在民事诉讼方面享有与本国公民同等的权利,承担同等的义务。赋予本国境内的外国人在诉讼程序方面以国民待遇,是当今世界各国的普遍做法,我国亦然。我国1991年《民事诉讼法》第5条第1款对此作了明确规定:"外国人、无国籍人、外国企业和组织在人民法院起诉、应诉,同中华人民共和国公民、法人和其他组织有同等的诉讼权利义务。"

案例二:广东某公司委托律师代理诉讼案——律师代理诉讼

【案情介绍】

1991年3月,广东某公司经理王某与香港某制衣社经理部邵某在深圳口头成交一笔羽绒生意,总货款45万美元,没有签订书面合同。当年4月、5月广东某公司分两次将货发给了香港方。香港方收到货后迟迟不付货款。经广东方多次催促,8月份,港方给广东公司王经理回了一封信,信中表示因羽绒的质量问题,羽绒在香港销售情况不好,暂欠的货款45万美元尽量设法于10月底付清。广东某公司等到11月份仍不见港方付款,便于11月16日委托深圳特区经济贸易律师事务所律师向法院起诉香港某制衣社。经律师调查,香港方欠该公司债务事实属实,又通过香港律师协助调查得知香港某制衣社已将这批货物出售。据此,律师向香港邵某发出律师函,要求他的公司出具质量问题的证据,并到深圳经济贸易律师事务所协商解决办法。半个月后,邵某到深圳向律师解释因生意不景气,商品积压多,资金周转困难,表示愿在1个月内分3次还清45万美元本金,希望中方能谅解其困难,不追索利息。经律师给中方当事人做工作,同意不要利息,遂双方达成还款协议,港方当即开出20万美元支票给中方,余下25万美元,也在12月底前全部付清。

【法律问题】

涉外民事案件中的律师代理问题如何处理?

【参考结论】

关于涉外民事诉讼代理制度,我国1991年《民事诉讼法》第241条规定,外国人在我国法院参与诉讼可以亲自进行,也有权通过一定程序委托我国的律师或其他公民代为进行。最高人民法院于1992年颁发的《关于适用〈中华人民共和国民事诉讼法〉若干问题意见》也在第308条中明确规定,涉外民事诉讼中的外籍当事人,还可以委托其本国人为诉讼代理人,也可以委托其本国律师以非律师身份担任诉讼代理人。

【法律评析】

各国诉讼立法大都规定允许涉外民事诉讼中当事人委托诉讼代理人代为进行诉讼活动,但对诉讼代理人的资格与权限的规定有所不同。在采取律师诉讼制度的国家,当事人必须委托律师参加诉讼,在涉外诉讼中,当事人可以不必出庭,律师必须出庭;而在当事人诉讼制度的国家,不管当事人是否委托诉讼代理人,当事人必须亲自出庭参与诉讼。

我国对涉外民事诉讼中当事人是否聘请代理人参与诉讼采取了灵活的态度。当事人可以自主抉择是否聘请诉讼代理人,如聘请代理人,可以聘请本国公民,也可以聘请中国公民,还可以聘请律师。但聘请律师以律师身份作诉讼代理人时必须聘请中国律师,这是强制性规定。外国人委托诉讼代理人,还需履行必要的手续,我国《民事诉讼法》对此有明确的规定,即外国人、无国籍人、外国企业和组织在中国法院起诉、应诉,需要委托律师代理诉讼的,必须委托中华人民共和国律师。在中华人民共和国领域内没有住所的外国人、无国籍人、外国企业和组织委托我国律师或其他人代理诉讼,应寄交或托交授权委托书。授权委托书须经所在国公证机关证明,经中国驻该国使、领馆认证。

案例三:乔丹委托领事代理诉讼案——领事代理诉讼

【案情介绍】

美国籍人乔丹根据中美学术交流计划,来到中国北京市某大学任教。在任教期间与在该大学任教的中国公民吴芳结婚,后因双方性格不合等因素,乔丹向北京市中级人民法院起诉,要求与吴芳离婚。起诉后,乔丹任教期满,遂回到本国。由于考虑到诉讼的问题,乔丹向北京市中级人民法院提出,欲委托也在北京任教的某美国籍人或美国驻北京领事馆的工作人员,担任其在离婚诉讼中的诉讼代理人。由于我国法律中没有明确此问题,北京市高级人民法院就是否允许外籍当事人委托居住我国境内的外国人,或本国驻我国领事馆工作人员为诉讼代理人问题,向最高人民法院请示,要求作出司法解释。

最高人民法院对此作出批复指出:(1)外籍当事人委托居住在我国境内的本国人为诉讼代理人,不违背我国原《民事诉讼法(试行)》(注:当时处于该法施行期间)的规定,可以准许;(2)外国驻华使、领馆官员,受本国国民的委托,以个人名义担任诉讼代理人时,亦应准许。同时根据我国参加的《维也纳领事关系公约》的规定,外国驻华领事馆官员(包括经我国外交部确认的外国驻华使馆的外交官同时兼有领事官衔者),当作为当事人的本国国民不在我国境内,或由于其他原因不能适时到我国法院出庭时,还可以在没有委托的情况下,直接以领事名义担任其代表或为其安排代表在我国法院出庭。

【法律问题】

我国法院在涉外民事诉讼中应如何处理领事代理问题?

【参考结论】

根据我国参加的《维也纳领事关系公约》和我国相关法律法规,在涉外民事诉讼中,我国法院认可领事代理制度。外国驻华使领馆官员、在华外国人可以接受本国公民的委托在华担任本国公民的诉讼代理人。在没有委托的情况下,外国驻华领事馆领事可以领事名义担任本国公民的代理人。

【法律评析】

领事代理是指一国的领事可以依据国际条约和驻在国的法律规定,在其职务管辖范围内代表本国国民参加民事诉讼,以保护本国公民的合法利益。领事代理制度为国际社会所承认,并在国际条约中加以规定。1963年《维也纳领事关系公约》第9条规定:"领事以不抵触接受国内施行之办法与程序为限,遇派遣国国民因不在当地或由于其他原因不能于适当期间自行辩护其权利与利益时,在接受国法院及其他机关之前担任其代表或为其安排适当之代表,俾依照接受国法律规章取得保全此等国民之权利与利益之临时措施。"这条规定是领事行使代理权的法律依据。

领事代理是一种当然代理,不需要当事人授权或委托,领事可直接以其名义担任派遣国当事人一方代理人参加民事诉讼。

我国是《维也纳领事关系公约》的成员国,我国承认并采用领事代理制度。在本案中,最高人民法院对北京市高级人民法院的批复,其内容与《维也纳领事关系公约》的规定是一致的。

案例思考题

中国广东某纺织品进出口公司诉意大利商人案
——外国人的诉讼行为能力

中国广东某纺织品进出口公司在广州市与一位年满21岁的意大利商人签订一笔纺织品原料供货合同。合同签订后,这种纺织品原料的价格在国际市场上暴涨,意大利商人如履行合同将造成巨大亏损。为达到不履行合同,又不承担违约责任的目的,该意大利商人提出按意大利法律,他系未成年人,不具有完全民事行为能力,不能成为合同主体,因而他与广东某纺织品进出口公司签订的供货合同是无效的。广东某纺织品进出口公司向法院提起诉讼,要求该意大利商人承担违约责任并赔偿损失。法院受理了案件,并进行审理。法院认为:本案合同履行地在中国,应以中国法为准据法。根据我国法律规定,18岁为具有完全民事行为能力人。故该意大利具有行为能力和诉讼行为能力。广东某纺织品进出口公司与该意大利人签订的合同有效,该意大利人不履行合同属违约,判令赔偿其违约给广东某纺织进出口公司造成的损失。

问题

(1) 本案中的意大利商人是否有诉讼行为能力?

(2) 本案中意大利商人诉讼行为能力应依意大利法律确定,还是依中国法律确定?

重点提示

公民的诉讼行为能力与公民的行为能力是相对应的。一般而言,外国人的民事诉讼行为能力跟其民事实体行为能力一样,是适用其属人法的。但如果外国人依其属人法无诉讼行为能力而依我国法律有诉讼行为能力,则认为其有诉讼行为能力。

第二十章　国际民事管辖权

本章知识点

一、国际民事管辖权的概念

国际民事管辖权,是指一国法院对特定的涉外民事案件行使审判权的资格。在国际民事诉讼中,管辖权问题有着十分重要的意义。首先,正确解决国际民事管辖权,关系到维护国家的主权;其次,正确解决国际民事管辖权,关系到本国公民、法人乃至国家的民事权益得到及时、有效的保护;再次,正确解决国际民事管辖权是进行国际民事诉讼程序的前提;最后,正确解决国际民事管辖权,不但有利于诉讼当事人双方进行诉讼活动和法院的审判活动,也有利于判决的域外承认与执行。

二、国际民事管辖权的分类

依据不同的标准,可以把国际民事管辖权作多种不同的分类。

（一）普通管辖和特别管辖

以当事人的住所或居所为标准和以事件的种类为标准,可以把国际民事管辖权分为普通管辖和特别管辖。普通管辖是指以当事人特别是被告的住所或居所所在地为标志确立的国际民事管辖权;特别管辖权是指以有关事件的种类为标准所确定的国际民事管辖权。

（二）专属管辖、任意管辖和排除管辖

以由法律直接规定和任意选择为标准,国际民事管辖权可分为专属管辖和任意管辖以及排除管辖。专属管辖是指对某些具有特别性质的涉外民事案件强制规定只能由特定国家的内国法院行使独占排他的管辖;任意管辖也称为平行管辖或有条件管辖,它是指国家在主张对某些种类的涉外民事案件具有管辖权的同时,并不否认外国法院对此类案件的管辖权;排除管辖是指有关内国法院拒绝行使对某些涉外民事案件的管辖。

(三) 强制管辖和协议管辖

以是否允许当事人达成合意选择确定管辖的法院为标准,可将国际民事管辖权分为强制管辖和协议管辖。强制管辖是指根据法律的规定,对某类涉外民事案件硬性规定只能由某些法院或某个法院具有排他的管辖;协议管辖是指双方当事人在争议发生之前或之后,用协议的方式来确定他们之间的争议应由哪一个国家的法院来管辖。

三、各国关于国际民事管辖权的规定

(一) 英美法系国家

英美法系国家一般是区分对人诉讼和对物诉讼,并根据"有效控制"原则分别确定内国法院对此两类诉讼的管辖权的。对人诉讼就是解决诉讼当事人对于所争执的标的物的权利与利益,法院判决的效力也只及于诉讼中的双方当事人。例如由于不履行合同或侵权行为引起的诉讼都属于对人诉讼。在对人诉讼中,只要有关案件的被告于诉讼开始时在内国境内且能有效地将传票送达给该被告,内国法院就有权对该案件行使管辖权。对于法人提起的诉讼,则只要该法人是在内国注册的或者在内国有商业活动,内国法院就可对该法人行使管辖权。对物诉讼,是为维护物权而提起的诉讼,其诉讼目的就在于通过法院的判决确定某一特定财产的权利和当事人的权利,该法院的判决的效力不但拘束有关的双方当事人,而且还及于所有跟当事人或该特定财产有法律关系的其他人。例如有关房地产、身份问题的诉讼和海商案件。在对物诉讼中,只要有关财产位于内国境内或有关被告的住所是在内国境内的,内国法院就对该有关争议具有管辖权。

英美法系国家对当事人经过协议选择管辖法院的制度也持肯定的态度,同时还规定法院有权对自愿服从其管辖的有关案件的当事人行使管辖权。

(二) 拉丁法系国家

以法国为代表的属于拉丁法系的法国、意大利、希腊、比利时、荷兰、卢森堡和西班牙等国基本上都是根据有关当事人的国籍来确定内国法院的管辖权,法律规定内国法院对有关内国公民的诉讼概有管辖权。与此相反,对于外国人之间的诉讼,拉丁法系国家的立法与实践一般都原则上排除内国法院的管辖权。另外,拉丁法系各国法律也都在不同程度上承认当事人协议选择管辖法院的权利。

(三) 德国、奥地利、日本等国

与拉丁法系国家形成明显对照的是德国法律以及效仿德国法的奥地利、日本等国的诉讼法律,它们原则上是根据被告的住所来确定内国法院对有关案件是否具有管辖权的,而且把依当事人国籍确定管辖权作为例外。除了不动产诉讼、继承案件、租赁案件、再审案件、特定的婚姻案件、禁治产案件以及某些有关执行的案件和破产案件由内国法院专属管辖以外,其他案件概依被告住所来确定国际民事案件的管辖权。由当事人的国籍国法院管辖的只有那些有关婚姻的诉讼以及涉及身份地位的诉讼。这些国家也都在较大程度上允许当事人在国际民事诉讼中协议选择管辖法院。

（四）瑞士、土耳其等国

在瑞士法中,住所地国或习惯居所地国法院管辖原则在国际民事诉讼中被平等地适用于无论以本国人或外国人为被告的场合。而且,瑞士法仅是在较小的范围内,主要是在某些涉及身份地位的诉讼（婚姻诉讼除外）和对瑞士境内的不动产诉讼中规定了瑞士法院的专属管辖权。同时,瑞士法也尊重当事人的意思自治、允许当事人在一定范围内的国际民事诉讼中选择管辖法院。

土耳其法是仿效瑞士法制定的。土耳其法主要依属地管辖原则确定国际民事案件管辖权,并且原则上并不区别内国人或外国人而予以差别待遇,也不要求互惠关系的存在。有关涉外合同的争议,在不违反土耳其法院专属管辖权和公共秩序的前提下,允许当事人协议选择外国法院管辖。

（五）原苏联和东欧国家

在确定国际民事案件管辖权问题上,原苏联和东欧各国采取了基本一致的做法,即原则上是以地域管辖原则确定内国法院管辖权的,因而大都规定根据被告的住所或居所、法人的住所、诉讼标的所在地或行为地来确定内国法院的国际民事案件的管辖权。而对于有关不动产或企业财产的诉讼,以及遗产继承的诉讼,则规定由主要财产所在地法院行使专属管辖权。并且,除专属管辖外,原苏联、东欧各国的诉讼立法也允许有些诉讼的当事人双方可以协议选择管辖法院。

四、有关国际民事管辖权的国际立法

国际民事案件管辖权的行使关系到国家主权和国家利益以及本国当事人利益的保护,但是各国的利益是不相同的,为此,至今国际社会仍没有形成一种统一的国际民事案件管辖权制度,从而也就不可避免地产生了各有关国家法院对某一国际民事案件行使管辖权的冲突。为了解决管辖权冲突,国际社会通过努力缔结了一些国际条约,以规定各缔约国法院行使国际民事案件管辖权的原则和依据。这些条约,既有双边的,也有多边的,前者如1957年《苏联和匈牙利关于民事家庭和刑事案件提供司法协助的条约》。而在多边条约中,又有仅规定某一类国际民事案件管辖权的,如 1952 年在布鲁塞尔签订的《关于统一船舶碰撞中民事管辖权若干规则的公约》。也有一般性规定国际民事案件管辖权的普遍性公约,只是此种普遍性公约很难缔结,现今只有 1928 年的《布斯达曼特法典》、1965 年和 2005 年的《协议选择法院公约》和 1968 年的《关于民商事案件管辖权及判决执行的公约》,较全面地对各种民商事案件的管辖权作了规定。

五、我国关于国际民事管辖权的规定

根据我国《民事诉讼法》及最高人民法院《关于适用〈中华人民共和国民事诉讼法〉若干问题的意见》的有关规定,我国关于国际民事管辖权制度的内容可归纳如下:

第一,在级别管辖上,基层人民法院、中级人民法院、高级人民法院以至最高人民法院都可以作为一审法院审理国际民事案件。

第二,普通地域管辖。首先适用被告住所地原则,即凡被告在我国境内有住所的案件,不论其是我国人还是外国人,我国法院均有管辖权。然后在某些特殊情况下,也可适用原告住所地原则。如根据我国 2007 年修订的《民事诉讼法》第 23 条规定,我国境内的原告,对不在中华人民共和国领域内居住的被告提起的有关离婚、亲属关系、继承等身份关系的诉讼,原告住所地人民法院有管辖权;原告住所地与经常居住地不一致的,由经常居住地人民法院管辖。

第三,特别地域管辖。对于在我国境内没有住所的被告,因合同纠纷或者其他财产权益纠纷提起的诉讼,依我国 2007 年修订的《民事诉讼法》第 241 条规定,可由下列人民法院管辖:(1)如果合同在中华人民共和国领域内签订或履行,可以由合同签订地或履行地人民法院管辖。(2)如果诉讼标的物位于中华人民共和国境内,或者被告在中华人民共和国领域内有可供扣押的财产,可以由诉讼标的物所在地或可供扣押的财产所在地人民法院管辖。(3)在我国境内发生的侵权行为案件,可以由侵权行为地人民法院管辖。(4)被告在中华人民共和国领域内设有代表机构的,可以由代表机构住所地人民法院管辖。

此外,我国 2007 年修订的《民事诉讼法》第 24 条至第 26 条尽管是针对国内民事案件的管辖而作出的特别地域管辖,但依我国的立法规定和司法实践,是可以扩大适用于国际民事管辖的。

第四,专属管辖。其内容有:(1)因不动产纠纷提起的诉讼,由不动产所在地人民法院管辖;(2)因港口作业中发生的纠纷提起的诉讼,由港口所在地人民法院管辖;(3)因继承遗产纠纷而提起的诉讼,由被继承人死亡时住所地或者主要遗产所在地人民法院管辖;(4)因在我国履行中外合资经营企业合同、中外合作经营企业合同、中外合作勘探开发自然资源合同发生的纠纷提起的诉讼,中华人民共和国享有专属管辖权。

第五,协议管辖。我国2007年修订的《民事诉讼法》第242条规定,涉外合同或者涉外财产权益纠纷的当事人,可以用书面协议选择与争议有实际联系的地点的法院管辖。第243条进一步对默示协议管辖作出了规定,即涉外民事诉讼的被告对人民法院管辖不提出异议,并应诉答辩的,视为承认该人民法院为有管辖权的法院。

第六,国际条约。对于我国缔结或加入的条约,在有关案件方面,我国人民法院管辖权的确定应受条约规定的约束。

六、平行诉讼与不方便法院原则

国际民事诉讼中的平行诉讼,就是指相同当事人就同一争议基于相同事实以及相同目的同时在两个或两个以上国家的法院进行诉讼的现象。

国际民事诉讼中的不方便法院原则,是指在国际民事诉讼活动当中,由于原告可自由选择一国法院而提起诉讼,他就可能选择对其有利而对被告不利的法院,该法院虽然对案件具有管辖权,但如审理此案将给当事人及司法带来种种不便之处,从而无法保障司法的公正,不能使争议得到迅速有效的解决,此时,如果存在对诉讼同样有管辖权的可替代法院,则该法院可以自身为不方便法院作为根据,依职权或根据被告的请求作出自由裁量而拒绝行使管辖权。

案例分析

案例一:天津某外贸公司诉日本三元株式会社货物买卖合同纠纷案
——管辖权的确定

【案情介绍】

日本三元株式会社与天津某外贸公司商谈购买钢材。2008年春,三元株式会社授权其北京分代表该会社在春季广交会上与天津某外贸公司正式签订了钢材购销合同。合同约定:双方以FOB价格条件成交,由天津某外贸公司提供1500吨钢材,2008年9月10日前在大连交货。2008年6月,双方通过传真达成补充规定:(1)合同履行中如出现争议,由北京市高级人民法院管辖;(2)合同的履行及争议的处理,应按照日本有关法律进行。天津某外贸公司于9月9日如约将钢材运至大连。检验后,三元株式会社以质量不合约定为由,拒绝收货装船。双方遂起争执。2008年11月,天津某外贸公司向北京市高级人民法院提起诉讼。

【法律问题】

1. 北京市高级人民法院对本案有无管辖权?
2. 若北京市高级人民法院无管辖权,原告可否在中国其他法院提起诉讼?若在中国境内提起诉讼,哪些法院有管辖权?

【参考结论】

1. 本案被告日本三元株式会社与原告天津某外贸公司签订的钢材购销合同是一种涉外合同。合同中书面约定了管辖法院为北京市高级人民法院。依据我国现行《民事诉讼法》第242条的规定,这种协议确定管辖法院的形式应予认可。但是协议的内容违反了我国《民事诉讼法》第19条关于级别管辖的规定和2002年最高人民法院关于"集中管辖"的规定,因而导致该协议管辖的约定无效。因此,北京市高级人民法院对本案无管辖权。

2. 本案中合同签订地为广州,合同履行地为大连(合同约定,双方以FOB价格条件成交,在大连港交货,根据国际贸易惯例交货地应为合同履行地),诉讼标的物所在地也为大连,被告在北京设有代表机构。因此,本案协议管辖的约定无效后,原告可以在中国其他法院提起诉讼。广州、大连、北京市中级人民法院依法都享有管辖权,原告可以依照我国2007年修订的《民事诉讼法》第35条之规定,选择其中一个法院起诉。

【法律评析】

本案是一起涉外货物买卖合同纠纷案件,涉及涉外合同的管辖权和法律适用问题。相关法律条文包括我国《民法通则》第145条、第150条和2007年修订的《民事诉讼法》第19条、第35条、第241条、第242条。

值得注意的是,为排除地方干扰,正确审理涉外民商事案件,根据我国《民事诉讼法》第19条的规定,最高人民法院于2002年2月25日发布了《关于涉外民商事案件诉讼管辖若干问题的规定》,决定对涉外民商事案件进行集中管辖。它规定:第一审涉外民商事案件由下列人民法院管辖:(1)国务院批准设立的经济技术开发区人民法院;(2)省会、自治区首府、直辖市所在地的中级人民法院;(3)经济特区、计划单列市中级人民法院;(4)最高人民法院指定的其他中级人民法院;(5)高级人民法院。上述中级人民法院的区域管辖范围由所在地的高级人民法院确定(第1条)。对国务院批准设立的经济技术开发区人民法院所作的第一审判决、裁定不服的,其第二审由所在地中级人民法院管辖(第2条)。该规定适用于下列案件:(1)涉外合同和侵权纠纷案件;(2)信用证纠纷案件;(3)申请撤销、承认与强制执行国际仲裁裁决的案件;(4)审查有关涉外民商事仲裁条款效力的案件;(5)申请承认和强制执行外国法院民商事判决、裁定的案件(第3条)。发生在与外国接壤的边境省份的边境贸易纠纷案件、涉外房地产案件和涉外知识产权案件,不适用本规定(第4条)。涉及香港、澳门特别行政区和台湾地区当事人的民商事纠纷案件的管辖,参照本规定处理(第5条)。

案例二:盐业银行香港分行诉香港紫心集团案——默示协议管辖①

【案情介绍】

香港紫心集团于1978年12月15日至1980年11月26日间共拖欠盐业银行香港分行贷款本息港币10067308.12元。紫心集团在向盐业银行香港分行借款时,先后将坐落于香港九龙狮子石道12—16号泰丰楼地下商场6号、香港士瓜美景街68号安泰大厦八楼D座等八处房地产向原告作了抵押。按抵押时估价约值港币480万元。因紫心集团未按期还款,盐业银行香港分行于1983年4月11日至1986年11月底,陆续变卖了紫心集团所抵押的房地产,截收了福建省厦门电子工业公司汇给紫心集团的款项,及向其他连带债务人追讨等,共收回货款本金港币3455591.91元,尚欠6611716.21元。

紫心集团在香港的财产不足以清偿其债务,后来盐业银行香港分行得知紫心集团在内地有多处投资,尤其是紫心集团与珠海市工业局合作经营了珠海市狮山工业发展有限公司,合作期为10年,紫心集团在该公司中享有的权益较大。盐业银行香港分行遂向珠海市中级人民法院起诉,请求判令紫心集团用在内地投资的财产及收益继续偿还在香港未能清偿的债务。法院立案后即向被告紫心集团送达了起诉书副本。被告应诉并在答辩状中承认在香港欠原告贷款尚未还清,表示将尽力以其在狮山工业发展有限公司的财产偿还。

【法律问题】

本案中,珠海市中级人民法院是否享有管辖权?

【参考结论】

本案中原告向珠海市中级人民法院起诉,被告提出答辩并应诉,双方构成了默示协议管辖,所以珠海市中级人民法院对本案享有管辖权。

---

① 参见赵一民主编:《国际私法案例教程》,知识产权出版社2005年版,第357—359页。

【法律评析】

本案是一起境外借贷合同纠纷案。对于涉外经济贸易纠纷的管辖权,各国一般都承认当事人的协议管辖。协议管辖是指依当事人双方意志协商决定管辖法院,其理论基础是当事人意思自治原则。协议管辖制度的目的主要是尊重当事人的意愿,便于当事人进行诉讼,并寻求一种更为合理的管辖体制。协议管辖分为明示协议管辖和默示协议管辖。我国 1991 年《民事诉讼法》第 244 条规定,涉外合同或者涉外财产利益纠纷的当事人,可以用书面协议选择与争议有实际联系的地点的法院管辖。选择中华人民共和国法院管辖的,不得违背本法关于级别管辖和专属管辖的规定。该规定就是涉外民事诉讼的明示协议管辖。我国 1991 年《民事诉讼法》第 245 条规定,涉外民事诉讼的被告对人民法院管辖不提出异议,并应诉答辩的,视为承认该人民法院为有管辖权的法院。这就是默示协议管辖。

案例三:山东聚丰网络有限公司诉韩国 MGAME 公司、第三人天津风云网络技术有限公司网络游戏代理及许可合同纠纷管辖权异议上诉案——协议选择外国法院管辖条款的效力①

【案情介绍】

2008 年 7 月 30 日,山东聚丰网络有限公司(以下简称"聚丰网络公司")以韩国 MGAME 公司(MGAME Corporation,以下简称"MGAME 公司")为被告、以天津风云网络技术有限公司(以下简称"风云网络公司")为第三人,就网络游戏代理及许可合同纠纷向山东省高级人民法院提起诉讼。被告 MGAME 公司在提交答辩状期间对管辖权提出异议。其主要理由是:原被告双方 2005 年 3 月 25 日签订的《游戏许可协议》第 21 条约定:"本协议应当受中国法律管辖并根据中国法律解释。由本协议产生或与本协议相关的所有的争议应当在新加坡最终解决,且所有本协议产生的争议应当接受新加坡的司法管辖。"因此,将由本协议引起的争议提交新加坡司法机构管辖是双方当事人的明确约定,是双方真实意思表示,本案应由新加坡有管辖权的法院审理,山东省高级人民法院对本案没有管辖权,应驳回聚丰网络公司的起诉。

该《游戏许可协议》序言指出:"协议内容是聚丰网络有限公司成为许可人

---

① 2009 年 12 月 22 日最高人民法院(2009 年)民三终字第 4 号民事裁定书,以及 2009 年 1 月 12 日山东省高级人民法院(2008 年)鲁民三初字第 1 号民事裁定书。

(指 MGAME 公司)的独家游戏发行商,并按照以下条款和条件在指定区域内推广产品(每个术语均在下文中进行定义)……'指定区域'专指中国内地(不包括香港)";其第6.1条中约定:"许可人将在协议期间在被许可人(指聚丰网络公司)的场所内提供与产品的安装和维护相关的技术服务……"

【法律问题】
山东省高级人民法院对本案是否有管辖权?

【参考结论】
我国2007年修订的《民事诉讼法》第242条规定:"涉外合同或者涉外财产权益纠纷的当事人,可以用书面协议选择与争议有实际联系的地点的法院管辖。选择中华人民共和国人民法院管辖的,不得违反本法关于级别管辖和专属管辖的规定。"由于新加坡与本案争议没有实际联系,因此,本案《游戏许可协议》中约定由新加坡法院管辖的条款无效。我国《民事诉讼法》第241条规定:"因合同纠纷或者其他财产权益纠纷,对在中华人民共和国领域内没有住所的被告提起的诉讼,如果合同在中华人民共和国领域内签订或者履行,或者诉讼标的物在中华人民共和国领域内,或者被告在中华人民共和国领域内有可供扣押的财产,或者被告在中华人民共和国领域内设有代表机构,可以由合同签订地、合同履行地、诉讼标的物所在地、可供扣押财产所在地、侵权行为地或者代表机构住所地人民法院管辖。"根据《游戏许可协议》合同项下的权利许可的地域范围即"指定区域"专指"中国内地",可见,争议合同系在中华人民共和国领域内履行。合同第6.1条中有关 MGAME 公司履行技术服务义务的地点就明确约定为聚丰网络公司的场所。在此情况下,应当认为聚丰网络公司的所在地山东省也是合同履行地。据此,山东省高级人民法院作为本案合同履行地法院,对本案具有管辖权。

【法律评析】
山东省高级人民法院经审查认为:虽然原告聚丰网络公司与被告 MGAME 公司签订的《游戏许可协议》第21条约定产生的争议应当接受新加坡的司法管辖,但是双方同时约定"本协议应当受中国法律管辖并根据中国法律解释",双方在适用法律上选择中国法律为准据法。因此,双方协议管辖条款也必须符合选择的准据法即中国法律的有关规定。据此,当事人选择的管辖法院应限定在与争议案件有实际联系的范围内。而本案聚丰网络公司与 MGAME 公司协议约定的管辖地新加坡,既不是双方当事人的住所地,也不是本案游戏许可协议的签订地、履行地、争议发生地,与本案争议无任何联系,其约定超出了与争议有实际联系的限定范围,该约定管辖应属无效。遂裁定:驳回 MGAME 公司提出的管辖权异议。MGAME 公司不服原审裁定,向最高人民法院提起上诉。

最高人民法院经审理认为:协议选择适用法律与协议选择管辖法院是两个截然不同的法律行为,应当根据相关法律规定分别判断其效力。对协议选择管辖法院条款的效力,应当依据法院地法进行判断;原审法院有关协议管辖条款必须符合选择的准据法所属国有关法律规定的裁定理由有误。根据我国《民事诉讼法》第 242 条的规定,涉外合同当事人协议选择管辖法院应当选择与争议有实际联系的地点的法院,而本案当事人协议指向的新加坡,既非当事人住所地,又非合同履行地、合同签订地、标的物所在地,同时本案当事人协议选择适用的法律也并非新加坡法律,上诉人也未能证明新加坡与本案争议有其他实际联系。因此,应当认为新加坡与本案争议没有实际联系。相应地,涉案合同第 21 条关于争议管辖的约定应属无效约定,不能作为确定本案管辖的依据。上诉人据此约定提出的有关争议管辖问题的主张,不能得到支持。原审裁定将争议发生地也作为判断是否属于与争议有实际联系的地点的连结点之一,虽有不当,但并不影响对涉案合同第 21 条有关争议管辖约定的效力的认定。遂驳回上诉、维持原裁定。最高人民法院还指出,按照我国现行法律规定,对于涉外合同或者涉外财产权益纠纷案件当事人协议选择管辖法院的问题,仍应当坚持书面形式和实际联系原则。

综合以上内容可以看出,我国法院在认定协议选择法院条款的效力时倾向于对我国《民事诉讼法》第 242 条进行严格解释,要求所选择的法院必须与争议有实际联系。这样做表面上看似维护了中国的司法主权,保护了中国当事人,但实际上,否定了当事人协议选择法院的意思,也否定了被选择法院的管辖。由于判决可能需要被执行人所在地或其财产所在地国家法院的承认与执行,否定当事人选择法院的管辖而作出的判决是否能得到承认与执行也存在问题。[①] 2005 年海牙《选择法院协议公约》对选择的法院并没有实际联系的要求,并且明确规定,如果协议中存在指定法院,非由当事人选择的法院没有管辖权,该法院必须拒绝受理该案件。我国虽然没有签署 2005 年海牙《选择法院协议公约》,但全程参与了公约的谈判,该公约对协议选择法院没有实际联系的要求值得我国借鉴。

[①] 参见黄进、李何佳、杜焕芳:《2010 年中国国际私法司法实践述评》,载《中国国际私法学会 2011 年年会论文集》。

案例四：江都造船厂诉中国工商银行扬州分行、中国银行香港分行案
——信用证纠纷的管辖权[①]

【案情介绍】

原告江苏省江都造船厂（以下简称"造船厂"）因与被告中国工商银行扬州分行（以下简称"扬州工行"）、中国银行香港分行（以下简称"香港分行"）信用证纠纷向江苏省高级人民法院提起诉讼。香港分行在提交答辩状期间对管辖权提出异议，认为：本案中诉讼标的物不在中国境内，香港分行在境内没有代表机构，在境内亦没有可供扣押的财产，信用证开证申请人、开证银行及信用证项下汇票承兑和支付的地点都在香港，即合同签订地或履行地均不在中国境内，因此江苏省高级人民法院没有管辖权。

法院经审查认定：1997年5月23日，香港分行开立了以造船厂为受益人的不可撤销跟单信用证，该信用证约定适用《跟单信用证统一惯例》（UCP500）。依据UCP500第2条给信用证所作的定义，信用证是银行向受益人作出的一项附条件的承诺，所附条件就是受益人必须提交符合信用证规定的单据，承诺的内容就是开证行审查受益人提供的单据与信用证条款相符时的付款责任。因此，信用证是一种特殊的合同，即信用证合同。"就性质而言，信用证与可能作为其依据的销售合同或其他合同，是相互独立的交易。"（UCP500第3条）因此，受益人向开证行提交单据和开证行向受益人付款均是履行信用证合同的行为，本案原告造船厂通过扬州工行向香港分行提交了信用证规定的单据，受益人原告所在地应是本案所涉信用证合同的履行地之一。依照我国《民事诉讼法》的规定，江苏省高级人民法院对本案有管辖权。香港分行对本案管辖权提出的异议不能成立，应予以驳回。

【法律问题】

法院的处理是否正确？

【参考结论】

法院的处理是正确的。

【法律评析】

本案涉及如何认定法律关系和如何确定管辖权根据的问题。

[①] 参见许光耀、宋连斌主编：《国际私法学——学习指导书》，湖南人民出版社2005年版，第182—184页；中国信用网：http://www.xy148.com/flws2.asp? NewsID = 414&BigClassName = % B7% A8% C2% C9% CE% C4% CA% E9&SmallClassName = % C5% D0% BE% F6% CE% C4% CA% E9&SpecialID = 0，2006年6月5日访问。

对于信用证交易中存在的合同,一般认为:在跟单信用证的运作中,存在一种明显的三角契约关系。第一,买方与卖方之间的买卖合同。第二,买方(申请人)与开证行之间的申请与担保协议或偿付协议。第三,开证行与受益人之间的信用证关系。每一个合同都是独立的并且支配着当事人之间各自的关系。因此,就本案的法律关系而言,作为开证行的香港分行与作为受益人的造船厂已经形成信用证合同关系。江苏省高级人民院的认定是正确的。

对于管辖权根据的确定,江苏省高级人民法院根据受益人原告所在地也是信用证合同的履行地之一而确立管辖权。这种做法是合法的,但并不一定合理。从本案的主体、诉讼标的和法律事实等因素来看,香港方面质和量的因素远远超过祖国内地的因素,由香港法院管辖似乎更为合理方便。因为这是一起涉港案件,不仅要考虑法院管辖的方便性问题,而且还要考虑判决的域外可执行问题。

案例五:大连华兴船行诉日本平成商社案
——管辖权的积极冲突[①]

【案情介绍】

1993年1月,大连华兴船行(以下简称"华兴船行")与日本国平成商事株式会社(以下简称"平成商社")通过电传签订一份租船合同,约定由华兴船行派船承运平成商社的一批钢材,装货港为日本大分,卸货港为天津新港。合同签订后,华兴船行于同年2月派船从厦门港驶往日本大分受载。船抵大分后,平成商社以船舶不适航为由拒绝装货。为此,与华兴船行发生争议。经双方协商,由中国船级社与日本NKKK船级社对船舶进行检验,检验结果认为船舶适航。平成商社仍然拒绝装货,致使船舶空载返回大连。华兴船行认为,船舶从厦门驶往日本大分港受载,厦门至大分是此租船合同的预备航次,预备航次的开始即是合同履行的开始,厦门是本次租船合同的履行地。因此,1994年3月17日向厦门海事法院起诉。平成商社在答辩中提出管辖权异议,认为合同签订地在日本大分,装货港为大分,卸货港为天津新港,履行地应是大分和天津。被告在大连设有分支机构,有可供执行的财产。对本案有管辖权的法院为日本国法院和中国的天津海事法院、大连海事法院。

[①] 参见许光耀、宋连斌主编:《国际私法学——学习指导书》,湖南人民出版社2005年版,第213—215页;好学网:http://www.88747.com/2005/12-23/171134.html,2006年6月5日访问。

【法律问题】

厦门海事法院是否有管辖权？本案的管辖权问题应如何处理？

【参考结论】

厦门海事法院没有管辖权。本案移交给大连海事法院处理是适当的。

【法律评析】

本案纠纷起因于涉外租船合同，涉及日本及中国（中国又涉及厦门、天津和大连三地）。要确定本案的诉讼管辖权，应按照我国《民事诉讼法》第四编涉外民事诉讼程序的特别规定来判定有管辖权的法院。我国《民事诉讼法》第241条规定，因合同纠纷，对在我国没有住所的被告提起的诉讼，如果合同在我国领域内签订或者履行，或者诉讼的标的物在我国领域内，或者被告在我国领域内有可供扣押的财产，或者被告在我国领域内设有代表机构，可由合同签订地、合同履行地、诉讼标的物所在地、可供扣押财产所在地、侵权行为地、代表机构所在地的人民法院管辖。值得注意的是，1999年我国《海事诉讼特别程序法》第6条第2款第3项为租船合同的管辖权作了专门的规定："因海船租用合同纠纷提起的诉讼，由交船港、还船港、船籍港所在地、被告住所地海事法院管辖。"

本案中，租船合同的签订地在日本大分，但合同的部分履行地在卸货港天津。可见，中国法院对本案有管辖权。事实上，被告也并不否认中国法院的管辖权，只是中国的哪一个法院具体行使管辖权，被告有异议。按照原告华兴船行的主张，船舶从厦门驶往日本大分港受载，厦门至大分是此租船合同的预备航次，预备航次的开始被视为合同履行的开始，那么厦门应是本次租船合同的履行地之一。另外，被告在大连设有分支机构，并有可扣押财产。所以，厦门海事法院、大连海事法院与天津海事法院均有管辖权。日本作为被告的住所所在地及合同签订地，也有权受理此案。所以，这是一个典型的存在潜在管辖权积极冲突的案件。

但严格说来，按照特征性履行理论，预备航次只是租船合同履行的准备阶段，往往并不被视为租船合同履行的开始。它仅仅是履行租船合同的预备，而不是正式的履行。因此，厦门不是租船合同的履行地。自然地，厦门海事法院也就没有管辖权。既然原告在中国的厦门海事法院起诉，而厦门海事法院不具有管辖权，但中国的天津和大连的法院有管辖权，现在的问题就在于管辖权如何进行移送。本案中，被告对厦门海事法院提出了管辖权异议，认为只有日本法院和中国的大连海事法院、天津海事法院才具有管辖权。从有利于纠纷解决的角度看，大连作为被告代表机构的所在地和可扣押财产的所在地，最适合受理该案件，且对于判决的执行也是最有利的。所以，本案应移送至大连海事法院。移送管辖是我国《民事诉讼法》规定的国内法院之间解决管辖权冲突的方法,不涉及国与国之间司法权的分配。所以,为维护国家司法主权,我国不可能将本案移送至日本法院,而且我国的法院也不存在拒绝管辖权的理由。

坚持国际协调原则是解决国际民商事案件管辖权冲突的有效途径。各国在立法和司法两个层面均应坚持这一原则。在立法上,应减少不必要的专属管辖,鼓励适当的协议管辖;同时积极参与缔结国际条约;在司法的层面上,应从宏观上保障协议管辖的效力;对于消极冲突的案件给予当事人合理的救济。与此同时,在积极冲突的情况下,各国应重视逐步兴起的不方便法院理论。此外,如果双方已经约定仲裁,应尽量认定仲裁协议的有效性,这在一定程度上能避免或解决各国间民商事案件诉讼管辖权的积极冲突。

案例六:上诉人姚铭锋与被上诉人(原审原告)香港投资集团有限公司管辖权异议案
——不方便法院原则

【案情介绍】

上诉人姚铭锋不服福建省厦门市中级人民法院(2010年)厦民初字第510号民事裁定,向福建省高级人民法院提起上诉称:(1)上诉人与被上诉人之间的纠纷属于香港公司的股权转让纠纷,被上诉人对上诉人与原审被告的诉属于不同性质的诉,依法不应合并审理。(2)根据最高人民法院《第二次全国涉外商事海事审判工作会议纪要》(以下简称《纪要》)的规定,我国法院在审理涉外商事纠纷案件过程中,如发现案件存在不方便管辖的因素,可以根据"不方便法院原则"裁定驳回原告的起诉。上诉人认为该原则完全可以适用于本案:其一,根据我国《民事诉讼法》第241条规定,大陆地区法院对本案可以管辖,但本案纠纷不属于大陆法院专属管辖的范畴,且上诉人与被上诉人之间不存在选择大陆法院管辖的书面协议。其二,被上诉人与上诉人不属于大陆地区公民、法人,他们之间的诉,无论结果如何,都不影响大陆公民、法人的利益。其三,上诉人与被上诉人争议的股权是香港公司的股权,该争议应当原则适用香港地区公司法的强制性规范。大陆法院若受理本案,在认定事实和适用法律方面存在重大困难。其四,更为重要的是,争议股权的标的公司在香港,不在大陆,依据有关规定,大陆法院的判决如要在香港获得承认和执行,必须符合相关条件。被上诉人起诉要求上诉人过户股权,而非支付款项,且双方没有书面协议选择大陆法院为唯一的管辖法院,因此即使大陆法院作出判决,也无法在香港获得承认与执行,将有损大陆法院的司法权威。(3) 上诉人与被上诉人之间关于香港公司股权的纠纷与香港地区联系最为密切,香港地区法院管辖更为方便。(4) 原审裁定以本案在大陆地区有可供扣押财产为由认为原审法院具有管辖权,显属不当。因为本案涉及的争议标的为泰普国际公司的股权,争议可能发生的结果仅针对该公司股权。根据公司法律的规定,可扣押的财产不涉及泰普国际公司名下的财产,更不涉及福建泰普的股权。鉴于泰普国际公司的股权财产均在香港,因此原审法院没有管辖权。综上,请求撤销原审裁定,驳回被上诉人对上诉人的起诉。

被上诉人香港投资集团有限公司答辩称:(1) 我国 2007 年修订的《民事诉讼法》并未规定《纪要》的"不方便法院原则",故本案不适用"不方便法院原则"。《纪要》的性质至多为司法解释,为当时有效的《民事诉讼法》的解释或补充。2007 年《民事诉讼法》修订时,并未将《纪要》规定之"不方便法院原则"纳入。此后最高人民法院也未就"不方便法院原则"出台过其他司法解释。因此本案应当适用修订后的《民事诉讼法》,依法裁定本案由原审法院管辖。(2) 退一步说,即便根据"不方便法院原则",本案也不符合"不方便法院原则"的适用条件,管辖权异议不成立。根据《纪要》规定,"不方便法院原则"的适用须同时具备七个条件,缺一不可。而本案并不具备全部条件:其一,本案的实质是答辩人通过香港泰普股权的转让获得福建泰普的相应权益,而福建泰普在厦门注册,因此,本案并非与我国公民、法人或其他组织的利益无关。其二,本案的签约、履约等主要事实均发生在祖国大陆境内,且已明确约定适用我国法律,故我国法院在认定事实和适用法律方面不存在所谓的"重大困难"。其三,上诉人关于香港公司法强制性规范的适用属于"外国法的查明",不能作为确定案件管辖地的依据。其四,法院对管辖权的确定,与判决能否得到承认与执行之间没有任何关系。(3) 厦门与本案联系最为密切,由厦门市中级人民法院审理符合"方便管辖"原则,故应由该院管辖。其一,本案争议表面上是香港泰普的股权变化,其实质却是福建泰普的权益变化,因此本案由福建泰普住所地厦门法院审理更加合理。其二,双方当事人的主要办事机构所在地及负责人均在厦门,故由原审法院审理便于双方当事人参加诉讼。其三,本案主要事实发生地为厦门,在厦门审理更加便于查清本案事实。其四,本案讼争《合作框架协议书》明确约定适用中华人民共和国法律,在厦门审理显然更为方便。综上请求驳回上诉人的上诉,维持原裁定。

【法律问题】

本案法院应如何处理?

【参考结论】

福建省高级人民法院审查后认为,本案讼争《合作框架协议书》已明确,合同的签约地点在福建省厦门市,且泰普国际生物科学有限公司持有福建泰普生物科学有限公司股权,而福建泰普生物科学有限公司的住所地亦在厦门市。因此,根据我国《民事诉讼法》第 241 条规定,福建省厦门市中级人民法院作为合同签订地及可供扣押财产所在地法院,依法对本案享有管辖权。《合作框架协议书》第 9.3 条约定:"本协议适用中华人民共和国法律管辖",而从协议书内容看,双方约定的权利义务亦多次涉及福建泰普生物科学有限公司。况且被上诉人在向原审法院起诉时,还主张"判令泰普国际生物科学有限公司立即恢复邱清源在福建泰普生物科学有限公司的董事职务"。综上分析,根据讼争《合作框架协议书》约定的内容及被上诉人的诉讼请求,上诉人主张依据"不方便法院原则",本案不应由福建省厦门市中级人民法院管辖的上诉理由不能成立,法院不予支持。

【法律评析】

2005 年《第二次全国涉外商事海事审判工作会议纪要》第 11 条指出:我国法院在审理涉外商事纠纷案件过程中,如发现案件存在不方便管辖的因素,可以根据"不方便法院原则"裁定驳回原告的起诉。"不方便法院原则"的适用应符合下列条件:一是被告提出适用"不方便法院原则"的请求,或者提出管辖异议而受诉法院认为可以考虑适用"不方便法院原则";二是受理案件的我国法院对案件享有管辖权;三是当事人之间不存在选择我国法院管辖的协议;四是案件不属于我国法院专属管辖;五是案件不涉及我国公民、法人或者其他组织的利益;六是案件争议发生的主要事实不在我国境内且不适用我国法律,我国法院若受理案件在认定事实和适用法律方面存在重大困难;七是外国法院对案件享有管辖权且审理该案件更加方便。对于《第二次全国涉外商事海事审判工作会议纪要》规定的"不方便法院原则",应注意以下两个问题:第一,我国法院如发现案件存在不方便管辖的因素,"可以"根据"不方便法院原则"裁定驳回原告的起诉,而不是"必须"适用"不方便法院原则";第二,法院如果要根据"不方便法院原则"裁定驳回原告的起诉,必须同时符合规定的七项条件。在本案中,第一、二、三、四项条件符合。但是,法院审查后认为,本案中双方约定的权利义务多次涉及福建泰普生物科学有限公司,因此不符合第五项不涉及我国公民、法人或者其他组织的利益的条件。此外,本案讼争《合作框架协议书》明确约定适用中华人民共和国法律,因此不符合第六项不适用我国法律的条件。最后,双方当事人的主要办事机构所在地及负责人均在厦门,因此不符合第七项外国法院审理该案件更加方便的条件。

综上所述,福建省厦门市中级人民法院对本案的管辖是合法的,且不符合适用"不方便法院原则"的条件。福建省高级人民法院驳回上诉,维持原裁定是合适的。

? 案例思考题

思考题一:渣打(亚洲)有限公司诉华建公司案——平行诉讼

1983年11月13日,广西壮族自治区华建公司在广西南宁市与香港东方城市有限公司签订《桂林华侨饭店合营企业公司合同》。合同约定,由双方合资兴建并经营桂林华侨饭店。合同签订后,东方城市有限公司于1984年10月29日与渣打(亚洲)有限公司签订了一份贷款协议。协议约定东方城市有限公司为中国的合营公司桂林华侨饭店的营造向渣打(亚洲)有限公司借款28773050港元,此款由华建公司担保。担保是"有条件的,必须用于桂林华侨饭店建设项目"。此担保经广西壮族自治区外汇管理局批准。同日,应东方城市有限公司与渣打(亚洲)有限公司的要求,华建公司向渣打(亚洲)有限公司出具了一份不可撤销的、无条件的、凭要求即付的担保书,并约定该担保书受香港法律管辖,按香港法律解释。同日,该担保书经广州市公证处公证。1984年11月6日和1985年3月28日,东方城市有限公司先后两次从原告处提取贷款共计7776500港元。东方城市有限公司提款后,未按合营合同约定向桂林华侨饭店项目如数投资,仅向该项目投资15.6万美元(包括购买钢材、水泥折款)。在催还款过程中,渣打(亚洲)有限公司曾于1986年10月31日至1987年5月22日期间,数次同意东方城市有限公司延期还款和变动部分贷款利率。东方城市有限公司未能按期偿还贷款,渣打(亚洲)有限公司根据贷款协议第11条规定,于1987年9月8日通知东方城市有限公司全部贷款立即到期,要求偿还已提取贷款的本金和利息。次日,渣打(亚洲)有限公司致函华建公司,要求履行担保义务。华建公司认为担保此笔贷款,目的是将其用于建造桂林华侨饭店。借款人未如数投资,因此没有履行担保义务。渣打(亚洲)有限公司经多次追偿未果,遂于1988年5月10日向香港最高法院起诉,要求东方城市有限公司、华建公司还款。香港最高法院于同年8月1日作出判决,判令东方城市有限公司立即偿还贷款本息;判令华建公司履行担保义务,偿付贷款本息。借款人东方城市有限公司于1988年10月20日偿还了23.4万港元利息;华建公司于1988年7月27日偿还了6万美元利息。贷款本金及其余利息未还。

为追还贷款,渣打(亚洲)有限公司以华建公司为被告,向南宁市中级人民法院起诉,要求法院判令被告偿还贷款本金8994032.98港元,支付上述从1987年5月15日起到实际偿付之日止根据贷款协议所发生的利息及逾期利息,并支付原告在香港法院进行诉讼产生的律师费用。

问题

在香港法院已经对本案作出判决的情况下,我国法院对该案是否还享有管辖权?

重点提示

该案涉及"一事两诉",香港法院虽然已审理本案并作出判决,但在当事人没有协议排除我国法院管辖权的情况下,南宁市中级人民法院作为被告华建公司营业所所在地法院,仍然可以对本案行使管辖权。

思考题二:王华实与付春花离婚案——平行诉讼与域外送达

【案情介绍】

中国公民王华实与中国公民付春花1987年在北京结婚,1989年生有一子。1990年,王华实自费到美国留学,1996年取得博士学位,在加拿大安大略省一家公司找到工作。1997年8月,王以夫妻长期分居为由在加拿大安大略省多伦多法院提起离婚诉讼。王在离婚申请书中隐瞒了他生育一子的事实。离婚申请书由王华实的律师邮寄给付春花后,付很气愤。付春花经过一番咨询,决定向北京市某区法院提起离婚诉讼。

北京市某区法院公开审理此案,王华实未到庭,法院缺席判决双方离婚,王华实承担儿子抚养费每月人民币350元。加拿大多伦多法院也审理了王华实提起的离婚诉讼,付春花未到庭,法院判决双方离婚。

问题

1. 北京市某区法院是否有管辖权?
2. 离婚申请书由王华实的律师邮寄给付春花这种送达方式是否合法?
3. 加拿大法院的判决是否能得到中国法院的承认与执行?

重点提示

这是典型的涉外离婚案,涉及平行诉讼问题,存在管辖权的积极冲突。最高人民法院《关于适用〈中华人民共和国民事诉讼法〉若干问题的意见》(以下简称《意见》)第15条规定:"中国公民一方居住在国外,一方居住在国内,不论哪一方向人民法院提起离婚诉讼,国内一方住所地的人民法院都有管辖权。如国外一方在居住国法院起诉,国内一方向人民法院起诉的,受诉人民法院有权管辖。"该条未明确双方的起诉时间的先后问题,但应认为不论国外法院受理在先还是后,我国人民法院均有权受理此类案件。因此,该案中的北京市某区法院具有管辖权。北京市某区法院受理案件符合我国《民事诉讼法》的有关规定。

在加拿大法院受理的离婚案中,离婚申请书由王华实的律师邮寄给付春花。这是不符合我国有关外国法院向境内当事人送达的有关规定的。

根据上述《意见》第306条的规定,在没有中国和加拿大共同参加或者签订的国际条约另有规定的情况下,加拿大法院的判决不能得到中国法院的承认与执行。当然本案中两法院的判决结果基本一致,只是在子女的抚养费问题上有所不同,且造成这种差异的原因不是两地法律适用结果的不同,而是当事人一方隐瞒事实的结果。如果加拿大法院的判决对我国的当事人更加有利,承认其判决对个案来说更符合公正。

此外,付春花也可以到加拿大法院应诉,拿到判决后,可以向北京的中级人民法院申请承认与执行该判决。这种方法,对付来说应该说是更加有利(比如抚养费用很可能比国内法院判决得高),当然也要考虑到国外应诉所带来的必要的开支和费用,以及技术和心理的问题。

思考题三:"红旗138"轮与"金鹰一号"轮碰撞案
——管辖权的消极冲突[①]

1987年11月30日晚,中国籍广州海运管理局下属的"红旗138"轮离开大连港至广州黄埔港。巴拿马籍印度尼西亚贝尔航运有限公司所属的"恩宝"轮由日本空驶到达大连港水域。双方发生碰撞。当时,巴拿马籍美国金鹰航运公司所属的"金鹰一号"轮停在大连港内。被碰撞后的"红旗138"轮因惯性,与"金鹰一号"轮发生碰撞。碰撞发生后,广州海运局经协商与贝尔航运有限公司达成协议,但与金鹰航运公司未达成协议,遂向大连海事法院提起诉讼,贝尔航运公司是第一被告,金鹰航运公司是第二被告。金鹰航运公司在法定期限内未提交答辩,但两次要求宽限答辩期并获批准。1988年7月底,金鹰公司的代理人向法院提出:该公司没有同意过大连海事法院的管辖权,"红旗138"轮的碰撞

---

① 参见许光耀、宋连斌主编:《国际私法学——学习指导书》,湖南人民出版社2005年版,第213—215页;http://www.fxy.wh.sdu.edu.cn/jingpin/2006/jsb/jiaoan/jiaoanxyp/11.htm,2006年6月9日访问。

责任不容置疑,保留在别处索赔的权利。1988年8月8日,金鹰航运公司在意大利申请扣押"红旗138"轮的姊妹船"红旗206"轮,当地法院裁定许可扣押,经提供担保后,8月12日船舶放行。金鹰公司在意大利申请扣船后,没有在意大利提起诉讼。10月16日,大连海事法院开庭审理本案,在审理过程中,金鹰公司的代理人提出反诉,要求原告赔偿修船费及船期损失;原告与贝尔公司达成和解。大连海事法院作出判决。

金鹰公司不服提起上诉。辽宁省高级人民法院经审理判决如下:(1)原审法院对本案行使管辖权正确,划分的责任比例恰当。(2)金鹰公司在意大利申请扣押"红旗206"轮给广州海运局造成的损失,虽与本次碰撞有关系,但没有必然的因果联系,属两个不同的诉因,且行为发生地与结果发生地均在意大利。因此,原审法院对"红旗206"轮在意大利被扣押案行使管辖权法律依据不足,将其与船舶碰撞合并审理缺乏法律依据,予以纠正。(3)确认广州海运局与贝尔公司达成的和解协议。

问题

辽宁省高级人民法院认定大连海事法院对扣船纠纷无管辖权是否适当?

重点提示

辽宁省高级人民法院认定大连海事法院对扣船纠纷无管辖权欠妥。

本案是由船舶碰撞引起的国际商事案件,同时它还涉及船舶扣押问题。从国际民事诉讼法的角度看,本案是典型的管辖权消极冲突案。各国立法上的差异是国际民商事案件管辖权发生冲突的直接原因。在当今国际民事诉讼管辖权领域,除了少数例外,如国家主权豁免原则等,基本上不存在普遍的国际惯例,也不存在得到多数国家普遍接受和适用的国际条约来统一规范各国法院对国际民商事案件的管辖权。一般情况下,各国根据各自的法制原则和观念来规范国际民商事案件的管辖权。由于管辖根据的不同,以及对同一管辖根据的理解存在差异和对专属管辖与协议管辖的范围规定不一致,所以管辖权的冲突就在所难免,而管辖权的冲突就包括消极冲突和积极冲突两种。关于国际民事诉讼管辖权的积极冲突,可参阅本章案例分析五。所谓管辖权的消极冲突,是指对于同一国际民商事案件所涉及的国家根据其各自的国内法或国际协定均不具有管辖权。管辖权的消极冲突如果得不到妥善的处理和解决,当事人就找不到合适的法院寻求救济,从而影响了国际民商事法律关系的正常运转。

本案中,对于船舶的碰撞,原告在碰撞发生地我国的大连海事法院起诉,大连海事法院是有管辖权的。金鹰航运公司虽然没有明确接受大连海事法院的管辖权,并在意大利申请船舶扣押,但没有在意大利法院起诉,却在大连海事法院的审理过程中提出反诉。可见,事实上,金鹰公司是接受我国法院管辖的。而且,对于因船舶碰撞带来的损失的分担问题,大连海事法院当然具有管辖权。对于扣船,虽然扣押地在意大利,但扣船行为与船舶碰撞的因果关系还是明显的,我国法院可基于当事人的起诉将其与碰撞案合并审理。况且意大利是1952年《关于统一船舶碰撞中民事管辖权若干规则的公约》的成员国,该《公约》第1条第3款规定:请求人不得在未撤销原有诉讼前,就同一事实对同一被告在另一管辖区域内提起诉讼。根据该条规定,金鹰公司在我国法院提起反诉的情况下,就不能再就船舶碰撞问题在意大利法院对广州海运局提起诉讼。如果我国对于扣船问题不行使管辖权,就产生了管辖权的消极冲突问题。

我国法院可否对金鹰公司在意大利申请扣船案行使管辖权,取决于对船舶扣押与船舶碰撞之间联系的认定。辽宁省高级人民法院认为金鹰公司在意大利申请扣押"红旗206"轮给广州海运局造成的损失,虽与本次碰撞有关系,但没有必然的因果联系,属两个不同的诉因,且行为发生地与结果发生地均在意大利,因此,原审法院对"红旗206"轮在意大利被扣押案行使管辖权法律依据不足,将其与船舶碰撞合并审理缺乏法律依据,应予以纠正。从海事诉讼的角度看,本案中船舶扣押与船舶碰撞确实构成了两个诉因,但二者的联系十分紧密。考虑到本案可能出现管辖权消极冲突的情况,既然金鹰公司在我国就船舶碰撞带来的损失赔偿问题提出反诉,而船舶扣押只是其达到寻求赔偿的方式而已,所以大连海事对扣船案行使管辖权,对当事人提供适当的救济,并无不当。

要解决国际民商事案件管辖权的消极冲突,就需要各国在立法和司法上坚持国际协调的原则。在微观的层面上,则要求法院在审理个案中坚持为当事人提供适当救济的原则,合理地扩大本国法院的管辖权,受理出现管辖权消极冲突的案件。在立法上,为了避免管辖权的消极冲突,应尽量采用双边规范来规定国际民商事案件的管辖权,并应在考虑世界各国的有关规定后,在一些容易产生管辖权消极冲突的领域和环节规定相应的补救条款。同时,避免管辖权消极冲突还要求各国积极参与国际立法。迄今,订立国际民商事案件管辖权方面的国际条约遇到很大的困难,也没有取得实质性的进展。从司法上讲,为了避免和解决管辖权的消极冲突,当某一案件的当事人在有关的国家找不到合适的管辖法院时,有关国家的国内法院可以根据案件的某种联系而扩大本国法院的管辖权的范围,受理该争议。在处理国际民商事案件管辖权消极冲突过程中,应坚持尊重合意管辖原则、有效原则和便利原则。

第二十一章　国际民事诉讼中的期间、诉讼时效、证据和诉讼保全

本章知识点

一、国际民事诉讼中的期间

国际民事诉讼中的期间是指由法律规定或者由法院依职权指定的,法院、当事人或其他诉讼参与人为一定诉讼行为的时间期限。期间可以分为法定期间和指定期间。法定期间是各国民事诉讼立法明确规定的期间,法院、当事人和其他诉讼参与人都不得变更,所以又称为不变期间。指定期间是指法院依职权指定进行某项诉讼行为的期间。指定期间由法院依职权决定,视具体情况可长可短,故也可称为可变期间。

二、国际民事诉讼中的诉讼时效

诉讼时效是指民事权利人请求法院依照审判和强制程序保护其合法权益而提起诉讼的法定有效期限。

对于诉讼时效的准据法,目前各国通常都规定诉讼时效适用各该民事法律关系的准据法。我国《涉外民事关系法律适用法》第7条规定,诉讼时效,适用相关涉外民事关系应当适用的法律。

三、国际民事诉讼中的证据

(一) 国际民事诉讼中证据的准据法

在国际民事诉讼中,确定证据可适用的法律,同样是最重要的问题之一。但学者们的观点并不一致:一种观点认为证据问题应一概依法院地法解决;另一种观点则认为证据问题应一概依实体法律关系的准据法解决。我们认为,应分别研究各种不同的证据法制度,以考虑适用与有关制度的法律性质最相一致的法律:有些证据法制度要求适用实体法律关系的准据法,有些要求适用行为地法,还有一些则要求适用法院地法。

对于民事诉讼中的证明问题,如果涉及的是如何证明的问题,一般属于程序性问题。比如,证据的出示、证据种类(书证、物证等)、质证方式、对证据效力的认定等;另外,对于举证责任,如果涉及的只是当事人的诉讼程序中的行为,例如证人在被讯问时对法官所提问题不答复的后果、当事人迟延举证的后果、当事人在法庭上毁灭证据的后果等,也属于程序性问题,应适用法院地诉讼法。但是,对于诉讼程序以外的、涉及具体法律关系的举证责任问题,则不属于程序问题,而是属于实质问题,应当受该具体法律关系准据法支配。例如在涉外合同纠纷中,双方当事人对于合同是否已经有效成立产生争议,此时当事人需要证明合同是否成立的事实,比如要约何时发出、要约何时到达对方、对方何时作出承诺等。对于这些问题,应当依照合同准据法判定,而不是法院地法。再如,对于某一侵权行为的举证责任是否适用举证责任倒置,也应当由侵权行为准据法确定。①

(二) 国际民事诉讼中的证据保全

我国《民事诉讼法》第74条对诉讼中的证据保全作了规定:"在证据可能灭失或者以后难以取得的情况下,诉讼参加人可以向人民法院申请保全证据,人民法院也可以主动采取保全措施。"但它没有对诉前证据保全作出规定。而我国《海事诉讼特别程序法》考虑到海事诉讼中涉及纠纷的船舶流动性大、证据的收集和保存的时间性强等特点,规定了诉前证据保全和诉讼中证据保全程序。其第62条规定,海事证据保全是指海事法院根据海事请求人的申请,对有关海事请求的证据予以提取、保存或者封存的强制措施。

四、国际民事诉讼中的诉讼保全

诉讼保全是指法院在判决作出之前为保证将来判决的执行而应当事人的请求或者依职权对有关当事人的财产所采取的一种强制措施。诉讼保全具有以下几个特点:首先,诉讼保全是一种强制措施,它是应当事人的申请或依职权由法院采取的;其次,诉讼保全是一项紧急措施;最后,诉讼保全是一项临时措施。

一般来说,诉讼保全既可以基于一方当事人的申请由法院裁定实施,也可以由法院依职权主动采取。但根据我国现行《民事诉讼法》第249条规定,国际民事诉讼中的财产保全只能由当事人申请而由法院裁定实施。诉讼保全的申请,一般应由申请人用书面形式向受诉法院提出。受诉法院在收到申请书后,对情况紧急的,应立即进行审查并作出裁定。经审查如认为不符合诉讼保全条件的,

---

① 转引自杜涛:《国际经济贸易中的国际私法问题》,武汉大学出版社2005年版,第388—389页。

则裁定驳回其申请;如认为符合条件的,则应作出采取诉讼保全的裁定并立即实施。当事人对诉讼保全裁定不服的可申请法院复议一次。

对于诉讼保全的条件,一般来说,法院对于可能因当事人一方的行为或其他原因,使判决不能执行或难以执行的案件,可以根据对方当事人的申请,作出财产保全的裁定。利害关系人因情况紧急,不立即申请财产保全将会使其合法权益受到难以弥补的损害的,也可以在起诉前向法院申请采取财产保全措施。

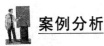

案例分析

案例一:蒋娟诉杨帆离婚案——上诉的期间

【案情介绍】

蒋娟与杨帆于1986年4月开始恋爱,同年7月双方登记结婚。婚后不久杨帆即去美国自费留学,双方未生育子女。杨帆赴美不久即在美国另有所爱。蒋娟得知后非常生气,但考虑到夫妻分居两国,已不能和好,便于1992年8月向某市某区人民法院起诉,要求与杨帆离婚。案件受理后,法院通过外交途径依法向杨帆送达了起诉状副本,并传唤杨帆出庭应诉。杨帆接到起诉状副本及传票后,来信表示他近期内无法回国亲自出庭应诉,委托其国内的弟弟作他的诉讼代理人,代表他出庭应诉,并办理了正式的委托手续。同时,杨帆还向法庭提交了合法的离婚意见书,同意与蒋娟离婚。某区人民法院经过审理,认为双方恋爱时间较短,互相缺乏了解,加之被告杨帆去美国后思想感情发生变化,导致夫妻感情破裂,现蒋娟要求与杨帆离婚,应予准许。遂作出判决,准予双方离婚,并给予双方上诉期各30日。

【法律问题】

请问本案一审法院在给予双方上诉期间方面是否正确?

【参考结论】

本案一审法院在给予双方上诉期间方面存在错误。根据我国1991年《民事诉讼法》第147条的规定,当事人不服地方人民法院第一审判决的,有权在判决书送达之日起15日内向上一级人民法院提起上诉。但考虑到国际民事诉讼的特殊情况,我国1991年《民事诉讼法》第249条规定,在中华人民共和国领域内没有住所的当事人,不服第一审人民法院判决、裁定的,有权在判决书、裁定书送达之日起30日内提起上诉。本案一审法院对居住在中国的原告蒋娟和居住在美国的被告杨帆,均适用30日上诉期的规定,显然是对我国1991年《民事诉讼法》第249条的错误理解。正确的做法应该是居住在中国的原告的上诉期为15天,居住在美国的被告的上诉期为30天。

【法律评析】

在国际民事诉讼中,由于一些当事人不在受诉法院所在国居住,考虑到诉讼文书往来时间较长,且当事人对受诉法院所在国法律也需有熟悉、了解的时间,因此,国际上通常均给予不在受诉法院所在国居住的当事人以较长的诉讼期间。我国《民事诉讼法》第249条的规定是考虑到涉外民事诉讼的特点作出的特别规定,所以只有当事人在中华人民共和国领域内没有住所,才能适用上述上诉期的特别规定。对于居住在国内的一方当事人,不存在上述特别情况,自然仍须按我国《民事诉讼法》第147条规定的15日上诉期办理。

案例二:游客诉天鹅客运公司海上旅客运输人身和财产损害赔偿纠纷案——诉讼时效和责任期间

【案情介绍】

某旅行社代理100名游客与天鹅客运公司签订旅客运输合同。合同约定:承运人负责将该100名旅客从中国A港运送至某国B港,票价每人200元。合同约定,有关合同的争议适用中国法律。除非乘客举证承运人有过失,否则承运人对任何情况下造成的乘客行李损害,不负赔偿责任;承运人对实际承运人运送期间发生的乘客人身和财产损害的行为不负责任;承运人因过失造成乘客人身伤亡的,每名旅客最高赔偿责任限额不超过36666计算单位。1994年5月5日,游客登上天鹅客运公司所属的"天鹅"号客轮,行至C港时,游客转由天池客运公司所属的"天池"号客轮送达目的地B港。"天池"轮中途行李舱起火,行李付之一炬。火势蔓延至客舱,致10名游客烧伤,随身携带行李严重损坏,一名老年游客因惊吓,心脏病突发死亡。1994年5月15日"天池"轮到达B港。游客于5月16日将行李灭失和自带行李受损的情况书面通知天鹅客运公司。1995年10月,游客提起诉讼,要求天鹅客运公司赔偿伤10人、亡1人、行李全部灭失、自带行李10件严重受损的损失。天鹅客运公司提出5条抗辩理由:第一,损失发生在实际承运人天池公司责任期间内,运输合同已约定承运人不对实际承运人运送期间造成的损失负责;第二,旅客没有在下船当时发出行李毁损通知,应视为已经完整无损地收到行李;第三,游客死亡系由于心脏病突发造成的,承运人不负责任;第四,旅客运输合同中已有约定,需乘客证明承运人有过失,否则承运人不承担任何行李赔偿责任;第五,根据旅客运输合同中的约定,10 名游客的人身损害赔偿总额不超过 10×36666 计算单位。

【法律问题】

1. 本案原告起诉是否超过诉讼时效期间?
2. 被告提出的 5 条抗辩理由是否能够成立?

【参考结论】

1. 本案游客是 1994 年 5 月 15 日离船或应当离船的,不管是游客人身伤害、死亡,还是行李毁损的请求权都应至 1996 年 5 月 15 日截止。依据我国《海商法》第 258 条的规定,原告 1995 年 10 月提起诉讼,没有超过诉讼时效期间。

2.（1）依据我国《海商法》第 111 条的规定,本案旅客人身伤亡、行李毁损,都是发生在承运人运送责任期间内。本案承运人——天鹅客运公司在 C 港将旅客委托给实际承运人——天池客运公司运输,依据我国《海商法》第 121 条的规定,天鹅客运公司应对全程运送负责,应当对发生在实际承运人运送期间内的损失承担责任。本案海上旅客运输合同中有关承运人不对实际承运人过失造成的损害负责的约定,即属于免除承运人法定责任的条款,依据我国《海商法》第 126 条第 1 款第 1 项的规定,应视为无效。所以承运人以合同中有不对实际承运人运送期间造成的损失负责的条款为由主张免责的抗辩理由不能成立。

（2）本案旅客是在离船次日向承运人发出行李灭失和严重受损的书面通知的。关于行李灭失的书面通知是在法定期间内提出的,关于行李明显受损的通知迟于法定期间提出,但旅客可以用物证来证明,行李并非完整无缺地收到,依据我国《海商法》第 119 条的规定,承运人此条抗辩理由不能成立。

（3）本案旅客死亡的直接原因是心脏病突发,属于本人健康状况造成。依据我国《海商法》第 115 条第 2 款的规定,承运人不负赔偿责任。承运人此条免责的抗辩理由能够成立。

（4）本案中旅客的 10 件自带行李的损失和其他行李的灭失都是由火灾这一法定原因造成的,因而承运人依据我国《海商法》第 114 条第 3 款、第 4 款的规定,承担推定过失责任,由承运人承担举证责任。我国《海商法》第 126 条第 1 款第 3 项规定:海上旅客运输合同中含有对本章规定的举证责任作出相反约定内容的条款无效。本案海上旅客运输合同中对乘客举证责任的约定即与我国《海商法》有关规定相违背,应视为无效。本案承运人如不能证明造成行李毁损的火灾并非承运人或者其受雇人、代理人的过失造成的,依据我国《海商法》第 114 条第 1 款的规定,应当承担 10 件自带行李严重损坏和其他行李灭失的赔偿责任。因此,承运人关于乘客举证责任免责的抗辩理由不能成立。

(5) 本案中海上旅客运输合同中对于承运人人身赔偿责任限额的约定,低于我国《海商法》有关规定,依据我国《海商法》第 211 条和第 117 条第 1 款第 1 项的规定应视为无效。因此,应当依照我国《海商法》第 117 条之规定确定 10 名旅客人身伤害的赔偿责任限额。承运人关于赔偿责任限额的抗辩理由不能成立。

【法律评析】

本案是一起海上旅客运输人身、财产损害赔偿纠纷案件,涉及海上旅客运输的诉讼时效、责任期间、承运人责任及举证责任、承运人与实际承运人责任承担、承运人赔偿责任限制、乘客行李毁损通知义务、海上旅客运输合同无效等问题。相关法律条文包括:我国《海商法》第 111 条、第 114 条、第 117 条、第 119 条、第 121 条、第 123 条、第 126 条、第 211 条、第 258 条。

案例三:美达有限公司与某省 H 进出口公司先后申请诉前扣船案
——诉讼保全

【案情介绍】

2006 年 4 月,美达有限公司从日本进口一批尿素,总重 8700 吨,委托 F 国德顺航运公司"德顺 2 号"轮运抵我国某港卸货时,经商检部门检验,证实由于包装不固,袋包堆积过高,受压严重,致使尿素结块,包装破裂。美达有限公司作为收货人,以船方有过失且造成货损为由,向某海事法院申请诉前扣押"德顺 2 号"轮,以取得被申请人 F 国德顺航运公司的 37 万美元的担保。某海事法院经审查认为,申请人申请理由成立,依法裁定准予申请人的申请,扣押了"德顺 2 号"轮,并责令被申请人提供 37 万美元的担保。申请人美达有限公司同时也向海事法院提供了担保,保证承担因申请错误致使被申请人遭受损失的赔偿责任。

船在扣押中,某省 H 进出口公司也向该海事法院申请诉前扣押"德顺 2 号"轮,以取得 30 万美元的担保。其理由是:该公司从日本进口一批尿素,由被申请人 F 国德顺航运公司"德顺 2 号"轮承运抵中国某港口,经检验,发现因承运人运载不当造成货损,损失金额为 30 万美元。该海事法院经审查认为,第二个申请人的申请也符合扣押船舶的规定,遂裁定准许第二个申请人的申请,并发布第二道扣押命令,再次扣押了"德顺 2 号"轮。被申请人分别向第一、第二申请人提供担保后,海事法院才裁定解除扣押。

【法律问题】

该船是否能够重复扣押?海事法院的做法是否正确?请说明理由。

【参考结论】

该船舶可以重复扣押,海事法院的做法是正确的。所谓重复扣船是指海事法院应一个海事请求权人的申请扣押船舶后,其他海事请求权人又申请对该船舶进行扣押。对于两个或多个诉前扣船申请,按同样的程序对同一船舶同时实施两次或多次扣押,是符合法律规定的合理做法。根据我国1991年《民事诉讼法》第93条第2款的规定,人民法院在接受申请人的诉前财产保全申请后,"必须在48小时内作出裁定;裁定采取财产保全措施的,应当立即开始执行"。据此,对已被法院扣押的船舶也享有独立海事请求权的人,无论其是否知道该船已被扣押,都有权对该船舶提出自己的诉前财产保全申请,只要该申请符合法律规定的诉前财产保全申请的条件,人民法院就必须及时受理,并依法在规定的时间内作出是否准许诉前财产保全申请的裁定。对裁定准许的,应当采取财产保全措施并立即开始执行。可见,从法律的规定来看,对在扣押期间船舶再次予以扣押,是可行的和必要的。

【法律评析】

本案主要是法院能否重复扣押船舶的问题,对同一船舶实施重复扣押,涉及的问题比较复杂,在做法上存在分歧。有的认为船舶已在扣押中,再次扣押没有实际意义,可以对第二个保全申请裁定被申请人提供担保,被申请人拒不提供担保的,在解除第一次扣押时再实施第二次扣押。也有的主张船舶已在扣押中,不能再实行扣押。事实上,正确的观点应是,即使船舶在扣押中,也可再次对其实施扣押。从法律的规定看,法律上没有规定不能重复扣押。我国1991年《民事诉讼法》第94条第2款规定:"财产保全采取查封、扣押、冻结或者法律规定的其他方法。"第4款规定:"财产已被查封、冻结的,不得重复查封、冻结。"这表明重复扣押并不违法。从1952年5月10日订于布鲁塞尔的《关于扣押海运船舶的国际公约》第3条第3款"一艘船舶在任何缔约国的任何一个或一个以上的管辖区内,不得因同一海事请求而被同一请求人扣留一次以上,亦不得提交一次以上的保证金或其他担保"的规定看,不同申请人之间的重复扣船也未违反国际公约的规定。最后,从理论上讲,不同的海事请求权是相互独立的,不同的海事请求权人基于不同的海事请求都有权向海事法院提出诉前扣船申请。

案例思考题

思考题一：青岛平度市进出口公司与韩国首尔市正辅农水产买卖合同纠纷案——证据的法律适用[①]

原告青岛平度市进出口公司诉称，2000年9月20日，原告与被告韩国首尔市正辅农水产签订售货合同，约定原告给被告发150吨速冻蒜米，由被告于2000年9月29日前开出本批交易信用证。被告于9月21日开出M4545007NS00228号信用证。原告分别于2000年10月1日和10月7日共计给被告发100吨速冻蒜米，合计货款6.8万美元。2000年9月20日，被告给原告发出保函，要原告将中国政府发放的对韩国出口大蒜证书邮寄过去，并保证将信用证附加条款证明传真给原告，但被告不给传真附加条款的装运证明，造成信用证单证不符，无法结算。后原告多次以传真电话方式要求被告付款，被告均拒付。

此外，1999年2月11日，原告与被告签订蒜米进出口合同。合同约定，平度市进出口公司向韩国正辅农水产出口速冻蒜米48吨，每吨350美元，T/T（货到付款）结算方式。合同签订后，原告向被告发货24吨价值为8400美元。1999年11月3日，原告与被告签订速冻蒜米合同，约定原告以每吨305美元的价格向被告出口蒜米35吨，合同签订后，原告于1999年11月4日向被告发货24吨，价款为7320美元。1999年3月15日，原告与被告签订了花生米进出口合同，约定由原告向被告出口烤红衣花生米12吨，单价750美元。合同签订后，原告于1999年3月20日向被告发货12吨，价款为9000美元。综上，被告共欠原告货款9.272万美元，原告要求法院判令被告偿还货款9.272万美元，并承担经济损失8000美元。

被告答辩称：(1)原告对于其诉讼主张负有举证责任。但原告提交的证据大部分为复印件（包括无法辨认是传真件还是复印件的证据），证据形式上不合法，不能作为认定案件事实的证据。而其他证据相互之间缺乏联系，不能相互印证，不能证明原告、被告之间存在买卖合同关系及被告欠原告货款。(2)从原告诉状及其提交的证据来看，本案涉及两批货物，对于该两批货物，原告均不能提供有效证据证明其与被告之间存在国际货物买卖合同关系及被告欠其货款的事实，因此被告对原告无任何责任。(3)对于平度市公安局对车汉植所作的询问

[①] 案情可详见中国民商法律网 http://www.civillaw.com.cn/jszx/elisorcase/content.asp?id=1192，2006年6月4日访问。

笔录,系公安局超越职权故意介入经济纠纷作出,程序不合法,且车汉植本人否认其形式和内容的真实性,法院不应采信,并且该询问笔录也不能证明原告与被告之间存在国际货物买卖合同关系及欠款事实。

问题

对于被告的第一项答辩理由,即原告提出的证据无效,应该依照哪国法律判断?对于其第二项答辩理由,即原告的证据能否证明双方之间的国际货物买卖合同是否成立,应当依据哪一法律判断?

重点提示

对于被告的第一项答辩理由,即原告提出的证据无效,应该依照法院地法判断。对于其第二项答辩理由,即原告的证据能否证明原告、被告之间的国际货物买卖合同成立,应当依据合同准据法判断。①

思考题二:昌运航运公司请求扣押国发远洋运输公司的"国财"轮案
——财产保全

中国国发远洋运输公司的"国财"轮及大安吉远洋运输公司的"大安吉"轮均挂方便旗,并均在圣·文森特登记注册。上述两公司均系中国企业海南惠连公司经营管理。

1994年12月16日,中国国发远洋运输公司与香港巴拿马昌运航运公司签订了一份航次租船合同。合同约定:国发远洋运输公司将"大安吉"轮租给昌运航运公司,从美国东部某一港口承运5万吨散装化肥至中国港口,运费每吨28美元;受载解约日确定为1995年4月8日至18日。1995年3月底,国发远洋运输公司通知昌运航运公司:因船级社验船师发现,"大安吉"轮有很多缺陷,将不被美国海岸警卫队接受,该轮在这些缺陷消除之前,无法前往美国装货,因而现不能履行双方签订的航次租船合同。"大安吉"轮将在德国罗斯托克港装废钢至韩国,然后在中华人民共和国进行修理,要求解约。接到此"解约通知"后,昌运航运公司以每吨37.5美元的运费价格租用了一条替代船从事该项运输。

1995年4月20日,昌运航运公司以国发远洋运输公司不履行1994年12月16日签订的租船合同,造成其475万美元和2万德国马克的经济损失为理由,向德国罗斯托克地方法院提出诉前扣押国发远洋运输公司"大安吉"轮的财产

---

① 详见杜涛:《国际经济贸易中的国际私法问题》,武汉大学出版社2005年版,第390页。

保全申请。同时,德国罗斯托克地方法院裁定扣押了停泊于罗斯托克港的"大安吉"轮,并责令国发远洋运输公司提供银行不可撤销的 69 万德国马克的担保金。4 月 26 日,国发远洋运输公司向德国罗斯托克地方法院提供了 50 万美元的现金担保,该法院即作出裁定,解除扣押令,释放了"大安吉"轮。1995 年 5 月 26 日,国发远洋运输公司以"大安吉"轮不属其所有为理由,向德国罗斯托克地方法院提出"反对书"。要求判令昌运航运公司承担错误申请扣船的经济损失。1995 年 6 月 2 日,昌运航运公司又以国发远洋运输公司不履行双方在 1994 年 12 月 16 日签订的"大安吉"轮航次租船合同,造成其约 85.15 万美元的经济损失为理由,向中国大连海事法院提出诉前扣押国发远洋运输公司所有的停泊于大连港的"国财"轮的财产保全申请,要求国发远洋运输公司提供 115 万美元的可靠担保。昌运航运公司并提供了 15 万美元的反担保。

问题

对于昌运航运公司请求扣押国发远洋运输公司的"国财"轮的财产保全的申请,法院是否应该准许?

重点提示

本案需要确定昌运航运公司先后在德国和中国提出的两次财产保全申请之间的关系,这可以参考 1994 年最高人民法院《关于海事法院诉讼前扣押船舶的规定》(已因我国 1999 年《海事诉讼特别程序法》的生效而废止)的相关规定。参考结论可参见锦程物流网:http://info.jctrans.com/houyun/hyal/2005828123659.shtml。

第二十二章　国际司法协助

本章知识点

一、国际司法协助的概念

国际司法协助,又简称司法协助,一般是指一国法院或其他主管机关,根据另一国法院或其他主管机关或有关当事人的请求,代为或协助实行跟诉讼有关的一定的司法行为。通常司法协助以条约或互惠关系的存在为前提。

二、司法协助的范围

从司法协助的内容或范围来看,则因各国法律制度和学者主张的不同,而有狭义和广义两种主张。狭义观点认为,司法协助仅限于两国之间送达诉讼文书、代为询问当事人和证人以及收集证据。广义观点认为,司法协助不只限于两国之间送达诉讼文书、代为询问证人、调查取证,还包括外国法院判决和外国仲裁机构裁决的承认与执行。我国在实践中,是持广义司法协助观点的。在我国跟外国缔结的司法协助协定或条约中,一般都对(民事)司法协助的三项主要内容,即:送达文书、调查取证以及外国法院民事判决的承认与执行一并加以规定。

我国跟外国缔结的司法协助条约中,出于实际需要,还往往包括如下内容:(1)外国人在民事诉讼中的法律地位;(2)交流法律情报资料;(3)免除文书认证和文书证明效力;(4)户籍文件的送交;(5)外国仲裁裁决的承认与执行。

三、司法协助中的法律适用和公共秩序

(一)司法协助中的法律适用

国际私法中涉外民事关系的法律适用跟司法协助中所涉及的法律适用有很大的不同。对于司法协助应适用的准据法,通常适用被请求国的国内法,但也有例外。在一定情况下,被请求方司法机关也可以根据请求一方的请求,适用请求一方的某些诉讼程序规则。

(二) 司法协助中的公共秩序

在司法协助中,公共秩序是有其特殊的含义的,它是指如果请求国提出的司法协助事项跟被请求国的公共秩序相抵触,被请求国有权拒绝提供司法协助。在司法协助中,之所以要规定公共秩序制度,乃是为了保护被请求国的根本利益。司法协助中的公共秩序跟国际私法上的公共秩序是有所不同的。在国际私法中,运用公共秩序的后果是法院在审理涉外民事案件时排除适用根据内国冲突法规则本应适用的某一外国法律或国际惯例,但法院仍应适用本国法或其他法律作为准据法继续审理案件。而在司法协助中,适用公共秩序的后果则是拒绝给予司法协助,从而导致司法协助程序的终止。

正是因为公共秩序制度起着一种"安全阀"的作用,当请求的司法协助事项有违本国的根本利益或法律与道德基本原则时可以据此拒绝提供司法协助,因而目前国际社会普遍肯定了这一制度。

四、司法协助中的机关

司法协助的机关通常可以分为中央机关和主管机关。司法协助中的中央机关,是指一国根据本国缔结或参加的国际条约的规定而指定建立的在司法协助中起联系或转递作用的机关。司法协助中的主管机关,是指根据条约或国内法的规定有权向外国提出司法协助请求并有权执行外国提出的司法协助请求的机关。

另外,在司法协助中,外交机关也起着重要的作用,主要表现为以下几个方面:(1) 作为司法协助的联系途径;(2) 作为解决司法协助条约纠纷的途径;(3) 查明外国法方面的作用;(4) 出具诉讼费用减免证明书方面的作用。

五、国际民事诉讼中的域外送达

国际民事诉讼中的域外送达是指一国的司法机关依据有关国家的国内立法或国际条约的规定将诉讼和非诉讼文书送交给居住在国外的诉讼当事人或其他诉讼参与人的行为。根据有关文书是否直接送达给处于受诉法院所属国以外的有关诉讼当事人和其他诉讼参与人,可以把域外送达分为域外直接送达和域外间接送达。直接送达主要包括如下几种方式:外交代表或领事送达、邮寄送达、个人送达、公告送达、按当事人协商的方式送达。间接送达也存在以下几种途径:通过外交或领事途径递交、通过司法部递交、通过中央机构递交、请求外国法院代为递交。

六、国际民事诉讼中的域外取证

国际民事诉讼中的域外取证是指在国际民事诉讼中,基于国际条约或互惠,被请求国协助请求国了解案情,获得或收集证据的活动。域外调查取证的方式主要有代为取证、领事取证、特派员取证、当事人或诉讼代理人自行取证、出庭作证等。

案例分析

案例一:美国加州高等法院向中国送达判决书案——邮寄送达

【案情介绍】

1985 年 10 月,美国加州高等法院将其审结的蔡德林与周德才离婚案件的判决书副本等材料,直接寄交中国江苏省苏州市中级人民法院,其中既无委托书,也无中文译本。当时,中美两国尚无司法协助协定。

【法律问题】

1. 本案中美国加州法院若要将判决书送达中国法院应采用什么方式?
2. 苏州市中级人民法院该如何处理本案?

【参考结论】

1. 在本案中美国法院应采用外交途径送达上述材料。
2. 苏州市中级人民法院应将以上材料径直退回美国加州高等法院。

【法律评析】

本案涉及国际私法中的司法协助问题。司法协助一般是指一国法院或其他主管机关,根据另一国法院或其他主管机关或有关当事人的请求,代为或协助执行跟诉讼有关的一定的司法行为。司法协助一般是依照两国间订立的司法协助条约或有关国际公约进行,如果没有条约关系,则根据外交上的互惠关系进行。我国 1982 年通过的《民事诉讼法》(试行)第 202 条第 1 款规定:"根据中华人民共和国缔结或者参加的国际条约,或者按照互惠原则,人民法院和外国法院可以相互请求,代为一定的诉讼行为。"本案是有关司法文书的送达问题,当时美国在和我国不存在司法协助协定(我国 1991 年才加入海牙《送达公约》)和互惠关系的条件下,未通过外交途径,而且未附委托书和中译本直接向我国法院寄送离婚判决的做法既违反了一般国际惯例,也不符合我国法律规定,侵犯了我国的司法主权,应将其寄送的材料直接退回原请求法院。

案例二:仰融在美国起诉辽宁省政府案——邮寄送达和外交送达

【案情介绍】

仰融曾是中国华晨汽车集团的董事长,2001年度被《财富》杂志评为中国第三富豪。仰融在1992年与属于辽宁省政府的沈阳金杯客车有限公司合资成立华晨中国,并于1992年10月把这家公司在纽约证交所上市,成为第一家在美国上市的中国公司——华晨汽车集团,并任总裁。从1992年到2002年,华晨中国一直由仰融经营管理。仰融依律师要求将个人持有的股份注入《中国教育金融发展基金会》。此举遗留下产权不明的隐患。

2002年3月,辽宁省政府接到了财政部企业局的函件,将仰融及其家属注册的华晨汽车集团及其他控股公司一律划归辽宁省政府。仰融认为,他拥有《中国教育金融发展基金会》的绝对股权,但是该基金会却认为它的性质为非营利性社团组织,仰融在注册时出的钱属捐赠性质,是公共财产。而仰融则称其在香港的华博财务公司拥有华晨中国39.45%的股份,而辽宁省政府却认为其属于国有。于是,双方之间爆发了产权之争。随着华晨产权之争的不断升级,仰融在2002年5月出走美国。华晨中国在2002年6月19日也宣布免去仰融董事局主席的职务。仰融因此沦为中国政府通缉的经济罪犯。

仰融曾经向北京市高级人民法院提起过财产确认的诉讼,但是该官司被驳回。于是,仰融找到了财产共同拥有者——妻子的归化国以及他本人的永久居住国——美国。在美国指控辽宁省政府侵占产权,而美国联邦法院哥伦比亚特区法院2003年8月8日已正式受理了标的达8.3亿美元的此案。仰融的律师正式向辽宁省政府发出民事案传票,并以特快形式寄往中国司法部,由司法部传送辽宁省政府。中国司法部拒绝了仰融的律师提出的司法文书送达请求。美国大使馆于11月19日已正式照会中国外交部,通知辽宁省政府必须在60天内应诉,而且该照会附上了美国联邦法院有关仰融华晨汽车集团讼争产权案的传票、诉讼状和诉讼通知,启动了外交途径送达方式。辽宁省政府在美国请了三名代理律师,并于2003年12月23日提出要求延期答辩1个月的请求。辽宁省政府在美国的代理律师提出的理由是因答辩会提出许多法律问题,包括但不限于外国主权豁免之辩护、律师需花大量时间熟悉案情,加上律师与客户之间的联络都需要中英文互译等,法庭接纳了这一请求。

美国哥伦比亚特区法院于2005年2月28日对中国公民仰融以华博财务有

限公司等名义诉辽宁省政府一案作出裁决,认定美国法院对此案没有管辖权,裁决撤销本案。仰融随后提出上诉,对地区法院拒绝适用美国国家豁免法的商业行为例外提出质疑。美国上诉法院哥伦比亚特区巡回法庭在 2006 年 7 月 7 日就仰融的上诉作出判决,维持地区法院因缺乏标的管辖权而驳回起诉。

【法律问题】

1. 中国司法部拒绝上述司法文书送达请求的行为,是否合法?
2. 美国法院通过外交途径向辽宁省政府送达诉讼文书是否合法?

【参考结论】

1. 中国司法部拒绝上述司法文书送达请求的行为是合法的。
2. 美国法院通过外交途径向辽宁省政府送达诉讼文书是不合法的。

【法律评析】

1. 根据国际法和公认的国际关系准则,任何外国司法机构都不能对另一主权国家、国家机构行使管辖权,除非该国放弃主权豁免。依据海牙《送达公约》第 13 条第 1 款"执行请求将损害被请求国国家主权或安全"的不予送达的规定,中国司法部拒绝了仰融的律师的送达请求,拒绝函已寄送请求方,并退回了仰融的律师的请求书及其所附的司法文书。

仰融一案中首先要解决的问题是国家能否成为被告。在国际上,以美国为代表的发达国家认为,国家是可以成为原告或被告的;但以中国为代表的发展中国家认为,国家享有绝对的主权豁免,即国家是不能成为被告的。从国内法看,以美国的法律规定,地方政府可以成为民事被告;而在中国,地方政府作为行使公共管理职能的机构,是不能作为通常意义上的民事被告的。所以,美国法院向中国送达的民事案传票,在中国没有法律依据。由于美国法律施行的是属人主义,而且仰融的夫人又是美国人,根据美国法律的有关豁免条例的规定,以美国境外行为为依据的案件,此行为属外国政府在美国境外的商业行为;此行为在美国境内造成直接影响时,外国政府不享有法院管辖的豁免权。但中国管辖权主要在财产所在地或被告所在地。很明显,中国的法律和美国的法律发生了冲突,而且并没有一个统一解决办法,实质上仰融案引发了国际法当中法律冲突这个悬而未决的法律空白。所以,仰融案并不是简单地依据美国法律或者中国法律。正因为如此,中国司法部作为国家政府机构的一部分,拒绝司法文书送达请求的行为,既维护了国家利益,又符合法律的规定。

2. 根据中国 1991 年《民事诉讼法》第 263 条的规定,请求和提供司法协助,应当依照中华人民共和国缔结或者参加的国际条约所规定的途径进行;没有条约关系的,通过外交途径进行。外国驻中华人民共和国的使领馆可以向该国公民送达文书和调查取证,但不得违反中华人民共和国的法律,并不得采取强制措施。

美国和中国都是 1965 年海牙《送达公约》的成员国,公约规定缔约国可以通过外交途径送达文书。但中国于 1991 年批准加入 1965 年海牙《送达公约》时,根据公约的规定对此作了保留:外国驻华使领馆只能直接向其在华的本国国民(而非中国国民或第三国国民)送达法律文书。因此,美国法院通过外交途径向辽宁省政府送达诉讼文书是不合法的。

案例三:加拿大一彩印包装设备供应商诉上海某集团下属两家包装公司等案——传真送达①

【案情介绍】

2000 年 2 月 14 日,上海某集团下属两家包装公司与加拿大的一家彩印包装设备供应商签订了一份价值约为 100 万美元的设备引进合同,但是由于中方对国际交易习惯和国际贸易合同缺乏了解,不够慎重地单方面决定中止合同,并于 2000 年 3 月 24 日正式通知了外方。随后,中方与另外一家德国设备供应商签订了新的合同。由于加国供应商已如约开具银行保函,面临重大经济损失,在双方几经协商,又经中国驻多伦多总领事馆从中斡旋仍无法达成谅解的情况下,加国供应商以合同违约、商业侵权为由,向加拿大安大略省高等法院提起诉讼,向 4 名被告(两中方公司及两家相关德国公司)主张 100 万美元的经济损失,50 万美元的罚金;并支付相应诉讼费、律师费。原告律师 2000 年 11 月 27 日以传真方式向被告送达了起诉状。

【法律问题】

原告律师以传真方式向被告送达起诉状是否合法?

【参考结论】

原告律师以传真方式向被告送达起诉状不合法。

【法律评析】

对于此案,我方违约在先,在实体问题上赔偿数额的确定和是否承担违约责任为本案的重点,但是,熟谙中、加两国法律的律师发现,原告律师 2000 年 11 月 27 日以传真方式向被告送达起诉状,这是涉外诉讼中的程序错误。因为中国和加拿大都是 1965 年海牙《送达公约》的成员国,而加拿大《民事诉讼程序法》规

---

① 参见杜涛:《国际经济贸易中的国际私法问题》,武汉大学出版社 2005 年版,第 398—399 页;吕壮:《国外仲裁案争取到由国内法院管辖,不战而屈人之兵》,中华工商时报网站 http://www.cbt.com.cn/cbtnews/frontend/news.asp? ID=82778,2006 年 6 月 4 日访问。

定,从安大略省以外提交的声明陈述书可以通过签约国(本案中即为同为公约成员国的中国)的中央机关递交,或者海牙《送达公约》第10条允许的方式(即邮寄直接送达,司法助理人员、官员或其他主管人员之间的直接送达,以及利害关系人通过目的地国司法助理人员、官员或其他主管人员送达),以及安大略省民事程序规则允许的方式,但是,无论是当时中国和加拿大的规则,还是海牙《送达公约》第10条,都不允许以传真的方式送达法院传票,另外,中国在加入海牙《送达公约》时,对有关条款作出了保留,一般须通过中央机关递交。

因此中方完全有理由对该传票不予理睬,即使法院错误地作出缺席判决,我方也有充分的理由申请撤销此项缺席判决。律师建议当事人对该送达不予理睬;另一方面,为了防止由于书记员的过错致法院作出缺席判决或法院作出错误的缺席判决,决定由加拿大律师事务所对多伦多高等法院进行密切注意,追踪案件进程,及时反馈;同时,积极收集对被告有利的证据,准备相关文件,做好充分的应诉准备。2001年5月,原告向我方加拿大律师送达了放弃针对被告诉讼的通知书。至此,此案告一段落。本案由于我方律师利用对国际条约、中国法律以及加拿大法律的了解,采取措施得当,没有盲目应诉,原告最后只得放弃诉讼,使得我方没有进入诉讼程序就已取得成功。

为了适应形势的发展,2006年中国最高人民法院《关于涉外民事或商事案件司法文书送达问题若干规定》第10条规定,除本规定上述送达方式外,人民法院可以通过传真、电子邮件等能够确认收悉的其他适当方式向受送达人送达。

案例四:日本国三忠株式会社诉中国福建九州(集团)股份有限公司国际货物买卖合同短重赔偿案
——域外形成的证据的效力①

【案情介绍】

1994年,原告(需货方)与被告(供货方)签订了冻切块章鱼成交确认书。原告收到成交确认书项下货物后,经复检,由日本货物记录公司和北村回漕店出具了短重证明记载。对于货物短重问题,原告先是通过函件向被告主张权利,双方协商未果。原告遂向厦门市开元区人民法院起诉,称:成交确认书项下短重货

---

① 参见杜涛:《国际经济贸易中的国际私法问题》,武汉大学出版社2005年版,第408—411页;武汉大学国际法研究所网站:http://translaw.whu.edu.cn/cn/caseanalyse/20030612/052046.php,2005年6月4日访问。

物总值44199美元,要求被告承担。

在本案中,1996年厦门市中级人民法院二审认为,被上诉人日本国三忠株式会社所提供的短重证明材料,因未经具有法律证明效力的部门的证明和中华人民共和国驻日使领馆的认证,无法确定其真实性,也无法证明短重的事实发生在该批货物装船前,故原审法院认定短重责任应由上诉人中国福建九州(集团)股份有限公司承担缺乏依据,应予纠正。

【法律问题】

哪些证明材料需要经具有法律证明效力的部门的证明和中华人民共和国使领馆的认证?

【参考结论】

我国《民事诉讼法》对于如何确认域外证据的真实性问题没有规定。但对于从域外寄交的授权委托书和当事人向人民法院提供的证据系在中华人民共和国领域外形成的,需要经具有法律证明效力的部门的证明和中华人民共和国使领馆的认证。当事人向人民法院提供的证据是在香港、澳门、台湾地区形成的,应当履行相关的证明手续。

【法律评析】

我国《民事诉讼法》对于如何确认域外证据的真实性问题没有规定。但对于从域外寄交的授权委托书,我国1991年《民事诉讼法》第59条第3款规定,侨居在国外的中华人民共和国公民从国外寄交或者托交的授权委托书,必须经中华人民共和国驻该国使领馆证明;没有使领馆的,由与中华人民共和国有外交关系的第三国驻该国使领馆证明,再转由中华人民共和国驻该第三国使领馆证明,或者由当地爱国华侨团体证明。其第242条(2007年修订的《民事诉讼法》第240条)规定:"在中华人民共和国领域内没有住所的外国人、无国籍人、外国企业和组织委托中华人民共和国律师或者其他人代理诉讼,从中华人民共和国领域外寄交或者托交的授权委托书,应当经所在国公证机关证明,并经中华人民共和国驻该国使领馆认证,或者履行中华人民共和国与该所在国订立的有关条约中规定的证明手续后,才具有效力。"

本案审结后,2001年最高人民法院《关于民事诉讼证据的若干规定》第11条规定:"当事人向人民法院提供的证据系在中华人民共和国领域外形成的,该证据应当经所在国公证机关予以证明,并经中华人民共和国驻该国使领馆予以认证,或者履行中华人民共和国与该所在国订立的有关条约中规定的证明手续。当事人向人民法院提供的证据是在香港、澳门、台湾地区形成的,应当履行相关的证明手续"。第12条规定:"当事人向人民法院提供外文书证或者外文说明资料应当附有中文译本。"

但如果证据所在国与我国没有外交关系,可以参照我国 1991 年《民事诉讼法》第 59 条第 3 款的规定,该证据应经与我国有外交关系的第三国驻该国使领馆认证,再转由我国驻该第三国使领馆认证。

对于驻外使领馆进行公证、认证的问题,目前的依据是外交部、司法部和民政部 1997 年 3 月 27 日发布的《关于驻外使领馆就中国公民申请人民法院承认外国法院离婚判决事进行公证、认证的有关规定》,其中第 3 条规定:"国内中级人民法院受理当事人的申请时,对外国法院离婚判决书的真伪不能判定,要求当事人对该判决书的真实性进行证明的,当事人可向驻外使、领馆申请公证、认证。外国法院的离婚判决书可经过居住国公证机构公证、外交部或外交部授权机构认证,我使、领馆认证;抑或居住国外交部直接认证,我使、领馆认证。进行上述认证的目的是为判决书的真伪提供证明,不涉及对其内容的承认。"该《规定》虽然仅限于对外国离婚判决的公证、认证,但对其他事项也可参考。

对于当事人提交的外文书证或外文说明资料的中文译本,是否允许当事人自己翻译? 从实践来看,应当责令当事人提交有资质的翻译公司的译本,并经公证认证,以防止当事人事后以翻译不准确为由反悔。对于一审期间已经办理了公证认证或者其他证明手续的证据材料,二审期间一般不必再办理公证认证或者其他证明手续,但一、二审之间情况发生变化的除外。比如,对于公司发生变化,法定代表人或者诉讼代理人已经更换的,有关当事人仍需办理规定的公证认证或者其他证明手续。

人民法院在审理涉外商事案件中,对于当事人提供的境外证据,即使已经履行了公证认证或者其他证明手续,也应当在庭审中进行质证,以确定有关证据材料的证明力。

案例思考题

思考题一:美国 Alameda 高等法院通过原告律师向中国境内送达司法文书案——邮寄送达

1994 年 10 月,经人介绍,中国公民魏某与美籍华人廖某相识。经过进一步了解,二人决定结婚,并于 1995 年在中国办理了结婚登记手续。婚后,两人感情不和。1995 年年底,廖某不说明任何理由从美国打电话告知魏某欲同她离婚,请魏某同意。1996年4月,魏某收到廖某的律师寄来的美国Alameda高等法院的传票、请求书、《家庭法》等司法文书。廖某的离婚告知和离婚诉讼使魏某在精神上、感情上受到极大伤害,并于1996年7月8日聘请律师与之对簿公堂。

律师接受案件代理后,对案情进行了审查。在审查过程中,发现美国Alameda高等法院在本案程序方面有两点违反我国法律规定:一是在司法文书送达方式上违反我国全国人大常委会1991年3月2日通过的《关于批准加入〈关于向国外送达民事或商事司法文书和司法外文书公约〉的决定》第3条规定,采用了我国法律不允许的邮寄送达方式在我国境内送达司法文书;二是违反我国1991年《民事诉讼法》第264条规定,送达的司法文书仅以原告本国文字制作,没附中文译本。针对上述两个问题及送达的效力问题,魏某的律师咨询了我国司法部司法协助局。司法协助局明确答复:本案原告代理人通过邮寄方式在我国境内送达没有中文译本的司法文书在我国境内不发生法律效力。根据我国的法律规定和司法协助局的答复,魏某的律师于1996年7月18日致函美国Alameda高等法院,对美国Alameda高等法院通过原告律师采用邮寄方式在我国境内送达司法文书提出异议,告知我国在加入1965年《关于向国外送达民事或商事司法文书和司法外文书公约》(以下简称《送达公约》)时对公约第10条提出声明,反对在中国境内邮寄送达,美国法院送达司法文书方式违反中国法律规定,其司法文书在中国境内不发生法律效力,同时将传票等司法文书退回。1996年7月23日,美国Alameda高等法院通过邮寄方式直接复函魏某的律师,提出必须用准确的英语答辩,以便考虑你们的要求。对美国Alameda高等法院直接向中国境内中方当事人直接邮寄的函件的效力及是否进行答辩问题,魏某的律师再次咨询我国司法部司法协助局,得到明确答复,即美国法院通过邮寄方式向我国境内中方当事人送达有关诉讼方面的函件为我国法律所不允许。于是,魏某的律师于1996年8月18日再次致函美国Alameda高等法院,申明:(1)中华人民共和国和美国同是1965年《送达公约》的加入国。中国政府在加入《送达公约》时,依据该公约第21条第2款第1项规定对公约第10条提出声明,在中国境内反对邮寄送达,故贵院应尊重中国加入《送达公约》时的立场,以中央机关送达的方式送达司法文书。这样,贵院作出的司法文书才能在中国境内发生法律效力。(2)贵院要求被告人及律师以准确的英语提出答辩,中国《民事诉讼法》规定,外国法院向中国送达的司法文书,应附有中文译本。故贵院应首先将本案的司法文书译成中文本,按中国法律要求的途径送达。(3)在收到附有中文译本并按中国法律规定的方式送达的司法文书后,我们将提出答辩,并按中国法律规定附上英文译本。

1996年12月20日,美国Alameda高等法院作出缺席判决,其内容为:(1)廖某与魏某解除婚姻关系;(2)法院对配偶扶养问题不管辖,终止配偶之间的相互扶养。美国Alameda高等法院作出上述判决后,拒不向中方当事人送达。1997年1月20日,魏某的律师以中、英两种文本致函美国Alameda高等法院,了解案件的进展情况。指出贵院受理廖某诉魏某离婚一案已有8个月之久,但贵院至今尚未按中、美两国共同参加的1965年《送达公约》中规定的为中国政府所认可的方式送达司法文书。对案件的进展情况,我与我的当事人均十分关注,诚请贵院能尊重中国政府参加1965年《送达公约》时对送达方式所持立场,采取中央机关方式送达司法文书,届时我方将会认真予以答辩,争取早日审结此案。此函发出后,美国Alameda高等法院一直未作答复。1997年2月4日,廖某给魏某打电话,告知法院已作出了离婚判决。1997年9月2日,魏某收到廖某通过邮寄方式送达的美国Alameda高等法院1996年12月20日作出的判决书的正式副本。

收到判决书副本后,魏某于1997年9月10日以中、英两种文本致函美国Alameda高等法院,对该院1996年12月20日作出的767605-9号判决提出异议:(1)贵院通过邮寄方式向中国境内的当事人送达司法文书,违反了中国政府加入1965年《送达公约》时依据中国全国人大常委会决定所作出的反对用邮寄方式在中国境内送达司法文书的声明(并附该文件),不发生法律效力。(2)中、美两国是1965年《送达公约》的加入国。对国际条约,美国法院应当遵守。贵院置1965年《送达公约》规定及中国政府参加1965年《送达公约》时对公约所作的声明于不顾,在没有合法送达司法文书的情况下径行判决,严重损害了我的合法权益。(3)贵院不合法送达司法文书就作出判决,剥夺了我的诉讼权利,由于没有进行答辩,我的实体权利必然受到侵害。贵院作出判决后,在9个多月的时间里拒不送达判决书,而送达时又采用邮寄方式,所送达的判决书在中国境内不发生法律效力,剥夺了我的上诉权利。基于上述理由,我要求贵院撤销1996年12月20日作出的对767605-9号案件的判决,重新进行公正审理。

对魏某的要求,美国Alameda高等法院一直未作答复。

问题
1. 如何进行司法文书的域外送达?
2. 外国法院向我国境内的中方当事人送达司法文书的途径是什么?
3. 本案中美国Alameda高等法院的做法是否符合我国的法律?

重点提示

我国和美国都是1965年海牙《送达公约》的成员国,该《公约》明确规定了司法文书域外送达的途径和方式。我国在加入该《公约》时,根据《公约》的保留条款,声明反对在我国境内采用邮寄方式、司法官员直接送达方式、案件关系人直接送达方式送达司法文书。

另外,我国1991年《民事诉讼法》第264条规定,外国法院请求人民法院提供司法协助的请求书及其所附文件,应当附有中文译本或者国际条约规定的其他文字文本。

思考题二:蔡壮钦、黄燕英诉奔驰汽车公司、香港富荣车行产品质量责任纠纷案——留置送达①

1999年1月31日下午,蔡壮钦之长子蔡衍鹏驾驶的奔驰汽车在广深高速公路虎门路段发生交通事故,车撞断护栏后坠入路下水沟,安全带断裂,气囊未弹出,蔡衍鹏当场死亡,同车两人受伤。事后,蔡壮钦认为,奔驰车安全气囊未弹出是造成其子死亡的重要原因。在交涉一年无果的情况下,2000年1月,蔡壮钦将奔驰的生产商戴姆勒—克莱斯勒股份公司告上法庭。2月6日,广东省东莞市中级人民法院受理了此案。其间先后有两次在已经确定开庭时间的情况下,由于奔驰公司提出送达异议而取消。被告认为,应按海牙《送达公约》规定的送达方式将起诉书送达德国总部,所以东莞市中级人民法院立案后迟迟不能开庭,仅起诉书就送了7次。

2002年3月全国"两会"期间,全国人大代表苏子锐与数位人大代表向大会提交了要求保护使用进口产品者的正当权益的联名议案,建议司法部门应协助解决起诉书送达问题。2002年6月22日,因北京市高级人民法院的请求②,最高人民法院发布2002年第15号公告,发布《关于向外国公司送达司法文书能否

---

① 东莞市中级人民法院(2000年)东中法经初字第10号。案情详见:http://news.21cn.com/dushi/dsqw/2004/10/08/1792294.shtml,2006年5月20日访问。

② 北京市第二中级人民法院2002年初受理了若干起诉日本三菱汽车工业株式会社损害赔偿的案件,在向该会社驻华代表机构北京事务所送达起诉状和开庭传票时,遭该事务所拒收,遂采用留置送达。该事务所就此提出异议,认为根据中国1991年《民事诉讼法》第238条关于国际条约优先于国内法的原则规定,对在中国没有住所的外国公司送达应优先适用1965年海牙《送达公约》,而不能采用1991年《民事诉讼法》第247条所规定的对其在华办事处送达的方式,并认为涉外送达不得适用留置送达。对此,北京市高级人民法院向最高人民法院请示,即对在中国境内没有住所的外国公司送达司法文书能否向其驻华代表机构送达,并适用留置送达?

向其驻华代表机构送达并适用留置送达问题的批复》,指出:人民法院对在中华人民共和国领域内没有住所的当事人送达诉讼文书,可以依照受送达人所在国与中华人民共和国缔结或者共同参加的国际条约中规定的方式送达;当受送达人在中华人民共和国领域内设有代表机构时,便不再属于海牙《送达公约》规定的"有须递送司法文书或司法外文书以便向国外送达的情形"。因此,人民法院可以根据1991年《中华人民共和国民事诉讼法》第247条第5项的规定向受送人在中华人民共和国领域内设立的代表机构送达诉讼文书,而不必根据海牙《送达公约》向国外送达。针对有的外国公司拒绝签收的问题,该《批复》同时规定,人民法院向外国公司的驻华代表机构送达诉讼文书时,可以适用留置送达的方式。

据此,东莞市中级人民法院向戴姆勒—克莱斯勒股份公司在中国北京设立的戴姆勒—克莱斯勒中国投资有限公司送达了诉状。2003年9月5日是此案的一个关键日期。在经历了马拉松式的3年文书送达、5次开庭不成、两次临时推迟审理后,东莞市中级人民法院终于依法组成合议庭,于该日公开开庭对本案进行了审理。

法院认为,安全带断裂加之气囊不能适时弹出,导致防护系统在事故中没有对驾驶员提供必要的安全保护,因此应当认定车辆缺陷与蔡衍鹏的死亡具有直接因果关系。虽然蔡衍鹏驾驶不当导致了交通事故的发生,但不能因此减轻被告的产品侵权责任。故法院依照有关规定,酌量本案被告对原告造成精神损害的情节、被告承担责任的经济能力及本地平均生活水平等因素,除判决被告戴姆勒—克莱斯勒股份公司及销售商于判决生效之日起10日内向原告支付医疗费、丧葬费、停车费、误工费、死亡赔偿费共计人民币89442.46元外,还判令被告戴姆勒—克莱斯勒股份公司向两原告每人支付精神损害抚慰金人民币10万元共计20万元,两销售商承担连带责任。

问题

1. 对海牙《送达公约》规定的"有须递送司法文书或司法外文书以便向国外送达的情形"应如何理解?

2. 人民法院向外国公司的驻华代表机构送达诉讼文书时,可以适用留置送达的方式的法律根据何在?

重点提示

1. 从海牙《送达公约》第1条条文和其他条文来看,《送达公约》并未明确以什么标准来确定是否存在须向国外送达文书的情形,也没有列明这一情形具体包括哪些情况。这就给成员国解释上述情形留下了余地,从而使成员国在决定是否适用《送达公约》进行国外送达方面拥有一定的自由裁量权。美国就曾出现过类似的判例。1988年美国最高法院在大众汽车股份公司诉舒隆克案中认为,对于总部在德国的大众汽车股份公司进行送达时,将需要送达的文书交给该公司设在美国伊利诺伊州的代理机构,即构成合法送达。其理由是:《送达公约》并未对决定是否有必要向域外转递文件方面规定一个标准,且德国公司在美国的公司与其母公司之间存在如此密切的控制与被控制关系,足以认为分公司可以作为替代母公司接受送达的代理机构,因此,应适用法院地国法律。也就是说,《送达公约》本身不具有绝对的排他性,成员国可以在《公约》允许的范围内适用内国法。

2. 我国1991年《民事诉讼法》第四编"涉外民事诉讼程序的特别规定"没有对留置送达方式作出规定,但其一般原则部分第237条规定:"在中华人民共和国领域内进行涉外民事诉讼,适用本编规定。本编没有规定的,适用本法其他有关规定。"这里讲的"其他有关规定"应是我国《民事诉讼法》第79条关于国内诉讼文书的留置送达规定。另外,根据最高人民法院《关于适用〈中华人民共和国民事诉讼法〉若干问题的意见》第84条的规定,留置送达方式并不能适用于所有司法文书,对于调解书应直接送达,而不能留置送达。

思考题三:黑龙江省东宁县华埠经济贸易公司与中国外运山东威海公司等船舶进口代理合同、废钢船买卖合同纠纷再审案
——域外形成的证据的效力[①]

在"黑龙江省东宁县华埠经济贸易公司与中国外运山东威海公司等船舶进口代理合同、废钢船买卖合同纠纷再审案"中,涉及从俄罗斯进口的一艘船舶,有关该船舶的登记文件和公证文书等都是在俄罗斯境内制作的。

问题

有关该船舶的登记文件和公证文书等能否作为证据被我国法院认定?

重点提示

我国与数十个国家订立的双边司法协助条约中也规定了进行调查取证方面的合作义务和程序。这些条约中一般都规定了取证请求书的内容和格式、请求书的执行方式、当事人拒绝作证、通知调查取证的时间和地点和通知调查取证执

[①] 参见法公布(2002年)第33号中华人民共和国最高人民法院民事裁定书(2000年)交提字第3号;找法网:http://www.findlaw.cn/Info/cpws/mscpws/104124470.html,2006年6月5日访问。

行的结果等。

有关该船舶的登记文件和公证文书等能否作为证据被我国法院认定,必须依照中国和俄罗斯之间签署的《关于民事和刑事司法协助的条约》(已于1993年生效)第29条的规定进行确定。其第29条规定:缔约一方法院或其他主管机关制作或证明的文书,只要经过签署和正式盖章即为有效,就可在缔约另一方法院或其他主管机关使用,无需认证。在缔约一方境内制作的官方文件,在缔约另一方境内也有同类官方文件的证明效力。

思考题四:广东发展银行江门分行与香港新中地产有限公司借款担保纠纷上诉案——对外国法院判决确认的事实的承认[①]

香港新中地产有限公司(以下简称"新中公司")与香港回丰有限公司(以下简称"回丰公司")签订《贷款契约》,约定回丰公司向新中公司贷款,由广东发展银行江门分行提供持续性的担保。贷款期满后,回丰公司未能履行还款承诺将上述贷款本息全部支付给新中公司,广东发展银行江门分行也未依约履行担保义务,新中公司遂以回丰公司、广东发展银行、广东发展银行江门分行为被告,于1998年11月9日向广东省高级人民法院提起诉讼,请求判令回丰公司偿还贷款本金及相应利息,并要求广东发展银行江门分行、广东发展银行承担连带偿还责任。

一审法院受理该案后,回丰公司提出管辖权异议。法院裁定驳回了其异议,回丰公司不服,上诉至最高人民法院。1999年最高人民法院驳回了新中公司对回丰公司的融资纠纷之起诉及对广东发展银行的担保责任的起诉,裁定新中公司与广东发展银行江门分行之间的担保纠纷由广东省高级人民法院立案受理。于是,新中公司于2000年5月19日向香港特别行政区高等法院起诉回丰公司。香港特别行政区高等法院于2000年7月3日判决回丰公司向新中公司支付本金及利息。

对于新中公司与广东发展银行江门分行之间的担保纠纷,广东省高级人民法院一审判决广东发展银行江门分行承担连带赔偿责任。江门分行不服,向最高人民法院提起上诉。最高人民法院审理认为:本案中新中公司已经就主合同纠纷,以回丰公司为被告向香港特别行政区法院提起诉讼,香港特别行政区高等

[①] 参见杜涛:《国际经济贸易中的国际私法问题》,武汉大学出版社2005年版,第411—412页;广东省高级人民法院(1998年)粤法经二初字第14号民事判决,法公布(2002年)第53号中华人民共和国最高人民法院民事判决书(2001年)民四终字第14号二审;找法网:http://www.findlaw.cn/Info/cpws/mscpws/104216635.html,2006年6月6日访问。

法院已经作出判决，确认了主债务的数额。新中公司提供了香港特别行政区高等法院的判决等证据材料，证明主债务的有效存在及主债务的数额等事实问题。广东发展银行江门分行未能提供充分证据予以反驳，故对香港特别行政区高等法院判决中确定的关于新中公司与回丰公司之间的主债务有效存在及其债务的数额，本院作为事实予以确认。因此最高人民法院于2002年7月判决撤销广东省高级人民法院一审民事判决；对于香港特别行政区高等法院2000年第5812号（ACTION NO. 5812 OF 2000）判决所确定的债务，由广东发展银行江门分行对香港回丰公司不能偿还部分的十分之一向香港新中地产有限公司承担赔偿责任。

问题

对于外国（或地区）法院作出的民商事判决所认定的事实，人民法院能否直接采用？

重点提示

根据最高人民法院的意见，除外国或地区法院作出的民商事判决已为人民法院承认或者当事人认可外，人民法院不能直接采用外国或地区法院判决所认定的事实。另外，根据最高人民法院于1998年1月15日发布的《关于人民法院认可台湾地区有关法院民事判决的规定》，当事人对已为人民法院认可的我国台湾地区有关法院作出的民事判决所认定的事实无需举证。但如果对方当事人有相反证据足以推翻该判决所确认的事实的，则不能免除当事人的举证责任。对于我国香港地区、澳门地区法院的诉讼文书确认的事实，亦照此原则办理。

第二十三章 国际民事诉讼中外国法院判决的承认与执行

本章知识点

一、外国法院判决的概念

在国际民事诉讼中,外国法院的判决是指非内国法院根据查明的案件事实和有关的法律规定,对当事人之间有关民事权利义务的争议,或者申请人提出的申请,作出的具有强制拘束力的裁判。多数国家在其民事诉讼法中规定承认与执行外国法院判决的法律依据是国际条约和互惠。

二、各国承认与执行外国法院判决的条件

综观各国国内立法以及有关国际条约的规定,除了该判决必须是民事判决或刑事判决中的附带民事部分外,承认和执行外国法院判决,通常还应具备以下条件:(1) 原判决国法院必须具有合格的管辖权;(2) 外国法院判决已经生效或具有执行力;(3) 外国法院进行的诉讼程序是公正的;(4) 外国法院判决必须合法取得;(5) 不存在诉讼竞合的情形;(6) 承认与执行外国法院判决不违背国内公共秩序;(7) 存在互惠关系;(8) 外国法院适用了内国冲突法规定的准据法。

三、承认与执行外国法院判决的程序

(一) 请求的提出

对于承认与执行外国法院判决的请求,应由谁来提出,各国法律规定各异。有的国家规定只能由当事人提出,有的国家规定只能由原判法院提出,也有国家规定当事人或原判法院均可提出。无论这种请求由谁提出,各国法律和有关国际条约都规定应采取书面形式,并附有关文书。

(二) 对外国判决的审查

对请求与执行外国法院判决的审查,国际上有实质审查和形式审查两种不

同的方式。所谓实质审查,是指对申请承认与执行的外国判决,从法律适用和事实认定两个方面进行充分的审核,只要审核国认为该判决认定事实或适用法律是不适当的,它就有权根据本国的法律部分变更或全部推翻或不予执行。所谓形式审查,则是指实行审查的国家不对原判决的事实和法律进行审查,它仅审查外国法院的判决是否符合本国法律规定的承认和执行外国法院判决的条件,不对案件判决的实质作任何变动,不改变原判决的结论。

（三）承认与执行外国法院判决的效力

外国法院判决如果得到内国法院承认或决定可予执行,则产生如下法律效力:该外国法院判决即具有内国法院判决同等的效力,该外国法院判决所确定的当事人之间的权利义务关系在内国得以肯定,如果在内国境内他人就跟外国判决相同的事项提出与该判决内容不同的请求,即可以用该外国判决作为对抗他人的理由,而且,如果被执行人拒绝履行该外国判决确认的义务,另一方当事人即有权请求内国法院强制执行。

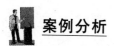

案例分析

案例一：肯德尔夫妇离婚案
——承认与执行外国法院判决的条件

【案情介绍】

本案中的诉讼当事人肯德尔夫妇原为一对玻利维亚夫妻。1974 年,妻子决定同其孩子一道离开玻利维亚。在她临行之前,她以她并不懂的西班牙文签署了一些文件。她丈夫告诉她,那些文件是允许她带孩子离开玻利维亚的文件。1975 年,玻利维亚法院判决这对夫妇离婚,声称是对该妻子作为原告的案件所作的判决。玻利维亚法院认为该妻子离开玻利维亚前签署的文件构成一种代理,法院可在妻子不到庭的情况下作出离婚判决,后来该判决在英国要求承认时被拒绝。

【法律问题】

根据本案分析承认与执行外国法院判决的条件。

【参考结论】

本案中玻利维亚法院不仅在离婚请求所提出的事实上,而且在妻子诉请离婚这一基本问题上都受了骗。丈夫采用了欺诈的手段获得了该判决,该判决与英国的公共政策相抵触,故英国法院不予承认。从中可以看出:承认和执行外国法院判决,原判决必须合法获得,使用欺骗手段获得的判决不能被承认并执行;同时,被承认与执行的外国判决不得违背内国的公共秩序,如果外国法院的判决明显地与本国的公共秩序相抵触,该外国法院的判决将得不到承认。

【法律评析】

按照国家主权的原则,一国法院的判决只能在法院地国家境内生效。涉外民商事案件通常要通过司法协助途径才能得到外国的承认与执行。各国的国内立法及有关的国际条约中通常都规定了承认与执行外国法院的判决需具备一定的条件。该条件未满足就构成拒绝承认和执行的理由。本案中,玻利维亚法院的判决不是合法获得,而是以欺诈的手段获得,如果承认与执行该判决将违背英国国内公共秩序,从而没有符合承认与执行外国法院判决所需具备的条件,故被英国法院拒绝承认。

案例二:日本公民五味晃与日本日中物产有限公司借贷纠纷案
——日本法院判决在中国的承认与执行[①]

【案情介绍】

申请人:五味晃,男,1932 年 11 月 8 日生,日本籍,住日本神奈川县伊势原市东大竹 698-5 号。

委托代理人:刘勇,中华人民共和国辽宁省大连涉外商贸律师事务所律师。

申请人五味晃因与日本日中物产有限公司(法定代表人宇佐邦夫)借贷纠纷一案,1994 年 5 月 27 日向中华人民共和国辽宁省大连市中级人民法院提出申请,要求承认日本横滨地方法院小田原分院所作判决和日本熊本地方法院玉名分院所作债权扣押命令及债权转让命令在中华人民共和国领域内的法律效力,并予执行。

大连市中级人民法院审查了五味晃的申请。查明:申请人五味晃系日本公民,因与日本日中物产有限公司(法定代表人宇佐邦夫)存在借贷纠纷,经日本横滨地方法院小田原分院判决,由宇佐邦夫及其公司向债权人五味晃偿还借款 1.4 亿日元。由于宇佐邦夫在本国无力偿还该项借款,日本熊本地方法院玉名

[①] 详见最高人民法院中国应用法学研究所编:《人民法院案例选——民事卷(下)》(1992—1999 年合订本),中国法制出版社 2000 年版,第 2032—2036 页。

分院又下达扣押令和债权转让命令,追加宇佐邦夫在中国投资的中日合资企业大连发日海产食品有限公司为第三人,要求第三人将宇佐邦夫在该公司的投资款人民币485万元扣押,并转让给五味晃。上述判决及扣押令、债权转让命令经日本有关法院依据国际海牙《送达公约》委托我国司法部向大连发日海产食品有限公司送达后,该公司认为日本有关法院的判决对中国法人不应产生法律效力,故拒绝履行。为此,五味晃向大连市中级人民法院提出申请,要求承认并执行日本有关法院的判决及扣押令、债权转让命令。

【法律问题】

大连市中级人民法院是否应当承认和执行日本法院判决?

【参考结论】

大连市中级人民法院不应当承认和执行日本法院判决。

【法律评析】

大连市中级人民法院认为:我国1991年《民事诉讼法》第268条(2007年修订后的《民事诉讼法》为第266条)规定:"人民法院对申请或者请求承认和执行的外国法院作出的发生法律效力的判决、裁定,依照中华人民共和国缔结或者参加的国际条约,或者按照互惠原则进行审查后,认为不违反中华人民共和国法律的基本原则或者国家主权、安全、社会公共利益的,裁定承认其效力,需要执行的,发出执行令,依照本法的有关规定执行。违反中华人民共和国法律的基本原则或者国家主权、安全、社会公共利益的,不予承认和执行。"我国与日本之间没有缔结或者参加相互承认和执行法院判决、裁定的国际条约,亦未建立相应的互惠关系。据此,该院于1994年11月5日作出终审裁定:驳回申请人五味晃的请求。案件受理费人民币200元,由五味晃承担。

案例三:李庚与丁映秋离婚案
——日本法院离婚调解协议在中国的承认[①]

【案情介绍】

李庚与丁映秋于1974年11月结婚,婚后生一女孩李落落。1980年11月,李庚赴日本留学,从此以后,双方感情逐渐淡漠。1988年1月,丁映秋也获准赴日本留学,双方在日本共同生活一段时间之后,于同年底开始分居。1989年春,

---

① 详见最高人民法院中国应用法学研究所编:《人民法院案例选——民事卷(下)》(1992—1999年合订本),中国法制出版社2000年版,第2030—2032页。

丁映秋向日本大阪府地方法院提起离婚诉讼,因手续不全,大阪府地方法院未受理。1990年12月,丁映秋再次提起离婚诉讼,日本大阪府地方法院受理并进行了调解。经调解,双方于1991年2月27日达成调解协议如下:

调解解除丁映秋与李庚之间的婚姻关系;丁映秋、李庚各自在中国、日本的财产各归其所有;李庚给付丁映秋生活费200万日元;女儿李落落由丁映秋抚养,李庚给付抚养费200万日元。

调解离婚后,双方按日本法律规定,还到大阪府丰中市市长处领取了"离婚申请受理证明书"。此后,丁映秋准备回中国,向日本大阪府地方法院要求提取李庚已交付于法院的生活费、抚养费。大阪府地方法院提出,丁、李双方解除婚姻关系的调解协议书须得到中国法院的认可后,才能将上述费用交给丁映秋。因此,李庚、丁映秋分别向其出国前所在地的北京市中级人民法院申请,要求承认日本大阪府地方法院解除双方婚姻关系的调解协议。

【法律问题】

我国法院能不能承认和执行外国法院作出的发生法律效力的调解协议书?

【参考结论】

我国法院依法应承认和执行的外国法院作出的发生法律效力的裁决中,理应包括外国法院作出的发生法律效力的调解协议书。

【法律评析】

我国《民事诉讼法》以及1991年7月5日最高人民法院制定的《关于中国公民申请承认外国法院离婚判决程序问题的规定》中,对申请或请求承认和执行外国法院作出的发生法律效力的判决、裁定有明确的规定,但没有明确规定是否还包括外国法院作出的发生法律效力的调解协议书。虽然如此,我国法院依法应承认和执行的外国法院作出的发生法律效力的裁决中,理应包括外国法院作出的发生法律效力的调解协议书。因为,根据该外国的有关法律规定,只要法院有权以调解的方式处理案件,并有权出具调解协议书,调解就属于法院的一种裁决文书,其调解协议书就是一种具有执行效力的法律文书,属于一国法院作出的生效的裁决。一般理解,法院作出的裁决,除了判决、裁定以外,还应该包括法院作出的调解协议。本案中当事人向北京市中级人民法院申请承认的是日本大阪府地方法院作出的解除双方婚姻关系的调解协议,属于可予承认和执行的范围。

案例思考题

思考题一：香港利登利公司、香港富华公司与香港耀声公司合同纠纷案
——中国香港法院民事判决在内地的承认和执行①

申请人香港利登利公司、香港富华公司与被申请人香港耀声公司合同纠纷一案，经香港特别行政区高等法院原讼法庭于1998年第A15726号判决书判决，被申请人耀声公司应向利登利公司支付港币13897153.80元，应向富华公司支付港币2941840.82元，并支付相应利息及诉讼费和律师费。由于被申请人在香港的资产不能满足按法院判决确定的给付义务，而被申请人在厦门地区有可供执行的财产，申请人参照中国1991年《民事诉讼法》第267条和第268条规定，于1999年3月8日向厦门市中级人民法院申请承认和执行该判决。申请人在申请的同时向该院提交了香港特别行政区高等法院原讼法庭1998年第A15726号判决书复印件、该判决书的中文译本、中国法律服务（香港）有限公司的认证材料以及有关被申请人在厦门的财产资料等。

问题

1. 厦门市中级人民法院能否承认和执行香港特别行政区高等法院的上述民事判决？

2. 如果当事人请求执行香港判决的申请被驳回，当事人如何保护自己的权利？

重点提示

本案是申请承认和执行香港特别行政区高等法院原讼法庭民事判决案。申请人参照中国1991年《民事诉讼法》第267条、第268条的规定，向内地法院申请承认和执行香港特别行政区高等法院原讼法院民事判决，对此申请是否受理，关系到"一国两制"的原则。法院认为，香港回归后，虽实行了"一国两制"的原则，但内地与香港特别行政区是一个主权国家内不同法律制度和司法体制下两个相对独立的法律区域，内地法院与香港特别行政区法院是两个相对独立的司法体系，内地法院与香港地区有关法院的民事判决的相互承认与执行是两地司法协助关系，与国家之间的相互承认判决有着本质的不同。根据《中华人民共和国香港特别行政区基本法》第95条规定，内地法院与香港特别行政区法院之

---

① 参见杜涛：《国际经济贸易中的国际私法问题》，武汉大学出版社2005年版，第427—428页。

间依法进行司法方面的联系和相互提供协助事项,必须通过两地的主管机关协商作出安排后才能进行。当时,两地尚未就相互承认和执行民事判决问题作出安排,因此,内地法院受理此类申请没有法律依据,同样,内地法院的判决也不能在香港得到直接承认和执行。据此,厦门市中级人民法院于2000年2月23日决定依法对本案申请不予立案受理,并向申请人说明了理由,告知其有权就本案向内地有管辖权的人民法院重新起诉。审理中,香港法院的判决可作为一个纠纷事实的证据在判决中进行引述。

值得欣慰的是,最高人民法院与香港特别行政区于2006年7月14日签署了《关于内地与香港特别行政区法院相互认可和执行当事人协议管辖的民商事案件判决的安排》。该安排就当事人协议管辖的民商事案件判决的认可和执行问题作了规定,它在内地由最高人民法院发布司法解释以及在香港特别行政区完成修改有关法律程序后,由双方公布生效日期并予以执行。

思考题二:蒋筱敏与陈兰离婚案
——新西兰法院解除婚约的决议书在中国的效力[①]

申请人:蒋筱敏,男,37岁,中国籍,住中国西安市西安外国语学院家属区。

1985年10月2日,申请人蒋筱敏与中国籍人陈兰在中国西安市登记结婚。双方婚后没有生育子女,亦没有产生对外的共同债权债务。1989年初,陈兰自费前往新西兰留学,后在该国克赖斯特彻奇市长期居住。蒋筱敏仍在国内居住工作。1992年9月9日,陈兰向新西兰克赖斯特彻奇地区法庭起诉,要求与在中国境内的蒋筱敏离婚,并放弃对在蒋筱敏处的夫妻共同财产的任何要求。该法庭将陈兰的离婚起诉状副本通过陈兰之父转送给蒋筱敏,并同时附上诉讼通知书,告知蒋筱敏对陈兰的离婚起诉应提出答辩并通知本法庭,同时应向陈兰提交答辩状副本;告知蒋筱敏应直接或通过一名中国境内的律师用航空信件委托一名新西兰律师作为其诉讼代理人。但蒋筱敏没有应诉答辩,对此诉讼未予理睬。1992年10月14日,新西兰克赖斯特彻奇地区法庭依据陈兰的诉讼请求和新西兰1980年《家庭诉讼条例》第39条,作出第1219号决议书,决议解除蒋筱敏与陈兰于1985年10月2日在中国西安市达成的婚约。1994年5月2日,蒋筱敏持新西兰克赖斯特彻奇地区法庭的上述1219号解除婚约决议书、该法庭

[①] 详见最高人民法院中国应用法学研究所编:《人民法院案例选——民事卷(下)》(1992—1999年合订本),中国法制出版社2000年版,第2036—2038页。

的诉讼通知书和陈兰的离婚起诉状副本的英文本和中文译本,向西安市中级人民法院申请承认该解除婚约决议书的效力。

问题

西安市中级人民法院是否应当承认该解除婚约决议书的效力?

重点提示

西安市中级人民法院接到蒋筱敏的申请后,经审查认为符合中国1991年《民事诉讼法》第267条规定的条件,予以立案受理。该院认为:蒋筱敏申请承认的新西兰克赖斯特彻奇地区法庭的解除其与陈兰的婚约关系的第1219号决议书,内容与我国法律不相抵触,符合我国法律规定的承认外国法院判决效力的条件。根据中国1991年《民事诉讼法》第268条的规定,该院于1994年6月20日裁定对新西兰克赖斯特彻奇地区法庭第1219号决议书的法律效力予以承认。

本案是中国公民申请承认与我国没有司法协助协议关系(条约关系)的外国法院作出的离婚判决效力案。申请的受理及是否承认其效力的审查,具体的应依照最高人民法院《关于中国公民申请承认外国法院离婚判决程序问题的规定》(以下简称《规定》)办理。首先,从新西兰法院解除婚约决议书的内容来看,其中不涉及夫妻财产分割、生活费负担、子女抚养等方面的内容,即不涉及执行的内容。按照《规定》第2条,本案可适用《规定》处理。其次,承认该离婚协议不违反我国最高人民法院上述《规定》第12条规定的不予承认的五种情形。

第四编

国际商事仲裁法

第四编

国外商事仲裁法

第二十四章　国际商事仲裁法概述

本章知识点

一、国际商事仲裁的概念

仲裁又称公断,是指双方当事人通过合意自愿将有关争议提交给作为仲裁人或公断人的第三者审理,由其依据法律或公平原则作出裁决,并约定自觉履行该裁决所确定的义务的一种制度。而国际商事仲裁,是指在国际经济贸易活动中,当事人双方依事先或事后达成的仲裁协议,将有关争议提交给某临时仲裁庭或常设仲裁机构进行审理,并作出具有约束力的仲裁裁决的制度。

根据国际社会的普遍实践,各国通常把国内仲裁与国际商事仲裁区分开来,区分国内仲裁与国际商事仲裁的方法一般有以下几种:(1)以单一的住所或惯常居所作为连结因素,当事人中至少一方的住所或惯常居所不在内国的,则为国际仲裁;(2)以单一的国籍作为连结因素,当事人中至少一方的国籍是非内国国籍的,则为国际仲裁;(3)以国籍、住所、合同履行地、标的物所在地等多种连结因素作为界定标准,只要上述连结因素之一不在内国的,则为国际仲裁。

二、国际商事仲裁的特点

国际商事仲裁的特点,可通过它跟国际民事诉讼、国际仲裁和国内仲裁的比较而反映出来。

尽管国际社会普遍承认,国际商事仲裁和国际民事诉讼都是解决国际商事争议的常用的有效方法,但二者本身却是有着本质的区别的。第一,就机构的性质而言,国际商事仲裁机构只具有民间团体的性质,各仲裁机构是相互独立的,彼此没有上下级隶属关系,也不存在级别管辖、地域管辖等限制。而审理国际民事纠纷的法院,则是国家司法机关,是国家机器的重要组成部分,法院之间有上下级关系等。第二,就管辖权来源而言,国际商事仲裁机构的管辖权完全来自双方当事人的合意,它的管辖权是非强制性的,是建立在双方当事人自愿达成的仲裁协议的基础上的。而法院审理国际民事诉讼的管辖权则来自国家的强制力,是由法律赋予的,而非当事人双方的授权,只要一方当事人提起诉讼,法院就可以管辖,而不必有双方当事人的合意。第三,就审理程序的公开性而言,国际商事仲裁程序一般都是不公开进行的,即使双方当事人要求公开审理,也仍由仲裁庭作出是否公开审理的决定。而法院审理国际民事争议,除极少数涉及国家秘密或个人隐私的外,原则上是必须公开进行的。第四,就当事人的自治性而言,国际商事仲裁中当事人的自治性大大超过国际民事诉讼中当事人的自治性。第五,就裁决而言,国际商事仲裁裁决一般实行一裁终局制,任何一方当事人均不得向法院起诉;而在国际民事诉讼中则一般实行二审终审制,只有二审判决或过了上诉期未上诉的一审判决才具有法律效力。

三、国际商事仲裁的分类

依据不同的标准,国际商事仲裁可以作不同的分类。

(一) 临时仲裁和机构仲裁

以仲裁机构的组织形式作为标准,可以把仲裁分为临时仲裁和机构仲裁。

临时仲裁,又称特别仲裁,是指根据双方当事人的仲裁协议,在争议发生后由双方当事人推荐的仲裁员临时组成仲裁庭,负责审理当事人之间的有关争议,并在审理终结作出裁决后即行解散仲裁庭。

机构仲裁是指由常设的仲裁机构进行的仲裁。常设仲裁机构,是指依据国际公约或一国国内立法所成立的,有固定的名称、地址、组织形式、组织章程、仲裁规则和仲裁员名单,并具有完整的办事机构和健全的行政管理制度,用以处理国际商事争议的仲裁机构。

常设仲裁机构自19世纪中叶产生后得到了迅速发展,到今天,几乎遍布世界上所有主要国家,而其业务更是涉及国际商事法律关系的各个领域。根据其性质、管辖业务和影响范围等的不同,常设仲裁机构一般可作不同的分类。例如,综合性常设仲裁机构和专业性常设仲裁机构;全球性常设仲裁机构、区域性常设仲裁机构和全国性常设仲裁机构。

(二) 依法仲裁和友好仲裁

如果以仲裁庭是否必须按照法律作出裁决为标准,可将仲裁分为依法仲裁和友好仲裁。

依法仲裁,是指仲裁员或仲裁庭依照法律作出仲裁裁决。在国际商事仲裁中,解决仲裁实体问题的准据法选择,一个最基本的原则便是当事人的意思自治,即仲裁员或仲裁庭应该适用双方当事人合意选择的那一个法律。而在当事人未选择时,则有两种做法,一是根据仲裁地所属国的冲突法确定合同的准据法;另一是授权仲裁员或仲裁庭去决定合同的准据法。在通常情况下,仲裁庭都是依法仲裁的。但在有时,国际商事仲裁中也允许不依法仲裁,这就是所谓的友好仲裁。

友好仲裁,也称友谊仲裁,是指在国际商事仲裁中,不适用任何法律,而允许仲裁员或仲裁庭根据公平和善意原则或公平交易和诚实信用原则对争议实质问题作出裁决。

(三) 私人间仲裁和非私人间仲裁

如果以当事人双方是否为私人作标准,可以将仲裁分为私人间仲裁和非私人间仲裁。

私人间仲裁是指争议双方当事人均是自然人或法人的仲裁。私人间仲裁在国际商事仲裁中是最为普遍的。非私人间仲裁,是指一方当事人为私人另一方当事人为国家的仲裁。

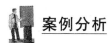

案例分析

案例一:中国人民保险公司北京分公司诉埃及"亚历山大"轮案
——国际民商事争议的解决方式

【案情介绍】

1992年1月8日,埃及"亚历山大"轮由美国装载纤维棉和地毯编织机械设备30箱,运往上海、天津。2月抵上海卸下部分纤维棉,剩余部分连同地毯编织机械设备于3月15日抵天津新港。根据船方签具的清洁提单,这些货物在美国装船时是完好无损的,但卸货过程中发现地毯编织机械设备有22箱严重残损。3月20日,中国外轮理货公司制作22箱货物残损清单,船方也予以签认。卸货后,收货人北京燕山石油化学总公司请天津进出口商品检验局鉴定。鉴定结果表明,货损原因系由于"亚历山大"轮货舱没有分层隔板,货箱不适当地装载于货垛中层,货箱遭受上层货物的重压所致。初步确定货损约达30万美元。这些地毯编织机械设备的货运保险是由中国人民保险公司北京分公司(以下简称"北京保险分公司")承保的。北京保险分公司经过调查认为,船方对货损负有不可推卸的责任,应由"亚历山大"轮船东埃及金比轮船公司赔偿货损30万美元。当"亚历山大"轮船8月11日驶抵广州黄埔港时,北京保险分公司便于14

日委托中国人民保险公司广东保险分公司向法院申请扣船,同时也向船东提出索赔和先行提供担保的要求。

在法院准备扣押"亚历山大"轮期间,广东保险分公司通知金比轮船公司,它已向法院提出扣船申请,要求船东立即提供银行担保。船东接电后,立即通过辛德兰保赔协会请加拿大英国皇家银行向伦敦中国银行提供了 30 万美元的担保,同时提出双方友好协商或者提交中国国际经济贸易仲裁委员会仲裁解决的建议。在索赔获得切实保障的情况下,广东保险分公司即向法院提出撤销扣船申请,法院准其申请,遂未宣布扣船命令。

【法律问题】

1. 此案可以通过哪些方式解决?
2. 此案的最终处理结果应会怎样?

【参考结论】

1. 此案可以通过如下三种方式解决:(1) 和解或协商。通过双方友好协商的方式解决。(2) 仲裁。按照我国《仲裁法》的有关规定,只要争议双方事前在合同中有仲裁条款或争议发生后达成仲裁协议,就可以到约定的仲裁机构申请仲裁。(3) 诉讼。如果双方既不能友好协商地解决争议又未能达成仲裁协议进行仲裁,那么就可选择向有管辖权的法院提起诉讼。如本案中广州海事法院就有管辖权,当事人可选择向广州海事法院提起诉讼,要求解决争议。

2. 从以上的案情我们可以得知货物的损失是由于船东未尽自己应有的谨慎义务。对于货物的损害,船东存在过失,负有不可推卸的责任,故按照中国《保险法》的规定,北京保险分公司在赔偿收货人的损失后,代位取得求偿权,有权要求船东埃及金比轮船公司给予赔偿,即货物损害的最终赔偿责任归船东埃及金比轮船公司。

【法律评析】

在实际业务中,保险货物的损失除大多因海上灾难造成的外,还有可能是第三者如船长的过失或疏忽造成的。在这种情况下,如属于保险公司承保范围内,当保险公司支付保险赔款后,即代位取得了被保险人对第三者的损害索赔权。本案中,根据天津进出口商品检验机构的鉴定,货物的损失是由于船方的不谨慎积载造成的,北京保险分公司在向被保险人支付赔款后,即代位取得向船方的求偿权。受委托的广东保险分公司遂向广州海事法院提出诉前保全,申请扣留"亚历山大"轮。广州海事法院在查清事实的基础上,依照中国《民事诉讼法》的规定,批准扣船。在准备扣船期间,船东提供了银行担保。在索赔得到切实保障的情况下,广东保险分公司撤销了扣船申请,以便友好协商或仲裁解决争议。

案例二:丽都饭店仲裁裁决执行案——仲裁中涉外因素的判断①

【案情介绍】

申请执行人:中国国际工程咨询公司。

被申请人:北京丽都饭店公司。

中国国际工程咨询公司(以下简称"咨询公司")与北京丽都饭店公司(以下简称"丽都饭店")于1984年1月30日至1985年6月10日,先后签订了关于丽都饭店俱乐部工程、丽都饭店三栋六层公寓、三栋十五层公寓的三个工程承包合同。合同均规定:双方在执行合同中所发生的一切争议应通过友好协商解决,如协商不能解决时,应提请在北京的中国国际贸易促进委员会对外经济贸易仲裁委员会(现名为中国国际经济贸易仲裁委员会)进行仲裁。

1990年8月20日,咨询公司以丽都饭店长期拖欠工程款为由,向指定的仲裁委员会提出仲裁申请,要求丽都饭店支付工程欠款及延迟付款的利息。中国国际经济贸易仲裁委员会于1991年11月1日作出(1991年)贸仲字第2569号裁决:丽都饭店应于1991年12月31日前将所欠工程款以及其他工程费用共计885171.50美元以及利息520000美元支付给咨询公司。1992年1月15日,咨询公司以丽都饭店未履行仲裁裁决为由,向北京市中级人民法院申请执行仲裁裁决。

北京市中级人民法院立案后,于1992年2月1日向丽都饭店发出执行通知,责令该公司自觉履行仲裁裁决中确定的义务。2月9日,丽都饭店以咨询公司与丽都饭店均为中国法人,双方发生的工程承包合同纠纷属国内经济合同纠纷,不属于中国国际经济贸易仲裁委员会仲裁案件受理范围,该仲裁委员会无权进行仲裁为理由,向北京市中级人民法院提出书面《抗辩执行仲裁裁决状》,请求对中国国际经济贸易仲裁委员会的仲裁裁决不予执行。对此,中国国际经济贸易仲裁委员会认为,丽都饭店是内地与香港合资经营企业,具有涉外因素;丽都饭店与咨询公司签订的工程承包合同中订有仲裁条款,出现争议后,双方都自愿接受仲裁,且在仲裁过程中,双方均未提出异议,所以仲裁委员会可以受理,并有权进行仲裁。

北京市中级人民法院经审查后认为,丽都饭店是中国旅行社总社与香港益和有限公司共同出资,并在国家工商局申请注册登记的合资经营企业,丽都饭店与咨询公司均为中国法人,双方之间发生的工程承包合同纠纷系国内经济合同纠纷,不具有涉外因素,并非国际经济贸易中发生的争议。按照《中国国际经济

---

① 参见许光耀、宋连斌主编:《国际私法学——学习指导书》,湖南人民出版社2005年版,第158—161页;运城在线法律人生:http://www.ycchina.net/law/shownews.asp? newsid=3913,2006年6月5日访问。

贸易仲裁委员会仲裁规则》的规定,该案不属于中国国际经济贸易仲裁委员会案件受理范围。因此,丽都饭店对执行仲裁裁决提出的异议有理。依照中国1991年《民事诉讼法》第260条第1款第4项的规定,北京市中级人民法院于1992年12月23日作出裁定:申请执行人中国国际工程咨询公司向本院申请强制执行的仲裁委员会(1991年)贸仲字第2569号裁决书不予执行。

【法律问题】

北京市中级人民法院的裁定是否正确?

【参考结论】

北京市中级人民法院的裁定是正确的。

【法律评析】

依照当时的有关规定,法院的裁决是正确的。最高人民法院《关于适用〈中华人民共和国民事诉讼法〉若干问题的意见》第304条规定:"当事人一方或双方是外国人、无国籍人、外国企业或组织,或者当事人之间民事法律关系的设立、变更、终止的法律事实发生在外国,或者诉讼标的在外国的民事案件,为涉外民事案件。"当时的《中国国际经济贸易仲裁委员会仲裁规则》规定:"仲裁委员会根据当事人在争议发生之前或者在争议发生之后达成的将争议提交仲裁委员会仲裁的仲裁协议和一方当事人的书面申请,受理产生于国际经济贸易中的争议案件。"1980年2月26日,国务院《关于将对外贸易仲裁委员会改称对外经济贸易仲裁委员会的通知》规定,该仲裁委员会受理案件的范围"可扩大到有关中外合资经营企业、外国来华投资建厂、中外银行相互信贷等各种对外经济合作方面发生的争议"。根据上述规定,对外经济贸易仲裁机构的受案范围,应为中外当事人之间、外国当事人之间以及中国当事人之间具有涉外因素的经济争议。咨询公司和丽都饭店都是住所在我国境内的中国法人,且双方之间的工程承包合同是在我国境内履行的,没有涉外因素,它们之间的该项争议并非国际经济贸易中发生的争议,不属于中国国际经济贸易仲裁委员会的受案范围,该仲裁委员会无权仲裁。

我国1991年《民事诉讼法》第260条第1款第4项规定,对我国涉外仲裁机构作出的裁决,被申请人提出证据证明仲裁裁决属于仲裁机构无权仲裁的,人民法院经审查核实,裁定不予执行。本案被申请人丽都饭店提出,本案不属于仲裁机构仲裁受理范围,该仲裁机构无权仲裁。经受案法院审查属实,其异议成立。受案法院据此作出不予执行的裁定是正确的。该纠纷当事人可以依据我国《民事诉讼法》的有关规定,另行向有管辖权的法院提起民事诉讼。

但是,本案涉及的涉外案件的判断标准的科学性问题却是值得商榷的。一般认为,涉外民商事法律关系就是指其主体、客体和内容三要素至少有一个或一个以上的因素与国外有联系的民商事法律关系。但在国际商事仲裁中,应对"涉外"作广义的解释。1985年《国际商事仲裁示范法》对国际仲裁作了更为广泛的界定。在中国仲裁界,有人主张借鉴该《示范法》中的"国际"定义扩大"涉外"的内涵。在中国涉外仲裁实践中,至少当事人的一方是外国法人、自然人的仲裁案件,以及中国法人、自然人之间产生于国际或涉外的经贸争议中的仲裁案件,视为涉外仲裁案件。还应注意的是,在仲裁实践中,中国仲裁机构对涉及香港特别行政区、澳门特别行政区和台湾地区的仲裁案件,比照涉外仲裁案件处理。

另外,2000年和2005年以及2012年《中国国际经济贸易仲裁委员会仲裁规则》规定,中国国际经济贸易仲裁委员会可以受理当事人协议由仲裁委员会仲裁的国内争议。也就是说,依据现在的规定,即使该案是国内案件,中国国际经济贸易仲裁委员会也有权管辖。

案例三:"路易斯·波霍芬"轮鱼粉自燃仲裁案
——仲裁管辖权和仲裁机构

【案情介绍】

"路易斯·波霍芬"轮于1982年11月20日装载包括袋装智利鱼粉6300吨在内的货物驶离智利的安托法加斯塔港,同月27日经过秘鲁的卡洛港和美国的洛杉矶港驶往中国的青岛港和上海港。该轮在航行途中从12月6日遇到坏天气起就一直关闭通风,在12月15日检查货船时发现装有鱼粉的第四舱内有浓烟。船方立即灌入二氧化碳,由于该轮只储备了72瓶二氧化碳,为了保证货、船的共同安全,该轮于12月15日绕航檀香山港,并于12月17日抵达檀香山港。1983年2月8日离开檀香山港驶往卸货港中国的青岛港和上海港。

船方就其与租方期租合同项下因船舶承运鱼粉自燃不得不绕航檀香山港,造成停租期间燃油损失及檀香山港有关费用损失争议,提请仲裁。申诉人于1989年11月16日向中国海事仲裁委员会提出仲裁申请,要求裁决被诉人赔偿因鱼粉自燃使"路易斯·波霍芬"轮不得不绕航至檀香山港,造成停租期间燃油损失13620美元,以及在檀香山港产生的有关损失8570827美元,外加自1983年8月2日起年息5%的利息。被申请人没有对仲裁庭的管辖权提出异议。

【法律问题】

1. 此案是不是应该由中国海事仲裁委员会受理?为什么?

2. 我国有哪些主要涉外仲裁机构？其各自的特点与职能是什么？

【参考结论】

1. 本案是由中国海事仲裁委员会受理的涉外海上运输争议案,符合中国海事仲裁委员会的受案范围。

2. 我国现有的涉外仲裁机构主要有中国国际经济贸易仲裁委员会、中国海事仲裁委员会及香港国际仲裁中心。

【法律评析】

本案是由中国海事仲裁委员会受理的涉外海上运输争议案,属于中国海事仲裁委员会的受案范围。本案经仲裁庭的调解使双方当事人达成和解协议,然后仲裁庭根据和解协议作出裁决结案。这符合1995年生效的中国《仲裁法》第49条的规定。

值得注意的是,根据1994年《仲裁法》新组建的仲裁机构独立于行政机关。对于新组建的仲裁委员会对涉外案件的管辖问题,《仲裁法》未作明文规定。根据该法第66条规定,涉外仲裁机构可以由中国国际商会组织设立,并未排除地方设立受理涉外案件的仲裁机构的可能性。1996年6月国务院办公厅《关于贯彻实施〈中华人民共和国仲裁法〉需要明确的几个问题的通知》第3条指出:"涉外仲裁案件的当事人自愿选择新组建的仲裁委员会仲裁的,新组建的仲裁委员会可以受理。"由此,各地仲裁委员会在当事人自愿选择的情况下,有权受理涉外仲裁案件。同时根据2005年和2012年《中国国际经济贸易仲裁委员会仲裁规则》的规定:该仲裁委员会也可受理国内争议案件。这有利于仲裁机构之间形成竞争的局面,增强仲裁的独立性和公正性。

❓ 案例思考题

收货人诉海上运输承运人案——中国海事仲裁委员会的管辖权①

"辽阳"轮从大连装载重烧镁2000公吨,1980年4月14日抵达目的港鹿特丹。4月16日,收货人委托的检验人对货物进行了检验,查明表层重烧镁混入大小不等的木片、席片和绳子等。船底舱的部分护板破裂,船员清除了表层的部

---

① 参见杜新丽主编:《国际私法教学案例》,中国政法大学出版社1999年版,第377—378页。

分杂物，但下面的货物也混入大块木片等物。检验人认为部分杂物在装船前就已存在。后来货物运到本道尔夫的用户工厂进行清理加工，收货人每吨付费35马克，共支付1980.246公吨重烧镁清理加工费69308.6马克，支付货物检验费1509.5马克。

"虎林"轮从大连装载2000公吨散装重烧镁，于1980年5月9日运抵目的港鹿特丹。收货人发现货物内混有杂物，未将货物直接运往用户所在地，而改运杜伊斯堡的FROMBERGER公司进行清理加工。5月30日，收货人委托检验人对货物进行了检验，查明货物中混有小木块、木屑和席片等物。FROMBERGER公司对1553.521公吨货物进行了手拣、过筛、火烧等程序的清理加工，费用为每吨42马克，合计64407.88马克。

收货人就清理重烧镁杂物问题与承运人进行协商，未果。收货人向中国海事仲裁委员提请仲裁。中国国际贸易促进委员会海事仲裁委员会主席根据双方当事人的委托，分别指定张某和司某为收货人和承运人的仲裁员。两位仲裁员共同推举邵某为首席仲裁员。

仲裁庭根据双方的申诉、答辩和有关证明材料，以及被申请人代表、申请人代表于1984年2月22日在北京开庭审理时的补充陈述，作出如下裁决：

"辽阳"轮和"虎林"轮所运重烧镁在卸货港所发现的杂物，至少有大部分是在装船前混入的。但这种杂物在装船时或装船过程中并不都是不能发现的，而作为承运人的某公司签发了清洁提单，并且不能证明收货人事先已经了解并认可货物的这一状况，因此，承运人应承担赔偿责任，补偿收货人因为清除重烧镁中的杂物而采取适当措施使之达到通常用户能够接受的程度所需要的合理费用。

问题

本案中的中国海事仲裁委员会是什么性质的机构？它能否受理此案？

重点提示

中国海事仲裁委员会是中国以仲裁海商、海事争议为主的常设仲裁机构。根据当时适用的《中国海事仲裁委员会仲裁规则》，中国海事仲裁委员会可以受理海上船舶运输和保险等方面的争议。加之，收货人向中国海事仲裁委员会提请仲裁，双方当事人均委托海事仲裁委员会主席指定仲裁员，未对仲裁庭的管辖权提出异议，因此中国海事仲裁委员会可以受理此案。

第二十五章 仲裁协议

本章知识点

一、仲裁协议的概念和种类

仲裁协议是国际商事仲裁得以发生的根本依据,它是指双方当事人合意将他们之间已经发生或将来可能发生的国际商事争议交付仲裁解决的一种书面协议。

根据仲裁协议表现形式的不同,仲裁协议可以分为仲裁条款和仲裁协议书,以及其他表示提交仲裁的文件。

仲裁条款是指双方当事人在签订有关国际贸易与经济合作或海运方面的条约或合同时,在该条约或合同中订立的约定把将来可能发生的争议提交仲裁解决的条款。仲裁协议书是指在争议发生前或争议发生后的有关当事人双方经过平等协商,共同签署的一种把争议提交仲裁解决的专门性文件。其他表示提交仲裁的文件通常是指双方当事人针对有关合同关系或其他没有签订合同的国际商事法律关系而相互往来的信函、电传、电报以及其他书面材料。

二、仲裁协议的内容

尽管各国立法和有关国际条约对于一项有效的仲裁协议应包括哪些内容规定不尽相同,但一般来说,一项完备的仲裁协议应具备以下五个方面的内容:提交仲裁的事项、仲裁地点、仲裁机构、仲裁规则和裁决的效力。

三、仲裁协议的有效要件

仲裁协议的有效要件,是指一项有效的仲裁协议必须具备的基本条件。关于仲裁协议的有效要件,各国法律和有关国际公约的规定并不完全一致,但是对构成有效仲裁协议的基本条件还是达成了共识,一般而言,主要涉及三个方面的问题,即仲裁协议的形式、仲裁协议当事人的行为能力、争议事项的可仲裁性。

四、认定仲裁协议有效性的机构及准据法

根据有关国际公约、国内立法和仲裁实践,有权认定仲裁协议有效性的机构主要有以下几种:

第一,仲裁机构。这是认定仲裁协议效力最主要、最普遍的机构,许多国家的仲裁立法和国际条约都规定仲裁机构有权认定仲裁协议是否有效。我国《仲裁法》也规定,当事人对仲裁协议的效力有异议的,可以请求仲裁委员会作出裁决。

第二,法院可以受理当事人对仲裁协议有效性发生的争执。1958年《纽约公约》规定,法院有权认定仲裁协议是否有效。如果法院查明仲裁协议是无效的、未生效的或不可能执行的,法院可以受理此案,如果法院查明仲裁协议是有效的,则依一方当事人的请求,命令当事人把案件提交仲裁。

第三,被请求承认和执行裁决的主管机关有权对仲裁协议是否有效作出判断。根据1958年《纽约公约》规定,被请求承认和执行裁决的主管机关根据双方当事人选定的法律,或在没有这种选定的时候,根据作出裁决的国家的法律,认定仲裁协议无效的,可以根据一方当事人的请求,拒绝承认和执行该裁决。

认定仲裁协议有效性的机构在作出认定时通常都会依据一定的准据法。尽管判定一项仲裁协议是否有效时,有时会适用当事人选择的法律或适用仲裁协议订立地法或当事人的属人法,但仲裁地法是确认仲裁协议所适用的主要法律,特别是在当事人没有选择应适用的法律的情况下。

我国《涉外民事关系法律适用法》第18条规定,当事人可以协议选择仲裁协议适用的法律。当事人没有选择的,适用仲裁机构所在地法律或者仲裁地法律。

五、仲裁条款自治理论

合同的终止、无效或失效,构成合同一部分的仲裁条款是否也随之终止、无效或失效,所发生的有关争议是否还应该根据仲裁条款提交仲裁解决,该问题被称作仲裁条款的独立性或可分性问题。对于该问题主要有两种不同的主张:第一种是传统观点,认为仲裁条款是与主合同不可分割的一部分,主合同无效,合同中的仲裁条款当然无效。如果当事人对主合同的有效性提出异议,仲裁条款的有效性问题则必须由法院决定而不是由仲裁庭决定。第二种观点是现代观点,认为仲裁条款与主合同是可分的。仲裁条款虽然附属于主合同,但与主合同形成了两项可分离或独立的契约。主合同关系到当事人在商事交易方面的权利义务,仲裁条款作为从合同则关系到当事人间的另一义务,即通过仲裁解决因商事交易义务而产生的争议。因此,仲裁条款具有保障当事人通过寻求某种救济而实现当事人商事权利的特殊性质,它具有相对独立性,其有效性不受主合同有效性的影响,即使主合同无效,仲裁条款也不一定无效,该观点被称为仲裁条款自治说(doctrine of arbitration clause autonomy)。按照这一学说,如果一方当事人对主合同的有效性提出异议,争议应由仲裁庭解决而不应由法院解决。换言之,仲裁庭裁决当事人之间争议的权力来源于仲裁条款本身,而不是来源于含有仲裁条款的合同。

六、有效仲裁协议的法律效力

有效仲裁协议的法律效力主要体现在以下几个方面:(1)仲裁协议排除了法院对该争议的管辖权,世界上绝大多数国家的仲裁立法都承认这一法律效力;(2)有效的仲裁协议是有关仲裁机构行使仲裁管辖权的重要依据之一;(3)有效的仲裁协议是执行有关仲裁程序的依据;(4)仲裁协议是保证仲裁裁决具有强制执行力的法律前提。

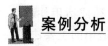

案例分析

案例一:上海外贸 A 公司诉日本 B 公司案
——仲裁条款效力的认定与仲裁条款的功能

【案情介绍】

1987年上海外贸A公司与日本B公司签订了4份来料加工合同,合同中约定的仲裁条款为:"如有争端应提交北京中国国际贸易促进委员会对外贸易仲裁委员会并按其仲裁暂行规则进行仲裁。"在合同履行中,双方发生争议。A公司以B公司为被告向上海某区法院提起诉讼,某区法院以加工行为地在该院管辖区内为由作出受理案件的民事裁定。B公司分别向某区法院以及上海市中级人民法院提出了管辖权异议。后来,A公司又向中国国际经济贸易仲裁委员会提起仲裁。仲裁委员会根据A公司与B公司之间签订的4份来料加工合同中的仲裁条款以及A公司提交的书面仲裁申请,受理了该来料加工合同争议仲裁案。

仲裁委员会向 B 公司发送仲裁通知后,B 公司未指定仲裁员,也未提交答辩,但向仲裁委员会提出了管辖权异议,其主要内容为:A 公司与 B 公司之间签订的来料加工合同中从未约定有发生争议由"中国国际经济贸易仲裁委员会"仲裁的条款,而双方在合同中约定的仲裁机构是"北京中国国际贸易促进委员会对外贸易仲裁委员会"。由于双方在签订该条款时,该会已不存在,该条款已无实际意义。故根据中国《仲裁法》第 18 条的规定,在 A 公司与 B 公司未达成新的仲裁协议条款之前,仲裁委员会不应受理此案。

【法律问题】

1. 上海某区法院是否应受理 A 公司对 B 公司的起诉?为什么?

2. A 公司向中国国际经济贸易仲裁委员会提起仲裁,B 公司提出管辖权异议是否有理?为什么?

【参考结论】

1. 上海某区法院不应受理 A 公司对 B 公司的起诉。因为双方在合同中订有合法有效的仲裁条款,并明确约定争议由仲裁委员会仲裁,故已排除了法院的管辖。

2. B 公司提出管辖权异议没有道理。因为本案仲裁条款中所指明的仲裁机构"中国国际贸易促进委员会对外贸易仲裁委员会"与现名为"中国国际经济贸易仲裁委员会"为同一机构,本仲裁条款是完整有效的。B 公司以原合同约定仲裁机构名称的变更来否定该仲裁条款,是没有法律依据的。

【法律评析】

本案涉及仲裁条款效力的认定与功能。本案中 A 公司与 B 公司在合同中约定的仲裁条款是有效的。仲裁协议是指各方当事人自愿将他们彼此间已经发生的或可能发生的争议提交仲裁解决的意思表示。它往往以合同中的仲裁条款或单独的协议形式表现出来。仲裁协议应当具有以下内容:(1)请求仲裁的意思表示;(2)提交仲裁的事项;(3)选定的仲裁机构。一项有效的仲裁协议具有下列法律效力:第一,对当事人而言,均须受到该协议的约束,当仲裁协议所约定的纠纷产生以后,任何一方均无权向法院起诉。第二,对仲裁机构或仲裁庭而言,仲裁协议是管辖案件的前提和依据。第三,对法院而言,有效的仲裁协议排除了法院的强制管辖权,即使一方当事人违反协议向法院提起诉讼,法院也不得立案受理。如果当事人对裁决不服向法院起诉或上诉,法院也不得立案受理。本案中,A 公司在双方当事人已约定了仲裁协议的情况下向上海某区法院提起诉讼的行为违反了仲裁协议的规定。某区法院对 A 公司的起诉作出受理的裁定也是错误的。B 公司对该法院提出管辖权异议有理。但是当 A 公司后来按合同中有效的仲裁条款向中国国际经济贸易仲裁委员会提请仲裁时,B 公司又以仲裁机构名称的变更来否定该仲裁条款的效力,此次提出管辖权异议是没有道理的。因为本案所涉的两个名称不同的仲裁机构,实质上是同一机构,其隶属关系、性质、职能等事项均未减损,只是名称发生了变更。仲裁委员会现行的仲裁规则是在暂行规则的基础上制定的,相对于暂行规则而言,现行的仲裁规则更加完善,更具有可操作性,是暂行规则的成熟和发展。因而,中国国际经济贸易仲裁委员会有权受理该案并依照现行仲裁程序进行仲裁。

案例二:国药控股江苏有限公司、江苏大德生药房连锁有限公司诉扬州华天宝药业有限公司、广东华天宝药业集团有限公司、香港华天宝药业有限公司案
——仲裁协议排除法院管辖

【案情介绍】

原告国药控股江苏有限公司、江苏大德生药房连锁有限公司因与被告扬州华天宝药业有限公司、广东华天宝药业集团有限公司、香港华天宝药业有限公司中外合资经营企业合同纠纷一案,由原告于 2010 年 8 月 9 日向江苏省扬州市中级人民法院提起诉讼。法院受理后,依法组成合议庭进行了审理。被告广东华天宝药业集团有限公司和香港华天宝药业有限公司在开庭前提出管辖权异议,认为两原告未向法院提供合资合同《扬州华天宝药业有限公司合同》,未向法院声明合资四方在合资合同中订有仲裁条款,致法院立案受理。原告、被告之间的合资合同订有仲裁条款,人民法院对本案无管辖权,请求法院裁定驳回原告起诉。

法院查明的事实为:国药控股江苏有限公司、江苏大德生药房连锁有限公司与广东华天宝药业集团有限公司、香港华天宝药业有限公司四方根据《中华人民共和国中外合资经营企业法》和其他法律规定,同意共同对扬州天康药业有限公司进行资产重组,建立合资经营公司扬州华天宝药业有限公司,签订了《扬州华天宝药业有限公司合同》,该合同第十九章"争议的解决"第 49 条约定:"凡因执行本合同所发生的或与本合同有关的一切争议,四方应通过友好协商解决,如果协商不能解决,应提交北京中国国际经济贸易仲裁委员会,根据该会的仲裁程序暂行规则进行仲裁。仲裁裁决是终局的,对四方都有约束力。"该合同经扬州市对外贸易经济合作局于 2004 年 9 月 22 日作出的扬外经贸资【2004 年】117 号文"关于同意扬州华天宝药业有限公司《合同》、《章程》的批复"批准生效。合资四方在《合资经营扬州华天宝药业有限公司协议》第 4 条亦约定:"合资各方

的权利、义务以及违约责任、争议解决详见公司的《合同》。"两原告确认提起本次诉讼的事实基础是在中外合资经营扬州华天宝药业有限公司期间发生的纠纷,该纠纷受合资四方签订的并经主管部门批准生效的《扬州华天宝药业有限公司合同》的约束。

【法律问题】

本案法院应如何处理?

【参考结论】

法院应驳回原告国药控股江苏有限公司、江苏大德生药房连锁有限公司的起诉。

【法律评析】

我国《仲裁法》第26条规定:"当事人达成仲裁协议,一方向人民法院起诉未声明有仲裁协议,人民法院受理后,另一方在首次开庭前提交仲裁协议的,人民法院应当驳回起诉,但仲裁协议无效的除外;另一方在首次开庭前未对人民法院受理该案提出异议的,视为放弃仲裁协议,人民法院应当继续审理。"本案仲裁协议不存在无效的情形,法院对本案无管辖权,且被告在开庭前提出了管辖权异议,因此,法院应驳回原告的起诉。原告应依据仲裁协议,向北京中国国际经济贸易仲裁委员会提出仲裁申请。

案例三:新加坡乙公司与中国甲公司合营企业纠纷仲裁案
——仲裁管辖权异议

【案情介绍】

甲公司为一中国公司,乙公司为一新加坡公司,两公司于1999年6月签订了合作经营企业合同,在湖南长沙设立了双方合作经营的丙公司。该合同规定"与本合同履行有关的争议事项的解决应该在北京进行仲裁"。2000年4月两公司由于在公司利润的分配上产生了争议,乙公司将争议提交北京中国国际经济贸易仲裁委员会进行仲裁。甲公司在第一次开庭前对仲裁委员会的管辖权提出了异议,理由是按照中国《民事诉讼法》的规定,中国法院对于由于在中国境内履行的合作经营企业合同引起的争议具有专属的管辖权。

【法律问题】

甲公司的管辖权异议是否有理?为什么?

【参考结论】

甲公司认为中国国际经济贸易仲裁委员会没有管辖权的异议成立。但其异议的理由不正确。涉外经贸合同的当事人既可以选择诉讼的方式来解决争议，也可以选择仲裁的方式解决争议。我国1991年《民事诉讼法》第246条对在中华人民共和国境内履行的中外合作经营企业合同纠纷由中华人民共和国法院专属管辖的规定，只表明当事人选择诉讼的方式解决合作经营企业纠纷的情况下排除外国法院的管辖，根据1992年最高人民法院《关于适用〈中华人民共和国民事诉讼法〉若干问题的意见》第305条的规定，并不排除当事人在有关事项上选择中国或外国的仲裁机构通过仲裁来解决争议。本案中，中国国际经济贸易仲裁委员会没有管辖权的主要理由是中外合作合营企业合同中的仲裁条款没有约定仲裁机构，是无效的。

【法律评析】

本案是一起涉外合作经营企业合同争议管辖权纠纷案，主要涉及我国《民事诉讼法》及《仲裁法》的有关内容。我国1991年《民事诉讼法》第246条（2007年修订的《民事诉讼法》为第244条）规定："因在中华人民共和国履行中外合资经营企业合同、中外合作经营企业合同、中外合作勘探开发自然资源合同发生纠纷提起的诉讼，由中华人民共和国法院管辖。"尽管我国《民事诉讼法》对于在中国境内履行的中外合作经营企业合同引起的争议具有专属的管辖权，但这并不排除当事人选择仲裁来解决争议。仲裁庭的管辖权来自当事人在合同中签订的仲裁条款或争议发生前、发生后所达成的有效的仲裁协议。

案例四：Conares公司诉中国仪器进出口公司案
——仲裁协议效力的认定①

【案情介绍】

2001年4月19日，申请人中国仪器进出口公司与被申请人Conares Metal Supply Ltd.（以下简称"Conares公司"）签订了两份钢材进口合同，合同签订以后，因钢材市场价格下跌，双方协商降价。2001年6月22日Conares公司向申请人传真一份协议，内容为：Conares公司同意钢材降价，申请人同意再购买5000吨钢材。该份协议同时规定，如果本协议未协商一致，则Conares公司坚持原合同条件，本协议无效。申请人收到该传真后，当天即签署传回，至此协议生效。新的协议生效后，钢材降价的部分得到履行，但申请人新购的钢材未实际履行。Conares公司根据原2001年4月19日签订的两份钢材进口合同中的仲裁条款

---

① 参见许光耀、宋连斌主编：《国际私法学——学习指导书》，湖南人民出版社2005年版，第221—224页。

向中国国际经济贸易仲裁委员会提起仲裁,要求申请人退还降价部分的钢材款。申请人认为,双方之间的争议,是有关履行2001年6月22日协议的争议,而非原合同项下的争议,2001年6月22日协议并未规定仲裁条款。因此,本案争议当事人之间没有有效的仲裁协议。请求人民法院裁定中国国际经济贸易仲裁委员会对争议无管辖权。

法院认为:根据中国《仲裁法》第20条关于"当事人对仲裁协议的效力有异议的,可以请求仲裁委员会作出决定或者请求人民法院作出裁定"的规定,中国仪器进出口公司对仲裁协议效力有异议时,可以请求人民法院对协议的效力作出裁定。但本案中,中国仪器进出口公司是以仲裁委员会受理的其与Conares公司之间的争议案不存在仲裁协议为由提出的申请。因此,中国仪器进出口公司的申请不符合法院受理条件,应予驳回。依照中国《民事诉讼法》第140条第1款第11项之规定,裁定驳回中国仪器进出口公司的申请。

【法律问题】
法院的处理是否正确?

【参考结论】
法院的处理是错误的。

【法律评析】
"仲裁条款独立性理论"已经得到学术界普遍承认和世界各国的广泛接受和采纳。我国《仲裁法》也采纳了这一理论,该法第19条第1款规定:"仲裁协议独立存在,合同的变更、解除、终止或者无效,不影响仲裁协议的效力。"本案中,双方当事人就价格达成的协议,并不是解除原合同,订立一个新的合同,而是合同当事人协议部分变更合同。因此,仲裁条款仍是存在并有效的。

法院在审理该案时,依据我国《仲裁法》第20条并无错误,但在法律解释上却出现了偏差。我国《仲裁法》第20条第1款规定:"当事人对仲裁协议的效力有异议的,可以请求仲裁委员会作出决定或者请求人民法院作出裁定。一方请求仲裁委员会作出决定,另一方请求人民法院作出裁定的,由人民法院裁定。"字面上,仲裁协议的存在与仲裁协议的效力是不同的,但实践中这两个问题是经常交织在一起,而且本质上没有区别。我国《仲裁法》第20条有关仲裁协议的"效力"的规定,不仅指形式上仲裁协议是否存在,比如一方当事人认为另一方当事人提出的仲裁协议是伪造的,也指形式上存在仲裁协议但可能效力有疑问。如果形式上不存在一个仲裁协议,当然也就没有一个有效的仲裁协议,换言之,"存在"是"效力"的前提,也是其隐含的先决条件。另一方面,本案中,当事人关于仲裁协议效力的争议,实际上是合同变更是否影响仲裁协议的效力,应将我国

《仲裁法》第 19 条和第 20 条结合起来看。法院仅根据申请人请求的字面意思和对第 20 条的狭义理解,不对仲裁协议的效力进行认定,以"仲裁协议不存在"不包括于《仲裁法》第 20 条所指的"仲裁协议的效力"为由,驳回申请人的请求,是对法律的曲解,其逻辑是荒谬的。

当然,从另一方面来看,这个案例也说明我国《仲裁法》的一个缺陷。值得注意的是,考虑到我国执法人员的理解法律的能力和立法的完备,2005 年《中国国际经济贸易仲裁委员会仲裁规则》第 6 条第 1 款规定:"仲裁委员会有权对仲裁协议的存在、效力以及仲裁案件的管辖权作出决定。如有必要,仲裁委员会也可以授权仲裁庭作出管辖权决定。"该《规定》明确提及仲裁协议的"存在"与"效力"。

案例五:天津市冷藏食品有限公司诉富勒有限公司和爱丽尼克斯国际有限公司案——法院管辖权的异议和外国法查明[①]

【案情介绍】

天津市冷藏食品有限公司与富勒有限公司、爱丽尼克斯国际有限公司在仲裁协议中约定由香港的仲裁机构解决其合同争议。2003 年在合同履行过程中发生争议,天津市冷藏食品有限公司向我国法院提起诉讼,富勒有限公司、爱丽尼克斯国际有限公司以仲裁协议为由抗辩法院的管辖权。

因为当事人没有约定仲裁协议适用的法律,法院首先确定应适用仲裁地法即香港法来确认仲裁协议的有效性,而仲裁协议中只约定由香港的仲裁机构解决其合同争议,而香港进行国际商事仲裁的只有一家——香港国际仲裁中心,因此,法院就该仲裁协议的可执行性问题征求香港国际仲裁中心的意见,该中心认为,当事人在仲裁协议中未明确指出由香港国际仲裁中心进行仲裁,故该中心不会受理此案。由于当事人仲裁协议约定不明,又不能进一步达成补充协议,法院裁定当事人之间的仲裁协议无效,中国法院对此享有管辖权。

【法律问题】

法院的处理是否适当?

【参考结论】

法院的处理是不当的。

---

① 参见许光耀、宋连斌主编:《国际私法学——学习指导书》,湖南人民出版社 2005 年版,第 173—175 页。

【法律评析】

(1) 仲裁协议的效力。管辖权异议解决的首要问题是要确定仲裁协议的效力。如何确定仲裁协议的准据法,概括起来,有下列几种方式:一是依当事人选择的法律;二是依最密切联系原则确定的法律;三是依仲裁地或裁决地的法律;四是依跨国法律观念;五是依尽量使其有效的原则;六是依其他方法适用的法律。本案中,当事人没有明确选择法律,因此,不论是根据最密切联系原则或是仲裁地法律,都应为香港法。这一点,法院的认定是正确的。

(2) 外国法的查明。本案中,当事人约定在某个仲裁机构进行仲裁,而法院却去询问香港国际仲裁中心是否受理案件,不符合查明外法域法律的程序。事实上,对于国际商事仲裁,香港采用的是 1985 年联合国《国际商事仲裁示范法》。依据该法,香港高等法院是确认类似仲裁协议的有效性的。在 1993 年 Lucky-Goldstar International (HK) Limited v. Ng Moo Kee Engineering Limited 案中,当事人约定争议在第三国依其法律由国际商事仲裁协会(International Commercial Arbitration Association)按其程序规则进行仲裁。"国际商事仲裁协会"及其程序规则是不存在的,原告的律师因此辩称仲裁协议无效。但主审的 Kaplan 法官认为,双方当事人在仲裁协议中清楚地表达了仲裁意愿,而且选择了第三国为仲裁地,并选择了该国法律为仲裁准据法,所以,仲裁协议是可以执行的。该案中,原告可以幸运地任意挑选第三国,至于不存在的仲裁机构及其程序规则,正确的做法是置之不理。由这个案例可以看出,法院的裁定是错误的,原因在于没有适当查明香港法律。

案例思考题

思考题一:约克公司与北海公司货物买卖合同纠纷案
——识别、仲裁与诉讼管辖权冲突[①]

本案原告美国约克空调与制冷公司(以下简称"约克公司"或"卖方")与本案被告香港北海冷电工程公司(以下简称"北海公司"或"买方")于 1992 年 12 月 31 日在中国北京签订了一份货物买卖合同(编号为 A158/4/92-01,以下简称

[①] 参见许光耀、宋连斌主编:《国际私法学——学习指导书》,湖南人民出版社 2005 年版,第 205—210 页。

"A158号买卖合同"、"A合同"或"本合同")。双方约定:约克公司向北海公司提供4台约克牌冷水机组,总价款为5.2276亿美元。本合同第3条的内容是"付款",由于买卖双方在签约当时尚未就付款的具体方式达成一致,因此双方同意待签约后再补上。本合同第7条规定的争议解决方式为提交中国国际经济贸易仲裁委员会进行仲裁解决。

在合同签署之后,买卖双方口头约定货款分三期支付。第一期货款如期支付。关于第二期货款,卖方在1993年6月3日开出面额为339794美元的汇票(编号为"YIHK10732C",以下简称"10732C号汇票"),买方于同年6月7日收到海运提单后立即在汇票上签署承兑,定于同年7月19日兑现付清。但买方随即发现和认定卖方在供货义务上有重大错漏短缺。经一再通知,卖方仍不补发缺漏的设备重要部件,买方遂于1993年7月17日通知付款银行停止付款,致使上述汇票不能如期兑现。

1993年9月11日约克公司向香港高等法院起诉,请求法院责令北海公司补还上述货款,另加延期付款利息以及其他有关费用。1993年9月23日,被告北海公司答辩称:原告在履行上述A158号买卖合同中,有多项违约行为,无权索取全额价款;更重要的是,原告与被告在上述合同中订有仲裁条款,本案10732C号汇票的付款争端,乃是该A158号买卖合同货物价款问题的一部分,应适用上述仲裁条款的规定。而且该A158号买卖合同是由约克公司设在北京的营业办事处的代表与北海公司的代表,共同在中国北京磋商和签订的。根据香港《仲裁条例》的有关规定,理应将上述争端提交由双方在A158号买卖合同中约定的仲裁机构仲裁。据此,北海公司请求香港法院裁定中止本案诉讼。原告约克公司强调:10732C号汇票乃是完全独立于A158号买卖合同之外的另一份合同,因此A158号买卖合同中的仲裁条款完全不适用于上述汇票。并于1993年9月27日进一步具状向香港高等法院请求援用《香港最高法院〔诉讼〕规则》中的第14号令,对上述汇票争端实行"即决裁判",责令被告北海公司立即如数兑现支付汇票所载款额。

1993年12月7日,香港高等法院法官乌利裁定:驳回被告北海公司关于中止诉讼的申请,并责令被告偿还原告约克公司因本案支付的费用。被告北海公司不服上述裁定,于1993年12月8日提起上诉,并重申上述答辩中提出的关于中止本案诉讼的请求。同时鉴于本案在香港久拖不决,北海公司遂根据A158号买卖合同仲裁条款的规定,于1994年8月23日向中国国际经济贸易仲裁委员会深圳分会申请仲裁,深圳分会受理了此案。

1994年12月16日,香港高等法院法官尼·卡普兰作出判决,其要点是:

(1) A158 号买卖合同中的仲裁条款,不适用于 10732C 号汇票争端;(2) 第 10732C 号汇票争端的准据法应当是香港法;(3) 被告北海公司对原告约克公司根据该汇票提出的索债要求,无权抗辩;(4) 被告北海公司上诉申请中止诉讼,应予驳回;(5) 被告应赔偿原告因反对中止诉讼而支付的费用;(6) 原告请求按"第 14 号令"对第 10732C 号汇票的有关争端,实行即决裁判,此项请求留待其他法官另行审理。被告北海公司不服卡普兰法官的上述判决,遂由香港大律师福克纳具状向香港的上诉法院上诉。

1995 年 3 月 15 日,深圳分会仲裁庭在深圳开庭审理本案,在澄清事实和分清是非之后,经仲裁庭调解,北海公司与约克公司达成了和解协议,仲裁庭据此作出了相应的裁决。裁决还要求双方应在 1995 年 3 月 18 日中午以前同时撤销在香港法院为本案提起的一切诉讼和上诉。

问题

本案中由拒付汇票而产生的争议究竟是否属于 A 合同争议从而应受仲裁条款的约束?

重点提示

本案是诉讼与仲裁在管辖权方面产生冲突的一个比较典型的案例,但起因却是法官和仲裁员在案件识别上的分歧。通常而言,诉讼与仲裁易在管辖权问题上产生分歧的主要原因在于仲裁协议的概括性。由于双方在缔结合同时,对于未来将会发生何种争议,不得而知。因而通常规定在仲裁条款当中的都是"……与本合同有关的一切争议若协商不成,提交某某仲裁机构解决……"的词句。此种情况下,若果真发生争议,如果非常明显属于合同订立、履行方面的问题,双方当事人一般不会在管辖权问题上过多纠缠。但是一旦涉及诸如运输、保险、付款方面的问题,就比较容易产生争议。本案即是在这方面产生争议的一个实例。双方当事人争议的实质其实就是,由支付汇票款项所生的争议是否属于与合同有关的争议。对这一问题,法院与仲裁庭的观点也是截然不同的。对这一问题的回答,必须结合具体的法律制度来进行。因此,确定采用哪一法律作为准据法来识别汇票争议与 A 合同争议就显得至关重要。对这一问题,由于理解角度的不同可能会产生两种截然相反的结论。一种理解是认为汇票争议是否与本合同有关涉及的是汇票的独立性问题,因而对这一问题的解答取决于汇票所适用的准据法;另外一种理解是汇票争议是否与本合同有关,涉及的是对仲裁条款措辞的理解,亦即如何确定"与合同有关"的涵盖范围,而对这一问题的回答则取决于仲裁条款的准据法。

具体至本案,不难看出,香港法院的法官之所以驳回了被告北海公司的管辖权异议,原因即在于其对汇票争议与本合同的关联问题采取的是第一种理解方式。而法官认为本案汇票是在香港出具并在香港承兑的,因此香港法律是汇票问题应当适用的准据法。而依据香港法律,汇票的独立性是不容置疑的,对于根据汇票提出的此项讨债请求,被告无权抗辩,亦即其所引据的仲裁条款不能适用于此项讨债请求。而中国国际经济贸易仲裁委员会深圳分会之所以受理了本案,原因即在于他们对这一问题的理解方式属于上面所提及的第二种。虽然本案当事人并未明示约定仲裁条款的准据法,但依据国际商事仲裁的普遍实践,仲裁地法的适用是得到广泛接受的。因而本案中仲裁条款的准据法应当是当事人选择的仲裁机构所在地的法律,亦即中国法。根据本案当时生效的中国最高人民法院的司法解释:对于《中华人民共和国涉外经济合同法》第5条所说的"合同争议"应作广义的理解。凡是双方当事人对合同是否成立、合同成立的时间、合同内容的解释、合同的履行、违约的责任,以及合同的变更、转让、解除、终止等发生的争议,均应包括在内。对照本案事实:上述汇票的兑现问题,乃是买卖双方在本合同履行过程中货款支付上的争议,应归属于广义的"合同争议"的范围内。因此依据中国法律,仲裁条款适用于此项争议。

那么如何看待本案的这种管辖权冲突呢?我们认为,从学理上分析,双方的理解都有一定的道理,也都能够找到相应的法律依据。事实上,这也是几乎全部仲裁与诉讼管辖权之争的一个特点,如果是非常明显的能够归属到一种解决方式之下,通常是不会发生这种对抗的。即使发生,也较为容易得到解决。

思考题二:江苏省物资集团轻工纺织总公司诉香港裕亿集团有限责任公司及加拿大太子发展有限公司的侵权纠纷案
——仲裁条款的效力

江苏省物资集团轻工纺织总公司(以下简称"轻纺公司")分别与香港裕亿集团有限责任公司(以下简称"裕亿公司")、加拿大太子发展有限公司(以下简称"太子公司")签订了进口旧电视机的CC960505号和CC960506号合同,这两个合同都包含了以下仲裁条款:"凡因本合同所发生的或与本合同有关的一切争议,双方可以通过友好协商解决;如果协商不能解决,应提交中国国际经济贸易仲裁委员会,根据该会的仲裁规则进行仲裁。仲裁裁决是终局的,对双方均有约束力。"当两个合同项下的货物运抵目的港后,轻纺公司发现,裕亿公司和太子公司交付的货物不是合同中约定的旧电视机,便以裕亿公司和太子公司侵权为由,在江苏省高级人民法院起诉裕亿公司和太子公司。裕亿公司和太子公司则以合同中订有仲裁协议为由,对法院的管辖权提出异议,请求法院驳回轻纺公司的起诉,将争议提交仲裁解决。

而江苏省高级人民法院1997年9月则裁定裕亿公司和太子公司有欺诈行为,认为:本案是因欺诈引起的侵权损害赔偿纠纷,虽然当事人之间的买卖合同中订有仲裁条款,但由于被告是利用合同进行欺诈,已超出履行合同的范围,构成侵权。双方当事人的纠纷已非合同权利与义务的争议,而是侵权损害赔偿纠纷。江苏省轻纺公司有权向法院提出侵权之诉,而不受双方所订立的仲裁条款的约束。两被告所提出的管辖权异议理由不能成立。

第一审宣判后,被告裕亿公司、太子公司不服,向最高人民法院提起上诉。

问题

本案中两被告所提出的管辖权异议理由能否成立?

重点提示

最高人民法院认为:本案争议的焦点在于仲裁机构是否有权对当事人之间的侵权纠纷作出裁决。根据我国《仲裁法》第2条和《中国国际经济贸易仲裁委员会仲裁规则》第2条,中国国际经济贸易仲裁委员会有权受理侵权纠纷。从被上诉人轻纺公司在原审起诉状中所陈述的事实和理由看,其所述上诉人裕亿公司和太子公司的侵权行为,均是在签订和履行CC960505号和CC960506号两份销售合同过程中产生的,同时也是在我国《仲裁法》实施后发生的。而该两份合同的第8条均明确规定:"凡因执行本合约所发生的或与本合约有关的一切争议,双方可以通过友好协商予以解决;如果协商不能解决,应提交中国国际经济贸易仲裁委员会,根据该会的仲裁规则进行仲裁。仲裁裁决是终局的,对双方均有约束力。"因此本案应通过仲裁解决,人民法院无管辖权。原审法院认为轻纺公司提起侵权之诉,不受双方所订立的仲裁条款的约束,显然是与我国《仲裁法》和仲裁规则相悖的;况且原审法院在轻纺公司起诉称裕亿公司和太子公司利用合同进行欺诈的情况下,未经实体审理就以实体判决确认,并以裁定的方式认定二上诉人利用合同进行欺诈,违反了我国1991年《民事诉讼法》第140条关于裁定适用范围的规定,在程序上也是错误的,上诉人的上诉理由成立,应予支持。即使本案涉及第三人,在仲裁庭不能追究第三人责任的情况下,轻纺公司可以以第三人为被告向人民法院另行提起诉讼,当事人的合法权益仍然可以得到维护。

思考题三:铁行渣华有限公司诉华兴海运(中国)托运有限公司案
——仲裁协议效力的确认①

1998年5月,铁行渣华有限公司向华兴海运(中国)托运有限公司托运10个集装箱的货物,装于"Guang Bin Ji 74"轮由香港运到广东云浮六都,华兴海运(中国)托运有限公司于1998年5月16日在香港签发提单,提单号为74/9805LD02。该提单背面条款第2条内容为 JURISDICTION: All disputes arising under or in connection with this Bill of Lading shall be determined by Chinese Law in the courts of, or by arbitration in, the People's Republic of China. 中文译文:"管辖权:所有因此提单产生的争议应按照中华人民共和国法律在中华人民共和国法院审理或在中华人民共和国仲裁。"铁行渣华有限公司与华兴海运(中国)托运有限公司事后没有关于仲裁的补充协议。

2000年2月15日,铁行渣华有限公司和铁行渣华(香港)有限公司向中华人民共和国广州海事法院提出申请,请求法院确认提单仲裁条款无效。对此,华兴海运(中国)托运有限公司认为该提单背面条款第2条规定了"管辖权",该司法管辖条款是有效的,反请求法院裁定该提单中第2条中关于法律适用和司法管辖部分有效。

审理该案的合议庭认为:本案属涉外案件,对仲裁协议的效力作出认定,属于程序性问题,依照我国1986年12月2日加入的《承认与执行外国仲裁裁决公约》第5条第1项规定的精神,确定仲裁协议效力的准据法的基本原则是:首先应适用当事人约定的准据法,如当事人未约定准据法,则应适用仲裁地的法律。本案中,对于认定本案所涉仲裁协议效力的法律适用,本案当事人确定的准据法均是中华人民共和国法律,故本案应适用中华人民共和国法律。

同时认为:74/9805LD02号提单背面条款第2条是一个管辖权条款。一项争议的解决如果约定了提交仲裁,那么它本身应排斥诉讼,仲裁与诉讼不能同时进行,否则就违背了仲裁制度的根本原则。在本案所涉管辖权条款中,当事人既约定了进行仲裁又约定了进行诉讼,该仲裁协议应认定无效。至于华兴海运(中国)托运有限公司请求法院裁定该提单中的法律适用和司法管辖条款有效问题,由于铁行渣华有限公司、铁行渣华(香港)有限公司并没有要求本院对此进行确认,不属本案审理的范围,应另行处理。

---

① 甘肃省政府法制网:http://www.gsfzb.gov.cn/law-1/news/view.asp? id=30774,2006年6月8日访问。

第二十五章 仲裁协议

问题
1. 谁有权对仲裁协议的效力进行确认？
2. 如何确定仲裁协议的准据法？
3. 既约定了仲裁又约定了诉讼的仲裁协议是否有效？

重点提示

1. 关于仲裁协议效力的确认机构，我国《仲裁法》第20条第1款作了规定："当事人对仲裁协议的效力有异议的，可以请求仲裁委员会作出决定或者请求人民法院作出裁定。一方请求仲裁委员会作出决定，另一方请求人民法院作出裁定的，由人民法院裁定。"可见，在我国仲裁委员会与人民法院均有确认仲裁协议效力的权利。并且当当事人同时或者先后向仲裁委员会和人民法院提出确认仲裁协议效力的请求时，人民法院具有确认仲裁协议效力的优先权。此外，最高人民法院1998年10月21日《关于确认仲裁协议效力几个问题的批复》第3条规定："当事人对仲裁协议的效力有异议，一方当事人申请仲裁机构确认仲裁协议效力，另一方当事人请求人民法院确认仲裁协议无效，如果仲裁机构先于人民法院接受申请并已作出决定，人民法院不予受理；如果仲裁机构接受申请后尚未作出决定，人民法院应予受理，同时通知仲裁机构终止仲裁。"

2. 对于仲裁协议效力的确认，关键在于对仲裁协议准据法的确定。我国《仲裁法》对涉外仲裁协议的法律适用没有作出明确规定。长期以来，我国司法及仲裁实践对国际商事仲裁协议效力的法律适用极不统一，在有关案例中出现了不同甚至相互矛盾的做法。

我国最高人民法院和地方各级人民法院在《仲裁法》实施之初，对仲裁协议应适用的准据法问题未予足够的重视，导致在司法实践中几乎完全忽视仲裁协议的独立性，对仲裁协议效力的判断均以《仲裁法》对仲裁协议效力的规定为依据。我国《仲裁法》第16条第2款要求仲裁协议应当具有请求仲裁的意思表示、仲裁事项、选定的仲裁委员会三个方面内容，对于仲裁协议应该包含的内容作了比较严格的规定，而且原则上不承认临时仲裁。因此，早期实践中仲裁条款被依据我国《仲裁法》认定为无效的例子并不少见。最高人民法院1996年12月20日对海南省高级人民法院就诺和诺德股份有限公司与海南际中医药科技开发公司经销协议纠纷管辖权问题的请示作出的答复就是一个典型。在1995年海口市中级人民法院受理的诺和诺德股份有限公司与海南际中医药科技开发公司经销协议纠纷中，原告与被告签订的合同中包括了这样的仲裁条款："因本协议产生或与本协议有关的一切争议应按照申请时有效的国际商会的规则（不包括调解程序）通过仲裁方式解决。仲裁应在伦敦以英语进行。仲裁裁决具有终局效力,对双方均具有约束力。"对于该仲裁条款的效力,最高人民法院以法经(1996年)449号函答复海南省高级人民法院,内容如下:"……经研究,同意你院报告中的意见,当事人合同中的仲裁条款因无明确的仲裁机构而无法执行,海口市中级人民法院对此案有管辖权。"该案所涉之仲裁条款中,当事人对于仲裁的意思表示、仲裁事项、仲裁地点、仲裁程序规则均作出了明确的约定,然而当时的最高人民法院和海南省高级人民法院完全忽略了国际商事仲裁协议的法律适用规则,无视仲裁条款的独立性,不顾我国已参加的《纽约公约》的相关规定,而直接适用我国《仲裁法》的规定来判断仲裁协议的效力,不能不说是一个遗憾。

所幸的是,随着我国法院对《仲裁法》认识的深化和实践经验的增加,对于国际商事仲裁协议法律适用的认识也日渐成熟。一方面从立法上和仲裁实践中承认和确定仲裁条款的独立性原则,另一方面也进一步将其运用到国际商事仲裁协议的法律适用实践之中。最高人民法院于1999年6月21日对湖北省高级人民法院就香港三菱商事会社有限公司与三峡投资有限公司、葛洲坝三联实业公司、湖北三联机械化工工程有限公司购销合同欠款纠纷管辖权问题的请示作出的答复就是一个典型例证。该案中争议合同中的仲裁条款和合同的适用法律条款分为两个条款分别约定,其中仲裁条款的内容为:"由本合同产生的或与本合同有关的所有分歧、争议或违约事项,应当在香港依据国际商会的仲裁规则进行仲裁,仲裁裁决是终局的,对双方都有约束力。"另在合同中专门约定了一条适用法律条款,即"适用中华人民共和国法律"。后因履行合同发生纠纷,当事人之一的香港三菱商事会社有限公司起诉至湖北省高级人民法院。另一当事人湖北三联机械化工工程有限公司提出管辖权异议,认为合同中的仲裁条款合法有效,本案纠纷应通过仲裁解决。其主要理由为:第一,合同准据法不是仲裁协议的准据法,不能据以判断仲裁协议之效力;第二,本案所涉合同中仲裁协议的准据法应为仲裁地香港法;第三,依据仲裁协议的准据法香港法及有关国际条约、国际惯例,本案仲裁协议应为有效。湖北省高级人民法院经审查后,认为该院对本案有管辖权,主要理由为:"第一,本案被告葛洲坝三联实业公司、湖北三联机械化工工程有限公司及争议的财产所在地均在湖北;第二,合同中订有仲裁条款,但仲裁条款内容不明确,仲裁适用法律条款互相冲突。"最高人民法院在接到湖北省高级人民法院的请示后,以法经(1999年)143号答复如下:"……经研究认为,本案当事人在合同中的仲裁条款中约定在香港依据国际商会的仲裁规则进行仲裁。按仲裁地香港的法律,该仲裁条款是有效的、可以执行的。依据我国1991年《民事诉讼法》第111条第2项的规定,人民法院对本案纠纷无管辖权,你院应告知当事人通过仲裁方式解决本案纠纷。"

最高人民法院的这个答复,一方面表明了我国对于《承认与执行外国仲裁裁决公约》的遵守和执行,另一方面也表明了我国对于仲裁条款的独立性及其适用法律的独立性原则和做法的肯定和认同,当然也是最高人民法院向支持仲裁方向迈出的重要一步。最高人民法院经济庭主编的《经济审判指导与参考》(1999年第1卷,第169—172页)对该答复作了说明,强调先以当事人选择的法律为认定仲裁协议效力的准据法,在当事人未对此作出选择时,则以仲裁地法来认定。最高人民法院李国光副院长1998年11月23日在全国经济审判工作座谈会上的讲话也明确指出了这一原则,在实践中应当遵循。我国的这一实践做法是与我国已经加入的1958年《承认与执行外国仲裁裁决公约》第5条第1款规定的原则相一致的。

值得欣慰的是,2006年最高人民法院《关于适用〈中华人民共和国仲裁法〉若干问题的解释》第16条对涉外仲裁协议效力审查的准据法作了规定:对涉外仲裁协议的效力审查,适用当事人约定的法律;当事人没有约定适用的法律但约定了仲裁地的,适用仲裁地法律;没有约定适用的法律也没有约定仲裁地或者仲裁地约定不明的,适用法院地法律。

3. 对于既约定了仲裁又约定了诉讼的仲裁协议是否有效,我国当时立法未作明确规定。但根据一般法理,司法程序与仲裁程序是两个相互排斥不能并存的程序,当事人如果同时选择了该两个程序,则整个选择无效。值得注意的是,2006年最高人民法院《关于适用〈中华人民共和国仲裁法〉若干问题的解释》第7条规定:当事人约定争议可以向仲裁机构申请仲裁也可以向人民法院起诉的,仲裁协议无效。但一方向仲裁机构申请仲裁,另一方未在《仲裁法》第20条第2款规定期间内提出异议的除外。

我国2010年《涉外民事关系法律适用法》第18条规定,当事人可以协议选择仲裁协议适用的法律。当事人没有选择的,适用仲裁机构所在地法律或者仲裁地法律。

思考题四:武汉中苑科教公司诉香港龙海(集团)有限公司案
——合同转让对仲裁条款效力的影响①

香港龙海(集团)有限公司(以下简称"龙海公司")于1993年2月与武汉东

---

① 参见许光耀、宋连斌主编:《国际私法学——学习指导书》,湖南人民出版社2005年版,第224—232页;屈广清、陈小云、邢蕾:《合同转让对仲裁条款效力影响的考量与反思》,广州仲裁委员会网站http://www.gzac.org/anli/content/2005121902.htm,2006年6月6日访问。

湖新技术开发区进出口公司(以下简称"东湖公司")签订"金龙科技发展有限公司合营合同",双方约定在中国武汉合资建立金龙科技发展有限公司,该合同规定,与合同有关的一切争议应提交中国国际经济贸易仲裁委员会(以下简称"CIETAC")仲裁。同年12月,武汉中苑科教公司(以下简称"中苑公司")与东湖公司签订协议,东湖公司将其在合资公司的全部股权转让给中苑公司。中苑公司同时还与龙海公司签订了一份协议书,规定由中苑公司替代东湖公司作为合资公司的中方,合资公司名称亦改为武汉金龙高科技有限公司,新的合资公司承担原合资公司的债权债务。协议书还对原合资公司章程和合资合同中的投资额、注册资本、经营范围作了修改,但未对原合资合同中的仲裁条款进行约定。中苑公司与龙海公司以该协议书和原合资合同、章程办理了变更审批手续,工商行政管理部门审批备案的合同也是龙海公司与东湖公司签订的合资合同和龙海公司与中苑公司签订的协议书。

双方因履行上述合同和协议书发生争议。龙海公司申请仲裁,而中苑公司向武汉市中级人民法院申请确认仲裁条款无效。

基于以上案情,武汉市中级人民法院认为,中苑公司与龙海公司签订的协议书是对龙海公司与东湖公司之间的合资合同的认可和部分更改,该协议书并未明确规定仲裁条款,由于仲裁条款具有相对独立性,并根据《承认与执行外国仲裁裁决公约》(即《纽约公约》)的有关规定,原合同中的仲裁条款对该合同的受让人无法律效力。龙海公司称其与中苑公司签订的《武汉金龙高科技有限公司合资合同》第40条为仲裁条款,但该公司不能提交合同正本,工商行政管理部门也无备案,中苑公司否认该事实,故龙海公司申请仲裁没有有效的合同依据。依照中国《仲裁法》第18、19、20条和《民事诉讼法》第140条第11项的规定,裁定龙海公司所依据的《武汉金龙高科技有限公司合资合同》的仲裁条款及协议书,不能作为确认双方接受CIETAC管辖权的依据。

龙海公司不服裁定,CIETAC亦向最高人民法院反映情况。最高人民法院认为武汉市中级人民法院的裁定是错误的,并指令湖北省高级人民法院按审判监督程序予以纠正,后者已于1999年初作出终审裁定,肯定了CIETAC对该案的管辖权。

问题

1. 如何评价武汉市中级人民法院和湖北省高级人民法院的裁决?
2. 合同转让是否影响仲裁条款的效力?

重点提示

1. 武汉市中级人民法院的处理是错误的,湖北省高级人民法院的处理是正确的。

武汉市中级人民法院裁定《武汉金龙高科技有限公司合资合同》的仲裁条款不能作为龙海公司申请仲裁的依据是可以理解的,毕竟形式上不存在这样一个合同。但裁定协议书也不能作为龙海公司申请仲裁的依据,则大可商榷。根据法院查明的案情,中苑公司取代东湖公司成为合资公司的新的中方股东,合资公司亦更名为武汉金龙高科技有限公司,该公司的合同基础由两部分构成:一是由中苑公司与龙海公司签订的协议书,二是龙海公司与东湖公司签订的合资合同中未被协议书变更或剔除的部分包括仲裁条款。因协议书只部分变更了原合资合同,意味着原合资合同中未变更的部分已被受让人中苑公司接受,该部分内容和协议书合二为一,相互补充,形成新的合资合同;而二者中的任一部分,单独都不成其为一份完整的合资合同。这一结论,可从当事各方办理合资合同变更的审批手续及在工商行政管理部门备案的情况得到佐证。龙海公司申请仲裁有合法依据,符合双方当事人的真正意愿。

同时,武汉市中级人民法院裁定所依据的理由和法律亦有不当之处。其一,**仲裁条款独立性是指仲裁条款的效力独立于主合同**。仲裁条款独立性原则的宗旨,是从有利于仲裁的角度来确定仲裁条款的效力,而按照武汉市中级人民法院**的解释**,合同转让时,当事人对仲裁条款必须另作特定的意思表示,显然加重了仲裁条款在合同转让情况下的生效条件,限制了当事人的仲裁意愿,恰好背离了该原则。其二,本案的双方当事人分别是中国内地和香港的法人,1997 年 7 月 1 日香港回归祖国后,两地间的仲裁事务不再适用《纽约公约》,这已为两地司法实践所证实。而且,《纽约公约》并没有涉及仲裁协议独立性原则,法院所谓"根据《纽约公约》有关规定",显然毫无根据。

2. 我国成文法对于仲裁条款是否随合同自动转让没有明文规定。按照我国《民法通则》第 91 条,"合同一方将合同的权利、义务全部或者部分转让给第三人的,应当取得合同另一方的同意",合同转让时三方有足够机会审视合同,除非当事人有相反约定,仲裁条款应自动转让。不过,《民法通则》的这一规定不合乎惯常做法。转让合同权利不必征得合同另一方同意,正因为如此,人们通常所谓合同转让就是指合同权利的转让。合同义务的转让需要征得合同另一方同意,一般不会引发仲裁条款自动转让的争论,如不愿意接受仲裁条款,有合理机会表示异议。我国《合同法》第 80、84 条规定,债权人转移合同权利的,应当通知债务人;债务人转移合同义务的,应当经债权人同意。这一规定更为合理。但有人主张仲裁条款因合同转让而不约束受让人,这种观点貌似强调仲裁的合意性,实则无视仲裁条款和转让行为存在的事实,没有根据合理利益原则作具体分析；不是独立地判断仲裁条款的效力，而是把仲裁条款与主合同当作两个孤立的文本。而且，我国《合同法》第 82 条规定，债权转让后，债务人对让与人的抗辩可以向受让人主张；第 85 条规定，债务人转移义务的，新债务人可以主张原债务人对债权人的抗辩。这里，抗辩不仅仅指债权债务的实体内容，还包括解决分歧、确定债权债务的程序内容。仲裁条款所体现的当事人的权利与义务，与合同有关，但不是人身性的权利或义务，依据我国《合同法》第 81、86 条，合同权利或义务的转让意味着与之有关的权利或义务一同转让。可见，依照我国《合同法》，仲裁条款原则上是随合同自动转让的，除非当事人另有相反约定。在《合同法》颁行之前，我国法院曾经倾向于在合同转让或继承的情况下仲裁条款不约束受让方的观点，我国的仲裁机构的观点则相反。但法院也愈来愈注意到尊重当事人意思自治和支持仲裁的国际性趋势，1997 年 12 月 19 日至 20 日，我国最高人民法院、北京市中级人民法院及高级人民法院、CIETAC 等机构就仲裁协议的效力认定问题进行研讨，与会者公认，合同继承与转让后，其中的仲裁条款对继承方和受让方有效。近几年，最高人民法院在案件中也是这样判决的。

值得欣慰的是，2006 年最高人民法院《关于适用〈中华人民共和国仲裁法〉若干问题的解释》第 9 条对合同转让是否影响仲裁条款的效力作了规定：债权债务全部或者部分转让的，仲裁协议对受让人有效，但当事人另有约定、在受让债权债务时受让人明确反对或者不知有单独仲裁协议的除外。

第二十六章　国际商事仲裁的准据法

本章知识点

一、仲裁程序的法律适用

对于仲裁程序问题,各国立法和实践普遍允许国际商事仲裁中的双方当事人合意选择仲裁程序,在无此合意选择时,则往往适用仲裁机构自身的仲裁规则或仲裁地的仲裁规则,或者由仲裁人或仲裁机构来决定适用的仲裁程序规则。

二、实体问题的法律适用

在国际商事仲裁中,仲裁庭将根据特定的法律体系的规定或规则,确定当事人的权利和义务,实现解决或处理当事人提交仲裁的争议的目的。仲裁庭据以作出裁决的实体法被适用于解决争议当事人之间的利害冲突,直接关系到当事人的利益,因此,确定可适用于解决当事人之间争议的实体法,是整个仲裁过程中一个重要的问题。

关于实体问题准据法的确定方法主要有这么几种:首先,适用合同当事人自主选择的仲裁实体法;其次,在当事人没有协议选择解决实体问题的法律时,一般情况下法律适用原则为:一是根据仲裁地所属国的冲突规则确定合同的准据法,二是授权仲裁庭去决定合同的法律适用。

在所谓的友好仲裁中,还允许仲裁人或仲裁庭根据公平和善意原则或公平交易和诚实信用原则对争议实质问题作出裁决,而不适用任何法律。

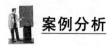
案例分析

案例一：梅基公司诉古耶公司案——当事人能否选择仲裁规则

【案情介绍】

梅基公司是日本的一家公司,古耶公司是瑞士的一家公司。1965年7月9日,这两家公司之间订立了一份许可证协议。根据该许可证协议,梅基公司向古耶公司转让制造某些特定机床的专有权和许可。在许可协议中载有仲裁条款,约定如果因许可证协议发生争议将争议提交给国际商会仲裁。后来,梅基公司指控古耶公司违反了许可证协议,向国际商会提起仲裁,要求对方给予赔偿。国际商会指定加拿大人卡斯泰尔为独任仲裁员受理该案,在对该案的审理过程中,原告、被告双方彼此达成协议,适用瑞士的国际私法规则和瑞士联邦的程序法。

【法律问题】

根据本案,回答在国际商事仲裁中,是否允许当事人选择仲裁程序规则?

【参考结论】

对于仲裁程序问题,各国立法和实践普遍允许国际商事仲裁中的双方当事人合意选择仲裁程序规则。在本案中,原告、被告合意选择了瑞士联邦的程序法为仲裁程序的准据法,根据上述理论,其选择是有效的。

【法律评析】

司法诉讼程序问题依法院地法,是国际私法中一项公认和普遍适用的原则。一国法院在审理国际商事案件时,在诉讼程序问题上,总是自动适用本国国内法的有关规定。国际商事仲裁则不同,仲裁庭将面临着仲裁适用哪一程序法的问题。在国际商事仲裁中,对于仲裁程序问题,许多国家的法律都明确规定,可以按照意思自治原则,由当事人选择仲裁规则。关于仲裁的国际公约,也在很大程度上赋予当事人以选择权。在无此合意选择时,则往往适用仲裁机构自身的仲裁规则或仲裁地的仲裁规则,或者由仲裁人或仲裁机构来决定适用的仲裁程序规则。

案例二：美国J公司诉中国D公司案
——国际商事仲裁中实体问题的法律适用

【案情介绍】

1992年9月9日，美国J公司（申诉人）与中国D公司签订了一份洋茉莉醛买卖合同。合同规定D公司向J公司出售1万公斤洋茉莉醛，总金额为21万美元，价格条件为CIF纽约，21美元／千克。双方在合同中约定如发生争议，将提交给中国国际经济贸易仲裁委员会仲裁。货物装船前J公司曾两次传真提醒D公司货物遇高温会发生质量变化，应尽量安排直达船运输，D公司回函请J公司放心。但货物运抵纽约时，发现货物存在严重熔化、泄漏现象。此后，美国J公司、中国D公司和保险人达成协议，由保险人向J公司支付11万美元，D公司支付6万美元以补偿J公司的损失。D公司同意补偿J公司6万美元，约定1993年8月15日以前补偿现汇2万美元，其余4万美元在以后双方的生意合作中分别以佣金和让利的形式各补偿2万美元。此后，J公司多次提出要求没有结果，遂于1994年5月4日向中国国际经济贸易仲裁委员会申请仲裁，要求D公司给付6万美元的赔款及利息损失。双方主张权利和陈述理由时均以《联合国国际货物销售合同公约》为依据。

【法律问题】

1. 本案应适用什么法律进行仲裁？
2. 货物的损坏应由哪一方承担责任？

【参考结论】

1. 中国和美国都是《联合国国际货物销售合同公约》的缔约国，因此，该《公约》对本案适用。

2. 根据CIF价格条件，风险是在货物越过船舷时转移到买方的，因此一般情况下，货物装船以后发生损毁灭失，卖方是没有责任的。但《联合国国际货物销售合同公约》规定，如果货物的损坏是由于卖方的原因造成的，卖方仍应承担责任。J公司特别提醒D公司注意温度对货物品质的影响，构成一个单独的特别约定，D公司在履行该义务时没有妥善地租船订舱并对承运人就温度因素提出特别要求，显然未尽特别注意的义务，货物的损坏和卖方不作为有极大的关系，故被诉人D公司对此负有责任。

【法律评析】

本案是就国际货物买卖合同争议进行的仲裁，核心争议是CIF价格条件下风险责任的分担。国际商事仲裁中，对实体问题的法律适用，基本上跟法院确定涉外合同或国际合同的法律适用是近似的,首先是根据意思自治原则适用当事人自主选择的法律,可以是某一国的国内法,也可以是有关的国际条约。在当事人未作选择时有两种处理办法:一是根据仲裁地所属国的冲突规则确定合同的准据法,二是授权仲裁庭去决定合同的法律适用。本案中,双方当事人在主张权利、陈述理由时都以《联合国国际货物销售合同公约》为依据;且中、美两国都是该《公约》的缔约国,我国对外经济贸易部1987年发布了《关于执行〈联合国国际货物销售合同公约〉应注意的几个问题》并指出:自1988年1月1日起,我国各公司与其他受条约约束的国家的公司达成的货物买卖合同,如不另作法律选择,则合同规定的事项将自动适用《公约》的有关规定,发生纠纷或诉讼亦得依据《公约》处理。仲裁庭据此决定《公约》对本案适用。国际贸易术语一般对买卖双方的权利和义务都作了规定,其中包括风险转移规则。CIF价格条件下,风险自货物越过船舷时转移到买方。在本案中由于货物具有特殊性质,买方已特别提醒卖方,因而卖方在租船订舱时应对船方作特别交代,而卖方未尽足够的注意来履行该项义务,致使损害发生,故卖方不能援引正常条件下CIF价格术语的风险转移规则,而应对其履行瑕疵造成的损失承担责任。

案例思考题

香港有色金属有限公司诉中国某省国际贸易公司案
——国际商事仲裁中实体问题的法律适用

1994年10月18日,香港有色金属有限公司(买方,以下简称"金属公司")与我国某省国际贸易公司(卖方,以下简称"国贸公司")在广交会上签订了售货合同。该合同规定,由国贸公司卖给金属公司铂铁20吨,单价及价格条款为9.43美元/千克MOCIFROTTERDAM,合同总价是11.316万美元,交货期为1994年12月15日前,信用证付款。合同还规定铂铁的铂含量不低于60%。

后来,金属公司认为国贸公司不按期交货的行为给它造成了极大的经济损失,遂向中国国际经济贸易仲裁委员会申请仲裁。

在仲裁审理中,申请人主张:根据中国《民法通则》第145条规定和《涉外经济合同法》第5条规定以及《民法通则》第142条规定,本案可适用中国法律和《联合国国际货物销售合同公约》(以下简称《公约》)的有关规定。

被申请人则认为本案只应适用中国法律,而不能适用《联合国国际货物销售合同公约》。原因如下:首先,本案双方当事人对本案所涉及的纠纷处理没有选择适用法律,但根据当时适用的我国《涉外经济合同法》第5条的规定,当事人可以选择适用法律。不过,依照当时适用的最高人民法院《关于适用〈中华人民共和国涉外经济合同法〉若干问题的解答》第2条第2款,这种选择必须是协商一致和明示的,否则视为没有选择适用法律。其次,根据当时适用的我国《涉外经济合同法》第5条及最高人民法院《关于适用〈中华人民共和国涉外经济合同法〉若干问题的解答》第2条第6款第1项,如果当事人没有选择适用法律,则适用与合同有最密切联系的国家的法律,并且,如果该合同是国际货物买卖合同,则适用卖方营业地法律。而本案中的卖方是某省国际贸易公司,其营业地在中国,因此只能适用中国法律。况且,香港并不是《公约》的缔约国,不符合适用《公约》的条件。

仲裁庭认为申请人与被申请人在本仲裁案中所依据的合同中没有就解决合同争议所应适用的法律作出选择。由于被申请人的营业地位于香港,而香港不是《公约》的缔约方,且双方当事人对于适用《公约》亦未达成一致意见,因此,仲裁庭认为,本案不应适用《公约》。鉴于本仲裁所依据的合同是在中国广州谈判和订立的,且卖方营业所及仲裁地均在中国,根据最密切联系原则,本案应适用中华人民共和国的法律。

问题

本案中国国际经济贸易仲裁委员会对仲裁实体问题的法律适用是否正确?

重点提示

一般来说,关于国际商事仲裁中实体问题准据法的确定方法,首先是适用合同当事人自主选择的仲裁实体法,在当事人没有协议选择解决实体问题的法律时,通常情况下法律适用原则为:一是根据仲裁地所属国的冲突规则确定合同的准据法;二是授权仲裁庭去决定合同的法律适用。

第二十七章 仲裁程序

本章知识点

一、仲裁程序的概念

仲裁程序是指国际商事仲裁中自一方当事人提请仲裁到作出终局裁决这一整个过程中,有关仲裁机构、仲裁员、仲裁庭、申诉人、被诉人、证人、鉴定人、代理人等仲裁参与人参与仲裁活动所必须遵循的程序。

二、仲裁程序的内容

仲裁程序的内容一般包括仲裁申请的提出和受理、答辩和反诉、仲裁员的选定和仲裁庭的组成、仲裁调解和审理、仲裁裁决的作成以及仲裁费用的分担和给付等等。

为了节省时间和提高效率,各仲裁机构还规定了简易仲裁程序。简易仲裁程序适用于一些案情较为简单、争议金额不大,而双方当事人都希望仲裁程序进行的时间尽可能短的案件。

三、仲裁中的财产保全和调解

仲裁中的财产保全,是指法院或仲裁机构根据仲裁案件当事人的申请,就有关当事人的财产作出临时性强制措施,以保全申请人的权益,保证将来作出的裁决能够得到执行。

仲裁中的调解是指在仲裁过程中,经双方当事人的请求或同意,在仲裁机构或仲裁庭的主持下,由双方当事人自愿协商,互谅互让,达成和解,以解决争议的活动。

四、仲裁裁决及其种类

仲裁裁决是指仲裁庭对仲裁当事人提交的争议事项进行审理终结后作出的结论性意见。仲裁庭作出最终裁决后,整个仲裁程序即宣告终结。

最终裁决,又称终局裁决,是指仲裁庭在审理终结后,对争议的所有问题或遗留下的问题作出的裁决。最终裁决一经作出,即具有法律约束力,当事人既不能向法院起诉,也不能请求其他机构变更仲裁裁决。

部分裁决是指仲裁庭在案件审理过程中,如果认为案件的某部分事实已经查清,并且有必要先行作出裁决的,就对该部分事实作出裁决。部分裁决一经作出,即具有法律约束力,在性质上和终局裁决一样,只不过是在最后审理终结前作出的。已经在部分裁决中裁决的事项,在终局裁决中就不得再次进行裁决。

中间裁决,又称为临时裁决。仲裁庭认为有必要或当事人提出请求并经仲裁庭同意时,可以在仲裁过程中的任何时候,就案件的任何问题作出中间裁决。中间裁决不对当事人的责任问题作出结论,它只是仲裁庭查清事实或对案件重要问题作出临时性措施的一种手段,以便仲裁庭作出最后裁决。应当指出的是,任何一方当事人不履行中间裁决,不影响仲裁程序的进行,也不影响仲裁庭作出终局裁决。

此外,在仲裁审理中,当事人或其代理人接到开庭通知而又没有理由不到庭,仲裁庭在一方当事人或其代理人不出席的情况下作出裁决,这种裁决称为缺席裁决。各仲裁规则都赋予仲裁庭作出缺席裁决的权力,并且规定缺席裁决和当事人出席作出的裁决具有同样的效力。

五、对仲裁裁决的异议

对仲裁裁决提出异议,是由当事人对仲裁裁决的有效性提出否定看法,要求管辖法院对裁决进行司法审查。

对仲裁裁决提出异议,一般应向裁决作出地国的法院提出,具体向哪一级法院提出,各国法律均有规定。各国法律对提出异议的时限规定不同,但都相对比较短,以免当事人有意拖延时间,影响裁决的承认和执行。

各国法律对仲裁裁决提出异议的理由的规定不同,归纳起来主要有:

(1)裁决本身的问题。提出异议的当事人可能称裁决在法律适用和事实认定上有错误,但这类理由在大多数国家通常难以成立。当事人也可能称仲裁裁决不符合法律规定的某些形式或内容要求,但这种情况在实践中极少发生。

(2)管辖权问题。第一,仲裁庭没有管辖权时作出的裁决。第二,超越管辖权作出的裁决。第三,裁决未能处理提交解决的所有争议事项。第四,仲裁庭的组成或仲裁的程序与仲裁规则不符。主要是没有适当组成仲裁庭,或仲裁程序没有依照当事人在仲裁协议中的约定,或没有给当事人适当的开庭和听审通知,或没有平等对待当事人,让双方当事人享有充分和适当的机会提出申辩等。

第五,公共政策问题。如果仲裁裁决违反了仲裁地关于可仲裁性要求或公共政策要求,仲裁地法院将撤销裁决。

案例分析

案例一:香港长发(国际)运输公司诉香港前导有限公司仲裁案
——仲裁中的财产保全

【案情介绍】

1989年5月30日,香港长发(国际)运输公司与香港前导有限公司在广州签订了一项运输合同,由香港长发(国际)运输公司所有的"萨克拉"轮为香港前导有限公司从莫桑比克马普托港承运30万吨煤至中国广州黄埔港。在合同履行过程中,因香港前导有限公司的过失,造成船舶运输滞期,使香港长发(国际)运输公司付出滞期费121818.75美元。为索赔滞期费及利息,香港长发(国际)运输公司于1990年4月12日向中国海事仲裁委员会申请仲裁,同时申请仲裁保全,要求冻结广州经济技术开发工业进出口贸易公司通过中国银行珠江分行即将支付给被申请人的货款75627.59美元。中国海事仲裁委员会受理该仲裁案后,依照我国《民事诉讼法(试行)》第194条的规定,于1990年4月20日提请该货款所在地的广州海事法院裁定是否准许仲裁保全申请。

广州海事法院受理仲裁保全申请后,责令申请人补充提供了有关证据材料。经审查,认为申请人要求冻结的款项,确系被申请人的期得财产。为慎重起见,责令申请人提供与要求冻结的货款等额的现金担保。在申请人提供了该项担保后,广州海事法院根据我国《民事诉讼法(试行)》第194条、第92条的规定,于1990年4月27日作出裁定如下:从即日起,就地冻结广州经济技术开发区工业进出口贸易公司经中国银行珠江分行支付给被申请人的货款75627.59美元;未经本院准许,该款不得划归任何人。

1990年11月23日,中国海事仲裁委员会对申请人与被申请人之间的"萨克拉"轮滞期争议仲裁案作出仲裁裁决:被申请人应支付给申请人滞期费121818.75美元,自1989年10月24日至1990年11月23日的利息9238美元,自1990年11月23日至实际付款日年利率7%的利息。

由于被申请人未自动履行上述仲裁裁决,申请人于1991年1月21日向广州海事法院申请执行上述仲裁裁决,并要求划拨已被采取保全措施而冻结的属于被申请人的货款75627.59美元。

广州海事法院根据我国《民事诉讼法(试行)》第195条的规定,受理了该执行申请,并根据该法第172条的规定,于1991年1月28日向被申请人发出了限期履行通知书,限定被申请人于1991年2月10日前履行仲裁裁决。被申请人到期仍未履行。广州海事法院即于1991年2月11日作出裁定:解除对广州经济技术开发区工业进出口贸易公司经中国银行珠江分行支付给被申请人75627.59美元货款的冻结,划拨给申请人。申请人提供的同等数额的现金担保予以退还。

【法律问题】

仲裁中的财产保全措施是由法院采取,还是由仲裁机构采取?

【参考结论】

仲裁案件中的财产保全措施是由仲裁机构采取,还是由法院采取,各国做法不一致。应当由谁采取财产保全措施,由仲裁机构所在地国家的法律决定。根据我国《仲裁法》以及《中国国际经济贸易仲裁委员会仲裁规则》的相关规定,我国的仲裁机构不具有采取财产保全的权力,财产保全措施只能由人民法院采取,有权作出财产保全裁定的法院是被申请人住所地法院或被申请人财产所在地法院。

【法律评析】

这是一件在我国《民事诉讼法(试行)》施行期间处理的,当事人在我国涉外仲裁机构仲裁期间申请财产保全和仲裁裁决后申请执行裁决的案件。广州海事法院的做法,对如何确立这类申请的处理程序,是有积极意义的。我国《民事诉讼法(试行)》第194条规定:"中华人民共和国的涉外仲裁机构根据当事人的申请,认为需要采取保全措施的,应当提请被申请人财产所在地或者仲裁机构所在地的中级人民法院裁定。"第195条规定:"对中华人民共和国的涉外仲裁机构的裁决,一方当事人不履行的,对方当事人可以申请该仲裁机构所在地或者财产所在地的中级人民法院依照本法的有关规定执行。"本案当事人的争议是海事争议。根据最高人民法院1984年11月28日《关于设立海事法院几个问题的决定》的规定,海事法院受案范围,包括海事仲裁机构提请申请采取保全措施的案件,以及当事人申请执行海事仲裁机构作出的仲裁裁决的案件。所以,广州海事法院作为本案被申请人财得财产所在地的中级人民法院,对本案是有管辖权的。

按照我国《民事诉讼法(试行)》第194条的规定,仲裁中的当事人申请采取财产保全,是向仲裁机构提出,仲裁机构"认为需要采取保全措施的",才提请法院裁定。这里,仲裁机构对当事人的财产保全申请有个先予审查的问题,只有它

"认为需要采取保全措施的",才提请法院裁定,然后再由法院确定是否采取保全措施;它如认为不需要采取保全措施的,则不发生提请法院裁定的问题。而根据我国 2007 年修订的《民事诉讼法》第 256 条的规定,上述程序过程改变为只要当事人申请采取财产保全,仲裁机构就应当将当事人的申请提交法院裁定,不再有仲裁机构先予审查的问题。这是在实践中应予注意的一个变化。人民法院作为国家审判机关,对仲裁案件的当事人在仲裁处理中申请财产保全的,或者仲裁裁决生效后,一方当事人申请执行仲裁裁决的这两种申请,都有审查权。对财产保全申请,主要是审查其申请的依据和申请保全的财产符不符合法律规定。对申请符合法律规定的,裁定采取保全措施;对申请不符合法律规定的,予以驳回。在审查财产保全申请时,法院认为申请人应当提供担保的,可以并有权责令申请人提供担保,申请人不提供担保的,则驳回申请。对仲裁裁决执行申请,主要是审查是否超过申请执行期限以及根据我国 2007 年修订的《民事诉讼法》第 258 条规定,审查仲裁的作出有无违背法定程序的情况。经审查符合执行条件的,先向被执行人发出执行通知,责令其在指定的期间履行;逾期不履行的,即予以强制执行。从本案的情况看,广州海事法院的做法是符合这些规定的要求的。

案例二:中国 B 公司诉美国 A 公司仲裁案——仲裁中的调解

【案情介绍】

1998 年美国 A 公司与中国 B 公司签约,在中国合资成立一个企业。合同规定,A 公司应将其应投入的股本于某年某月之前投入,并规定,B 公司应为 A 公司在外国银行借款作为其投入的资本提供担保。签约后,A 公司曾邀请外国贷款银行派人来中国同 B 公司商谈贷款担保之事,B 公司申请中国有关的金融机构出具了同意提供担保的意向书。但是,担保的具体条件等尚未谈妥。同时,投资总额需要追加,却又不能落实。因此,A 公司向外国银行借不到钱,无法于合同规定的某年某月之前投入资本。A 公司与 B 公司发生争议,经双方协商未能解决,2001 年 B 公司遂向中国国际经济贸易仲裁委员会申请仲裁。

B 公司要求 A 公司赔偿由于未能按期投入资本,致使合资企业无法成立而造成 B 公司的经济损失约 100 万美元。A 公司则指出,未能按期投入资本是因为 B 公司没有提供贷款担保所致,因此责任在 B 公司。B 公司反驳说,B 公司已提供了中国有关的金融机构愿意提供担保的意向书,只是由于 A 公司本身没有信用,没有能力,因而外国银行不肯贷款,责任在 A 公司。

仲裁庭在开庭时,征得双方同意调解后,进行了当庭调解。仲裁庭向双方当事人说明:第一,双方当事人对此投资项目的可行性研究,没有做好。第二,在贷款担保问题上,双方均有过失,因为 A 公司投入资本的期限已到,双方在贷款担保的具体条件上尚未取得一致意见。第三,此项目原定投资总额的款项尚未筹措妥当,又要追加投资,因而客观上增加了 A 公司筹款的困难。第四,B 公司声称其损失达 100 万美元,是没有依据的,事实上 B 公司已经找到别的办法,避免了它的损失。据此,仲裁庭建议,双方当事人应互谅互让,公平合理、实事求是地协商,以求友好和解。最后,双方当事人达成和解协议,由 A 公司支付 B 公司一笔为数不多的款项,终止合资合同,了结争议。

【法律问题】

在仲裁过程中是否允许进行调解?本案的解决办法是否可行?

【参考结论】

根据我国《仲裁法》和 2000 年《中国国际经济贸易仲裁委员会仲裁规则》的相关规定,在仲裁过程中,经仲裁双方当事人的请求或同意,在仲裁庭或仲裁机构的主持下可以进行调解,以促使双方当事人自愿协商、互谅互让,达成协议来解决争议。本案中仲裁庭所进行的调解是由仲裁庭主动提出的,仲裁庭依职权开始调解程序,并经争议双方当事人的同意,因此该办法也是可行的。

【法律评析】

本案是一起涉外仲裁案件。纠纷的起因是双方当事人在合资企业设立的过程中产生的争执,双方提请仲裁后,最终以双方当事人达成和解协议而结案。

涉外仲裁中的调解,是指在仲裁过程中,经仲裁双方当事人的请求或同意,在仲裁庭或仲裁机构的主持下,由双方当事人自愿协商、互谅互让,达成协议以解决争议的活动过程。仲裁与调解本是两种不同的解决争议的办法。在涉外仲裁中,却将仲裁与调解有机地结合起来,仲裁与调解相结合是我国涉外仲裁制度的一个重要特点。

仲裁中的调解一般应由具体负责有关争议的仲裁庭主持进行。在整个调解过程中都必须尊重事实和当事人的意愿。仲裁庭首先必须查明有关争议的事实情况,分清当事人之间的是非曲直,然后在此基础上促成当事人互谅互让,达成协议。调解的进行应当是建立在当事人自愿的基础上,这包括两方面的含义:一是指用调解的方式解决纠纷,要当事人自愿。当事人拒绝调解或不同意仲裁庭用调解方式结案的,仲裁庭不应当强迫当事人接受调解。当事人不愿调解或调解无效的,仲裁庭应当及时转入仲裁程序。二是和解协议的达成必须双方当事人自愿。和解协议的内容是双方当事人真实意思的表示。

在仲裁的审理过程中,当事人要求调解的,仲裁庭可以当庭进行调解。当庭调解有三种方式:第一,仲裁庭与双方当事人一起共同磋商;第二,仲裁庭与双方当事人分别磋商;第三,双方当事人自己磋商。这三种方式可以交替进行。

本案中,仲裁庭在开庭时,征得双方当事人同意后,进行了当庭调解。仲裁庭进行的调解是经过双方当事人同意的,是双方当事人自愿的。在开庭审理过程中,仲裁庭当庭调解,双方当事人互相磋商,最终在互谅互让、公平合理、实事求是的基础上达成了和解协议。

调解程序可因当事人达成协议终结,也可能因调解不成功而终结。根据规定,仲裁调解分为庭内调解和庭外调解。当事人在庭外达成和解的,视为仲裁庭庭内调解,也需要制作裁决书。本案中,仲裁庭是在征得双方当事人同意下,进行的当庭调解。双方当事人在仲裁庭的调解下达成和解协议,仲裁庭应当根据双方当事人的和解协议制作裁决书,终结调解程序。实践中情况比较复杂,由于双方当事人之间的矛盾、利益等各方面的原因,仲裁庭所进行的调解也可能不成功,需要仲裁庭停止调解,终止调解程序。

我国《仲裁法》第 49 条规定:当事人"达成和解协议的,可以请求仲裁庭根据和解协议作出裁决书,也可以撤回仲裁申请"。而在涉外仲裁中,当事人签订书面和解协议的后果与国内仲裁有所不同。2000 年《中国国际经济贸易仲裁委员会仲裁规则》第 49 条规定:"经仲裁庭调解达成和解的,双方当事人应签订书面和解协议;除非当事人另有约定,仲裁庭应当根据当事人书面和解协议的内容作出裁决书结案。"由此可见,当事人签订和解协议后,产生以下几种不同的法律后果:(1)当事人双方约定只签订书面和解协议,不需要仲裁庭作出裁决书的,以书面和解协议结案,至于该和解协议是否具有同生效仲裁裁决书同等的法律效力,该和解协议是否具有强制执行的效力,我国《仲裁法》及《中国国际经济贸易仲裁委员会仲裁规则》均未作出规定。(2)当事人没有特别约定的,仲裁庭根据当事人间的和解协议制作裁决书,结束调解程序。裁决书自仲裁庭作出之日起生效。仲裁实行一裁终局,因此,仲裁裁决书生效即标志着仲裁机构对当事人双方的争议作出了最后处理。

在本案中,双方当事人达成了和解协议。如果双方约定只达成和解协议即可,则不需要制作裁决书。如果双方当事人对此未曾作出明确约定,仲裁庭应当根据双方和解协议的内容制作裁决书,裁决书一旦作出,即发生法律效力,具有结束仲裁调解程序的效力,同时也成为法院强制执行的根据。因此,本案中双方当事人最好也要求仲裁庭根据和解协议制作裁决书,以保证双方当事人的权益得到真正保护,和解协议得到确实履行。

案例三:广城公司诉振裕公司案——仲裁裁决的撤销[①]

【案情介绍】

申请人香港振裕染印织造厂有限公司(以下简称"振裕公司")与广城公司签订的《承包经营合同》中有仲裁条款。广城公司于1993年9月8日向中国国际经济贸易仲裁委员会深圳分会提出仲裁申请,要求被诉人振裕公司赔偿租金损失868.63万美元及租赁财产管理不善的损失、支付雇佣人员工资、承担仲裁费用。广城公司以868.63万美元为争议金额向深圳分会交纳了仲裁费785481元人民币。深圳分会按照1994年《中国国际经济贸易仲裁委员会仲裁规则》的规定受理了此仲裁案,并于1995年8月8日组成仲裁庭审理该案。申诉人广城公司于1995年10月5日向该案仲裁庭提交了补充意见,对原仲裁请求作出了变更。但广城公司并没有就增加的请求计人民币1839.2万元向深圳分会交纳仲裁费,该案仲裁庭于1996年7月1日作出裁决,对申诉人广城公司增加争议金额共计1839.2万元人民币的各项请求亦逐一进行了认定、裁决。

振裕公司向深圳市中级人民法院申请撤销仲裁裁决,理由是:(1)仲裁庭在人员组成上严重违反仲裁法所确定的公正原则。该案仲裁庭由申诉人广城公司指定的仲裁员×××、被诉人指定的仲裁员××与深圳分会主席指定的首席仲裁员×××组成,而申诉人广城公司指定的仲裁员即为深圳分会主席,这样的仲裁庭虽然形式上符合《仲裁规则》,而实际上首席仲裁员是由广城公司指定的仲裁员指定产生的,这样组成的仲裁庭违反了法律的公平原则。(2)广城公司多次变更仲裁请求,但未就增加的请求补交仲裁费,而该案仲裁庭却对广城公司未交费的申请进行了审理并作出裁决,这种做法违反法律规定。(3)振裕公司与广城公司分别签订了两份《承包经营合同》,而广城公司仅向该案仲裁庭提交了其中一份未经政府主管部门批准的合同,仲裁庭据此作出裁定,这是违反法律规定的。

深圳市中级人民法院审理后认为,广城公司向深圳分会提出仲裁申请时按请求数额交纳了仲裁费。广城公司对增加的请求并未交纳仲裁费,仲裁庭亦未责令其交纳。根据中国《仲裁法》、1994年《中国国际经济贸易仲裁委员会仲裁规则》以及《仲裁委员会仲裁收费办法》的有关规定,仲裁庭对增加的请求依法应不予以审理,但该案仲裁庭却对此进行了审理并作出了裁决,此行为超出仲

[①] 参见许光耀、宋连斌主编:《国际私法学——学习指导书》,湖南人民出版社2005年版,第237—240页。

申请的范围。据此,法院支持了申请人撤销仲裁裁决的请求。

【法律问题】

法院的处理是否适当？

【参考结论】

法院的处理是不适当的。

【法律评析】

撤销仲裁裁决,是指对于有符合法律规定情况的仲裁裁决,经当事人提出申请,管辖法院在审查核实后裁定撤销仲裁裁决的行为。涉外仲裁裁决一经撤销,不仅在仲裁地国失去了效力,而且根据1958年《承认及执行外国仲裁裁决公约》的规定,在被请求承认与执行仲裁裁决国一般也得不到承认与执行。

对于撤销仲裁裁决的理由,我国《仲裁法》区分了国内仲裁裁决和涉外仲裁裁决,分别进行了规定。我国《仲裁法》第58条规定了撤销国内仲裁裁决的条件,第70条则规定了撤销涉外仲裁裁决的理由(当事人提出证据证明涉外仲裁裁决有我国1991年《民事诉讼法》第260条第1款规定的情形之一的,经人民法院组成合议庭审查核实,裁定撤销)。我国1991年《民事诉讼法》第260条第1款规定的情形为:"(一)当事人在合同中没有订立仲裁条款或者事后没有达成书面仲裁协议的;(二)被申请人没有得到指定仲裁员的通知或者进行仲裁程序的通知,或者由于其他不属于被申请人负责的原因未能陈述意见的;(三)仲裁庭的组成或仲裁的程序与仲裁规则不符的;(四)裁决的事项不属于仲裁协议的范围或者仲裁机构无权仲裁的。"与国内仲裁裁决相比,撤销涉外仲裁裁决的审查范围仅限于程序问题。同时,最高人民法院1998年发出《关于人民法院撤销涉外仲裁裁决有关事项的通知》,对人民法院撤销涉外仲裁裁决建立报告制度,从一定程度上限制了法院撤销涉外仲裁裁决的随意性。

本案中,申请人提出了三个撤销仲裁裁决的理由。下面我们对这三个理由逐一进行分析:

(1)如果一方当事人指定仲裁委员会主任作为仲裁员,在双方未共同选定第三名仲裁员时,由仲裁委员会主任指定首席仲裁员是否构成撤销仲裁裁决的理由。一般来说,当事人在选择仲裁员时,往往会选择自认为对自己有利的仲裁员,在仲裁实践中,也存在一方选定的仲裁员偏向该方的情况。但是,我国《仲裁法》和《中国国际经济贸易仲裁委员会仲裁规则》并未明确禁止作为仲裁员的仲裁委员会主任指定首席仲裁员,这种做法并不符合我国1991年《民事诉讼法》第260条第1款规定的情形。所以,能否以此作为撤销仲裁裁决的理由,还要看仲裁庭的组成是否违反了有关法规所要求的公正性。另外,1994年《中国国际经济贸易仲裁委员会仲裁规则》第 29 条规定:"当事人对被指定的仲裁员的公正性和独立性产生具有正当理由的怀疑时,可以书面向仲裁委员会提出要求该仲裁员回避的请求。"可见,我国有关法规还是规定了对这种情况进行救济的途径的。但该案也暴露出了我国仲裁界"驻会仲裁员"的弊端。

(2)未就增加的仲裁请求交纳仲裁费是否使仲裁庭无权就增加的请求部分进行裁决。我国《仲裁法》和《中国国际经济贸易仲裁委员会仲裁规则》并没有明确规定当事人增加仲裁请求必须交纳仲裁费,只要当事人变更仲裁请求的程序和期限符合有关规定,就是有效的,仲裁庭就可以就该仲裁请求进行裁决。本案并不属于我国 1991 年《民事诉讼法》第 260 条第 1 款第 4 项规定的情形。事实上,国务院《仲裁委员会仲裁收费办法》适用于《仲裁法》生效后国内重新组建的仲裁委员会,当时中国国际经济贸易仲裁委员会没有采用该办法,且中国国际经济贸易仲裁委员会的收费标准高于该《办法》,即使按法院的认定,广城公司不是少交了仲裁费,而是多交了仲裁费。另一方面,即使如法院认定中国国际经济贸易仲裁委员会的裁决超出仲裁申请的范围,但未超出部分也不应该毫无理由地被撤销。可见,法院的裁定没有任何依据,仲裁管辖权的范围须与仲裁收费对应的观点也是荒谬的,它否定了仲裁机构核收仲裁费的斟酌权,更不用说仲裁中是否存在法律援助了。

(3)振裕公司提出,其与广城公司分别签订了两份《承包经营合同》,而广城公司仅向该案仲裁庭提交了其中一份未经政府主管部门批准的合同,仲裁庭据此作出裁定,这是违反法律规定的。如前所述,人民法院在决定撤销涉外仲裁裁决时,仅审查程序问题,不对仲裁庭认定事实和适用法律问题进行审查。因此,这不能作为撤销仲裁裁决的依据。

案例四:申请人长沙新冶实业有限公司与被申请人美国 Metals Plus 国际有限公司申请撤销仲裁裁决案
——合同约定"country of defendant"仲裁是否有效

【案情介绍】

长沙新冶实业有限公司(以下简称"新冶公司")与美国 Metals Plus 国际有限公司(以下简称"MP 公司")于 2003 年 7 月 4 日和 10 月 10 日分别签订了编号为 XYE30103088、XYE30103098 的两份英文销售合同,该两合同第 14 条均为仲裁条款,内容均是:"All disputes in connection with this Contract or the execution thereof shall be settled by negotiation between two parties. If no settlement can be reached, the case in dispute shall then be submitted for arbitration in the country of defendant in accordance with the arbitration regulations of the arbitration organization of the defendant country. The decision made by the arbitration organization shall be taken as final and binding upon both parties. The arbitration expenses shall be borne by the losing party unless otherwise awarded by the arbitration organization."后因合同纠纷，美国 MP 公司于 2006 年 8 月 1 日向长沙仲裁委员会申请仲裁。新冶公司于 2006 年 8 月 11 日提出仲裁管辖异议书。长沙仲裁委员会于 2006 年 10 月 16 日作出（2006 年）长仲决字第 279 号决定书，认为编号为 XYE30103088、XYE30103098 的两份英文销售合同中的仲裁条款可译为："凡因本合同引起的或与本合同有关的任何争议，如协商不能解决，应根据被告（被申请人）所在国（地）的仲裁机构的规则在被告（被申请人）所在国（地）进行仲裁。仲裁裁决是终局的，对双方均有约束力。除非仲裁机构另有判决（裁决），仲裁费用由败诉方承担。"决定书还认为：仲裁被申请人新冶公司营业场所及工商注册登记地均在中国长沙市，仲裁被申请人住所地只有一个仲裁委员会，即长沙仲裁委员会，根据该案仲裁条款能够确定具体的仲裁机构。长沙仲裁委员会据此驳回新冶公司的仲裁异议。长沙仲裁委员会于 2007 年 5 月 17 日作出（2006 年）长仲裁字第 279 号裁决。后新冶公司向长沙市中级人民法院申请撤销仲裁裁决。

【法律问题】
该合同中的仲裁条款是否有效？

【参考结论】
最高人民法院《关于适用〈中华人民共和国仲裁法〉若干问题的解释》第 6 条规定："仲裁协议约定由某地的仲裁机构仲裁且该地仅有一个仲裁机构的，该仲裁机构视为约定的仲裁机构。该地有两个以上仲裁机构的，当事人可以协议选择其中的一个仲裁机构申请仲裁；当事人不能就仲裁机构选择达成一致的，仲裁协议无效。"由于本案双方当事人分属两个国家，将"country of defendant"译成"被告所在国"更合理。中国国内有若干仲裁机构，本案双方当事人产生争议后并没有就仲裁机构选择达成一致意见。因此，本案所涉仲裁条款应认定无效。

【法律评析】
在本案审理过程中，申请人新冶公司认为"country"一词是指国家，仲裁协议约定在被告所在国的仲裁机构进行仲裁，属于约定不明，双方又未达成补充协议，故该仲裁协议无效。被申请人美国 MP 公司则认为"country"一词包括国家、地区、乡村三种含义，仲裁协议可理解为约定在被告所在地的仲裁机构进行仲裁，长沙仲裁委员会有管辖权。对此，长沙市中级人民法院认为，英文"country"

一词的通常含义是指"国家",而不包括一国内的行政区域。"被告所在地"系有特定法律含义的词组,对被申请人认为可以将"country of defendant"理解为"被告所在地"的意见,不予采信。双方在仲裁协议中约定"提交被告所在国的仲裁机构仲裁",而仲裁被申请人新冶公司所在国即我国境内有很多家仲裁机构。该协议未选定仲裁机构,双方又未达成补充协议,属于我国《仲裁法》第18条规定的约定不明的情况,该仲裁协议无效。依无效仲裁协议作出的仲裁裁决,应当依法撤销。故长沙仲裁委员会作出的(2006年)长仲裁字第279号裁决应予撤销。湖南省高级人民法院经审查,拟同意长沙市中级人民法院撤销(2006年)长仲裁字第279号裁决。最高人民法院经研究认为,本案所涉仲裁条款应认定无效。

案例五:A地产有限公司诉B工业公司案
——申请撤销仲裁裁决并重新仲裁①

【案情介绍】

1999年4月,中国国际经济贸易仲裁委员会(CIETAC)受理了A地产有限公司(仲裁申请人)诉B工业公司(仲裁被申请人)关于合资经营房地产有限公司合同的争议仲裁案。申请人提出的仲裁请求主要如下:(1)终止合资合同,被申请人并支付违约金;(2)被申请人应赔偿投资款本金损失人民币1300万元及利息损失;(3)被申请人应承担律师费人民币60万元及仲裁费。

2000年2月,仲裁庭作出裁决书,裁决内容主要如下:(1)终止合资合同;(2)驳回支付违约金的请求;(3)申请人要求被申请人赔偿投资款本金损失人民币人民币1300万元及利息损失的请求不予支持,但被申请人应退还申请人人民币900万元;(4)承担律师费人民币30万元;(5)仲裁费由申请人承担40%,被申请人承担60%。裁决书下达后,被申请人向有管辖权的深圳市中级人民法院提出申请,要求"撤销裁决书中'但被申请人应退还申请人人民币900万元'这一超裁部分",其主要理由是:赔偿请求与返还请求是两种完全不同性质的诉讼请求,是绝不能混淆的。

经审查,人民法院发出通知,该通知称:"……B工业公司认为该裁决的第2项中'但被申请人应退还人民币900万元'属超出当事人仲裁协议约定的范围

---

① 参见许光耀、宋连斌主编:《国际私法学——学习指导书》,湖南人民出版社2005年版,第240—246页。

和请求范围,向本院申请撤销该裁决事项。本院认为,……仲裁庭以退还投资款的形式支持申请人的赔偿请求,确会使当事人产生歧义,以致仲裁被申请人以贵会的裁决不属于当事人申请仲裁的事项为由申请撤销。为使贵会的裁决本意能正确表述,特请贵会在 3 个月内对该仲裁案重新仲裁。是否重新仲裁,请贵会收函后答复本院。"CIETAC 收函后致函该法院,称"……本会经与该案仲裁庭商议,将在收到贵院通知后 3 个月内对该仲裁案重新仲裁"。其后,B 工业公司提出了"重新仲裁请求书",要求撤销原裁决书中的超裁部分。A 地产有限公司作了答辩。在该答辩中,A 地产有限公司认为被申请人应承担全部的违约责任,并要求被申请人支付违约金以及赔偿因其违约给申请人造成的全部损失等。CIETAC 依据我国《仲裁法》的规定,由原仲裁庭进行了审理。

【法律问题】

法院的处理是否适当?

【参考结论】

法院的处理是不适当的。

【法律评析】

重新仲裁是在 1995 年我国《仲裁法》施行后才真正实施的。我国《仲裁法》第五章(申请撤销裁决)第 61 条规定:"人民法院受理撤销裁决的申请后,认为可以由仲裁庭重新仲裁的,通知仲裁庭在一定期限内重新仲裁,并裁定中止撤销程序。仲裁庭拒绝重新仲裁的,人民法院应当裁定恢复撤销程序。"由于没有一套与之相应的操作程序规定,实际上法律界对重新仲裁制度的认识以及实践均不统一,由此也产生了很多问题,比如前述案例就提出了诸如重新仲裁的事由、范围、仲裁庭组成、裁决效力等方面的问题。

按照我国的法律规定,如果进行重新仲裁,那么,它的开始时间只能在撤销裁决的程序开始后。这与某些国家仲裁法规定在裁决撤销后再由法院命令重新仲裁存在差别。本案当中,撤销申请人提出的理由是裁决书超裁,认为对未请求事项作出裁决。如果裁决书实属超裁,法院可否直接裁定撤销裁决?实践中有两种做法:一种是对裁决超裁部分采取部分撤销,另外一种就是重新仲裁。部分撤销的后果是导致所涉部分裁决无效,而其他部分仍然有效,可以执行;而重新仲裁则是希望通过仲裁庭自身对所声称的瑕疵作出补救,以完善整个裁决。这是申请人申请撤销的理由成立的情况。

不过,法院在上述案例中,并未对裁决是否超出仲裁庭权限作出最后认定,而只是认为,仲裁庭在裁决内容上表达可能会使当事人产生歧义,从而导致撤销裁决之诉的产生。

根据这种分析,在两种情况下法院可以作出重新仲裁的决定:一是认定撤销申请人的请求成立,即裁决超出仲裁庭权限,但不予立即撤销,而是将裁决发回仲裁庭,要求其纠正有关错误;如果仲裁庭不同意纠正,才予以撤销。二是经过初步审理,按照表面证据,认为仲裁庭可能存有导致撤销裁决的不当行为,因此要求仲裁庭予以解决、重新审理;但如仲裁庭不重新审理,也并不必然导致撤销裁决的结果。本案应属于这种情况。这种做法的根据是我国《仲裁法》第61条所赋予的自由裁量权。对于在哪个审理阶段作出重新仲裁的决定,法律没有规定,也属于自由裁量范围。但自由裁量所秉持的原则应是仲裁法所规定的自愿性原则以及法律所蕴含的效率等价值观,并应体现出法院对仲裁的支持。具体而言,法院自由裁量权的行使是基于对各种因素综合考虑后的结果。实质上,对第61条所规定自由裁量权的理解和应用,是我国重新仲裁制度的关键所在,也体现了司法对仲裁的态度。

本案例之外,CIETAC 实践中还有若干遭遇重新仲裁的实例,如平安星轮 I 运费、滞期费争议案及平安星轮 II 运费、滞期费争议案、台湾 A 公司诉海南 B 公司案、Minmentals Germany Gmbh v. Ferco Steel Limited 案。同时,有关法院已经对重新仲裁的具体实施提出了一些非常有意义的意见,如上海市高级人民法院《关于执行〈中华人民共和国仲裁法〉若干问题的处理意见》。

案例思考题

"斯开普温德"轮与"阿"轮碰撞案——仲裁中的调解①

"斯开普温德"轮(以下简称"斯"轮)根据船方和租方1974年6月14日在伦敦签订的定期租船合同,从上海、香港港装载杂货驶往奥兰、阿尔及尔、班加西和贝鲁特卸货。途中"斯"轮与"阿"轮发生碰撞,"斯"轮受损。

船方认为,"斯"轮受损完全是由于违反租船合同第2条的规定,即"该轮在能经常安全浮起或安全搁底的、良好的安全港口或地点之间从事合法贸易商品运输",指示该轮到贝鲁特不安全泊位造成的,因此,租方应对"斯"轮因停靠不安全泊位所受的损失 149757.77 美元(包括对"阿"轮损失的赔偿)负

---

① 参见杜新丽主编:《国际私法教学案例》,中国政法大学出版社1999年版,第381—382页。

赔偿责任。

租方认为,船方关于不安全港的申诉理由是不能成立的。"斯"轮和"阿"轮之间的碰撞完全是由于他们自己的过错,特别是由于"阿"轮的过错造成的,"斯"轮和"阿"轮的碰撞责任,双方已达成协议由"阿"轮承担 2/3,由"斯"轮承担 1/3。这表明:良好的驾驶和船艺是能够避免碰撞的。因此,"斯"轮所受损失,租方不应负责。

在本案审理过程中,双方当事人争议的实质是:两轮的碰撞应当归因于港口的不安全因素还是应当归因于"斯"轮和"阿"轮的过错。仲裁庭认为,在任何条件下,船长都有责任谨慎行事,以良好的驾驶和船艺避免船舶损坏;租方也不应对第三者的过错承担责任。在本案中,租方未能证明有关泊位不存在不安全的因素,船方也没有证明"斯"轮和"阿"轮均无过错,但要求在调解不成时提出进一步的申诉。

在此情况下,经仲裁庭调解,双方当事人一致同意由租方补偿船方 31500 美元结案,此款应在收到调解书后两星期以内支付。

问题

1. 调解是否是仲裁的必经程序?
2. 仲裁庭调解案件当事人纷争时应遵循哪些原则?
3. 调解过程中,一方当事人提出终止调解,或案件无调解的可能,仲裁庭应如何处理?

重点提示

在仲裁过程中进行调解,是我国涉外仲裁的一大特色。本案是在仲裁过程中,经调解,双方达成协议结案,本案涉及仲裁调解原则、调解程序和调解条件等问题。

第二十八章　国际商事仲裁裁决的承认与执行

本章知识点

一、裁决国籍的确定

对于由某一常设仲裁机构所作的国际商事仲裁裁决,一般不会出现难以确定该裁决的国籍的问题。但是对于一个由临时仲裁庭作出的裁决而言,由于其中的许多因素是多变的,因而就难以用其中的某一因素来判定该裁决是内国裁决还是外国裁决。到现在为止,对于该问题仍没有一个明确的标准。综观各国的实践,判断裁决国籍大致有以下两种标准:其一是仲裁地标准,也称为领土标准。根据该标准,只要不是在内国领土内作成的裁决均为外国裁决。其二是非内国裁决标准,即虽然在内国但依外国仲裁法进行仲裁而作出的裁决属于非内国裁决。

二、拒绝承认与执行外国仲裁裁决的理由

拒绝承认与执行外国仲裁裁决的理由通常包括以下几个方面:(1)仲裁协议无效;(2)未给予适当通知或未能提出申辩;(3)仲裁庭超越权限;(4)仲裁庭的组成和仲裁程序不当;(5)裁决不具有约束力或已被撤销、停止执行;(6)争议事项不可用仲裁方式解决;(7)承认或执行裁决违反内国公共秩序。

三、承认与执行外国仲裁裁决的程序

根据《纽约公约》的规定,执行仲裁裁决的程序规则依被申请执行地国的法律。在执行外国裁决的程序方面,目前具体规定仍依各缔约国的国内法。

综观各国立法,可将其承认与执行外国仲裁裁决的程序分为三类。其一是将外国仲裁裁决作为外国法院判决对待;其二是将外国仲裁裁决作为合同之债对待,要求有关当事人提起一个请求履行仲裁裁决中规定的义务或请求损害赔偿的诉讼来获得在内国境内承认和执行外国仲裁判决的执行令;其三是将外国

仲裁裁决作为国内仲裁裁决对待,把适用于执行内国仲裁裁决的规则扩大及于外国仲裁裁决的执行。

四、外国仲裁裁决在中国的承认与执行

我国 2007 年修订的《民事诉讼法》第 267 条规定:"国外仲裁机构的裁决,需要中华人民共和国人民法院承认和执行的,应当由当事人直接向被执行人住所地或者其财产所在地的中级人民法院申请,人民法院应当依照中华人民共和国缔结或者参加的国际条约,或者按照互惠原则办理。"

首先,我国依国际条约承认和执行外国仲裁裁决。我国已于 1986 年加入 1958 年《纽约公约》,加入时我国提出两项声明保留:一是"互惠保留",即我国只承认和执行在缔约国领土内作出的仲裁裁决;二是"商事保留",即我国只承认和执行属于契约性和非契约性商事法律关系所引起的争议所作出的裁决。在缔约国境内作出的裁决,如果符合《公约》的规定,没有《公约》中列举的可以拒绝承认和执行的情况者,可以裁定承认其效力,并给予执行;反之,则裁定驳回申请,拒绝承认和执行。

其次,依我国与许多国家缔结的双边条约承认和执行外国仲裁裁决。

另外,在没有条约的情况下,可以在互惠的基础上,承认与执行外国仲裁裁决。

1995 年《关于人民法院处理与涉外仲裁及外国仲裁事项有关问题的通知》指出:凡一方当事人向人民法院申请承认和执行外国仲裁机构的裁决,如果人民法院认为申请承认和执行的外国仲裁裁决不符合中国参加的国际公约的规定或者不符合互惠原则的,在裁定拒绝承认和执行之前,必须报请本辖区所属高级人民法院进行审查;如果高级人民法院同意拒绝承认和执行,应将其审查意见报最高人民法院。待最高人民法院答复后,方可裁定拒绝承认和执行。

内地与香港在 1999 年 6 月就《关于内地与香港特别行政区相互执行仲裁裁决的安排》达成一致意见,安排已于 2000 年 2 月 1 日起施行。最高人民法院与澳门特别行政区经协商,达成了《关于内地与澳门特别行政区相互认可和执行仲裁裁决的安排》,自 2008 年 1 月 1 日起实施。1992 年台湾地区颁布的《台湾地区与大陆地区人民关系条例》,允许台湾地区法院认可与执行在祖国大陆作出的仲裁裁决。最高人民法院 1998 年《关于人民法院认可台湾地区有关法院民事判决的规定》第 19 条规定,在人民法院申请认可与执行台湾地区仲裁机构仲裁裁决适用该《规定》。

 案例分析

案例一：诺宝克货运服务股份有限公司与中国航海技术咨询服务公司仲裁案——外国仲裁裁决在中国的承认和执行

【案情介绍】

诺宝克货运服务股份有限公司（船东）与中国航海技术咨询服务公司（租船方）之间，因"嘉顿门"号轮租船合同一事产生争议。诺宝克货运服务股份有限公司根据双方租船合同中的仲裁条款，向伦敦海事仲裁员协会申请仲裁。伦敦海事仲裁员协会根据其1950—1979年《仲裁条例》，于1990年1月8日对双方的争议作出了终局裁决。

仲裁裁决生效后，中国航海技术咨询服务公司未自动履行其依裁决所承担的义务，诺宝克货运服务股份有限公司委托环球律师事务所林律师全权代理，于1990年2月26日向被申请人住所地的北京市中级人民法院申请承认和执行伦敦海事仲裁员协会作出的上述仲裁裁决。

北京市中级人民法院认为其申请符合受理条件，受理了该项申请。经依法组成合议庭进行审查认为：伦敦海事仲裁员协会就本案作出的仲裁裁决，符合我国加入的《承认及执行外国仲裁裁决公约》（即《纽约公约》）以及全国人大常委会《关于我国加入〈承认及执行外国仲裁裁决公约〉的决定》应当承认及执行的规定，不具有《纽约公约》第5条所列的拒绝承认与执行的情形，对其效力应当予以承认。依据我国1991年《民事诉讼法》第140条第1款第11项、第269条的规定，该院于1992年8月26日裁定如下：(1) 承认伦敦海事仲裁员协会于1990年1月8日就诺宝克货运服务股份有限公司与中国航海技术咨询服务公司关于"嘉顿门"号轮租船合同争议作出的终局裁决的效力。(2) 中国航海技术咨询服务公司自接到本裁定书之日起15日内履行该仲裁裁决所确定之义务。申请执行费人民币3311.50元，由中国航海技术咨询服务公司负担。

在执行过程中，双方自愿达成和解协议，由中国航海技术咨询服务公司支付给诺宝克货运服务股份有限公司16万美元，并已履行。

【法律问题】

法院作出承认与执行伦敦海事仲裁员协会作出的海事仲裁裁决的裁定是否正确？为什么？

【参考结论】

法院作出承认与执行伦敦海事仲裁员协会作出的海事仲裁裁决的裁定是正确的。因为,申请人申请承认和执行的伦敦海事仲裁员协会作出的仲裁裁决,不具有《纽约公约》第5条和我国1991年《民事诉讼法》第260条规定的拒绝予以承认与执行的情形,受理法院予以承认与执行是正确的。

【法律评析】

本案是在我国《民事诉讼法(试行)》施行期间受理的,在我国1991年《民事诉讼法》施行后审结,在新法施行之日起的诉讼活动即应适用新法,故本案适用新法审结是正确的。

根据我国《民事诉讼法》和《纽约公约》的有关规定,申请我国法院承认与执行的仲裁裁决仅限于《纽约公约》对我国生效后另一缔约国领土内所作的仲裁裁决,应遵守我国提出的"商事保留"和"互惠保留"。国外仲裁机构作出的裁决,需要中华人民共和国人民法院承认和执行的,应当由当事人在规定的期限内直接向被执行人住所地或者其财产所在地中级人民法院申请。人民法院依照中华人民共和国缔结或者参加的国际条约,或者按照互惠原则办理。如果经审查,裁决不具有《纽约公约》第5条和《民事诉讼法》第260条所列的拒绝承认和执行的情形,应当裁定承认其效力,并依照《民事诉讼法》规定的程序执行;否则,裁定驳回申请,不予承认和执行。

伦敦海事仲裁员协会就本案当事人之间作出的仲裁裁决,是在《纽约公约》的另一缔约国英国境内作出的属于合同关系所产生的经济上的权利义务关系的仲裁裁决,当事人向我国人民法院申请承认和执行,符合我国加入该《公约》时所作出的互惠保留声明和商事保留声明所要求的条件,我国应予以受理。

案例二:某省进出口公司诉香港某实业公司仲裁案
——香港回归祖国前中国内地裁决在香港地区的承认与执行

【案情介绍】

某省进出口公司(申请人)与香港某实业公司(被申请人)在履行"86GD-0745YH"号销售合同过程中,因支付货款引起了争议。申请人于1987年5月26日向中国国际贸易促进委员会对外经济贸易仲裁委员会深圳办事处(现改为中国国际经济贸易仲裁委员会深圳分会)提请仲裁。深圳办事处根据合同中的仲裁条款和申请人的申请受理了该案,并立即向被申请人发出受案通知。被申请人收到了通知,但没有在仲裁程序暂行规则规定的期限内指定仲裁员并提交书面答辩,仲裁委员会主席根据仲裁规则的规定,依申请人的申请,代被申请人指定了仲裁员。1987年6月26日仲裁庭组成。

仲裁庭于1987年8月17日开庭审理此案,被申请人未到庭。嗣后,双方当事人同意由仲裁庭调解,并于1987年9月9日达成和解协议。约定期限届满后,被申请人并没有履行和解协议。申请人遂请求仲裁庭继续开庭。1988年6月27日,仲裁庭再次开庭,被申请人无故未到庭。仲裁庭按照仲裁规则的规定,对该案作出了缺席裁决。

裁决作出后,被申请人没有按照裁决规定的期限履行裁决。申请人于是委托香港某律师事务所向香港法院申请执行该裁决。代理律师根据《香港法例》第341章仲裁法例第41条的规定,向香港最高法院提交了申请执行书,同时提交了该仲裁裁决书的原本和英文译本。

根据香港法律,申请执行案由内庭法官作出判决。但由于该案是香港最高法院第一次执行香港境外的裁决,没有先例可循,因此法院将该案提交原诉法庭大法官判决(该大法官作出的判决即成为先例)。在开庭的前一天,被告将具有答辩效力的誓章送达原告的代理律师,并提出两点答辩意见:(1)合同中规定的仲裁机构和作出裁决的仲裁机构名称不一,根据《香港法例》第341章仲裁法例第44条第2款第4项的规定,没有按照协议规定的仲裁庭作出的裁决不予执行;(2)该裁决不是公约裁决,按照《仲裁法例》第42条第1款的规定,该裁决不得强制执行。

原告方律师接到誓章后,以中国出版的有关法律书籍和报刊为依据,向大法官提交了经中国国务院批准将对外贸易仲裁委员会改名为对外经济贸易仲裁委员会的有关材料。大法官认为,虽然合同规定由中国国际贸易促进委员会对外贸易仲裁委员会仲裁,而裁决是由对外经济贸易仲裁委员会作出的,但根据原告方律师提交的证据可以很清楚地看出,后者与前者事实上是同一个机构,仅仅是更名,而且很明显,被告接受了改名后的仲裁机构的管辖,并且参加了仲裁程序,所以大法官驳回了被告的第一点答辩。

被告的第二点答辩是基于《香港法例》第341章第2条中的"公约裁决"的定义,即"公约裁决是指……在香港以外的,属于《纽约公约》成员国的一个国家或地区内根据仲裁协议作出的裁决"。被告方律师认为,该合同是1986年11月1日签订的,中国于1987年4月22日才成为《纽约公约》的成员国,因此,根据该合同中的仲裁条款作出的裁决不是"公约裁决",不能在香港执行。大法官认为,只要仲裁裁决是在一个已成为《纽约公约》成员国的国家或地区作出的,就应理解为是"公约裁决",签订仲裁协议的时间则无关紧要,因此驳回了被告的第二点答辩。最后大法官当庭作出裁决,准许原告的申请,强制执行裁决。

【法律问题】

香港某实业公司提出的该仲裁裁决不能执行的理由是否成立?为什么?

【参考结论】

本案中,某省进出口公司申请香港法院执行中国国际经济贸易仲裁委员会的仲裁裁决,不存在《纽约公约》第5条规定的拒绝承认与执行外国仲裁裁决的理由。香港某实业公司提出的该仲裁裁决不能执行的理由不能成立,香港法院没有理由拒绝执行中国国际贸易促进委员会对外经济贸易仲裁委员会深圳办事处(现改为中国国际经济贸易仲裁委员会深圳分会)作出的仲裁裁决。

【法律评析】

本案是中国境内作出的仲裁裁决在祖国内地以外得到承认和执行的第一起案件。该案引起了国内外法律界的关注。

被诉人香港某实业公司在法庭作答辩时,提出的第一点理由是合同中规定的仲裁机构和作出裁决的仲裁机构名称不一,该仲裁庭作出的裁决不能执行。本案中某省进出口公司和香港某实业公司在合同中订明仲裁条款,规定双方的纠纷由中国国际贸易促进委员会对外贸易仲裁委员会仲裁,而裁决是由对外经济贸易仲裁委员会作出的。中国国际经济贸易仲裁委员会是我国常设国际商事仲裁机构,受理涉外仲裁案件,它在中央人民政府政务院于1954年批准其设立时叫"对外贸易仲裁委员会",1980年由国务院决定改称"对外经济贸易仲裁委员会",1988年改称为"中国国际经济贸易仲裁委员会"。我国许多的外贸公司的格式合同中的仲裁条款仍然使用老的名称。这种情况不属于内容不明确无法执行,因为当事人选择的仲裁机构是完全能够确定的。

本案中被执行人香港某实业公司指出,仲裁机构名称不同意味着仲裁机构不是同一个,进而意味着作出裁决的机构不是当事人选择的机构,因此裁决不能执行。香港高等法院驳回这一主张是正确的。因为仲裁委员会虽然更名,但机构未变,始终是一个,不属于内容不明确无法执行的情况。

本案中被执行人香港某实业公司在法庭答辩中的第二个理由是,中国国际经济贸易仲裁委员会的仲裁裁决不是"公约裁决",不能在中国境外得到强制执行。这里的"公约"是指《承认及执行外国仲裁裁决公约》(简称《纽约公约》)。我国于1987年4月22日成为《纽约公约》的成员国。《纽约公约》第5条规定了拒绝承认与执行外国仲裁裁决的理由。被请求承认和执行裁决的国家的主管机关,在查明当事人争执的事项依据本国法不能用仲裁方式解决,或者该裁决违反了本国的公共秩序,也可以直接拒绝承认与执行裁决。

案例三:"庄士花园"裁决执行案——国际商事仲裁中的证据[①]

【案情介绍】

本案的申请人是A有限公司(以下简称"A公司"),被申请人是B房地产开发公司(以下简称"B公司")和C有限公司(以下简称"C公司")。1992年5月1日申请人A公司作为丙方(买方)与作为甲方的B公司(卖方)及作为乙方的C公司(卖方)签订了购买由甲乙两方共同开发的"庄士花园"的商品房的买卖合同。买卖合同规定,甲、乙两方已于1992年1月28日签订共同开发"庄士花园"的合同。乙方根据惠阳县国土局惠阳府国用字(1989年)第1321040018号国有土地使用证享有国有土地使用权。合同规定为分期付款。丙方根据合同规定付清了前两笔款项之后,拒付第三笔款项。甲、乙两方遂根据合同规定没收了丙方已付的前两笔楼价款。

A公司于1993年6月30日向中国国际经济贸易仲裁委员会深圳分会提请仲裁,称买卖合同的合法性存在疑问。理由是:第1321040018号国有土地使用证上注明的土地用途是"工业村"而非"涉外商品房"。根据该国土证,被申请人不具备开发涉外商品房的权力,其将取得的"工业村"用地冒充为"涉外商品房"用地,违反了我国《民法通则》、《国有土地管理法》及《涉外经济合同法》的有关规定,因而买卖合同无效;被申请人则认为,关于"工业村",法律上并无明确的概念。从国家及惠阳淡水镇规划局核发的许可证看,应包括工业厂房、宿舍及商住楼;从建设工程许可证及1992年2月28日县房管局下发的外销批文看,也明确为"商住楼",因而被申请人具有合法的土地使用权。而且,被申请人已于1993年12月30日取得了惠阳国府用字(1993年)第13210101836号国土使用证,合法明确有权以该花园地块为商住用途并将适用期延至70年。因此被申请人并未违约。

仲裁庭经过审理认为,案件争议的焦点是合同的有效性问题,而这又取决于该第1321040018号国土使用证中的土地用途"外商独资办工业村"是否包括外销商品房用地的问题。仲裁庭将这一争议问题向广东省国土厅进行了调查询问,得到的答复是:"'外商独资办工业村'不包括外销商品房的用地,已确定为

[①] 参见许光耀、宋连斌主编:《国际私法学——学习指导书》,湖南人民出版社2005年版,第232—237页。

'外商独资办工业村'用途的土地,改为外销商品房用地,除了应征得县级以上规划行政主管部门同意,并经县级以上人民政府有权批准外销商品房的机关批准外,还应经县级以上国土部门批准。"仲裁庭依据这一答复作出了裁决:被申请人C公司擅自改变国有土地使用证的土地用途,兴建向境外销售的"庄士花园"商品楼宇乃违反法律的行为,为此目的所签订的买卖合同为无效合同。C公司对合同无效承担责任,另一被申请人B公司作为共同卖方承担连带责任。申请人在被申请人未作任何隐瞒的情况下自愿与其签订买卖合同,亦有过错,负一定责任。

申请人在取得了裁决以后,向香港高等法院申请承认与执行。香港高等法院法官在审理后认为,尽管被申请人在仲裁过程中未被给予对仲裁庭取得的证据进行质证的机会,属于仲裁程序违法,但是他相信根据被申请人提供的证据,即使被申请人已经被给予了这种机会,裁决结果可能仍然不会有任何改变。因此香港高等法院作出了执行裁决的命令,并驳回了被申请人的请求。

被申请人不服香港高等法院的判决,又向香港上诉法院提出上诉。香港上诉法院法官根据被申请人提供的证据——惠阳市国土局于1992年2月28日表明被申请人共同发展的该花园可以在香港出售及其购买者可以获得房屋所有权证书的信件;1995年2月11日惠阳市国土局表明被申请人"庄士花园"的建设不能被视为"未取得同意改变土地使用权"的信件——认为,这些证据表明土地使用证上使用的词语有很大的不确定性,从而在中国法作为准据法的情况下,不能认为如果被申请人拥有了抗辩的机会,即不存在程序违法时,裁决结果仍然不会改变。香港上诉法院于1996年3月15日作出判决,撤销了香港高等法院的判决。

【法律问题】
香港上诉法院的处理是否确?
【参考结论】
香港上诉法院的处理是正确的。
【法律评析】
这是一起以未经质证的证据作为裁决依据最终导致裁决被拒绝承认与执行的仲裁案件。国际商事仲裁中的证据问题从20世纪80年代开始就引起了国际社会的相当关注。仲裁不同于诉讼,其灵活性必然要求不能完全掣肘于诉讼中的证据格式。因为仲裁的原因之一就是为了回避法院繁复的程序与证据法。但是,仲裁程序中亦应遵循一定的证据法规则。具体来讲,在仲裁程序中通常应予适用的基本的证据规则包括以下几个方面:(1)仲裁案件的举证要求。"谁主张谁举证"作为最基本的证据规则,在仲裁领域同样适用。(2)仲裁庭取证的权力。在仲裁庭取证的权力上,各国法律规定有所不同,但多数国家均认为证据是关涉较为严格的程序的,因此对证据的获取除法律规定的外,均要有法院的协助参与。(3)经过怎样的程序才能确定哪些证据可以作为仲裁庭定案的依据。依据程序正义的基本要求,诉讼过程中普遍遵循的质证程序也是仲裁中认定每一项定案证据的必经程序,仲裁案件中的证据,无论其表现为何种形式,即使是仲裁庭自行调查的事实和收集取得的证据,也要经过当事人的质证,在确定其真实、合法及关联性后才能作为定案依据。

具体至本案,仲裁庭自行取得的证据,即广东省国土厅对有关"外商独资办工业村"用地性质的答复,也必须经过当事人的质证即仲裁庭在取得这一证据后将其公布给当事人,给予当事人提出异议和调取新证据的机会,才能够用作定案依据。然而,本案仲裁庭在案件的审理过程中并没有给予被申请人申辩的机会,反而以这项未经质证的证据为依据作出了不利于被申请人的判决。被申请人这一机会的丧失是其在执行过程中寻求裁决拒绝执行的原因,也是本案一波三折的症结所在。

那么如果仲裁庭在决定证据采信时并未经过质证程序,是否必然导致仲裁裁决被拒绝承认与执行?对这一问题的回答,取决于各国仲裁法对于不予承认和执行仲裁裁决的情况的相关规定,如果上述情形符合了有关国家的规定,那么就可以以此为理由拒绝承认执行仲裁裁决。一国法院在认定一项仲裁裁决是否应该被承认和执行时,其依据的法律只能是法院地国法。本案中,裁决是在中国作出,但申诉人申请执行裁决地却在中国香港地区,因此,香港法在决定裁决是否应该被承认和执行方面起决定作用。依香港《仲裁条例》中的规定,仲裁裁决可分为本地裁决和公约裁决,其中公约裁决是指,依照仲裁协议在香港之外的国家或领土上作出的裁决,而该国家或领土是《纽约公约》的缔约方。我国是《纽约公约》的缔约国,因此,本案中的裁决显然属于香港法所指的"公约裁决"。而公约裁决的执行按照该条例要依照第 4 部分第 44 条的规定执行,其规定是:"(1)除非属本条所述情形,否则不得拒绝强制执行公约裁决。(2)受公约裁决针对强制执行的人证明有以下情形,则可拒绝强制执行公约裁决——(a)……;或(b)……;或(c)他并无获得有关委任仲裁员或有关仲裁程序的恰当通知,或他因为其他原因未能提出其意见;或……"可以看出,被申请人正是基于第 2 款 c 项的规定提出拒绝执行该裁决的要求:被申请人认为,仲裁庭在取得广东省国土厅的答复后,没有给予自己对这一新证据提出答辩意见的机会,存在程序不当,这符合上述规定,应该拒绝执行该裁决。

案例四:香港铭鸿发金属胶业制品厂与广东梅录新光塑料制品厂仲裁案——仲裁裁决执行中的公共秩序[①]

【案情介绍】

申请执行人香港铭鸿发金属胶业制品厂与被申请执行人广东省吴川市梅录新光塑料制品厂因合资经营合同发生纠纷,1995年7月15日经中国国际经济贸易仲裁委员会深圳分会裁决。由于被申请执行人逾期未能履行仲裁裁决,申请执行人香港铭鸿发金属胶业制品厂于1996年3月12日向广东省湛江市中级人民法院申请强制执行。

湛江市中级人民法院依据裁决书内容,委托有关部门对合资公司的资产进行清算。认为:裁决书中认定事实的主要证据与事实不符,执行该裁决违背社会公共利益。依照我国《民事诉讼法》第260条第2款之规定,裁定对仲裁裁决不予执行。

【法律问题】

法院对本案的处理是否正确?

【参考结论】

法院对本案的处理是完全错误的。

【法律评析】

在一定条件下,人民法院可以裁定不予执行仲裁裁决,我国1991年《民事诉讼法》和1994年《仲裁法》规定了不予执行仲裁裁决的理由。我国1994年《仲裁法》第71条规定:"被申请人提出证据证明涉外仲裁裁决有民事诉讼法第260条第1款规定的情形之一的,经人民法院组成合议庭审查核实,裁定不予执行。"我国1991年《民事诉讼法》第260条第1款规定:"对中华人民共和国涉外仲裁机构作出的裁决,被申请人提出证据证明仲裁裁决有下列情形之一的,经人民法院组成合议庭审查核实,裁定不予执行:(一)当事人在合同中没有订立仲裁条款或者事后没有达成书面仲裁协议的;(二)被申请人没有得到指定仲裁员的通知或者进行仲裁程序的通知,或者由于其他不属于被申请人负责的原因未能陈述意见的;(三)仲裁庭的组成或者仲裁的程序与仲裁规则不符的;(四)裁决的事项不属于仲裁协议的范围或者仲裁机构无权仲裁的。"该条第2款规定:"人民法院认定执行该仲裁裁决违背社会公共利益的,裁定不予执行。"

[①] 参见许光耀、宋连斌主编:《国际私法学——学习指导书》,湖南人民出版社2005年版,第177—180页。

我国《仲裁法》作为《民事诉讼法》的特别法,优先于《民事诉讼法》适用。根据我国《仲裁法》第71条,1991年《民事诉讼法》第260条第1款才是不予执行仲裁裁决的依据,本案中,法院错误地适用了《民事诉讼法》第260条第2款。

本案中,法院以裁决书中认定事实的主要证据与事实不符为由,认为裁决违背社会公共利益,这更是错误的。因为,根据我国1991年《民事诉讼法》第260条第1款规定,人民法院在审查涉外仲裁裁决时,只审查程序问题,并不审查实体问题。退一步讲,即使存在法院所称的认定事实的主要证据与事实不符的情形,是否就能定性为违背社会公共利益,也值得商榷。随着仲裁制度的发展和各国对仲裁的支持,各国倾向于对社会公众利益作狭义的理解和严格的限制,不轻易使用作为拒绝执行仲裁裁决的理由。而我国的一些法院在执行仲裁裁决时,却常常将其作为维护地方利益和个别利益的保护伞,造成地方法院对涉外裁决的审查所采用的标准不一,裁决的执行受阻。河南省郑州市中级人民法院于1992年9月28日在开封市东风服装厂诉河南省服装进出口(集团)公司、大进国际贸易(香港)有限公司申请执行仲裁裁决案中,也认定执行中国国际经济贸易仲裁委员会的裁决"将严重损害国家经济利益和社会公共利益",并依据《民事诉讼法》第260条第2款裁定不予执行。最高人民法院于1992年11月6日函告河南省高级人民法院,认为郑州市中级人民法院不予执行裁决的理由是"不正确的"。可见,最高人民法院也是非常慎重理解并适用《民事诉讼法》第260条第2款所指的"社会公共利益"的。

为了改变法院在执行涉外仲裁裁决中的混乱做法,最高人民法院1995年8月28日发布的《关于人民法院处理与涉外仲裁及外国仲裁事项有关问题的通知》规定:"凡一方当事人向人民法院申请执行我国涉外仲裁裁决机构裁决,或者向人民法院申请承认与执行外国仲裁机构的裁决,如果人民法院认为我国涉外仲裁机构裁决具有民事诉讼法第260条情形之一的,或者申请承认和执行的外国仲裁裁决不符合我国参加国际公约的规定或者不符合互惠原则的,在裁定不予执行或者拒绝承认和执行之前,必须报请本辖区高级人民法院进行审查;如果高级人民法院同意不予执行或者拒绝承认和执行,应将其审查意见报最高人民法院。待最高人民法院答复后,方可裁定不予执行或者拒绝承认与执行。"这种报告制度体现了对涉外仲裁的大力支持。

最后,本案法院的裁定书中看不出法院是否履行了报告制度,这也是不妥的。

案例五:广州远洋运输公司与美国公司仲裁案
——外国临时仲裁裁决在中国的承认和执行

【案情介绍】

申请人广州远洋运输公司于1988年7月、10月、11月把"康苏海"轮、"马关海"轮和"华铜海"轮租给被申请人美国MARSHIPS OF CONNECTICUT公司。三份租船合同中均订有仲裁条款,约定产生纠纷时在英国伦敦仲裁,适用英国法律,由船东及租船人各指定一名仲裁员,若这两位仲裁员意见不一致时,则由其指定一名首席仲裁员作出裁决。不论是先指定的两名仲裁员或者首席仲裁员所作的裁决对双方都有约束力。在租船合同的履行过程中,被申请人违约,拖欠申请人租金总额200余万美元。为此,申请人按租船合同仲裁条款,于1989年7月在英国伦敦提请仲裁。申请人指定伦敦仲裁员Bruce Harris先生,被申请人指定伦敦仲裁员John P. Besman先生组成临时仲裁庭。该仲裁庭分别于1989年8月7日、8月15日、8月25日作出了关于三轮船合同争议案的裁决。三份裁决书裁决被申请人应对申请人偿付租金共198.597521万美元及其利息和申请人因仲裁而支出的费用。1989年8月18日申请人与被申请人就所欠款项签署了分期付款协议。

但被申请人支付了第5期款项后,自1990年2月起停止付款,尚欠申请人1232112美元及年利率为9%的利息。申请人遂于1990年7月6日向广州海事法院提出执行申请,请求法院承认和执行上述三份仲裁裁决。广州海事法院受理此案后,依法组成合议庭进行审查。经审查,合议庭认为:(1)广州海事法院对该案具有管辖权。理由是:第一,我国已经是《纽约公约》的成员国。本案三份仲裁裁决书均系在英国伦敦作出。英国是该《公约》的参加国。只要英国伦敦仲裁机构作出的仲裁裁决未违反《公约》的规定,我国法院则应予承认和执行。本案申请人提出执行申请,没有超过我国法律规定的申请执行期限。第二,本案被申请人在国内有一笔预期可得的财产,我国法院为财产所在地法院,故对本案有管辖权。第三,根据最高人民法院《关于海事法院收案范围的规定》第4条第4项的规定,海事执行案件包括"依据1958年在纽约通过的《承认及执行外国仲裁裁决公约》的规定,申请我国海事法院承认、执行外国或者地区的仲裁机构仲裁裁决的案件"。因此,本案为海事执行案件,属海事法院收案范围。(2)申请执行的三份仲裁裁决不具有《承认及执行外国仲裁裁决公约》第5条第1款和第2款所列的情形。因为,申请人和被申请人在三份租船合同中均订有仲裁条款。仲裁庭的组成和仲裁程序与仲裁协议相符,未违反《公约》规定。仲裁裁决对双方均具有约束力。

第二十八章 国际商事仲裁裁决的承认与执行

根据我国加入《纽约公约》时所作的商事保留,我国仅对按照我国法律属于契约性和非契约性商事法律关系所引起的争议适用该《公约》。依照中华人民共和国法律,当事人双方之间的租船合同纠纷属于商事法律关系引起的争议,可经由双方约定通过仲裁方式解决;承认和执行该三项裁决不违反中华人民共和国的公共政策。据此,广州海事法院于 1990 年 10 月 17 日作出裁定:(1) 承认由 Bruce Harris 仲裁员和 John P. Besman 仲裁员组成的伦敦临时仲裁庭于 1989 年 8 月 7 日、8 月 15 日、8 月 25 日分别作出的关于"马关海"轮、"华铜海"轮及"康苏海"轮租船合同争议案的三份仲裁裁决的效力。(2) 划拨被申请人预期可在中国对外贸易运输总公司得到的运费和延滞费共 25.359255 万美元给申请人。

【法律问题】
我国法律是否允许承认和执行外国临时仲裁庭作出的仲裁裁决?为什么?

【参考结论】
根据我国《民事诉讼法》和我国已加入的《承认及执行外国仲裁裁决公约》的规定,我国并未按仲裁机构的类型来考虑承认和执行外国仲裁裁决问题,没有区分临时仲裁机构和常设仲裁机构的仲裁裁决而予以分别对待。可见,我国法律是允许承认和执行外国临时仲裁庭作出的仲裁裁决的。

【法律评析】
这是中国法院承认和执行外国临时仲裁庭所作出的仲裁裁决的典型案例。我国法院严格按照《承认及执行外国仲裁裁决公约》对外国仲裁裁决进行审查,对符合条件的予以承认和执行。

我国当时有效的 1991 年《民事诉讼法》第 269 条规定,国外仲裁机构的裁决,需要中华人民共和国人民法院承认和执行的,应当由当事人直接向被执行人住所地或者其财产所在地的中级人民法院申请,人民法院应当依照中华人民共和国缔结或者参加的国际条约,或者按照互惠原则办理。我国是 1958 年《纽约公约》的成员国。《纽约公约》规定:(1) 缔约国承担义务,必须承认与执行外国的仲裁裁决;对外国裁决不作实体审查,对拒绝承认与执行外国仲裁裁决要求被申请人承担举证责任。(2) 缔约国法院在执行外国裁决时,不得比执行国内裁决附加更为苛刻的条件,也不得收取过多的费用。(3) 缔约国加入《公约》时只能作"互惠"和"商事"保留,其他内容必须无保留地遵守。我国在加入《纽约公约》时作出了"互惠保留"和"商事保留"。在实践中,如被申请承认和执行的国家是《纽约公约》的缔约国则按《纽约公约》的规定办理;如被申请承认和执行的国家不是《纽约公约》的缔约国,但签有双边司法协助协定,则按双边司法协助协定办理;如果被申请承认和执行的国家既不是《纽约公约》的成员国,又无双边司法协助协定,那么承认和执行须以互惠为条件;如无互惠关系则应通过外交途径,向对方国家法院申请承认和执行。

案例思考题

思考题一:香港华兴发展公司与厦门东风橡胶制品厂等仲裁案
——中国法院不予执行中国涉外仲裁裁决①

1985年6月19日,以香港华兴发展公司为乙方,厦门东风橡胶制品厂、厦门轴承厂、厦门经济特区建设发展公司为甲方,在厦门签订"合资经营厦门橡塑制品有限公司合同"。1985年10月12日,厦门市政府经济贸易委员会批准该合营合同。同年12月24日领取合营企业营业执照。经营中,因合作不协调,合营各方均表示终止合同。因对终止合同后的清盘达不成协议,最终未形成终止合同的董事会决定。申请执行人遂于1991年3月27日按合同约定提交中国国际经济贸易仲裁委员会(以下简称"仲裁委员会")仲裁。仲裁委员会经审理认为,其中被申请人厦门东风橡胶制品厂是以厂房实物投资,须办理厂房过户手续,以便对合资企业进行清算,并在其1992年12月20日的终局裁决中,以第二项裁决被申请人应于1993年1月30日前将其出资的厂房的过户手续办理完毕。

因被申请人未履行裁决,1993年6月5日,申请执行人向厦门市中级人民法院申请执行仲裁委员会发生法律效力的(1992年)贸仲字第2051号裁定书。

厦门市中级人民法院受理申请后,在执行仲裁委员会(1992年)贸仲字第2051号裁决第二项时,被申请人提出异议,并提供证据证明执行标的物不归其所有。厦门市中级人民法院组成合议庭审查查明,被申请人作为出资的厂房,是其在"文革"期间在他人菜地上所盖违章建筑,始终未能对裁决中所指的构成其出资的厂房拥有产权,不可能办理过户手续,该项裁定不能成立。依照我国1991年《民事诉讼法》第237条、第217条第2款第4项的规定,厦门市中级人民法院于1994年5月3日裁定:申请执行人香港华兴发展公司申请执行的中国国际经济贸易仲裁委员会(1992年)贸仲字第2051号第二项,裁决不予执行。

问题:
1. 我国法律规定涉外仲裁裁决不予执行的情形有哪几种?

---

① 参见杜新丽主编:《国际私法教学案例》,中国政法大学出版社1999年版,第388—389页。

2. 我国法律规定国内仲裁裁决不予执行的情形有哪几种？
3. 对国内仲裁裁决的审查标准能否用于涉外仲裁裁决？

重点提示

对涉外仲裁裁决的审查，我国《民事诉讼法》规定了形式审查制，即涉外仲裁裁决不具有我国1991年《民事诉讼法》第260条规定的四种情况的，人民法院应当裁定予以执行。本案中，厦门市中级人民法院依据我国1991年《民事诉讼法》第217条第2款第4项之规定认定中国国际贸易仲裁委员会作出的裁决"认定事实主要证据不足"，裁定部分不予执行。本案的焦点在于，我国法律规定对涉外仲裁裁决实行形式审查，法院有无权利把对国内仲裁裁决的审查标准用于涉外仲裁裁决的审查上。

思考题二：NG FUNG HONG LTD（五丰行）诉ABC执行仲裁裁决案
——香港回归祖国后中国内地裁决在香港的承认与执行①

当事人将争议在中华人民共和国境内交付中国国际经济贸易仲裁委员会委任的仲裁庭仲裁，原告NG FUNG HONG LTD（即五丰行，应被告的要求，公布案例时不公开被告的名称）获得了有利的裁决。原告单方根据《仲裁条例》第2GG条向香港高等法院申请强制执行裁决并依裁决的条件作出判决。申请系在1997年7月1日后中华人民共和国恢复对香港行使主权后提出。

尽管中华人民共和国是1958年《承认及执行外国仲裁裁决公约》（《纽约公约》）的缔约国，但就在香港执行裁决而言，恢复行使主权意味着"中华人民共和国的裁决"不是"公约裁决"。问题在于，裁决能否简单地依《仲裁条例》第2GG条得到执行，还是把裁决当作对原告的债务而提起诉讼予以执行。Findlay法官认为，《仲裁条例》第2GG条只适用于在香港作出的裁决，在香港之外作出的裁决则不能得到适用。而香港回归祖国后，内地和香港不再是《纽约公约》的两个独立的缔约方，因此，《纽约公约》也不能直接适用。但裁决可以按照普通法上的债务诉讼方式在香港得到执行。

问题

香港高等法院对本案的处理是否适当？

---

① 参见许光耀、宋连斌主编：《国际私法学——学习指导书》，湖南人民出版社2005年版，第210—213页。

重点提示

本案是"一国两制"下香港回归祖国后两地在仲裁裁决的承认与执行问题上出现冲突的典型案例。1997香港回归祖国前,两地仲裁裁决的承认与执行基本不存在什么问题,因为英国和中国均是1958年《纽约公约》的缔约国,英国已将《纽约公约》扩展适用于香港,两地的裁决均被视为公约意义上的外国裁决。所以,两地间仲裁裁决的承认与执行,按《纽约公约》办理即可。

本案中,Findlay法官认为,《仲裁条例》第2GG条只适用于在香港作出的裁决,在香港之外作出的裁决则不能得到适用。而香港回归祖国后,中国和香港特别行政区不再是《纽约公约》的两个独立的缔约方,因此,《纽约公约》也不能直接适用。当然,这并不意味着内地的裁决在香港无法得到执行。在香港,承认与执行外国仲裁裁决的立法与实践深受英国的影响,基于所谓的"债务学说",法院把外国裁决当作双方当事人之间设立的一种债务契约,依可适用的法律审查该契约是否有效,然后作出执行该契约的判决。按照这种普通法上的债务诉讼方式,内地裁决也可以在香港得到执行,但显然没有按照《纽约公约》执行公约裁决方便,而且法院对裁决审查的范围较大,审理时间、费用也相对较多。

虽然中国区际的仲裁裁决的承认与执行问题不能再依据《纽约公约》得到解决,但这并不意味着《纽约公约》不具有借鉴价值。最高人民法院经与香港特别行政区政府进行协商,已于1999年6月达成《内地与香港特别行政区相互执行仲裁裁决的安排》,并以司法解释的形式予以公布,自2000年2月1日起施行。该安排的实质内容与《纽约公约》是一致的。

思考题三:上海某外贸公司与美国加利福尼亚某公司仲裁案
——中国涉外仲裁裁决在美国的承认和执行[①]

1994年3月8日,上海某外贸公司(以下简称"外贸公司")与美国加利福尼亚某公司(以下简称"美国公司")签订了3项买卖合同,由外贸公司向美国公司出售服装。外贸公司依约履行义务,发运了合同项下规定的货物。美国公司收到货物并转售他人,却又以货物质量不符合规定为由拒付货款,严重违反合同。外贸公司迫不得已于1994年8月22日以美国公司为被申请人向中国国际经济贸易仲裁委员会上海分会提请仲裁,仲裁委员会依据合同中的仲裁条款受理了此案,向被申请人美国公司发出仲裁通知。美国公司属于个人企业,其业主亲自

---

① 参见杜新丽主编:《国际私法教学案例》,中国政法大学出版社1999年版,第395—396页。

将答辩材料交到仲裁委员会秘书处,并请求仲裁委员会代为指定一名仲裁员,还委托了两名全权代理人参与仲裁程序。

仲裁委员会依据仲裁规则的规定组成了由3名仲裁员组成的仲裁庭审理此案,在审阅了申请人提交的书面仲裁申请及证明材料,被申请人提交的书面答辩及证明材料后,仲裁庭于1994年11月24日在上海开庭审理。申请人及代理人和被申请人的两名全权代理人出席了庭审。最后,仲裁庭于1995年1月4日作出(1994年)沪贸仲字第1100号裁决书,裁决美国公司向外贸公司交付货款及延期利息等共计15万美元。美国公司置中国涉外仲裁机构的裁决书于不顾,不履行裁决书要求的付款义务。根据我国1991年《民事诉讼法》第259条"一方当事人不履行仲裁裁决的,对方当事人可以向被申请人住所地或者财产所在地的中级人民法院申请执行"的规定,外贸公司在裁决书生效后曾向上海市中级人民法院申请执行。由于没有找到美国公司在我国境内的财产,执行被迫中止。外贸公司在律师的建议下,依据中国和美国都加入的1958年纽约《承认及执行外国仲裁裁决公约》,向美国法院申请执行仲裁裁决。

外贸公司委托美国芝加哥 Frecboch & Petecs 律师事务所代为在美国申请执行仲裁裁决,该所资深合伙人 Willian A. Spence 亲自督办此案。1995年8月16日,美国律师代理外贸公司向美国联邦加利福尼亚中部地区法院提出按《承认及执行外国仲裁裁决公约》确认及强制执行仲裁裁决的申请。执行申请中除将美国公司列为被执行人外,还将事主个人列为被执行人。法院受理了案件,案件号为955492RG(CT),后又变更为955492HLH(CT)。

问题

1. 中国仲裁机构作出的涉外仲裁裁决如何在外国申请承认和执行?
2. 美国法院是如何承认与执行外国仲裁裁决的?

重点提示

美国是1958年纽约《承认及执行外国仲裁裁决公约》的缔约国,该《公约》是我国仲裁裁决到美国申请执行的法律依据。本案涉及我国仲裁裁决到美国法院申请执行的程序,美国法院承认与执行外国仲裁裁决的程序,我国仲裁机构作出的仲裁裁决的公正性等问题。

思考题四:德国 S&H 食品贸易有限公司与厦门联发进出口贸易有限公司仲裁案——德国仲裁裁决在中国的承认和执行

1990年2月5日,厦门联发进出口贸易有限公司(以下简称"联发公司")作为供方,与需方德国 S&H 食品贸易有限公司(以下简称"S&H 公司")签订了一份订购 20 个集装箱中国芦笋的合同。合同约定:第一批 10 个集装箱到岸卸货期为 1990 年 5 月,第二批 10 个集装箱到岸卸货期为 1990 年 6 月。合同总则中还明确:合同一经签订,汉堡交易所商品协会的《业务规定》就此生效,凡一切纠纷均由该协会的仲裁法庭最终作出裁决。合同签订后,S&H 公司依约按时开出了信用证,联发公司却将应于 5 月间到岸卸货的 10 个集装箱只运出了 1 个,其余 9 个集装箱的到岸卸货期发生延误。

1992 年 3 月,S&H 公司在向联发公司索赔未果的情况下,根据合同中的仲裁约定,向德国汉堡交易所商品协会仲裁法庭申请仲裁,要求联发公司赔偿延误履行合同给其造成的损失。该仲裁法庭根据双方的合同及汉堡交易所商品协会《业务规定》的规定,于 1993 年 2 月作出第 17/92 号裁决书,裁决联发公司应向 S&H 公司偿付 13392 美元,外加 1992 年 4 月 6 日以来的利息并承担仲裁费。

联发公司收到仲裁裁决书后,一直未履行。为此,S&H 公司全权授权在中国境内的舒乐达公司向联发公司交涉履行仲裁裁决的问题。1993 年 9 月,舒乐达公司以 S&H 公司的名义与联发公司签订了一份协议,规定:联发公司尚未支付的 15600 美元,将在 1994 年 6 月 30 日前的新业务中扣除;若在该期限内双方未达成新业务,联发公司应向 S&H 公司支付 15600 美元。但至该协议约定的期限届满时,双方未达成新的业务,联发公司亦未向 S&H 公司支付。

1994 年 12 月 29 日,S&H 公司向厦门市中级人民法院申请承认和执行汉堡交易所商品协会仲裁法庭第 17/92 号裁决书,请求联发公司执行该仲裁裁决。

问题

外国仲裁机构作出的裁决如何在中国申请承认和执行?

重点提示

本案涉及外国仲裁机构作出的裁决在我国的承认与执行问题。我国加入的《承认及执行外国仲裁裁决公约》和我国《民事诉讼法》都对该问题作了规定。

主要参考文献

1. 李双元、蒋新苗编著:《国际私法学案例教程》,知识产权出版社 2004 年版。
2. 杜涛:《国际经济贸易中的国际私法问题》,武汉大学出版社 2005 年版。
3. 许光耀、宋连斌主编:《国际私法学——学习指导书》,湖南人民出版社 2005 年版。
4. 赵一民主编:《国际私法案例教程》,知识产权出版社 2005 年版。
5. 赵相林主编:《国际私法教学案例评析》,中信出版社 2006 年版。
6. 杜新丽主编:《国际私法教学案例》,中国政法大学出版社 1999 年版。
7. 齐湘泉:《涉外民事关系法律适用法总论》,法律出版社 2005 年版。
8. 齐湘泉:《涉外民事关系法律适用法——婚姻、家庭、继承论》,法律出版社 2005 年版。
9. 杜涛、陈力:《国际私法》,复旦大学出版社 2008 年版。
10. 最高人民法院中国应用法学研究所编:《人民法院案例选——民事卷(下)》(1992—1999 年合订本),中国法制出版社 2000 年版。
11. 黄进、何其生、萧凯编:《国际私法:案例与资料(上、下册)》,法律出版社 2004 年版。
12. 黄惠康、黄进:《国际公法国际私法成案选》,武汉大学出版社 1987 年版。
13. 吕伯涛主编:《涉外商事案例精选精析(中国涉外商事审判丛书)》,法律出版社 2004 年版。
14. 吕伯涛主编:《海事案例精选精析(中国涉外商事审判丛书)》,法律出版社 2004 年版。
15. 吕伯涛主编:《涉港澳商事案例精选精析(中国涉外商事审判丛书)》,法律出版社 2006 年版。
16. 吕伯涛主编:《涉港澳商事审判热点问题探析(中国涉外商事审判丛书)》,法律出版社 2006 年版。
17. 王军主编:《国际私法案例选评》,对外经济贸易大学出版社 2009 年版。
18. 徐青森、杜焕芳主编:《国际私法案例分析》,中国人民大学出版社 2009 年版。
19. 杨贤坤主编:《中外国际私法案例述评》,中山大学出版社 1992 年版。
20. 全国法院干部业余大学国际私法教研组编著:《国际私法教学案例选编》,人民法院出版社 1988 年版。
21. 林准主编:《国际私法案例选编》,法律出版社 1996 年版。
22. 肖伟主编:《国际经济法学案例教程》,知识产权出版社 2003 年版。
23. 张丽英主编:《国际经济法教学案例》,法律出版社 2004 年版。
24. 蒋新苗、吕岩峰主编:《国际法学案例分析解题指南》,湖南人民出版社 2001 年版。

25. 胡充寒、刘健编著:《案例国际经济法学》,中南工业大学出版社 1999 年版。
26. 韩德培主编:《国际私法》,高等教育出版社、北京大学出版社 2007 年版。
27. 李双元、欧福永、金彭年、张茂著:《中国国际私法通论》,法律出版社 2007 年第 3 版。
28. 李双元主编:《国际私法》,北京大学出版社 2011 年第 3 版。
29. 李双元、欧福永、熊之才编:《国际私法教学参考资料选编》,北京大学出版社 2002 年版。
30. 黄进主编:《国际私法》,法律出版社 2005 年第 2 版。
31. 丁伟主编:《国际私法学》,上海人民出版社 2010 年版。
32. 肖永平:《国际私法原理》,法律出版社 2007 年版。
33. 屈广清主编:《国际私法导论》,法律出版社 2005 年第 2 版。
34. 韩健:《现代国际商事仲裁法的理论与实践》,法律出版社 2000 年修订版。
35. 赵秀文主编:《国际私法学原理与案例教程》,中国人民大学出版社 2006 年版。
36. 〔美〕布里梅耶等:《冲突法案例与资料》(案例教程影印系列),中信出版社 2003 年版。
37. 〔英〕莫里斯主编:《戴西和莫里斯论冲突法》,李双元、胡振杰、杨国华、张茂译,中国大百科全书出版社 1998 年版。
38. 最高人民法院公报编辑部:《最高人民法院公报》。
39. 万鄂湘主编,最高人民法院民事审判第四庭:《中国涉外商事海事审判指导与研究》,2001 年第 1 卷总第 1 卷至 2003 年第 3 卷总第 6 卷,人民法院出版社。
40. 万鄂湘主编,最高人民法院民事审判第四庭编:《涉外商事海事审判指导》,2004 年第 1 辑总第 7 辑至 2006 年第 1 辑总第 12 辑,人民法院出版社。
41. 最高人民法院网站(http://www.court.gov.cn/)。
42. 中国涉外商事海事审判网(http://www.ccmt.org.cn/)。